杜甫评传

中卷

陈贻焮 著

生活·讀書·新知三联书店

Copyright © 2022 by SDX Joint Publishing Company.
All Rights Reserved.

本作品版权由生活·读书·新知三联书店所有。
未经许可，不得翻印。

图书在版编目（CIP）数据

杜甫评传／陈贻焮著. —北京：生活·读书·新知三联书店，2022.3（2024.1 重印）
（当代学术）
ISBN 978 – 7 – 108 – 07168 – 2

Ⅰ.①杜…　Ⅱ.①陈…　Ⅲ.①杜甫（712-770）– 评传　Ⅳ.①K825.6

中国版本图书馆 CIP 数据核字（2021）第 103774 号

目 录

第十一章 度陇客秦州

一 羁旅生活和归隐之想 555

二 赞公和西枝村 561

三 杜佐和东柯谷 568

四 其他的一地一人 577

五 "西征问烽火,心折此淹留" 580

六 "花门既须留,原野转萧瑟" 594

七 遣兴之一 600

八 遣兴之二 603

九 遣兴之三 616

十 即目抒情 620

十一 咏物寓意 625

十二 "在山泉水清,出山泉水浊" 629

十三 "海内知名士,云端各异方" 633

十四 "水深波浪阔,无使蛟龙得" 643

十五 "郑公纵得归,老病不识路" 653

第十二章 入蜀"图经"

一 "身危适他州" 657

二 凤凰村里的凤雏供养人 669

三 一比七 677

四 "忽在天一方" 685

五 山水诗的一大变 698

第十三章 "暂止"的"飞鸟"

一 从草堂寺到草堂 705

二 定居之初 715

三 戴"白帻""乌巾"的邻人和两位名画师 721

四 锦里游踪 727

五 蜀州访友 732

六 佛日摩尼珠都无能为力 738

七 身外无穷事,生前有限杯 743

八 到底不是陶渊明 758

九 "幽事颇相关" 772

十 宁苦身以利人 781

十一 秋天冬天里的哀乐 791

十二 杜鹃咏叹调 806

第十四章 转 蓬

一 一月死两个皇帝的年头 814

二　未能绝俗的"幽栖"　821

三　感时和惜别　836

四　难中逃难　846

五　旅梓游踪　857

六　"激烈伤雄才"　862

七　"此行叠壮观"　874

八　"转益多师是汝师"　879

第十五章　"蛟龙无定窟"

一　一波又起　896

二　狂喜过后　901

三　"随喜给孤园"　912

四　旅游频繁的春天　916

五　客中杂感　929

六　忧乱筹边　939

七　"归期未敢论"　955

八　伤春之什　965

九　惩前毖后之词　974

十　"殊方又喜故人来"　982

十一　"却赴蜀"　993

十二　"喜我归"　1002

第十一章　度陇客秦州

一　羁旅生活和归隐之想

　　唐朝的秦州属陇右道。晋泰始五年（二六九）分雍、凉、梁三州置。初治冀县（今甘肃甘谷东），后移上邽（今甘肃天水市）。开元二十二年（七三四）以地震徙治成纪（故城在今甘肃秦安县北三十里）的敬亲川，天宝元年（七四二）改为天水郡，还治上邽。乾元元年（七五八）复为秦州[1]。乾元二年（七五九）七月老杜离官携家离华州来此，当时的州治是在上邽，又重新称之为秦州了。《旧唐书·地理志》载："（秦州）天宝领县五（上邽、成纪、伏羌、陇城、清水），户二万四千八百二十七，口十万九千七百。在京师西七百八十里，至东都一千六百五里。"这是陇右道东部的一个大州。秦州城位于六盘山支脉陇山的西边。陇山高二千多公尺，山势陡峻，南北走向，为渭河平原和陇西高原的分界。古人戍边行役，视度陇为畏途。《三秦记》载："陇坂九回，不知高几里，欲上者七日乃得越。"所以《陇头歌辞》说："陇头流水，流离山下。念吾一身，飘然旷野。"又说："朝发欣

---

[1] 此据《旧唐书·地理志》和新《辞海》。《寰宇记》载：秦州，本秦陇西郡，汉武帝分陇西置天水郡。王莽末，隗嚣据其地。后汉更天水为汉阳郡。录以备考。

城，暮宿陇头。寒不能语，舌卷入喉。"又说："陇头流水，鸣声幽咽。遥望秦川，心肝断绝。"老杜此行虽说不是戍边行役，但携家度陇，道路阻险，前途茫茫，遥望秦川，念及两京远在天涯，而战乱仍未平息，他内心感触之深，是可以想见的了。可能是由于旅途劳顿，无暇写作出像《陇头歌辞》这样悲切感人的即目抒情诗，但是他度陇时的苦况和客愁，仍可以从他抵达秦州以后所作《秦州杂诗二十首》其一"迟回度陇怯，浩荡及关愁"等句中体察得出来。

老杜在秦州到底住在哪里，不大清楚。后世方志记载，东柯山在秦州南六十里，山麓有杜工部草堂，村曰子美村，即古西枝村，东柯河流入于渭。世有两隆中。元稹《杜君墓系铭并序》说杜甫的灵柩已于元和癸巳（八一三）为其孙杜嗣业归葬于偃师祖茔，可是至今湖南耒阳、平江还有他的坟墓。古人遗迹的不尽可信往往如此，所以不得径据后代传闻考订当时实况，而须印证以更可靠的资料。

老杜秦州诗中多次提到东柯山，一次提到西枝村。根据有关诗作分析，很难断定杜甫曾在东柯山麓西枝村居住过。为了便于说明问题，不妨先对老杜在秦州的前后行踪稍做爬梳。

老杜的《秦州杂诗二十首》，是他到秦州后所作的大型组诗。这组诗或叙游踪，或抒感触，或发议论，大多写得很成功，有很高的艺术价值，也是研究诗人当时的生活情况和思想感情的重要资料。其四："鼓角缘边郡，川原欲夜时。秋听殷地发，风散入云悲。抱叶寒蝉静，归山独鸟迟。万方声一概，吾道竟何之。"写边郡秋夜闻鼓角之声惊天动地，念及万方多难，战乱频仍，无处无此声，不觉兴走投无路的浩叹。其六："城上胡笳奏，山边汉节归。防河赴沧海，奉诏发金微。士苦形骸黑，林疏鸟兽稀。那堪往来戍，恨解邺城围。"写城上胡笳齐鸣，迎汉使归来，发西域金微[2]之兵以防守河北；"今见军士远涉，适当林木风凋，尚堪此往来征戍乎？所恨邺城围解，以致复有遣戍之役也"（仇兆鳌语）。这两首诗一写秋夜愁听城头鼓角之声，一写亲见城上吹笳迎接远归之使，可见诗人初来秦州是住在城里的。作于这一时期的《月夜忆舍弟》有"戍鼓断人行"句，这也是个有力旁证，因为只有城里才有"戍鼓"。这诗又说："露从今夜白。"白露是阴历八月的节气。可见他至少到白露节仍然住在城里。

当时河北吃紧，亟须发西城兵马东征，因此秦州不断有使臣往返经过："闻道寻源使，从天此路回。牵牛去几许，宛马至今来。一望幽燕隔，何时郡国开。东征健儿尽，羌笛暮吹哀。"（其八）[3]一天，老杜见到城中一所建筑在水边的驿馆，他眼睛一亮，不觉叫好。那里丛篁凝碧、高柳摇青，环境极其幽雅。当时正有使臣进驻；观众喧哗，他心想自己如果能有这样个好去处，就是住在城里也不异乡居了："今日明人眼，临池好驿亭。丛篁低地碧，高柳半天青。稠叠多幽事，喧呼阅使星。老夫如有此，不异在郊垌。"（其九）老杜在华州时，曾以司功的身份，出席过刺史欢迎名将李

〈2〉《新唐书·地理志》载：金微都督府隶安北都护府。
〈3〉《荆楚岁时记》载："汉武帝令张骞使大夏，寻河源，乘槎经月而至一处，见城郭如州府，室内有一女织，又见一丈夫牵牛饮河。骞问曰：'此是何处？'答曰：'可问严君平。'织女取搘机石与骞，俱还。后至蜀，问君平，君平曰：'某年某月，客星犯牛女。'搘机石为东方朔所识。"仇注："借汉使以慨时事。"又引赵汸注："因秦州为西域驿道，叹汉以一使穷河源，且通大宛，如此其易。今以天下之力，不能戡定幽燕，至令壮士几尽，一何难耶！是可哀也。"此解虽佳，而前半亦有自张骞寻河源以来，西域兵马东来至今不断，并以张骞况唐使之意。王嗣奭认为有关这几首诗是写吐蕃将乱，故遣使欲与通好的事，恐非。其十八："地僻秋将尽，山高客未归。塞云多断续，边日少光辉。警急烽常报，传闻檄屡飞。西戎外甥国，何得连天威"，则是"客秦而忧吐蕃也"。

嗣业的盛筵,并赋诗致意。他如今弃官流寓此间,夹在众人队里,远远地围在使臣驻节的驿馆前看热闹,这就难免不有所感触了。由此可见:一、他与当地官吏很少交往。所以他在这里没写过一首应酬官府的诗。他后来在《发秦州》中说:"此邦俯要冲,实恐人事稠。应接非本性,……"指的是跟那些从这里经过的官员的冷应酬。在当地官员中,他似乎没有什么熟人。二、他在城里的住处并不理想,不然就不会生"老夫如有此"之想了。三、多少流露出想搬到乡下去住的意思。"稠叠多幽事","不异在郊坰",驿亭之"好"全在于此,如此去处既不可得,何不就搬到"郊坰"去。他当时寄寓在城中的生活情况,在《秦州杂诗》中也多少可窥见其一斑:前面已经介绍过了,他往往因为见到使臣过往、兵马调动而萦怀军国大事。此外,他也常到城里城外四处登临眺望,游览凭吊。他见这里是通西域的门户,山簇孤城,形势险要,羌汉杂居,别饶情调,很觉新鲜,复多感慨:"州图领同谷,驿道出流沙。降虏兼千帐,居人有万家。马骄朱汗落,胡舞白题斜。年少临洮子,西来亦自夸"[4](其三);"莽莽万重山,孤城石谷间。无风云出塞,不夜月临关。属国归何晚,楼兰斩未还。烟尘一长望,衰飒正摧颜"(其七)。他独寻古迹,对景伤情,总不免有异地羁孤、俯仰身世之悲:"秦州城北寺,胜迹隗嚣宫。苔藓山门古,丹青野殿空。月明垂叶露,云逐度溪风。清渭无情极,愁时独向

---

[4]《杜臆》:"'白题',旧注未的。《代醉编》引李元叔云:'在京师,戎骑入城,有胡人风吹毡笠堕地,后骑云:落下白题。'乃知此胡人毡笠也。"仇注:"州领同谷,驿出流沙,见为吐蕃往来之冲。今降戎多而居民少,势可危矣。'马骄''胡舞',申降虏之强。'年少''亦夸',恐居人之弱。"

东"⁽⁵⁾（其二）；"山头南郭寺，水号北流泉。老树空庭得，清渠一邑传。秋花危石底，晚景卧钟边。俯仰悲身世，溪风为飒然"（其十二）。这年秋天这一带秋雨下个不停，他经常给困在寄居的小茅屋里，对雨伤怀，十分苦闷："云气接昆仑，涔涔塞雨繁。……所居秋草静，正闭小蓬门"（其十）；"萧萧古塞冷，漠漠秋云低。黄鹄翅垂雨，苍鹰饥啄泥。蓟门谁自北，汉将独征西。不意书生耳，临衰厌鼓鼙"（其十一）；"边秋阴易夕，不复辨晨光。檐雨乱淋幔，山云低度墙。鸬鹚窥浅井，蚯蚓上深堂。车马何萧索，门前百草长"（其十七）。这是说，在陇山西边的一个州城里，有一所蓬门荜户的简陋住宅。它虽在市井，却无车马经行，门前长满了杂草。入秋以来，阴雨连绵，日子显得特别短。檐前的布幔全淋湿了，山头的云气低低地飞过墙来。居停主人家养的捕鱼的鸬鹚饿极了，在浅井旁探头探脑，看有啥可吃的。院子里积满了水，蚯蚓都钻到堂屋里来避潮。敝庐穷巷，满目凄凉，这就是老杜和他的家人在秦州城里的栖身之所。住在这样一个冷冰冰的地方，社交界也是冷冰冰的。要想出去散散心，不是遇着过往的使者和军队，就是看见数以千计的蕃帐，甚至连游个山寺，也是前朝割据者的故宫遗址。凡此种种，触目惊心，反而勾引起他的无穷忧虑，这就更不用提那凄风苦雨的清晨深夜，听鼓闻笳、百感交集的悲哀了。这样的环境，这样的生活，当然会促使老杜更加想搬到乡下去了。

　　他后来看到邻近有两个地方很可以去得，一个是东柯山，一个

⑸《杜臆》："今秦州东北山上有崇宁寺，乃隗嚣故居。公方西征，故以渭水向东为'无情'。"隗嚣，东汉初天水成纪（今甘肃秦安）人。新莽末，为当地豪强拥立，据有天水、武都、金城（均在今甘肃）等郡。一度依附刘玄。不久，自称西州上将军。建武九年（三三），以屡为汉军所败，忧愤而死。其子隗纯降汉。渭水，今称渭河，源出甘肃渭源县鸟鼠山，东流横贯陕西渭河平原，在潼关入黄河。

第十一章　度陇客秦州 ｜ 559

是仇池。他的《秦州杂诗》其十四是这样地写到仇池："万古仇池穴，潜通小有天。神鱼今不见，福地语真传。近接西南境，长怀十九泉。何时一茅屋，送老白云边。"仇池山在唐成州同谷县（今甘肃成县）西，西汉水北岸，以山上有仇池得名。仇池绝壁，峭崿孤险，登高望之，形若覆盆，其高二十余里，羊肠蟠道，三十六回。上有平田百顷，煮土成盐，亦称百顷山。山上多水泉，清泉涌沸，润气上流。仇池城在仇池山上，即汉时白马羌国。天生斗绝，壁立千仞，石角外向，犹如雉堞。唯一土门，便通上下，地广百顷，自成溪壑。泉十有九，人家数百。一人守道，万夫莫前，乃天下之险峻，陇右之胜地。上有白云亭、小有洞（此似为后人据杜诗命名），洞门三重，路经渊泉，深广莫测。晋时氐人杨难当据此，宫室囷仓，皆为板屋。后内附，置仇池郡，以难当为守（录自《水经注》《广舆记》《旧唐书·地理志》）。旧注：世传仇池穴出神鱼，食之者仙。仇池山在秦州西南二百余里，当时老杜并未往游。仇兆鳌说："池穴通天，见其灵异。神鱼、福地，据所闻而称述之。名泉近接而曰'长怀'，总属遥想之词。送老云边，公将有终焉之志矣。观末章'读记忆仇池'，则前六句皆是引记中语。"这理解很正确。可见老杜当时真动了归隐的念头，为了挑选一个最理想的去处，他还进行过访问，查考过资料，做过一番认真的研究呢。不久他离开秦州来到同谷，在城边的飞龙峡住了很短一段时期，随即携家入蜀，终老仇池的愿望显然未能实现，但不知就近去那里登临过没有。

他想归隐东柯之意最先见于《秦州杂诗》其十三："传道东柯谷，深藏数十家。对门藤盖瓦，映竹水穿沙。瘦地翻宜粟，阳坡可种瓜。船人近相报，但恐失桃花！"赵汸注："起用'传道'二字，则此下景物，皆是未至谷中，而先述所闻。"还没去就把那里描写得这么美，可见他听人述说听得神往了。问了村子的大小问地形，问了风景问土宜。他了解得真细致！说的说得天花乱坠，听的听得津津有味，这简直就是桃花源了。"船人近相报，但恐失桃花！"他真担心也会失掉他好不容易打听到的"桃花源"。他是这样地兴奋，这样地迫不及待，他能不马上去东柯看看么？

二 赞公和西枝村

根据有关诗篇揣度，他并未马上去东柯谷，而是去其西不远的西枝村访寻过卜居地。为了探讨和叙述的方便，先来见见老杜在这里难得重逢的好友，即我们也熟悉的赞上人。

这赞上人就是老杜陷贼时曾留老杜小住、临别还送过他丝履氈的那位大云寺赞公和尚。萍梗飘零，乱世会合尤难，老杜没想到他们竟然能在这边远的地方相遇，喜出望外，留宿欢聚，又作诗纪事抒怀说："杖锡何来此？秋风已飒然。雨荒深院菊，霜倒半池莲。放逐宁违性，虚空不离禅。相逢成夜宿，陇月向人圆。"诗题下原注："赞，京师大云寺主，谪此安置。"赵汸说："起作问词，叹方外人亦被迁谪也。"又说："杜公与房琯为布衣交。及房琯罢相，公上疏争之，亦几获罪，由此龃龉流落。赞亦房相之客，时被谪秦州，公故与之款曲如此。"第八章已经提到，武后初幸长安光明寺，沙门宣政进《大云经》，经中有女主之符，因改名大云经寺，并令天下诸州置大云经寺。可见这长安大云寺不只是著名的大丛林，而且是衙门化了的皇家佛教主寺。这种寺院的方丈，无疑是钦定的僧官了。既是官身，万一得罪，难免遭贬。赵汸所谓赞公被谪因由，未详所本。老杜与赞公交情很深，即使不是同因房琯遭贬，他乡遇故知，亦必"款曲如此"。首句作惊诧语，似老杜初亦未知赞公贬此；不期游寺邂逅，询知原委，乃称美赞公身虽放逐而心本空虚，聊以相慰而已。老杜闲居无聊，常游览此间各寺院而多无所获；今日幸遇赞公，可算得是件莫大的快意事了。十月老杜离此去同谷。根据"秋风已飒然""雨荒深院菊""霜倒半池莲""陇月向人圆"诸句，可推断老杜邂逅赞公并留宿赋诗，当在这年（乾元二年）阴历九月十五前后。

大概是那次对床夜话时老杜与赞公谈到他闻知东柯谷甚佳（详《秦州杂诗》其十三），想到那里去隐居；回城后赞公又寄来诗"盛论岩中趣"，于是他就在第二天邀了赞公，一同前往访求归隐之地。他的《西枝村寻置草堂地夜宿赞公土室二首》记此事始末甚详。其一说：

"出郭眄细岑，披榛得微路。溪行一流水，曲折方屡渡。赞公汤休徒，好静心迹素。昨枉霞上作，盛论岩中趣。怡然共携手，恣意同远步。扪萝涩先登，陟巘眩反顾。要求阳冈暖，苦涉阴岭沍。惆怅老大藤，沉吟屈蟠树。卜居意未展，杖策回且暮。层巅余落日，草蔓已多露。"老杜出得城来，在山间小路上披榛赶路。路边溪水弯弯，一会儿东一会儿西，渡水好几次，才来到赞公住的寺院里。就像南朝宋代汤惠休上人一样，赞公是位好静的心迹素朴的人。（《大云寺赞公房》其一"汤休起我病"也以汤惠休喻赞公。）昨天承他惠赐逸兴凌云的佳作，大讲栖息山岩之趣，我今天就来邀他同往东柯谷西枝村一带寻置草堂之地。我们很愉快地携手同行，恣意游赏，走了很远的路。攀着藤萝好不容易登上了山巅，回头一瞧，不觉头晕目眩。山北背阴，很寒冷；翻过了山，到了山南阳坡，就暖和多了。一路之上，每当遇到老藤或蟠曲的古树，我们总要到下面去歇歇，徘徊沉吟，久久不想离开。可惜这次没找到个合适的地方，卜居的意愿一时实现不了。杖策而返，天已将暮。这时只有山顶还剩下一抹落日余辉，蔓草上面的露水已经很多了。其二说：

"天寒鸟已归，月出山更静。土室延白光，松门耿疏影。跻攀倦日短，语乐寄夜永。明燃林中薪，暗汲石底井。大师京国旧，德业天机秉。从来支许游，兴趣江湖迥。数奇谪关塞，道广存箕颖。何知戎马间，复接尘事屏。""土室"就是窑洞。这首写回到赞所居窑洞烹茶夜话情景。天冷了，鸟儿早已归巢。月亮出来，山野更加安静。（始逢赞公留宿时月圆，今再宿亦有月，两次相隔不会太长。姑定前次在九月十五之前两三天，此次则在之后两三天。十七十八月出较晚。日暮离西枝往回走，路程不短，到寺时月亮该出来了。）月光照进窑洞白晃晃的，当门的松树的影子历历可见。眼下是昼短夜长，白天只顾爬山赶路，来不及休息，把人累坏了，晚上聊天最快乐，倒有的是时间。于是就燃薪代烛，汲井烹茶，准备作长夜的畅谈。大师名扬京国是我的旧识。他德业精深，天赋很高。东晋高僧支道林与好游山水而体便登陟的许询（详《世说·栖逸》）交游，赞公和我也跟他俩一样。这样的一些僧俗朋友，从来就对浪迹江湖有很大的兴趣。赞公命运不济，被贬谪到秦州这关塞之地，而能处之泰然，这是他道行深广，常存箕颖隐逸之心的缘故。没想到当此戎马倥偬之际，我又有幸能接近他这位迹屏尘事的高尚的人。

较仔细地研读了这两首诗，不难看出：一、老杜出城走了许久才走到赞公的寺院，然后邀了赞公，爬山越岭，好不容易最后才到达山南的西枝村，访寻了一阵，没找到个合适的归隐处，离村往回走时，夕阳在山，天快黑了，又走了一段夜路，回到寺院赞公住的窑洞，已是十七十八初更月出的时分了。据方志载东柯山在秦州南六十里，山麓即古西枝村。"东柯""西枝"并例，西枝村当在东柯山谷之内而别是一村。故杜诗中统而言之称"东柯""东柯村"，具体指所访之村就说"西枝村"。东柯山离城六十里，西枝在其西，如抄小路（"披榛得微路"，显系走小路，"扪萝涩先登"，则不仅是走小路，简直在效谢康乐的"寻山陟岭，必造幽峻"了。东晋人许询爱爬山，时人云："许非徒有胜情，实有济胜之具。"诗中以许询自况，可见他们真的像许、谢那样寻幽探险，并非像常人那样走山间小路。所以他们回寺后感到很累，说"跻攀倦日短"了），离城还可以更近些，姑定三四十里。如果赞公所居寺院靠近城边，往返七八十里，又要爬山，又要休息，又要访求卜居地（还起码要吃顿中饭），即使身体再好，即使半夜能回来，恐怕也没精力"语乐寄夜永"了。老杜在稍后几天写的《寄赞上人》中说自己"年侵腰脚衰"，可见他当时的身体并不好，揣情度理，假定他从清早出城到起更返回赞公土室歇宿总共走了四五十里，那赞公所居寺院当在秦州城南离城二十多里、离西枝村十多里的地方。二、这是老杜第一次去东柯谷的西枝村，时间是在九月中旬的末后两三天，而这一次他并没有寻到卜居地，至少短时期他不可能把家从城里搬到西枝村去。

欲知后事如何，且看他的《寄赞上人》：

"一昨陪锡杖，卜邻南山幽。年侵腰脚衰，未便阴崖秋。重冈北面起，竟日阳光留。茅屋买兼土，斯焉心所求。近闻西枝西，有谷杉漆稠。亭午颇和暖，石田又足收。当期塞雨干，宿昔齿疾瘳。徘徊虎穴上，面势龙泓头。柴荆具茶茗，径路通林丘。与子成二老，来往亦风流。"前几天⁽⁶⁾奉陪锡杖，到山南去访寻卜居之地。年岁不饶人，我腰腿都有毛病，那天我不得不先在那背阴的深秋山崖中走那么长段险路，真够我受的了。翻山到了那边，见西枝村一带重冈北起，日照很长，真是个好地方。我很想买所茅屋置点地退

---

(6)"昨"也泛指已往，如陶渊明《归去来兮辞》："觉今是而昨非。"从后文"近闻""当期""宿昔"等句看，这诗首句中的"一昨"当指前几天。

隐彼处，事情虽未办成，可并没有死心。最近我又听说西枝村的西边有个山谷，那里杉树、漆树很稠密，日照比西枝这边短一点，晌午也很暖和，后山里开出来的田地收成还不错[7]。等到雨停路干，新近重犯的老牙痛病也好了以后，我还要邀您到西谷去，徘徊于虎穴之上，面对龙泓而恣意观赏。要是我能在那里安下身来，我会在柴荆陋室内不时敬具清茶相待；那里离您的住处不算远，林丘之间有小路可通，让我们结成"二老"，经常来往，那也是很风雅的啊！

从这诗中得知，当他去了趟西枝村没找到合适的卜居地以后，又听说西枝村西边的西谷不错，所以他以诗代简，跟赞公商量，还想邀他同去西谷游览并踏看卜居地。"徘徊"二句与末段写定居后情事，都出于想象和预计。由于不大清楚东柯、西枝、西谷这几个地方的大致情况，浦起龙对有关这几首诗的理解为最差："玩（《寄赞上人》）诗意，系回寓后所寄，究未尝身到西枝也。起八，隐括前（《宿赞公土室》）二诗之意。曰'心所求'者，意犹未决也。中（'近闻西枝西'）八，始点出西枝。只是传闻其美，期置草堂，非身到语。结四，预拟定居后情事，萧然有高致。按公已旅寓东柯谷矣，见《秦州杂诗》中。今三首之首曰'出郭'，意城中仍有寓欤？"前次老杜同赞公从山北翻越到山南，而且在题中已明明写着"西枝村寻置草堂"，"意未展"者，只是合适的"卜居"之地没找到，从何见出他们"未尝身到西枝"呢？其致误之因，显系误"西枝西"之"谷"为西枝村了。因此在他看来，"西枝西"之"谷"既然就是西枝村，而"近闻"云云，"只是传闻其美，非身

---

[7] 仇兆鳌说："次言欲卜居西谷。杉漆石田，见物产可资。但亭午暂暖，不如竟日留耳。"老杜腰腿有毛病，择居很注意日照。

到语",那么上次他们必然是"未尝身到西枝"了。其实"西枝西"之"谷"并非"西枝村",诸注家多无误解,皆径以"西谷"称之,如仇兆鳌说:"次言欲卜居西谷。"即是。而其中又以杨伦理解得最正确:"此(指《寄赞上人》)别后更寄之作,玩诗意似是前此卜居未遂,今闻西谷有可居处,复寄诗与商榷耳。"

问题是这西谷究竟在哪里?离东柯谷西枝村不远,还是比较远呢?卢元昌对此有明确解答:"'西枝西'曰'有谷',定指同谷。'近闻',必指同谷邑宰书。公至同谷界诗'邑有贤主人''来书语绝妙',此可相证。《同谷七歌》中'南有龙兮在山湫',后《发同谷县》诗'停骖龙潭云,回首虎崖石',诗云虎穴、龙泓,指此无疑。"飞龙峡有二:一在仇池山下,晋时白马氏杨飞龙据仇池,故名;一在同谷(今成县)东南七里,相传有龙飞出,故名,亦名万丈潭。又同谷县南五里仙人龛有虎崖。《方舆胜览》认为杜甫此后不久来同谷是住在仇池下飞龙峡东,而诸方志则认为是在万丈潭的飞龙峡口(详后)。不管在哪个飞龙峡,离秦州都不下于二百里(仇池在秦州西南二百余里,同谷在秦州西南二百六十里)。现既已考知赞公所居寺院离秦州二十余里,若从卢说,坐实《寄赞上人》中的"虎穴""龙泓"即指同谷的虎崖和飞龙峡,那么,就不大好解释末后"柴荆具茶茗,径路通林丘。与子成二老,来往亦风流"这四句。因为赞公所居寺院离那里少说也有一百七八十里,其间还隔着赤谷、铁堂峡、盐井、寒峡、青阳峡、龙门镇、石龛、积草岭、泥功山、凤凰台等险阻之处,路很难走。这样,他们这"二老""往来"一趟很费劲,就不会那么"风流"潇洒了。再说长途跋涉了两天,好不容易到了"柴荆",光"具茶茗"招待而不备饭行吗?或谓"径路通林丘"的"径"一作"遥",二百来里路岂不是"遥路"?老杜既然交代得很清楚,"西谷"定指同谷飞龙峡无疑。是不是还可以这样理解：老杜想邀请赞公一同去飞龙峡"西谷"隐居呢？诗中说"卜邻南山幽"，不是表示要跟赞公"卜邻"？这倒很有可能。这么理解，倒可补卢说的不足，使之差可自圆其说。只是还梗着个问题没法解决：《宿赞公房》原注说赞公是从京师"谪此（秦州）安置"。一个遭贬的和尚，长官开只眼闭只眼，让他在百十里之内游逛一两天，这也不算什么；要是他竟敢擅离贬地到别州别县去隐居，那就是另一回事了。可见上面想出的那一自圆其说的补充解释仍然难以成立。

这个问题其实不难解决。老杜听人家介绍说西枝西边有个西谷，杉树、漆树长得很稠密，石田尚宜种植，是个好去处，此外就不大清楚了。一想东柯在秦州的南边，其西是西枝，再西是西谷，那么西谷当在秦州西南。同谷附近的虎崖、飞龙峡也在秦州西南，这两个地方与西谷同在一个方向，相距不到两百里路，又都是彼邦胜迹，于是就在诗里预想他来日归隐西谷以后，将与赞公来此逍遥："徘徊虎穴上，面势龙泓头"，这又有何不可？虽说"杜陵诗卷是图经"（《后村诗话》引网山《送蕲师》语），于山川地理记述颇详且确，但毕竟是诗，不是舆地志，岂能无一点假借、一点想象、一点艺术虚构？看起来，西谷当在西枝村西边不远，卢元昌所谓西谷定指同谷之说还是不能成立的。

经过以上的一番考察，大致弄清楚了老杜想到东柯谷一带去隐居，他去过西枝村没找到合适的卜居地，又听说西谷好，想去踏看不一定能去成（这都是九月的事，十月已离此去同谷了）。至于东柯谷他去过没有？诸注家大都认为不仅去过而且暂寓过。其中又以浦起龙说得最肯定也最细："（《秦州杂诗》）其十五，定计东柯而作"；"其十六，才是在东柯写景言情之作"；"其十七，东柯寓中雨景"；"其十八，亦在东柯作"；等等。

三　杜佐和东柯谷

到底老杜在东柯住过没有呢？在做出判断以前，我们似乎仍有必要先去见见老杜在这里遇见的族侄杜佐，就像在前面先去见赞公和尚一样。

杜佐，据钱注："《世系表》：佐出襄阳杜氏，殿中侍御史晫之子。"仇注："《旧唐书》：杜佐终大理正。"正史上有关他的记载仅此而已。老杜的《示侄佐》说：

"多病秋风落，君来慰眼前。自闻茅屋趣，只想竹林眠。满谷山云起，侵篱涧水悬。嗣宗诸子侄，早觉仲容贤。"题下原注："佐草堂在东柯谷。"《晋书·嵇康传》载嵇康与阮籍、阮咸（阮籍侄，字仲容）、山涛、向秀、王戎、刘伶，为竹林之游，世称"竹林七贤"。诗中用此典故，以阮籍自喻，以阮咸喻杜佐，说正当秋风多病之际，你来到我身边我心里感到很安慰。自从听你述说居住在东柯谷草堂的乐趣，我就只想随你高卧竹林了。满谷云生，篱边瀑溅，这环境真美！在我家诸子侄中，我早就觉得只有你最贤了。他又有《佐还山后寄三首》，其一说：

"山晚黄云合，归时恐路迷。涧寒人欲到，林黑鸟应栖。野客茅茨小，田家树木低。旧谙疏懒叔，须汝故相携。"这诗追述老杜送走杜佐后当天的心情：山晚云合，你还山后我一直在担心，怕你迷路。你草堂旁边不是"侵篱涧水悬"么？入夜涧寒，当你走到了那寒涧时，就快到家了。日落林黑，鸟儿也该归巢了。野客的茅屋很小，田家的树木很低，你早就熟悉我这叔叔生性疏懒，还得依仗你相携归隐于山野田家呢！其二说：

"白露黄粱熟，分张素有期。已应舂得细，颇觉寄来迟。味岂同金菊？香宜配绿葵。老人他日爱，正想滑流匙。"这诗望杜佐寄米。施鸿保说:"'分张'犹分送。注引《北史》《高僧传》,及钟会檄、王右军帖等,作分别解,亦皆不合,盖第借用字面也。"私意以为仍作分别解为是。王献之《乞假帖》:"犹复欲与中表少叙分张之怀。"(见《宝晋斋法帖》)比较旧注所引诸例含义尤为明显。自魏晋至唐,此系习用词汇,若借作"分饷"解(此解始于《杜臆》),则两义歧异过大,终嫌牵强。他们之所以强为引申,主要是认为不如此就不易讲通第二句。其实这也不难,只须将"素"字解释成预(《楚语》"夫谋必素"注"素,犹豫也。豫同预,预先)就行了:白露节已过黄粱(一种谷子)熟了,临别时你预先期许送粟米给我(可不见送来)。可能是你特意教人把米舂得很细,耽误点工夫,所以寄出就不觉稍稍迟了一些。新粟米饭的味道可跟金菊不一样(菊虽可餐却饱不了肚),它香喷喷的最宜配上烹绿葵这样的菜。我老人家平时(即"他日"之意)就挺爱吃粟米饭,想着想着那松软的精米粟饭仿佛正在匙子里滑动了。只不过是催人送米,却说得这么委婉,写得这么美,尾联意最易露喉急相,这里却反见高致,极有分寸,极有身份。蒋弱六说:"只如白话,韵言化境。"确乎如此,并非溢美。其三说:

"几道泉浇圃,交横落幔(一作幔落)坡。葳蕤秋叶少,隐映野云多。隔沼连香芰,通林带女萝。甚闻霜薤白,重惠意如何?"薤是多年生草本植物,叶细长,开紫色小花。鳞茎和嫩叶可以吃。也叫藠头。今南方多有。这诗是向杜佐要藠头。《杜臆》:"浇圃之泉,即前章侵篱之水也。"仇注:"旧说谓泉水交横而落坡,其坡上青翠如幔。汪瑗、顾宸皆云:'泉浇圃''幔落坡',乃平对之词。设幔于坡,以防鸟雀,是为瓜果而设者,交横乃坡上幔影,此另一说。"《读杜心得》:"《后汉书注》:落,藩也。《字书》:落与笼络之络同。《庄子》落马首是也。观此,知诗盖言以幔络坡，如今人编箔以防鸡鹜之类，注俱未合。"恐未合的倒是后二说。谁见过山野人家有以布为幔为篱以防鸟雀鸡鹜的？即使在唐代恐亦无此理。仍以旧说为是，但须说明的是，坡上当指菜地，故时虽深秋，菜蔬犹得青翠如幔；若指树木，则快黄落了。"葳蕤"有二解：一作盛貌，一作衰貌。用前解，则颔联当如仇注所释："流泉注坡，藉以灌蔬，故菜叶映云而增绿。"用后解亦可，则须将颔联看成上下句意有因果关系的流水对：正由于秋叶黄落，所剩稀少，山村空旷，才能见到周遭多为野云隐映之景。（《示侄佐》说："满谷山云起"，若山村夏木葱茏，则此景所见有限了。）"'连香芰''带女萝'，俱谓山泉。"（《杜臆》）此解得之。薤有赤、白二种，白者滋补而味美。这诗写田园野景极其别致，最后引出索经霜白薤意。索了黄粱又索薤，所以说"重惠"，再次惠赠的意思。

我们带着极大的兴趣，很愉快地欣赏了这几首诗，对杜佐和他的东柯草堂，对老杜同这位族侄的关系，获得颇为生动的印象。这杜佐隐居山村，老杜虽然把他比作"竹林七贤"中的阮咸，可是他并没有一点狂放不羁、昧于世事的名士气。恰恰相反，他倒很善于经营。杜佐既是老杜旧识的族人，当非本地土著，显系因宦游或避乱而流寓此间。如今杜佐居然能在这穷乡僻野创出这样一份家业（当然我们不会天真地认为这全凭他"躬耕"挣来的），过起小庄园主的生活来，这对萍梗飘零、苦无生生所资的老杜来说，自会有很大的诱惑力和启发性，致使他产生"须汝故相携"而归隐的念头。当时老杜在东柯谷西边的西枝村求田问舍："寻置草堂地""茅屋买兼土，斯焉心所求"，乃至以后在成都浣花溪和夔州东屯、瀼西，置屋营田，种植稻、麻、果、药等作物，喂养鸡、鸭、鹅等家禽，但求自给自足，至少也不无小补。很难说这是老杜在有意仿效杜佐，但杜佐的经验却无疑会在无形中给老杜以希望和信心。要是真的"不求闻达于诸侯"，对于像老杜这样的士大夫来说，这倒不失为一条行之可通的"苟全性命于乱世"的道路。由此可见，老杜之所以如此称道杜佐之贤，而于其东柯草堂更是津津乐道，不胜神往，其中自有他的一种考虑、一个打算和一点理想在，非止寻常的应酬、恭维话。

即使这样，根据《示侄佐》"自闻茅屋趣，只想竹林眠"；《佐还山后寄》其一"旧谙疏懒叔，须汝故相携"，其二"已应春得细，颇觉寄来迟"，其三"甚闻霜薤白，重惠意如何"诸句揣摩，老杜至少到写作这几首诗时为止却从没有去过杜佐草堂所在地的东柯谷，而诗中所描写的景物，只不过是诗人对那个地方、那种生活不胜向往，经过艺术构思，将之表现出来，就像亲临其境似的。

那么，到底杜佐从东柯谷来到哪里看望老杜，老杜又在哪里送杜佐还山呢？王嗣奭说那地方可能是老杜暂时寓居的栗亭："公秦州诗末章云'鹪鹩在一枝'者，元在东柯。此诗公自注：'佐草堂在东柯谷。'则知公作此诗时已徙他所，但相去不过一日之程，观后诗'人（欲）到''鸟应栖'可见。'山云''涧水'一联，正'茅屋趣'所闻于其侄者，故想与之同为竹林之眠，如嗣宗之于仲容也。二阮盖把臂入林者。公此时似寓栗亭而佐居东柯。"

答案是不对的，但具体的论述有对有不对。且缕析之如下：

王嗣奭据《秦州杂诗》其二十"鹪鹩在一枝"句臆断老杜"元（住）在东柯"，似巧而实误。"鹪鹩"句典出《庄子·逍遥游》："鹪鹩巢于深林，不过一枝。"在王嗣奭看来，老杜借此以譬喻他的归隐东柯，最适当不过，可见他"元在东柯"。但此说很难成立：一、二人既已同住东柯，老杜何以未遇杜佐，未去其草堂，而其"茅屋趣"须待老杜"已徙他所"才得"闻于其侄"呢？浦起龙显然也没有注意到这一点，说什么"公寓东柯，侄佐先在，当是附近而别居者"。既然在附近，老杜又是那么向往杜佐的草堂，为什么净听他把那儿吹得天花乱坠，不亲自去看看呢？二、老杜这年十二月初一离同谷，取路栗亭赴成都，作《木皮岭》说："首路栗亭西，尚想凤凰村。"可见栗亭离秦州比同谷离秦州还远。按《九域志》：秦州西南至成州（同谷）二百六十里。前已交代东柯山在秦州南六十里。东柯距栗亭当不下二百多里。姑不论老杜是否寓居栗亭（详后），即便如此，栗亭与东柯也决不可能如王嗣奭所说"相去不过一日之程"啊！前后自相矛盾如此，足见其说不足信。当然，王说也并非一无是处，如东柯草堂与老杜寓所"相去不过一日之程，观后诗'人（欲）到''鸟应栖'可见"，又如"'山云''涧水'一联，正'茅屋趣'所闻于其侄者"，都阐发正确，符合实情。

照我看，老杜写这几首诗时既不住在栗亭，也不住在东柯附近，而仍然是住在秦州城里。为了说明问题，现在又须回到《秦州杂诗》来，对那几首涉及东柯的作品做一番考察。先看其十五：

"未暇泛沧海，悠悠兵马间。塞门风落木，客舍雨连山。阮籍行多兴，庞公隐不还。东柯遂疏懒，休镊鬓毛斑。"仇兆鳌说："在秦而羡东柯也。上四客居之况，下四避地之思。阮籍、庞公，借以自方。无心出仕，故鬓斑不须镊矣。"这解释是有根据的。"塞门""客舍"，非秦州城中老杜所寓客舍而何？三国魏文学家阮籍纵情物外，时率意独驾，不由径路，车迹所穷，辄恸哭而返。东汉襄阳高士庞德公躬耕于岘山，后携妻子登鹿门山，采药不返。前已述及老杜闲居无事常到城内城外四处游逛，去西枝村那次真的是"披榛""扪萝"，行迹颇近阮籍。"泛沧海"用孔子"道不行，乘桴浮于海"的意思，谓浪迹江海，泛指归隐。首二句是叹惜自己在这兵荒马乱之际未能隐居，只是没完没了地到处流浪。据此可知"庞公隐不还"是羡庞德公的能归隐鹿门山，非谓自己像庞德公一样已经归隐。左思《白发赋》："星星白发，生于鬓垂。将拔将镊，好爵是縻。"用镊子拔掉鬓脚白发，好弄个美差使当当。如今"阮兴已穷，庞隐可法，欲隐此不复出仕矣"（王嗣奭语）。既然不再想出来做官，就任两鬓斑白好了，还用镊子拔它干什么。这里以阮籍自方，又说"东柯遂疏懒"。若对照《示侄佐》之以嗣宗（阮籍）自方，以仲容（阮咸）方佐，以"竹林"方东柯草堂，又在《佐还山后寄》其一中说"旧谙疏懒叔，须汝故相携"而归隐，可见两者的想法基本上是相同的，那么，若从而揣度《秦州杂诗》其十五可能即与赠杜佐诸诗作于同时前后不久，也不是毫无根据的。老杜的想归隐东柯，无疑与杜佐的已隐于彼处，以及他对东柯谷环境、土宜的大力宣传有关。其十三说："传道东柯谷，深藏数十家。"这"数十家"中有杜佐这家在，称道东柯谷的人中也当有杜佐这人在。老杜欲卜居东柯之意更明显地表露在其十六这首诗中：

"东柯好崖谷，不与众峰群。落日邀双鸟，晴天卷片云。野人矜险绝，水竹会平分。采药吾将老，儿童未遭闻。"仇兆鳌、杨伦都认为这诗是表示欲卜居东柯；但何以见出此意，则未加阐发。也有认为这诗是刚迁居东柯时所作。王嗣奭说："'东柯好崖谷'，始到而称其佳，后不复他适，有'鹪鹩一枝'语，则已寓此，而绝不及其侄佐；后有送佐还东柯诗，注谓先卜筑东柯，非也。今《成县志》有杜甫故居，当即东柯，云止住月余。半水半竹，故云'平分'。注谬。"浦起龙说："其十六，才是在东柯写景言情之作。'野人'，自谓。'矜险绝'，谓可不与世通。结言此意非儿辈所知。言下有装聋作哑，由他背后啧啧之慨。"王嗣奭对老杜赠杜佐诗时两人当时的住处不甚了了，前已指出。老杜确曾寓居同谷（今成县）月余，《成县志》所载不误。王嗣奭将同谷故居当作东柯所居则大谬。浦起龙以为"野人"系老杜自谓，可商榷。但二人认为作此诗时老杜已在东柯，却不能轻易否定。欲往和已住东柯二说孰是孰非，仍须进一步探索。我认为要想解决这一问题应从"野人"一联入手。蔡梦弼说："（此联）谓谷中之人以竹筒引水也。"笺"水竹平分"为"以竹筒引水"，欠理。朱鹤龄说："言野人久占水竹之居，欲与之平分其胜。"仇兆鳌说："野人勿矜险绝，水竹会须平分，羡其可避世也。"都能串通大意，但以为"野人"系指一般山野之人，亦不甚惬。在我看来，这"野人"非泛指山野之人，亦非自谓，心目中乃实指杜佐，此联大意是说，像杜佐这般山野逸人可别再夸东柯谷的险阻绝尘了，不久我就要来跟他们平分那里的水竹之胜呢！"会"，犹《望岳》"会当凌绝顶"的"会"，表示有可能实现。可见他写作这首诗时还并未迁家东柯。或问：可以称杜佐这样的人为"野人"么？我看不是可以不可以的问题，实际上他在《佐还山后寄》其一中就径称佐为"野客"（起码包括杜佐在内，这里决不是作者自谓）了。"野客"不就是"野人"么？我曾在第七章第一节中论证老杜《重过何氏》其一"真作野人居"的"野人"是指何将军而言，因为这位何将军太迷恋"野趣""幽事"，只想过羲皇上人那样淳朴的理想生活，而羲皇上人是伏羲时代以上的人，也就是传说中上古帝王无怀氏、葛天氏那时候的人民，其实是一些没开化的"野人"，但在陶渊明、杜甫、何将军这些向往太古淳朴之风的人看来，他们无疑是最高尚、他们的生活也是最理想的了，所以"野人"在这里是褒辞而非贬辞。既然称何将军为"野人"在前，为什么不可以称杜佐（包括他的同村人）为"野人"或"野客"在后呢？或问：既然是指杜佐，为什么不照《示侄佐》的样，用"嗣宗诸子侄"或"仲容"这样的字眼加以点明？要知道，那是赠答诗，不妨这样点明双方的关系，而《秦州杂诗》则是一组大型的纪事抒情诗，吟咏的题材范围颇广泛，如果突然在其十六这首诗蹦出个杜佐来，将诗写成"仲容（或阿咸）矜险绝，水竹会平分"，不仅会教人摸不着头脑，也显得不伦不类。因为这首诗的主旨是写欲卜居东柯以避世，谓与野人偕隐、同赏即可，不必具体点明偕隐者果系何人，这犹如作写意画，粗粗勾勒出数叟优游林下，若能出意境、见高致便是佳作，何劳一一为此数叟画工笔肖像？写赠答诗最好以惠连或阿戎称弟、以仲容或阿咸称侄，如作命意较超脱的写景抒怀诗，以老夫、野客一类笼统字样称之即可，这不只是化俗为雅之法，也合乎事理。其十五"庞公隐不还"是明用庞德公的典故示己之决心归隐。这首中的"采药吾将老，儿童未遣闻"，乍看不是用典，但老杜这时想的还是因这庞德公而勾起来的心事：庞德公携妻子（妻室子女）登鹿门采药不返，我如今带着妻室子女流落此间，同样靠采药度日（其二十"晒药能无妇，应门亦有儿"），我也决计要归隐东柯以终老；此意非小儿女们所能理解，暂时且别让他们知道，要是他们听说从此将住在那高山深谷不再出来，肯定会难受的。既已定计卜居，又不禁为小儿女着想，老杜这时的心情是复杂而痛苦的，他真不忍心将这些天真烂漫、憧憬美好未来的小儿女也带上避世的道路啊！从这里也可以看出这诗当作于他尚在暗自定计卜居之时，非在既已卜居以后。既然这首明显地提到东柯的诗尚不能像一些旧注那样定为是卜居东柯后所作，那么其十七、十八那两首毫未涉及东柯的诗就更难说是写"东柯寓中雨景"或"亦在东柯作"(浦起龙语)了。其十七我认为是写秦州城内寓中雨景，前已论述。其十八说："地僻秋将尽，山高客未归。塞云多断续，边日少光辉。警急烽常报，传闻檄屡飞。西戎外甥国，何得连天威！"仇注："十八章，客秦而忧吐蕃也。上四记边秋苦景，下四言边警可危。吐蕃外甥之国，何得连犯天威，盖反言以见和亲之无益。客未归，乃自叹流离。"甚是。秦州城是关塞要冲，才能常有感于边警而赋此（老杜寓秦州城中所作多有此叹，可参看），如已卜居东柯，就少有檄传、烽警之事来触目惊心了。且"山高客未归"亦足证此诗决非作于东柯：老杜一再宣称将归隐不复出："送老白云边"（其十四），"庞公隐不还"（其十五），"采药吾将老"（其十六），若已如愿以偿，何得复兴归欤之叹？此句实是自叹客居边城以关山阻隔而不得归乡，犹其二"清渭无情极，愁时独向东"意，而浦起龙为了曲成其说却强辩说："旧解泛云秦州忧吐蕃，则前言西事详矣，此不为赘附矣？按'东柯'曰'好崖谷'，曰'矜险绝'，故知此云'地僻''山高'，定指谷中。"这组诗中言西事者此首前有十首后有一首，皆不为赘附，何独此首为然？与中原通都大邑相对而言，难道这个边城就不能用"地僻"来形容它？其七说这里是"莽莽万重山，孤城石谷间"，难道非东柯不足以言"山高"？

至此，老杜在秦州的行止大致理出个头绪来：

一、他从乾元二年（七五九）七月自华州携家来此，直至九月始终寓居城中，闲居无事，多往城内城外远近各处游览。二、在此重逢族侄杜佐，杜佐草堂在城南六十里的东柯谷，闻知彼处甚佳，决计卜居东柯，但到九月中仍未去过一次。十月即携眷赴同谷，时间仓猝，或曾往东柯探侄，当是只身，不会带家小同往[8]。欲卜居，

---

[8] 闻一多《少陵先生年谱会笺》："（杜甫）至秦，居东柯谷。《通志》：'东柯谷，在秦州东南五十里，杜甫有祠于此。'宋栗亭令王知彰记云：'工部弃官，寓东柯谷佐之居。'赵傻曰：'《天水图经》载秦州陇城县，有杜工部故居，及其侄佐草堂，在东柯谷之南，麦积山瑞应寺上。'按公以七月至秦州，十月赴同谷，此所记皆因暂寓而言之耳。《秦州杂诗》：'传道东柯谷，……'又曰：'东柯好崖谷，……'——东柯景物，见于公诗者，略如此。"闻先生不相信东柯谷有杜甫故居，以为不过因曾暂寓其侄家而误传。我经过一番爬梳，对暂寓东柯之说也表示怀疑。《通志》谓东柯谷在秦州东南五十里。一说在州南六十里。方位、里数大致相近。

则须买地置屋，虽心极向往，又有杜佐就近代求，但短时期内要想在此"深藏数十家"的山村找到个合适的去处也非易事。杜佐居彼境况颇佳，如卜居之事未妥，老杜当不会举家投奔赖以终老。三、又在此重逢旧识赞上人，曾邀赞上人往东柯谷西枝村寻置草堂地不得。此事似在谋居东柯谷未成之后。西枝村虽在东柯谷附近，恐距杜佐草堂所在地稍远，所以西枝之行毫不涉及杜佐。《秦州杂诗》中对卜居东柯兴趣极大，想后来出现了问题，就另作他图，往西枝求田问舍去了。四、往西枝村寻置草堂地不得，后又拟卜居西谷，似亦未果。可能当时同谷县宰寄书相招："邑有佳主人，情如已会面。来书语绝妙，远客惊深眷"[9]（《积草岭》），他便打消了在东柯、西枝、西谷等处卜居的念头，携家往同谷去了。

四　其他的一地一人

老杜在秦州时，一天傍晚经过城西南七里的赤谷[10]，作《赤谷西崦人家》说：

"跻险不自安，出郊已清目。溪回日气暖，径转山田熟。鸟雀依茅茨，藩篱带松菊。如行武陵暮，欲问桃源宿。"既云"赤谷西崦"，西崦当在赤谷附近，或是小地名，或泛指其西人家聚居的山坡。旧注多谓西崦系指秦州西五十里的崦嵫山，恐非；果如此，则不得以城西南七里的赤谷冠其上了。这诗写出郭游览行经山村所见所感。出得城来登山历险，真叫人提心吊胆；不过一到郊外，便觉目清神爽。溪水回环，风和日暖；转过小路，那山田里的庄稼都熟

---

[9]　卢元昌、仇兆鳌均以"佳主人"为同谷宰。
[10]　《清一统志》载：赤谷在秦州西南七里，中有赤谷川。

了。依傍着茅屋鸟雀归巢，篱落间映带青松、菊花。我仿佛在武陵的暮色里行走，想要投宿在这桃花源里人家。"欲问桃源宿"，到底投宿了没有？旧注的答复多是肯定的，如张𬘩说："公弃官之秦州，留宿赤谷西崦人家，而有此作。"赤谷离城七里，西崦当更远，日暮还在这里，加上山路险阻，他就更不敢摸黑回城内寓所了。杨伦认为此诗"有王孟之清幽，在公集中亦为变调"。确乎清幽，却仍是老杜遒劲风骨。

  赤谷多少与老杜在秦州的行止有关，故稍及之。另外还应介绍一下与老杜有交往的秦州本地人阮昉。老杜有《贻阮隐居》说：

  "陈留风俗衰，人物世不数。塞上得阮生，迥继先父祖。贫知静者性，白益毛发古。车马入邻家，蓬蒿翳环堵。清诗近道要，识子用心苦。寻我草径微，褰裳踏寒雨。更议居远村，避喧甘猛虎。足明箕颍客，荣贵如粪土。"阮隐居名昉。阮籍是陈留尉氏人，从他父亲"建安七子"之一的阮瑀开始世代皆有人物知名于世。《世说新语》载王平子尝经陈留郡界，语太守曰："旧名此邦有风俗。"朱注："《古今注》：塞者，所以壅塞夷狄也。公秦州、夔州诗，每用'塞上'字，盖秦界羌夷，夔界五溪蛮，二州皆有关隘之设。"这诗一开始就称道阮昉出自名门，说陈留古老的风俗衰歇了，可府上人物辈出不穷。我在这关塞边城幸得结识您阮先生，钦佩您能远绍父祖的清德。贫穷显示出恬静人的品性，斑白增添了毛发的古气。车马都到邻家去了，您的住处却只有蓬蒿遮蔽着围墙。您的清诗近乎玄言要道，可见您用心良苦。您穿过野草丛生的微径来找我，撩起衣裳淋着寒雨。您还跟我商议要搬到偏远的村子里去，逃避尘喧甘冒遭遇猛虎的危险。这足以证明古代箕山颍水许由、巢父这班高士逸人，确乎能将荣华富贵视如粪土。黄生说："'白益'句因其古心更敬其古貌。此意人不能以五字见之。'喧'字何指？即入邻之车马是也。静者畏之过于猛虎，名利热中人必不信有此事。此有唐诗人中高士，其诗惜不传，赖公此赠，略见其风概，亟登之，与千古尚友之士共读焉。"在当地人中得遇此心古貌古的高士，对老杜来说，可算是空谷足音。据"清诗近道要"，知此公诗未必佳，老杜特敬其为人而已。着样子，阮昉当与老杜同住城中或负郭，常"披草共来往"，曾与老杜谈过他要避喧远遁的打算。他俩既是这么志同道合，老杜的欲卜居东柯、西枝等地，想这位阮隐居也是与闻其事，出过主意的。惺惺惜惺惺，阮隐居对老杜也很关怀。他生活并不富裕，不等老杜开口，就给老杜送来了三十束薤头：

"隐者柴门内，畦蔬绕舍秋。盈筐承露薤，不待致书求。束比青刍色，圆齐玉箸头。衰年关鬲冷，味暖并无忧。"（《秋日阮隐居致薤三十束》）题下原注："隐居，名昉，秦州人。"前《贻阮隐居》题下"名昉"二字系注家据此所加。老杜好以诗代简借物、乞物或答谢馈赠，前有《戏简郑广文兼呈苏司业》《徒步归行》《端午日赐衣》，以后就更多了。这些小诗大多写得很得体很有风致，比径直作书更富于文学意味。《佐还山后寄》其三是向杜佐要霜薤，想不会不给。这诗说"不待致书求"，阮昉是主动送上门来，而且一送就是"三十束"，可见他对老杜照应的殷勤。老杜心里很是感激，所以在诗中将"不待致书求"这一点特别加以强调，又在题中写明是"三十束"。这样就无形中将阮昉的为人和他们之间的关系显示了出来，颇为动人。阮家庭院内开畦种菜，秋蔬绕舍碧绿。送来的满筐露薤，一束一束的只有刚割来的作刍秣的青草差可比拟；薤头滚圆个儿一般齐，像玉筷子头似的，洁白晶莹，真爱煞人。陶隐居（弘景）曾经说过："薤性温补，仙方及服食家皆知之。"（《本草》引）我年老体衰，胃冷消化力弱，吃这些性温的薤头并没有什么可担心的。——这诗写得不算太出色，却也亲切。"关"，机器的转捩处。

《后汉书·张衡传》："复造候风地动仪……中有都柱，傍行八道，施关发机。""鬲"，古代炊器。陶制。圆口，三空心足。二十六年前我写的读杜札记，其中一则说："'关鬲'，恐指腹胃内脏器官。衰年腹胃火气不大，而薤性温，故食之而'并无忧'也。"林先生评"甚妙"。聊照录以为纪念。

经过一番周折，总算对他在秦州的行止、交游有了粗略的了解，现在就好按不同的主题或题材来逐一涉猎他作于此间的诗篇了。

五 "西征问烽火，心折此淹留"

乾元二年（七五九）三月围邺城的九节度使大军溃散，史思明杀安庆绪。以李岘等并同平章事。四月，李岘在皇帝前叩头，论制敕皆应由中书出，具陈李辅国专权乱政之状[11]，上感悟，赏其正直；李辅国行事，多所变更，罢其察事。李辅国由是让行军司马，请归本官——太子詹事，上不许。制："自今须一切经台、府。如所由处断不平，听具状奏闻。诸律令除十恶、杀人、奸、盗、造伪外，余烦冗一切删除，仍委中书、门下与法官详定闻奏。"李辅国因此很嫉恨李岘。史思明自称大燕皇帝，改元顺天，立其妻辛氏为皇后，子史朝义为怀王，以周挚为相，李归仁为将，改范阳为燕

---

[11]《资治通鉴》卷二二一载李辅国专权乱政之状甚详："太子詹事李辅国，自上在灵武，判元帅行军司马事，侍直帷幄，宣传诏命，四方文奏，宝印符契，晨夕军号，一以委之。及还京师，专掌禁兵，常居内宅，制敕必经辅国押署，然后施行，宰相百司非时奏事，皆因辅国关白、承旨。常于银台门决天下事，事无大小，辅国口为制敕，写付外施行，事毕闻奏。又置察事数十人，潜令于人间听察细事，即行推按；有所追索，诸司无敢拒者，御史台、大理寺重囚，或推断未毕，辅国追诣银台，一时纵之。三司、府、县鞠狱，皆先诣辅国咨禀，轻重随意，称制敕行之，莫敢违者。宦官不敢斥其官，皆谓之五郎。（时相）李揆山东甲族，见辅国执子弟礼，谓之五父。"

京，诸州为郡。回纥毗伽阙可汗（即怀仁可汗）卒，长子叶护（此人曾率领精兵四千余人来助战，两京收复后留其兵于沙苑，自归取马）先遇杀，国人立其少子，是为登里可汗。头年（乾元元年）七月，册命回纥怀仁可汗曰英武威远毗伽阙可汗，以肃宗幼女宁国公主妻之。肃宗送宁国公主至咸阳，公主辞别说："国家事重，死且无恨。"今毗伽阙可汗卒，回纥欲以宁国公主为殉。公主说："回纥慕中国之俗，故娶中国女为妇。若欲从其本俗，何必结婚万里之外邪！"然亦为之剺面而哭。

五月，吏部尚书、同平章事李岘以直言得罪，贬为蜀州刺史。

六月，观军容使鱼朝恩恶郭子仪，因其败，短之于上。

七月，上召郭子仪还京师，以李光弼代为朔方节度使、兵马元帅。李光弼愿得亲王为之副，乃以越王李係为天下兵马元帅，李光弼副之。仍以光弼知诸节度行营。光弼以河东骑五百驰赴东都，夜，入朔方军。光弼治军严整，始至，号令一施，士卒、壁垒、旌旗、精采皆变。

八月，襄州将康楚元、张嘉延据州作乱，刺史王政奔荆州。康楚元自称南楚霸王。回纥以宁国公主无子送归京师。

九月，张嘉延袭破荆州，荆南节度使杜鸿渐弃城走，澧、朗、郢、峡、归等州官吏闻讯，相争潜窜山谷。史思明率部分途渡河，至汴州，城降。李光弼疏散官民、物资，守备河阳。史思明入洛阳，城空，无所得，畏光弼袭其后，不敢入宫，退屯白马寺南，筑月城于河阳南以拒光弼。郑、滑等州相继陷落。

十月，下制亲征史思明，群臣上表谏，乃止。史思明攻河阳，李光弼督诸将死战，贼众大溃，斩首千余级，俘虏五百人，溺死者千余人，史思明遁走。邛、简、嘉、眉、泸、戎等州蛮反。

十一月，平襄州康楚元乱。发安西、北庭兵屯陕，以备史思明。第五琦作乾元钱、重轮钱，与开元钱三品并行，民争盗铸，货轻物重，谷价飞涨，饿殍相望。上言者皆归咎于琦，贬琦忠州长史。御史大夫贺兰进明坐琦党贬溱州员外司马。

总之，这一年自从九节度围邺大溃以来，战局重新又转为被动，襄州和西南的叛变，更显示了唐王朝的危机四伏。

在这样的时局下，老杜弃官度陇，来到秦州这塞上重镇，耳闻目睹，又多是胡笳戍鼓、烽火燧烟、使臣过往、军旅回防等这样一些戎马倥偬景象，这就难免会经常触动他萦怀军国大事，而在诗歌中有所表现了。

前面提到的那首《秦州杂诗》其一，就写诗人度陇和初到秦州时对边事的关怀：

"满目悲生事，因人作远游⁽¹²⁾。迟回度陇怯，浩荡及关愁。水落鱼龙夜，山空鸟鼠秋。西征问烽火，心折此淹留。"首二句叙己因关辅大饥而弃官西去事。陇指陇山，关指陇山的安戎关（亦名大震关）。陇坂九回，怯于横度；来到边关忧愁之大，简直可用浩荡无垠来形容了。鱼龙川一名龙鱼川，今名北河，源出陕西陇县西北，南流至陇县东，入汧水。川中出五色鱼，俗以为龙，莫敢采捕（见《水经注》）。鸟鼠山在甘肃渭源县西南。秦岭西段山峰之一。即《禹贡》所称"鸟鼠同穴"之山。《西溪丛语》："鱼龙本水名，又《水经》言鱼龙以秋日为夜，一句中合用两事。"《杜诗说》："五六本以鱼龙水、鸟鼠山见地，又拆而用之，则鱼

⟨12⟩《读杜诗说》："秦州杂诗"第一云：'满目悲生事，因人作远游。'注引顾宸说：关辅大饥，故依人远游，非谓因房琯远谪也。今按因人不当作依人解。依人，依藉其人也。此诗二十首，既不及所之人，后在秦州，亦无一诗及之；当第附人同行，不必至交旧好，至秦州后，即自散去，故不曰依而曰因。后送段功曹诗：'幸君因旅客'，续得舍弟观书诗：'舟楫因人动'，皆即此因字。"所论甚是。我在前面正文中已指出，老杜在秦州确无所依之人（像后来他在成都时所依的严武那样的人）。

龙、鸟鼠皆成活物，又因以见时。造句之巧，莫逾杜公者矣。"仇注引岑参《与独孤渐道别长句兼呈严八侍御》"鱼龙川北盘谿雨，鸟鼠山西洮水云"，谓"正与公同"。三说俱佳。这一联借富于神秘色彩的塞上风光状初来乍到的生疏之感，亦即细致地写"及关"之愁。《旧唐书·吐蕃列传》载："（天宝）七载以哥舒翰为陇右节度使攻（石堡城）而拔之，改石堡城为神武军。天宝十四载，赞普乞黎苏笼猎赞死，大臣立其子婆悉笼猎赞为主，复为赞普。玄宗遣京兆少尹崔光远兼御史中丞，持节赍国信册命吊祭之。及还，而安禄山已窃据洛阳。以河陇兵募，令哥舒翰为将，屯潼关。……及潼关失守，河洛阻兵。于是尽征河陇、朔方之将，镇兵入靖国难，谓之行营。曩时军营边州，无备预矣。乾元之后，吐蕃乘我间隙，日蹙边城，或为虏掠伤杀，或转死沟壑。数年之后，凤翔之西，邠州之北，尽番戎之境，堙没者数十州。"又载自秦汉以来直至安禄山乱以前，岁调山东丁男戍守河陇西域之地，"大军万人，小军千人。烽戍逻卒，万里相继"。了解了这些，再来读这诗尾联就会真切得多。老杜此来，正值秦州一带受吐蕃威胁之际，无时不遭"虏掠伤杀"或"转死沟壑"之忧，这就难怪他提心吊胆，在西行途中，要随时注意前面有无边事发生了。当时戍边大军虽已调往内地靖难，总还会留下少数部队防守，总还会有人举烽燧报警。所以五句中的"烽火"是实指，不只是用来作为战事的代词。他这一时期作的《夕烽》："夕烽来不近，每日报平安。塞上传光小，云边落点残。照秦通警急，过陇自艰难。闻道蓬莱殿，千门立马看。"上半喜边境无事，下半忧边警猝来，可见他是经常在留心观看烽火的。住在这里这么不安全，心情这么紧张，他当然不想在此久留了。朱注："《唐六典》：凡烽候所置，大率相去三十里，其放烽有一炬、二炬、三炬、四炬者，随贼多少而为差焉，近畿封二百七十所。按唐镇戍，每日初夜放烟一炬，谓之平安火。"《禄山事迹》："潼关失守，是夕平安火不至，帝惧焉。"烽火有报平安、报警两种，战乱时人们当然很注意观看这祸福攸关的信号。"塞上传光小，云边落点残。"烽火，尤其是那只燃一炬的平安"夕烽"，并不那么容易看清楚，对两眼昏花的老年人来说更是这样。老杜生怕错过这报忧也报喜的信号，所以在"西征"途中就时不时地"问烽火"了。这"问"字很能见出老杜当时那种担惊受怕的神情，不可草草读过。老杜后来写的《耳聋》说："眼复几时暗，耳从前月聋。……黄落惊山树，呼儿问朔风。"这两个"问"字，各写一种特定的境地和心情，俱佳，可参看。仇兆鳌说："赵注谓公更欲西游者，非是。心折淹留，意不欲久客于秦矣。""西征问烽火，心折此淹留"，忧的主要是个人的身家性命（携家带口，来此边境，安危莫测，有此忧虑，也很自然）；《夕烽》诗中则因自己的得见平安火而想象长安宫殿"千门立马看"的紧张、焦急情景，就不觉神驰故国、感慨万千了。

此时此地他最担忧的是陇西戍边大军都东调入关去讨伐史思明："防河赴沧海，奉诏发金微。……那堪往来戍，恨解邺城围"《秦州杂诗》其六），"一望幽燕隔，何时郡国开。东征健儿尽，羌笛暮吹哀"（其八），而秦州又是戎汉杂居之地，降戎多而汉人少、彼强我弱："降虏兼千帐，居人有万家。马骄朱汗落，胡舞白题斜"（其三），吐蕃随时有可能乘我间隙，侵占边城。这一深忧明显地表露在其七中：

"莽莽万重山，孤城石谷间。无风云出塞，不夜月临关。属国归何晚，楼兰斩未还。烟尘一长望，衰飒正摧颜。"浦起龙说："其七，忧吐蕃之不庭也。一、二，身所处。三、四，警绝。一片忧边心事，随风飘去，随月照著矣。五、六，言西人向化无期也。'长望''摧颜',忧何时解!"理解大体正确。三、四句人皆道好,领会则各有不同。《邵氏闻见录》说无风塞、不夜城西夏有其地,王韶经略西边,亲至其处。赵次公则认为秦州有无风塞、不夜城乃后人因杜诗而命名。将"无风""不夜"解释为地名,"不但穿凿,亦令杜诗无味"(沈德潜语)。王嗣奭说:"时吐蕃作乱,征西士卒,络绎出塞,出则虽无风而烟尘随以去,故云'无风云出塞'。边关入夜,人烟阒寂,白沙如雪,兼之秋冬草枯木脱,虽夜不黑,常如有月,故云'不夜月临关'。非目见不能描写至此。刘云:'妙处举目得之。'钟云:'奇语不厌共知。'说梦可笑。'属国'正谓吐蕃,属国未归,将士无功未还,所以有出塞之云,无入塞之云也。"以为别人"说梦可笑",不想自己亦复如此。"乾元之后,吐蕃乘我间隙,日蹙边城",朝廷派"汉将独征西"(其十一)当有之。但以为"征西士卒,络绎出塞,出则虽无风而烟尘随以去","所以有出塞之云,无入塞之云"则未必。其六说:"防河赴沧海,奉诏发金微。"其八说:"东征健儿尽,羌笛暮吹哀。"老杜见抽调陇右戍卒东征,正深以西边防守空虚为忧,怎能说只"有出塞之云"而"无入塞之云"呢?云就是云,怎能说指的是出塞士卒扬起的烟尘呢?秦州周遭是"莽莽万重山",而且"秋草遍山长",这里并非沙碛[13],哪来的"白沙如雪""常如有月"呢?刘辰翁、钟惺的体会不仅不可笑,倒是正确的,惟嫌稍浅,不如仇兆鳌解说的贴切:"山多,故无风而云常出塞。城迥,故不夜而月先临关。二句写出阴云惨淡、月色凄凉景象。"地面无风,高空云可因气流而飘浮。这是常理常景。但在处于彼时彼地彼境的诗人眼中,就易生遐想,不

---

[13]《秦州杂诗》其三"驿道出流沙",言秦州乃东西要冲,有驿道通往西域流沙之地,非谓此间即有流沙。

无感叹了。云无心以"出塞",而常人则不敢出塞:"西征问烽火,心折此淹留。"有此反衬,更见边境多事之秋道路的艰险。云既出塞,其下即是敌方。云若是我,就能居高临下,鸟瞰敌人动静;我若是云,虽能出塞,亦必无心,哪管人间祸福。可叹两者皆非,就不能不令我因相隔咫尺无由窥测敌情而徒添忧虑了。这只是读诗后的想法,未必是作者原意。但正因为这想法是从读了这句诗后所产生的,可见这句诗很有启发性,能动人遐想。"不夜月临关"写边境黄昏月儿已悄悄爬上城头暂时尚暗淡无光的苍凉景象。仇说"城迥,故不夜而月先临关",似是而非。上半写景寓边愁,下半则明写边事,过渡自然。汉武帝时苏武出使匈奴,被扣留十九年,回汉朝后,官拜典属国(掌管外事)。这里以"属国"指使臣。楼兰,汉时西域国名。汉昭帝时楼兰通匈奴,不亲汉,傅介子至楼兰,斩楼兰王首以归。仇注:"唐解谓:五六指李元芳出使吐蕃,留而未还。按:元芳出使在大历间,不在乾元时。"杨伦说:"时必有出使吐蕃、留而未还若李元芳者。"五、六句大意是希望使臣能像傅介子那样斩敌酋而归。末二句写烟尘长望、忧时愁苦情状。沈德潜说:"起手壁立万仞"。杨伦评"无风"一联为"神句"。吴昌祺说:"如雕鹗盘空,雄健自喜。"

其十八也是客秦而忧吐蕃之作:"地僻秋将尽,山高客未归。塞云多断续,边日少光辉。警急烽常报,传闻檄屡飞。西戎外甥国,何得迕天威?"首联自叹远客边塞,因关山阻隔而不得还乡。颔联写深秋阴沉景物,见塞上风云变化莫测的紧张气氛和诗人惶遽不安的心情。颈联言边警可危:报警烽频,调兵檄急,是战争爆发前光景。尾联点明边患在吐蕃,责其不该捐弃旧好。吐蕃源出羌族,活动地区在今西藏和四川西部一带,都城在唐时名逻些城(即今拉萨)。当北周、隋时,已在兴起的过程中。隋唐之际，吐蕃首领松赞干布建立了政权。松赞干布（亦作弃苏农赞或弃宗弄赞）性骁武、多英略，相邻的羊同和诸羌都归附于他。贞观八年（六三四）松赞干布派贡使来唐，太宗派冯德遐报聘。随后又派大臣噶尔向唐求婚。开始太宗没答应，吐蕃以为被吐谷浑离间，发兵击溃吐谷浑而占其地，屯兵二十万于松州（今四川松潘县）西境。于是唐太宗命侯君集为行军大总管击败吐蕃军。松赞干布遣使求和，并再次求婚，太宗答应嫁文成公主给他。贞观十五年（六四一），命江夏王李道宗送文成公主去吐蕃，松赞干布大喜，亲迎于河源，并特为公主筑一城，建宫殿以处之。自文成公主和松赞干布结婚后，唐朝和吐蕃的关系日益密切，促进了双方经济文化交流。吐蕃开始"释毡裘，袭纨绮，渐慕华风。仍遣酋豪子弟，请入国学，以习诗书。又请中国识文之士，典其表疏"。文成公主入藏时，带去了大批丝织品、手工艺品和耕作之物，因而有助于吐蕃耕织和各项手工艺的发展。唐高宗嗣位，授松赞干布为驸马都尉，封西海郡王。松赞干布写信给唐朝的司徒长孙无忌等说："天子初即位，若臣下有不忠之心者，当勒兵以赴国除讨。"并献金银珠宝十五种请置太宗灵座之前。高宗很嘉许，进封松赞干布为宾王。文成公主又派人向唐朝"请蚕种及造酒、碾硙、纸墨之匠，并许焉"。永徽元年（六五〇）松赞干布卒，高宗为他举哀，遣使者吊祭。由于文成公主的出嫁密切了汉藏两族人民的关系，她为藏族人民所敬重，至今在拉萨的布达拉宫和大昭寺还供奉着文成公主的塑像。高宗以来，唐和吐蕃的关系日益密切。到中宗时，又以所养雍王李守礼的女儿金城公主嫁给吐蕃赞普尺带珠丹。金城公主到吐蕃时，中宗赐以"锦缯别数万，杂伎诸工悉从，给龟兹乐"。因而大批的杂伎、工匠将生产技术和伎艺传到吐蕃。不仅是龟兹乐，唐朝三大乐舞之一的《秦王破阵乐》也传入吐蕃，至今拉萨还保存着许多唐代的乐器。而一些书籍如《毛诗》《礼记》《左传》《文选》等也在此时传入吐蕃。同时，吐蕃的土特产如马、金器、玛瑙杯、零羊衫段等，也传入唐朝。正因为当时两族关系的主流是友好的，即使其间一度矛盾激化，仍能言归于好。（参看新旧《唐书·吐蕃传》《资治通鉴》等）《秦州杂诗》其十八中的所谓"外甥国"即用赞普尺带珠丹上玄宗表中"甥世尚公主，义同一家"的话。

老杜来秦州，见陇西边情紧急，心中当然忧虑。但当时尚未酿成此后几年那样的大战乱，而老杜的忧虑竟如此之深广，可见他不仅关心国事，而且很有预见性，这时已深感有必要加强西陲防守力量。所以其十九抒的就是忧乱而思良将之情：

"凤林戈未息，鱼海路常难。候火云峰峻，悬军幕井干。风连西极动，月过北庭寒。故老思飞将，何时议筑坛？"《旧唐书·地理志》载凤林县因凤林关而命名，属河州（治所在今甘肃临夏东北）。河州宝应初地入吐蕃。老杜写诗时这一带想已遭到过吐蕃的进犯。《新唐书·玄宗本纪》载天宝元年（七四二）十二月河西节度使王倕克吐蕃渔海、游奕军。据此知渔海属吐蕃境，所在不详。黄生说："凤林关、鱼海县，皆入吐蕃之路，地名佳甚。凡地名入诗，本以助色，不佳则难入也。"这意见很好。以地名入诗，的确要考虑其名佳否，是否宜于入诗；作近体诗更应注意。如长安、洛阳、姑苏、扬州、潇湘、洞庭、巴峡、荆门、长江、渭水、陇坂、榆关等等，古诗词中习见不鲜，且多佳句，用之入诗，往往会因这些地名在长期吟咏中所累积的美丽联想而产生较好的效果，但戒之在滥在空。以地名入诗多择雅而美，惟老杜能化俗为雅、变丑为美。玉女洗头盆、白鸦谷、青泥坊、黄师塔皆不美且俗，但写入"安得仙人九节杖，拄到玉女洗头盆"（《望岳》）、"盘剥白鸦谷口栗，饭煮青泥坊底芹"（《崔氏东山草堂》）、"黄师塔前江水东，春光懒困倚微风"（《江畔独步寻花七绝句》其五）诸句中，便觉别有风致，亦复可赏。"候火云峰峻"，意谓"斥候望烽燧"（《汉书·贾谊传》语）而常对云峰高峻。仇兆鳌以为"喻候火之炽而高也"，似非。"悬军"，谓悬军深入，即孤军深入之意。《易》："井收勿幕。"注："井口曰收，勿遮幕之。"杨伦说："此借言军幕之井。"卢元昌解"悬军幕井干"说："凡军旅所在，必资井泉。汉时耿恭整衣拜井，水泉涌出。曰'幕井干'，水竭可知。"这两句意思是说：入云峻岭之上，常有烽火报警；孤军深入而无后援，处境之危险可想。

《新唐书·地理志》载北庭大都护府属陇右道。仇注："'故老'，自谓。"西汉李广为右北平太守，匈奴称他为"飞将军"。刘邦为汉王时曾斋戒设坛场拜韩信为大将军。五、六句描状陇西风雨飘摇的形势。杨伦说："'飞将'旧指子仪，与上六句不洽，当指从前征吐蕃有功者。"案《新唐书·李嗣业传》载："高仙芝讨勃律（《资治通鉴》定此事在天宝六载），署嗣业及中郎将田珍为左右陌刀将。时吐蕃兵十万屯娑勒城，据山濒水，联木作郛，以扼王师。仙芝潜军夜济信图河，令曰：'及午破贼，不者皆死。'嗣业提步士升山，颓石四面以击贼，又树大旗先走险，诸将从之。虏不虞军至，因大溃，投崖谷死者十八。鼓而驱至勃律，禽其主（《旧唐书·李嗣业传》指明擒勃律王、吐蕃公主），平之。授右威卫将军。从平石国及突骑施，以跳荡先锋加特进。虏号为'神通大将'。初，仙芝特以计袭取石，其子出奔，因构诸胡共怨之，以告大食，连兵攻四镇。仙芝率兵二万深入，为大食所败，残卒数千。事急，嗣业谋曰：'将军深履贼境，后援既绝，而大食乘胜，诸胡锐于斗，我与将军俱前死，尚谁报朝廷者？不如守白石岭以为后计。'仙芝曰：'吾方收合余烬，明日复战。'嗣业曰：'事去矣，不可坐须菹醢。'即驰守白石，路既隘，步骑鱼贯而前。会拔汗那还兵，辎饷塞道不可骋，嗣业俱追及，手梃鏖击，人马毙仆者数十百，房骇走，仙芝仍得还。表嗣业功，进右金吾大将军，留为疏勒镇使。城一隅陁，屡筑辄坏，嗣业祝之，有白龙见，因其处葺祠以祭，城遂不坏。汉耿恭故井久涸，祷已，泉复出。初讨勃律也，通道葱岭，有大石塞隘，以足蹶之，抵穿罄，识者以为至诚所感云。天宝十二载，加骠骑大将军。……安禄山反，肃宗追之，……至凤翔，上谒，帝喜曰：'今日卿至，贤于数万众。事之济否，固在卿辈。'仍诏与郭子仪、仆固怀恩掎角。……进四镇、伊西、北庭行军兵马使。……（收复两京有功，）兼卫尉卿，封虢国公，实封户二百。兼怀州刺史、北庭行营节度使。"李广被敌人称为"飞将军"，李嗣业也被敌人称为"神通大将"。东汉耿恭驻西域疏勒城，传有拜枯井涌出泉水之事。李嗣业曾为疏勒镇使，也有为筑城祝祭见白龙与蹴大石开道等神异，传中即以耿恭相喻，想当时有此佳话流传。加之李嗣业在讨勃律之役中曾大败吐蕃兵而建奇功，召回平安禄山乱后屡拜四镇、伊西、北庭行军兵马使和北庭行营节度使。所有这些与诗中"悬军幕井干""月过北庭寒""故老思飞将"诸句之意不无关联。前年（七五七）老杜"北征"曾从李嗣业借马。去年（七五八）李嗣业率"安西兵过赴关中待命"，华州郭使君设宴款待，老杜曾陪末座。老杜跟李嗣业很熟，对他很推重。今年（七五九）正月李嗣业不幸卒于围邺城的军营中，老杜作为他的故人（因已弃官故称"故老"，犹如其二十自称"野老"一样），当此忧乱而思良将之际，想到他这位曾经大败吐蕃兵而建奇功的北庭行营节度使，无疑是很自然的。如果真是这样，那么这诗大致可做如下串讲：凤林一带干戈未息，通往鱼海的道路总是那么艰难。高山之上烽火不时报警，可叹的是如今没有（像李嗣业那样的）人敢悬军深入（去创造奇迹般的战绩），（当年李嗣业率部进军途中饮用过的）井水早已干涸了。大风撼动西域,月亮照过北庭寒冷而凄凉。(正如)故老思念飞将军(我思念"神通大将"),今天要是有他那样的人登坛拜将,派来靖边就好了。这首诗艺术上不算很成功,却能表现诗人忧心如焚的神情。

这种感时忧乱的痛苦心情在别的诗篇中也时有流露。如《东楼》说:

"万里流沙道,西行过此门。但添新战骨,不返旧征魂。楼角凌风迥,城阴带水昏。传声看驿使,送节向河源。"与《秦州杂诗》其十"羌童看渭水,使客向河源"参看,知当时确有使者经此往吐蕃谈和[14]。这诗是担心和议不成,"复有兴师之事也。上四说从前,此四说当下"(杨伦语)。仇兆鳌说:"楼当驿道,故征西者皆过此门。战骨、征魂,言其有去无还。楼角、城阴,写出高寒阴惨景色。故驿使至此,不禁触目伤心。"又《寓目》说:

"一县葡萄熟,秋山苜蓿多。关云常带雨,塞水不成河。羌女轻烽燧,胡儿掣骆驼。自伤迟暮眼,丧乱饱经过。"仇兆鳌说:"首联,物产之异。次联,地气之殊。三联,人性之悍。渐说到边塞可忧处,故有丧乱经过之慨,谓不堪重逢乱离也。"朱鹤龄说:"此诗当与(《秦州杂诗》其三)'州图领同谷'一首参看。关塞无阻,羌胡杂居,乃世变之深可虑者,公故感而叹之。未几,秦陇果为吐蕃所陷。"王嗣奭说:"羌女喜乱,胡儿贾勇,皆乱象也,故触目而伤心。"何义门说:"公先欲卜居秦州,以其逼吐蕃必乱,故去而之蜀。"各有所见,可供参考。又《日暮》:"日暮风亦起,城头乌尾讹。黄云高未动,白水已扬波。羌妇语还笑,胡儿行且歌。将军别换马,夜出拥雕戈。"也是忧乱之作。还是王嗣奭讲得好:"此诗谓

〈14〉赵汸说:"时遣使和好吐蕃,故用张骞寻河源事。"(仇注引)

羌胡将蠢动,而边将不遑宁处,夜拥雕戈,辞家上马,则死生不可知也。'日落风起''白水扬波',言虏将入寇,故羌妇笑而胡儿歌,言喜乱也。盖羌妇胡儿皆降虏。"

此外,他还借别人的酒卮浇自己的垒块。如《捣衣》假托戍卒之妇的话说:

"亦知戍不返,秋至拭清砧。已近苦寒月,况经长别心。宁辞捣衣倦,一寄塞垣深。用尽闺中力,君听空外音。"杨慎《丹铅录》:"《字林》:直舂曰捣。古人捣衣,两女子对立,执一杵,如舂米然。今易作卧杵,对坐捣之,取其便也。尝见六朝人画捣衣图,其制如此。"古人作寒衣,先将衣料放在石砧上用杵舂捣,使之平整柔软,以便裁剪缝纫。谢惠连的《捣衣》说:"櫩高砧响发,楹长杵声哀。微芳起两袖,轻汗染双题(额)。纨素既已成,君子行未归。裁用笥中刀,缝为万里衣。"描写捣衣动作很形象,也说是纨素捣后始裁缝成衣。这与今人洗衣服用棒槌捶不同。仇兆鳌说:"朱子《诗经集传》多顺文解义,词简意明。唐汝询解唐诗,亦用此法,但恐敷衍多而断制少耳。今注杜诗,间用顺解,欲使语意贯穿融洽。此章赵汸注云:'此因闻砧而托为捣衣戍妇之词曰:我亦知夫之远戍,不得遽归,方秋至而拂拭衣砧者,盖以苦寒之月近,长别之情悲,亦安得辞捣衣之劳,而不一寄塞垣之远。是以竭我闺中之力,而不自惜也。今夕空外之音,君其听之否耶。音字,含一诗之意。'唐仲言极称斯注。今标此以发顺解之例。"赵汸为这诗写的顺解端的好,无须我再来饶舌了。所谓"顺解"就是顺着原诗的意思加以串讲。所谓"断制"就是通过征引、考校、分析断定诗意应作何理解为当。字句明显的诗,顺解即可。典多义晦的诗,如不先作断制,往往不易顺解,我评杜诗多兼采此二法,但每以运用不甚自如为憾。六朝诗和唐诗中多有写捣衣之作。温子升《捣衣诗》说："长安城中秋夜长，佳人锦石捣流黄。香杵纹砧知近远，传声递响何凄凉。七夕长河烂，中秋明月光。蠮螉塞边绝候雁，鸳鸯楼上望天狼。"当时北朝文人多仿效南朝华靡诗风。这篇作品即以清辞丽句写秋夜捣衣思妇之悲，固然哀艳，只是着意揣摩，终隔一层，不甚感人。李白《子夜吴歌》其三说："长安一片月，万户捣衣声。秋风吹不尽，总是玉关情。何日平胡虏，良人罢远征？"这诗也写长安秋夜月下砧声，真是情景交融、哀而不伤，当然高明得多。但与老杜这首《捣衣》相比，便觉飘逸有余而沉痛不足。这主要是由于：前诗作于平时[15]，不过是仿乐府民歌，表现一种哀怨而美丽的境界；而后诗则作于战时塞上，写的是戍妇，表现的却是诗人深有切肤之痛的巨大悲哀。又如《秋笛》：

"清商欲尽奏，奏苦血沾衣。他日伤心极，征人白骨归。相逢恐恨过，故作发声微。不见秋云动，悲风稍稍飞？"咏的是秋笛，抒发的却是诗人悲悯阵亡将士之情。秋笛清商凄苦，尽力吹奏则动人哀思；若因此而想到征人白骨，就不禁要伤心泣血了。正因为怕听到的人愁恨太过，所以就轻轻地吹，发出细微的声响[16]。您不见这微声感得那秋云在浮动，悲风在稍稍飞扬么？《韩非子·十过》载：师旷奏清徵，有玄云从西方起；再奏之，大风至。宋玉《笛赋》："吹清商，发流徵。"笛所发皆商、徵悲切之音，故能悲

〈15〉有选本将这组诗编在公元七四二、七四四李白在长安时期。这组诗仿吴声歌曲《子夜四时歌》写春、夏、秋、冬四时情景，当作于同时。从其一写春日罗敷采桑、其二写夏日西施采荷的欢快调子看来，这组诗起码可肯定是作于平时而非战时。

〈16〉浦起龙串讲全诗说："言非不欲尽情苦奏，而尽奏则泪沾，彼或以此间惨景满目伤心，恐逢此者，听高响而恨过，故作此微声乎？不见悲风轻激，云已轻飞者乎？"可参看。仇注："'不见'，犹云'独不见'。"王嗣奭解尾联说，"秋云不见其动，而悲风已飞"，非是。

感风云。风云稍动,见笛声之轻微,闻之者似不应过于愁苦。这是实写笛声。但一开始就说如若吹得太响,则会令人想到死人白骨而伤心泣血。这是虚写。从实闻远笛微声,到引出虚拟的"尽奏"("欲尽奏"并未"尽奏"),以及"尽奏"后所产生的强烈的感人效果。实而虚,虚而实,这岂不终于将诗人闻笛而悲痛欲绝的心情巧妙地表现出来了吗?王嗣奭说:"起来二句,乃尾后余意,而用之作起,奇突变幻,而悲痛便增十倍,此命格之最奇者。……刘评首句云:'笛外笛。'颇觉会心,惜未明说。"刘评第一个"笛"字系指实闻"发声微"之笛,第二个"笛"字乃虚拟的"欲尽奏"之笛。浦起龙说:"是就远笛微声作意,非泛咏笛声也。前半故作虚势,至五、六露意,末以指点作结。……笔笔凌空,着纸飞去,律体至此,超神入化矣。千古未窥其妙。"前人不善剖析,论诗总觉迷离扑朔,却每有所得。而时贤之弊适相反,能取长补短就好。

六 "花门既须留,原野转萧瑟"

老杜身处秦州,心忧吐蕃,发为吟咏,不一而足,这也是情理中事。虽然这样,他的目光并非仅限于此,他还是经常看到全局,在为军国大事而担忧。他的《留花门》就是这样的一篇代表作:

"花门天骄子,饱肉气勇决。高秋马肥健,挟矢射汉月。自古以为患,诗人厌薄伐。修德使其来,羁縻固不绝。胡为倾国至,出入暗金阙?中原有驱除,隐忍用此物。公主歌黄鹄,君王指白日。连云屯左辅,百里见积雪。长戟鸟休飞,哀笳曙幽咽。田家最恐惧:麦倒桑枝折。沙苑临清渭,泉香草丰洁。渡河不用船,千骑常撇烈。胡尘逾太行,杂种抵京室。花门既须留,原野转萧瑟。"这诗当作于乾元二年（七五九）秋在秦州时[17]。回纥亦称回鹘，是中国古族之一。《新唐书·地理志》"甘州张掖郡"载，北渡张掖河，西北行出合黎山峡口，傍河东壖屈曲东北行千里，有宁寇军，军东北有居延海，又北三百里有花门山堡，又东北千里至回鹘衙帐。故杜诗中多以花门称回纥。《汉书·匈奴传》："胡者，天之骄子也。"《新唐书·回鹘传》载回纥的祖先是匈奴，俗多乘高轮车（元魏时亦号高车部），居无恒所，逐水草转徙，民性骁强，善骑射。所以诗一开头就称之为"天骄子"，述其习尚，见其强悍。仇注："《汉书》：赵充国曰：'秋高马肥，变必起矣。'颜注：秋马肥健，恐其为寇也。"又："《汉书》：边外举事，常随月盛壮以攻战，月亏则退兵。"可帮助理解"高秋马肥健，挟矢射汉月"二句。但这是诗的语言，"射汉月"就是射汉月，不可径直解为汉时胡人常在有月光时挑衅，月亏则退去。这正如王昌龄《出塞》其一"秦时明月汉时关"中的秦月汉关、李贺《金铜仙人辞汉歌》"空将汉月出宫门"中的汉月和苏轼《江城子·密州出猎》"会挽雕弓如满月，西北望，射天狼"中的天狼一样，带有象征意义，不宜讲死。这两句写其锋不可当，读之骇然。岑参《走马川行奉送出师西征》"匈奴草黄马正肥，金山西见烟尘飞"，只写马肥，却显出其剽悍强劲；只说望见远处烟尘飞扬，却显出匈奴进犯时情况的紧急。所写情境与此二句相近，而表现手法却有偏重于象征和偏重于写实的不

---

[17] 仇兆鳌按："回纥留兵沙苑，在至德二年十月。宁国下降，在乾元元年七月。回纥复遣骁骑三千，助讨安庆绪，在元年八月。郭子仪拔卫州，围邺城，在元年十月。九节度之师溃于相州，在二年三月。史思明复取大梁，陷洛阳，在二年九月。此诗述屯兵沙苑及公主下嫁之事，当属元年之秋。其云逾太行，抵京室，又当属二年秋末矣。此必回纥败归，思明猖獗之后，追记前事耳。言回纥千骑之撇烈如此，而太仆烟尘之侵逼又如彼，然则花门之留，亦何救于原野萧瑟乎？盖甚言借兵之无益也。或云逾太行而至京邑，即指回纥新来骁骑。按回纥若取道太行，路程反纡，说亦未确。"所论甚是。

同。《诗经·小雅·六月》:"薄伐狎狁"。狎狁是周朝时的北方外族。"薄",发语词,无义。"薄伐"就是征伐。"诗人厌薄伐"谓《六月》的作者也怕狎狁入侵发生战争。这里借以说明"自古以为患"。当首四句指出回纥的强梁可畏之后,接着就说,"彼制御边人自古为患,但怀来勿绝而已。兹何以使之出入无禁哉?特以中原多事,隐忍用之。是用缔婚姻,申盟誓,以固其心。而沙苑一带,遂许为屯牧之区"(浦起龙语)。这一段其实是在批评皇帝。皇帝哪里是可以随便批评得的?那就拐着弯说吧!从古以来就担心来自北方的侵扰,唯一正确的办法是天子修德睦邻,用怀柔政策使其归顺。现今他们倾国而至,出出进进,使得京城和宫阙暗淡无光。宁国公主去和亲,她的悲哀就同歌唱"常思汉土兮心内伤,愿为黄鹄兮还故乡"的汉乌孙公主一样。皇帝指天发誓跟他们结盟。回纥之俗衣冠、旗帜皆白,他们驻扎在左辅沙苑,远远望去好似一片积雪。这只是出于无奈,为了平乱,不得不忍气吞声借仗他们的兵力啊!浦起龙说:"中段着笔极难,看其斟酌回护,言今之亲昵此辈,非得已也。""斟酌回护",话说得委婉多了,但着重指出种种隐忍取辱之事,岂不就揭露出皇帝的无能失策么?《自京赴奉先县咏怀五百字》中关于"彤庭分帛"一段议论,就是这种心情这种写法,可参看第七章第七节的有关论述。

《旧唐书·回纥传》载:"(至德二载,)十一月(《资治通鉴》作'十月')癸酉,叶护自东京至,敕百官于长乐驿迎。上御宣政殿宴劳之。叶护升殿,其余酋长列于阶下,赐锦绣缯䌽、金银器皿。及辞归蕃,上谓曰:'能为国家就大事、成义勇者,卿等力也。'叶护奏曰:'回纥战兵留在沙苑,今且须归灵夏取马,更收范阳,讨除残贼。'己丑,诏曰:'功济艰难,义存邦国。万里绝域,一德同心。求之古今,所未闻也。回纥叶护,特禀英姿,……

以可汗有兄弟之约，与国家兴父子之军。奋其智谋，讨彼凶逆。一鼓作气，万里摧锋。二旬之间，两京克定。……固可悬之日月，传之子孙。岂惟裂土之封，誓河之赏而已矣。夫位之崇者，司空第一；名之大者，封王最高。可司空，仍封忠义王。每载送绢二万匹至朔方军，宜差使受领．'"这种对待、这种评价、这种封赏，都是太过分了。凡此种种肃宗的倒行逆施，老杜当时不会不知，也不会不痛心疾首，只是不便明说罢了。这一段历史记载，有助于具体理解"出入暗金阙""君王指白日""连云屯左辅"诸句。在煞费苦心地以回护之辞反托出肃宗"留花门"决策之失以后，当直接写到回纥时，由于不再有什么顾忌，就明言指责他们养马苑中不剿贼而妨民了。"胡尘逾太行，杂种抵京室。"是说史思明叛军自北而来，又占领了东都。既然如此，那么，花门看起来还是必须留的了；只是留下了花门，让他们的人马任意践踏农桑，原野就会变得很萧条："花门既须留，原野转萧瑟。"这么说，似乎又在找理由为留花门开脱：留与不留人民都遭殃；权衡轻重，该是留的好。其实不然，因为：一、诗人的叹息主要落在"原野转萧瑟"上，很明显，他是反对留的；二、这并非逻辑上真正的两难法（这样或那样都不免有困难，但两者必居其一），他早就认为应尽可能少借用回纥兵，"此辈（指回纥兵）少为贵"（《北征》），主要得靠本国的力量去平定叛乱，"独任朔方无限功"（《洗兵马》）。这里他不明说，只是想借这似是而非的两难法去引导人思考问题，真正认识到留花门的后患无穷而已。老杜的忧虑不是没有根据的。正由于肃宗昏庸失策，决定借回纥兵平乱，给国家和人民带来了深重灾难。前在第八章第六节等处已提到，借兵之初，肃宗与回纥约定收京之日土地士庶归唐，金帛子女归回纥。克西京后叶护即欲践约，广平王李俶拜在他马前阻止，始得免。后克东都，回纥大掠三日,"奸人导之,府库穷殚,广平王欲止不可,而耆老以缯锦万匹赂回纥,止不剽"(《新唐书·回鹘传》)。去冬今春老杜回东都住了几个月,对一年以前回纥在那里大肆掠夺的事,当然会有深切而具体的了解,写诗时不会不想到。可叹的是灾难至此远未结束。宝应元年(七六二)回纥破史朝义,再"至东京,放兵攘剽,人皆遁保圣善、白马二祠浮屠避之,回纥怒,火浮屠,杀万余人,及是益横,诟折官吏,至以兵夜斫含光门,入鸿胪寺"(同上)。大历七年(七七二)正月,回纥使者擅出鸿胪寺,掠人子女;所司禁之,殴击所司,以三百骑犯金光、朱雀门。是日,宫门皆闭。尤其严重的是,回纥还曾为唐叛将仆固怀恩所诱,和吐蕃等连兵于代宗广德二年(七六四)、永泰元年(七六五)攻掠奉天、同州等处。此外,回纥自乾元以来,岁求和市,每一马易四十缣,动至数万匹,马皆驽瘠无用;朝廷苦之,所市多不能尽其数,回纥待遣,继至者常不绝于鸿胪。因而唐常欠回纥马价。德宗建中三年(七八二)回纥可汗对唐使源休说:"唐负我马价,直缣可八十万匹,当速归之。"德宗以帛十万匹、金银十万两偿还。所谓"和市"的亏蚀,加上几次嫁公主给回纥可汗的巨大陪嫁费[18],和自至德二载(七五七)开始的每年必不可少的"岁赐"

---

[18] 除了宁国公主,唐还先后将崇徽、咸安、太和公主嫁给回纥(后改称回鹘)可汗。《资治通鉴》宪宗元和九年载:"先是,回鹘屡请昏,朝廷以公主出降,其费甚广,故未之许。礼部尚书李绛上言,以为:'回鹘凶强,不可无备;淮西穷蹙,事要经营。今江、淮大县,岁所入赋有二十万缗者,足以备降主之费,陛下何爱一县之赋,不以羁縻劲虏!……'"又元和十二年载:"回鹘屡请尚公主,有司计其费近五百万缗,时中原方用兵,故上未之许。"李绛估计的数字已经不小,但远远赶不上有司统计的数字(当以此为准)。过去外族娶唐公主须给唐很重的聘礼。现在嫁公主给回纥可汗竟要这么一笔巨大的陪嫁费。这自然是肃宗为了讨好回纥嫁宁国公主时开了个坏先例,也显示出唐王朝国力日弱,不得不忍受强邻变相的勒索。回纥求亲,不止为人,更是为钱啊。

绢二万匹，这给唐王朝日益竭蹶的财政更增添了沉重的负担。上述种种不愉快的事大多发生在以后。但老杜在写《留花门》的当时已深感借兵回纥的后患无穷，足见他对时事的关注，且有很高的政治预见性。所以张上若说："经国之计，忧深虑远，岂寻常韵言可及？"《留花门》这首诗的艺术成就也很突出。一般说来，以议论入诗往往不佳。这首诗却不然。杨伦评"自古以为患"一段说："此段叙古来驭夷，正见当时相反，可当名臣奏议。"能当奏议。到底不是奏议。奏议须叙事发议论。这诗中的叙事则采取形象生动且富于感情的诗的语言，如"高秋马肥健，挟矢射汉月""胡为倾国至，出入暗金阙""公主歌黄鹄，君王指白日""花门既须留，原野转萧瑟"等等，而道理则寓于这些稍有议论、主要靠事实说话的诗句中。诗人不敢公开批评皇帝，但他终于巧妙地借回护之辞，揭露了真相，显示出借兵回纥的失策，人民的苦难和自己的忧心如焚也顺便得到了很好的表现，这手法无疑是很老练的。

其实老杜有时还是敢明显地批评朝政的，譬如《即事》即如此："闻道花门破，和亲事却非。人怜汉公主，生得渡河归。秋思抛云髻，腰支剩宝衣。群凶犹索战，回首意多违。"老杜就时事（"即事"）而专议和亲说：听说跟回纥关系破裂，和亲的事全错了。人们都同情宁国公主，她总算能活着渡河归来。她无心梳妆，腰肢消瘦。眼下史思明等还在挑战，回想起来当初的打算通通落空了。仇兆鳌说："'和亲事却非'，谓一事而三失具焉。初与回纥结婚，本欲借兵以平北寇，孰知滏水溃军，花门同破，此一失也。且可汗既死，公主劓面而归，抛髻剩衣，忍耻含羞之状见矣，此二失也。是时思明济河索战，而回纥之好已绝，与和亲本意始终违悖，此三失也。公诗云：'圣心颇虚仁，时议气欲夺。'

老成谋国之言，真如烛照而数计矣。"剖析一事三失颇深入。《旧唐书·回纥传》载："乾元二年，回纥骨啜特勒等，率众从郭子仪与九节度，于相州城下战，不利。三月，壬子，回纥王子骨啜特勒，及宰相帝德等十五人，自相州奔于西京。"仇注据此解首句，谓花门所部为贼所破（"滏水溃军，花门同破"），亦通。浦起龙说："《留花门》云：'公主歌黄鹄'，方出降之时，不敢斥言其非也。至是卒归恩断，失策见矣，故叹之。"批评和亲的失策，实际上就是批评肃宗。从《北征》"阴风西北来，惨淡随回纥。……此辈少为贵，四方服勇决。……圣心颇虚伫，时议气欲夺"，到《留花门》"公主歌黄鹄，君王指白日"，最后到这首《即事》，老杜始终反对过分依仗外力平乱，反对并非处于平等地位的和亲与联盟。当事实证明他的看法正确时，他就不再是委婉地讽喻，而是明确地批评了。

七　遣兴之一

老杜弃官度陇，羁旅边关，国事蜩螗，身家飘泊，闲居多暇，瞻前顾后，百感交集，曾任志之所之，拉拉杂杂地写了四组《遣兴》诗以自遣。《遣兴三首》其一就经战场所见，讥要功滋事的边将：

"下马古战场，四顾但茫然。风悲浮云去，黄叶坠我前。朽骨穴蝼蚁，又为蔓草缠。故老行叹息，今人尚开边。汉虏互胜负，封疆不常全。安得廉颇将，三军同晏眠？"老杜早就在《兵车行》《前出塞》等诗中反对天子恣意开边、武将邀功黩武，主张立国有疆、重在守边。这诗中关于边事和战争的看法基本上一样，但有两点不同：一、他虽在《兵车行》中描写了疆场的悲惨景象："君不见青海头,古来白骨无人收。新鬼烦冤旧鬼哭,天阴雨湿声啾啾",但只是想象,而这里却是身临其境的真切感受;二、以往攻石堡、伐南诏是唐开边,现在轮到吐蕃开边[19]。所以就令他倍思赵国那位安边而不生事的良将廉颇了。陶渊明《归园田居》其四:"久去山泽游,浪莽林野娱。试携子侄辈,披榛步荒墟。徘徊丘陇间,依依昔人居。井灶有遗处,桑竹残朽株。借问采薪者:此人皆焉如?薪者向我言:死殁无复余。一世异朝市,此语真不虚。人生似幻化,终当归空无。"起兴与老杜《遣兴》其一相仿佛,但一叹人生无常,一论边事得失,主题和情调各不相同。其二写登临望远,有慨于诸将的不能平乱而徒封侯王:

"高秋登寒山,南望马邑州。降虏东击胡,壮健尽不留。穹庐莽牢落,上有行云愁。老弱哭道路,愿闻甲兵休。邺中事反覆,死人积如丘。诸将已茅土,载驱谁与谋?"《新唐书·地理志》载:马邑州,开元十七年置,在秦、成二州山谷间。宝应元年徙于成州之盐井故城。隶秦州都督府。朱注:"降虏,谓秦陇间属夷,调发讨贼者。旧注指回纥,非。"仇注:"黄希曰:诸将不指李、郭。如封朔方大将军孙守亮等九人为异姓王,李商臣等十三人为同姓王,是也。"前已多次指出,老杜对于吐蕃的乘隙犯边表示愤慨,对于境内羌女的喜乱、胡儿的贾勇表示担忧。但是,当他耳闻目睹羁縻州之一马邑州中内附的夷民,被调去东征,由于将领无能而白白送死,家人哭怨,毡帐萧条,则又无限同情,代为呼吁。古代的人,能这样自觉不自觉地区别对待各种不同的情况和各种不同处境的人,这是极其难能可贵的。其三的题材和主题则又有所不同,写的

---

[19] 杨伦认为"今人尚开边"是"指吐蕃界"。证之以"汉虏互胜负,封疆不常全",可见作者的意思是说,过去是唐开边,现在是吐蕃开边。"尚",犹,还;不作崇尚解。

是见丰收在望而有感于贤士的晚遇：

"丰年孰云迟，甘泽不在早。耕田秋雨足，禾黍已映道。春苗九月交，颜色同日老。劝汝衡门士，勿悲尚枯槁。时来展才力，先后无丑好。但讶鹿皮翁，忘机对芝草。"老杜弃官客秦州最直接的原因是"关辅饥"。到后见秋雨下足，迟种的庄稼长得很好，丰收在望，这当然很高兴。一想即使耕种稍微迟一点，只要雨水足，禾苗长得格外快，到时候同样能成熟，谁说丰年来迟了？这无意中给了他启示，只要时来运转，草野贤士终能施展才能，做一番事业，这就无须计较先达和后进何者为优何者为劣了。这是勉励人的话，也见诗人内心深处尚存一线希望。《列仙传》载，鹿皮翁，淄州人，少为府小吏，举手成器。岑山上有神泉，人不能到。小吏白府君，请木工斧斤三十人，作转轮悬阁。数十日，梯道成，上巅作祠屋，留止其旁。食芝草，饮神泉，七十余年。淄水来山下，呼宗族家室，令上山半。水出，尽漂一郡，没者万计。小吏辞遣宗族下山，着鹿皮衣，去复上阁，后百余年，下，卖药齐市。末二句引鹿皮翁事以寄慨："今既不能遇，当如鹿皮翁之遁世矣。"(仇兆鳌语)大而化之，这样解释即可。王嗣奭故作深解："其三结句引鹿皮翁，盖此翁最多机巧。而今忘机而对秋草，比己之有才而莫用，所以讶之。'劝汝衡门士'，盖自谓也，其遗兴以此。余前笺未曾理会到此，今始快然。"私意以为不然。鹿皮翁辞吏归隐，构屋山巅，因预知将发洪水，为族人避难做准备。人见其食芝草，饮神水，似忘机者，故讶之，实不知其见机。如前所述，老杜辞吏（司功即吏）携家来此，有归隐避难意。故引鹿皮翁以自况。且不说大器晚成；无论早晚，只要有成，亦大好事。诗中晚登、晚遇的想法颇含哲理，至今能鼓励人，语言也很洗练。

八 遣兴之二

这种用行舍藏的身世之叹，较集中地表现在《遣兴五首》中。其一说：

"蛰龙三冬卧，老鹤万里心。昔时贤俊人，未遇犹视今。嵇康不得死，孔明有知音。又如垄坻松，用舍在所寻。大哉霜雪干，岁久为枯林。"《世说新语·容止》："有人语王戎曰：'嵇延祖卓卓如野鹤之在鸡群。'答曰：'君未见其父（嵇康）耳。'"儿子是野鹤，老子就是"老鹤"了。《三国志·诸葛亮传》载，徐庶对刘备推荐诸葛亮说："诸葛孔明者，卧龙也。将军岂愿见之乎？"刘备就三顾茅庐，请他出山，共创蜀汉。《晋书·嵇康传》载，钟会嫉恨嵇康，对司马昭说："嵇康，卧龙也，不可起。公无忧天下，顾以康为虑耳。"因谮其言论放荡被害。孔明和嵇康，都曾蛰伏存身如三冬卧龙，俱有雄飞万里老鹤之心[20]，但一建功立业，一不得好死，分界转关处，全在于当政者的相赏或相仇。这就像涧底长松，用舍取决于有人来访寻与否，如未被发现，就是再大的经雪傲霜的树干，年深月久也会变为枯林的。——"昔时贤俊人，未遇犹视今。"说古道今，总离不开为自己的穷达通塞萦怀。晚登、晚遇虽也不错，要是始终不得"甘泽"，不遇"知音"，错过了时机，那就毫无希望，徒唤奈何了。这不就同前一首诗中的想法接通线了么？一会儿这样想，一会儿那样想，情绪忽高忽低，足见他内心苦闷的深广。老杜为"致君尧舜

---

[20] 仇兆鳌认为："叔夜、孔明，不宜专承卧龙，亦不当分顶龙鹤。"诸葛亮《前出师表》："臣本布衣，躬耕于南阳；苟全性命于乱世，不求闻达于诸侯。"嵇康《与山巨源绝交书》："吾顷学养生之术，方外荣华，去滋味，游心于寂寞，以无为为贵。……足下无事冤之（指山涛要他出来做官），令转于沟壑也。"可帮助理解"蛰龙三冬卧"的具体含义。

上，再使风俗淳"的理想和抱负奋斗了大半生，如今落得这步田地，可怜他还没有死掉那颗风云际会、治国济民的心！其二说：

"昔者庞德公，未曾入州府。襄阳耆旧间，处士节独苦。岂无济时策？终竟畏罗罟。林茂鸟有归，水深鱼知聚。举家隐鹿门，刘表焉得取？"《后汉书·庞公传》载，庞德公居岘山南，未尝入城府。荆州刺史刘表去看望他，对他说："夫保全一身，孰若保全天下乎？"庞公笑道："鸿鹄巢于高林，暮而得所栖。鼋鼍穴于深渊之下，夕而得所宿。夫趣舍行止，亦人之巢穴也，且各得其栖而已，天下非所保也。"因释耕于垄上。刘表叹息而去。后遂携妻子，登鹿门山，采药不返。前诗提到了孔明和嵇康，这是两个极端。豪杰之士处于乱世当不成孔明，要想不蹈嵇康覆辙，就只有走庞德公韬光养晦、明哲保身的这条路了。王嗣奭说："庞德公最清高，此公所愿学而未能者。'岂无济时策'，公自寓也。'鱼''鸟'一联，用其本色语（指前引庞公答话中的'鸿鹄'四句）。庞德公称孔明卧龙者。孔明每造之，独拜床下，德公初不令止，则德公之抱负可知。诗云：'岂无济时策？'信矣。非想象语。"限于客观条件，老杜当时不得用而行，必将舍而藏，但又不甘心，故每引庞公为楷模，好让自己说服自己，增强去志。作于同一时期的《秦州杂诗》其十五"庞公隐不还"，以及其后所作诗中的"庞公任本性"（《昔游》）、"庞公竟独往"（《雨》）、"庞公隐时尽室去"（《寄从孙崇简》）、"庞公至死藏"（《寄彭州高三十五使君适虢州岑二十七长史参三十韵》）诸句，莫不如此。在我看来，与其说这是诗人的自我标榜，不如说这恰恰泄漏了他内心深处在"趣舍行止"上所产生的彷徨和苦闷。其二这首诗中"林茂"二句不仅是用庞公的"本色语"，不仅语词上与《淮南子》"水深则鱼聚，木茂而鸟乐"、曹植《离思赋》"水重深而鱼悦，林修茂而鸟喜"相近，而且在思想感情上无疑与陶渊明的《归鸟》四章，及其

"望云惭高鸟,临水愧游鱼"(《始作镇军参军经曲阿作》)、"羁鸟恋旧林,池鱼思故渊"(《归园田居》其一)、"飞鸟相与还"(《饮酒》其五)、"归鸟趋林鸣"(同上其七)、"众鸟欣有托"(《读山海经》其一)诸句息息相关。正由于思绪不知不觉地牵到了这里,他就在其三中议论起陶渊明来了:

"陶潜避俗翁,未必能达道。观其著诗集,颇亦恨枯槁。达生岂是足?默识盖不早。有子贤与愚,何必挂怀抱。"陶渊明(三六五—四二七),字元亮;一说名潜,字渊明。世称靖节先生。浔阳柴桑(今江西九江西南)人。曾祖陶侃,晋大司马。陶渊明少有高趣,曾著《五柳先生传》以自况:"先生不知何许人也,亦不详其姓字。宅边有五柳树,因以为号焉。闲静少言,不慕荣利。好读书,不求甚解;每有会意,便欣然忘食。……环堵萧然,不蔽风日,短褐穿结,箪瓢屡空,晏如也。常著文章自娱,颇示己志。忘怀得失,以此自终。"亲老家贫,起为州祭酒。不堪吏职,即辞归。州府召他为主簿,不就,躬耕自资,遂抱羸疾。复为镇军、建威参军,对亲友说:"聊欲弦歌,以为三径之资,可乎?"当权的得知,任命他为彭泽令。他要县吏将公田全部种秫稻,说:"吾常得醉于酒,足矣。"妻子固请种秔,乃使二顷五十亩种秫,五十亩种秔。岁终,郡里派遣督邮到县,县吏说:"应束带见之。"他叹道:"我岂能为五斗米折腰向乡里小儿!"当天解绶去职,赋《归去来兮辞》,结尾说:"聊乘化以归尽,乐夫天命复奚疑!"他不解音律,却有一张无弦琴,每当饮酒兴起,便抚弄以寄其意。来客相访,不分贵贱,只要有酒,就请客人同饮。他若先醉,便对客人说:"我醉欲眠,卿可去。"[21] 他就是这样真率。钟嵘《诗品》称陶

---

[21] 这句话被李白很现成很恰当地用在《山中与幽人对酌》中:"两人对酌山花开,一杯一杯复一杯。我醉欲眠卿且去,明朝有意抱琴来。"

渊明为"古今隐逸诗人之宗"。陶渊明的隐逸有逃避污浊官场、追求人生真谛和愤慨晋宋易代的意义。因此他的诗，既表现了隐者的高致、晋人的风度、节士的"猛志"，也闪耀着"人生归有道，衣食固其端""落地为兄弟，何必骨肉亲""春蚕收长丝，秋熟靡王税""纵浪大化中，不喜亦不惧"等思想火花。综观陶渊明一生的行藏出处，及其习性、志趣，他当然算得上是"能达道"的"避俗翁"。那么，老杜为什么还怀疑他"未必能达道"呢？难道真以为他在《饮酒》中说过："颜生称为仁，……长饥至于老。虽留身后名，一生亦枯槁"，又有《责子》说："白发被两鬓，肌肤不复实。虽有五男儿，总不好纸笔。阿舒已二八，懒惰故无匹。阿宣行志学，而不爱文术。雍端年十三，不识六与七。通子垂九龄，但觅梨与栗。天运苟如此，且进杯中物"，他就成了个并不达观的俗老头儿么？当然不是。仇兆鳌说："彭泽高节，可追鹿门。诗若有微词者，盖借陶集而翻其意，故为旷达以自遣耳，初非讽刺先贤也。"浦起龙说："嘲渊明，自嘲也。假一渊明为本身像赞。"这些理解都很好。我曾在第一章第一节中对此有所发挥，认为老杜在写作这首诗之前、之后讲到他儿子宗文、宗武的诗句不少，若论为儿子"挂怀抱"，杜甫丝毫不亚于陶渊明，他之所以笑话陶渊明，只不过借以自我解嘲，慨叹做父母的对儿女往往痴心，甚至像陶渊明这样的"避俗翁"也不能免俗（请参看，不缕述）。现在所要补充的是：我们在这首诗中既看到了老杜自我解嘲的苦笑，也看到了他对妻室儿女眷恋的温情。他在这组诗中强调庞德公的"举家隐鹿门"，在《秦州杂诗》其二十中也以将挈妻子偕隐而自慰："晒药能无妇？应门亦有儿。"可见当他在历尽世途艰险、宦海风波，为时君所弃，走投无路、心身交瘁时，惟有与亲人休戚与共，寻求一点精神上的慰藉了。陶渊明"误落尘网中，一去十三年"，等到他终得"守拙归园田"后,就更加感到"众鸟欣有托,吾亦爱吾庐"了。陶渊明的"草庐寄穷巷",有时也免不了受冻挨饿,"饥寒饱所更",哪能总是那么飘飘然?不过,他到底有个不无可爱的家。可怜老杜如今却像只蜗牛,他的家就是蜗牛背上的壳。他背着这个"壳"慢慢地爬,爬到哪里家就在哪里。实在疲惫不堪了,暂时缩到"壳"里喘息一下,寻求一丝温暖,以便获得继续往前爬行的勇气和力量。对于这样一位真心忧国忧民却遭受到极不公平待遇的诗人,我们能忍心取笑他这点点赖以维持精神平衡的对亲人的依恋之情,能说他是个比陶渊明更不"达道"的"俗翁"么?黄庭坚说:"子美困于山川,为不知者诟病,以为拙于生事,又往往讥议宗文、宗武失学,故寄之渊明以解嘲耳。诗名曰《遣兴》,可解也。"他的《屏迹》其三说:"失学从儿懒,长贫任妇愁。"又《不离西阁》其一说:"失学从愚子,无家任老身。"忧生叹拙的诗句更多,如"艰难昧生理,飘泊到如今"(《春日江村》其一)、"生理飘荡拙,有心迟暮违"(《登舟将适汉阳》)、"计拙无衣食,途穷仗友生"(《客夜》)、"养拙干戈际,全生麋鹿群"(《暮春题瀼西新赁草屋》其二)等等。这些诗虽多作于入蜀、出蜀以后,但仍可借来表明:黄庭坚所主此诗系解"拙生""失学"之嘲的说法是可信的。可惜他未能进一步觉察到那隐藏在解嘲苦笑中的诗人依恋妻室儿女的温情。从"达道"的先贤陶渊明到放达的前辈贺知章,在联翩的浮想中,并不需要走很长的路。所以其四就说:

"贺公雅吴语,在位常清狂。上疏乞骸骨,黄冠归故乡。爽气不可致,斯人今则亡。山阴一茅宇,江海日清凉。"贺知章(六五九—七四四),字季真,越州永兴(今浙江萧山)人。少以文词知名。武后证圣(正月改元证圣,九月改元天册万岁,六九五)初,擢进士、超拔群类科,累迁太常博士。开元十一年(七二三),

张说为丽正殿修书使，奏请知章等入书院同撰《六典》及《文纂》等[22]，累年书竟不成。后转太常少卿。十三年（七二五），迁礼部侍郎，加集贤院学士，又充皇太子侍读。十四年（七二六），太子太傅岐王李范卒，赠谥惠文太子，诏礼部挑选送葬的挽郎。知章取舍不公允，门荫子弟喧诉盈庭，知章于是架梯登墙头出来决事，招到时人的讥笑。肃宗为太子，知章迁太子宾客，兼正授秘书监。知章性放旷，善谈笑，当时贤达都倾慕他。工部尚书陆象先是他族姑之子，同他很亲善。象先常对人说："贺兄言论倜傥，真可谓风流之士。吾与子弟离阔，都不思之。一日不见贺兄，则鄙吝生矣。"知章晚年更加纵诞，无所拘束。自号"四明狂客"，又称"秘书外监"，遨游里巷。醉后写作文词，动成卷轴，文不加点，都很可观。又善草书、隶书，好事的人具笔砚从之，意有所惬，不复拒，但每纸不过书数十字，世传以为宝。他同吴郡张旭也很要好。张旭善草书而好酒；醉后号呼狂走，索笔挥洒，变化无穷，若有神助，时人号为"张颠"。老杜的《饮中八仙歌》写贺知章、张旭、李白等"八仙"都狂放不羁。可见要求精神解放的浪漫气质是盛唐不少才智之士所共有的。天宝三载（七四四），知章病，梦游天帝之居，几日后醒来，就上疏请度为道士，求还乡里，得到玄宗的诏许。舍宅为观，赐名"千秋"。又乞官湖数顷为放生池，因赐鉴湖剡川一曲。既行，帝赐诗，皇太子百官饯送。擢其子曾子为会稽郡司马，使侍养，幼子亦听为道士。到乡不久即寿终，享年八十六岁。肃宗念知章有侍读之旧，于乾元元年（七五八）十一月下诏嘉奖，并追赠礼部尚书。神龙（七〇五—七〇七）中，知章与越州贺朝、万齐融，扬州张若虚、邢巨，湖州包融，俱以吴越之士文词俊秀名闻京

---

[22]《旧唐书·贺知章传》载此事在开元十年，此据《资治通鉴》。

师。诸人多不达，独知章贵显，而张若虚有《春江花月夜》盛传于后世。贺知章有很好的教养，多才多艺，风流倜傥，性格乐观而幽默，身处高位却不介入日益激化的政治斗争[23]，这就难怪他要受到皇帝和太子的尊敬，为当时贤达所仰慕了。从现存杜诗和有关记载中很难找到老杜和贺监曾经有过交往的痕迹。不过老杜的好友李白却得到过贺监的赏识和提携，跟他感情很深："李太白初自蜀至京师，舍于逆旅。贺监知章闻其名，首访之。既奇其姿，复请所为文。出《蜀道难》以示之。读未竟，称叹者数四，号为'谪仙'，解金龟换酒，与倾尽醉，期不间日，由是称誉光赫。贺又见其《乌栖曲》，叹赏苦吟曰：'此诗可以泣鬼神矣。'故杜子美赠（白）诗及焉。"（《本事诗》）贺监去世后，李白很悲恸，曾再次写诗悼念他。《对酒忆贺监》其一说："四明有狂客，风流贺季真。长安一相见，呼我'谪仙人'。昔好杯中物，今为松下尘。金龟换酒处，却忆泪沾巾。"其二说："狂客归四明，山阴道士迎。敕赐镜湖水，为君台沼荣。人亡余故宅，空有荷花生。念此杳如梦，凄然伤我情。"又《重忆》说："欲向江东去，定将谁举杯？稽山无贺老，却棹酒船回。"这些诗都写得事真情挚，感人至深，可帮助了解贺监，了解老杜的这首《遣兴》其四。贺监本来就誉满朝野，时贤景仰。加上后来听了李白称颂他的"粲花之论"，这自然会使老杜更进一步加深对他的追慕之情了。到老杜写这首诗时贺监已去世十五年了，但从去年肃宗下诏表彰他并追赠礼部尚书这一举动看，他的影响和在

---

[23] 他做官一直做到八十六岁死前不久，才上表乞为道士，得到诏许而光荣致仕还乡的。他于天宝三载正月五日起程，诏令供帐东门，百僚祖饯，皇帝自己还写诗作序相送，可谓荣宠之极。时相李林甫也写诗吹捧他说："挂冠知止足，岂独汉疏贤？"（李林甫素寡学识，其题咏书札皆倩人代笔）贺知章这种人碍不了李林甫的事，李林甫也是不会去难为他的。

士林中的声望却有增无减（不然，过了这么久，皇帝不会平白无故地对他特加恩宠）。

贺知章的人品、学识、抱负、情操及其艺术才能和趣味是盛唐教养出来的，同时也较全面较典型地体现了盛唐士大夫的风貌和时代特色。他虽未成就辅弼功勋、名山事业，而他风云感会、福禄寿考俱全的一生，当为时人所艳羡所乐道。老杜身困边隅，心情抑郁，作诗遣兴，论古人而并及贺监，写其"吴语""清狂"的语言意态，记其乞身归里的出处大节，遥想山阴茅宇、江海清凉，抚遗迹而仰流风，这不仅止于悼念前贤，也是在述其哀荣的悼念中一泄心头郁结的苦闷。前辈中除了贺知章，孟浩然也是老杜最钦迟的。孟浩然布衣终身，谢世又早，相形之下，倍感悲凉。所以其五说：

"吾怜孟浩然，裋褐即长夜。赋诗何必多，往往凌鲍谢。清江空旧鱼，春雨余甘蔗。每望东南云，令人几悲吒。"孟浩然（六八九—七四〇），襄州襄阳（今湖北襄阳县）人。新旧《唐书》本传关于孟浩然事迹的记载不多。我曾据其诗作，参合史料大致理出他的生平梗概，写成《孟浩然事迹考辨》（载拙著《唐诗论丛》）。现撮要简述如下。孟浩然祖传园庐在襄阳南郭外七里岘山附近的江村中。因屋北有涧，又其地旧有冶城，故名涧南园，或冶城南园，简称南园。他四十多岁时老母尚在，他与弟辈侍亲读书于此。集中写南园生活和西、南郭外诸胜宴游情事的诗最多。他的《登鹿门山怀古》说："清晓因兴来，乘流越江岘。……渐到鹿门山，山明翠微浅。……昔闻庞德公，采药遂不返。……纷吾感耆旧，结缆事攀践。隐迹今尚存，高风邈已远。……探讨意未穷，回舻夕阳晚。"这诗写他从涧南园乘船，经北涧入汉江，越岘山顺流而下，到县东南三十里的鹿门山，去凭吊庞德公遗迹的所见所感。他隐居鹿门山当在写作这诗之后。想孟浩然有意步武先贤，借扬清德，故虽偶住鹿门，而仍以归隐名山相标榜。后人不察，就不知有涧南园，更不知它在岘山附近了。开元十六年（七二八），他入长安应进士举，不第。间游秘省，值秋月新霁，诸英华赋诗作会。浩然吟道："微云淡河汉，疏雨滴梧桐。"举座叹其清绝，都搁笔不复为继。张九龄、王维诸人与浩然为忘形之交。

《新唐书·孟浩然传》载："维私邀入内署，俄而玄宗至，浩然匿床下，维以实对，帝喜曰：'朕闻其人而未见也，何惧而匿？'诏浩然出。帝问其诗，浩然再拜，自诵所为，至'不才明主弃'之句，帝曰：'卿不求仕，而朕未尝弃卿，奈何诬我！'因放还。""不才明主弃"系《岁暮归南山》中的第三句，明是临归时所作，似不当复有此事，想出于好事人伪托，不足信。他于开元十六年冬冒雪入京，第二年冬又冒雪返里。开元十八年（七三〇）夏、秋之际，他"自洛之越"，多有诗记述游踪。他赶上八月十五日在杭州樟亭观潮，接着循浙江溯流赴天台山登览、求仙，途经渔浦潭、七里滩等处。在天台，他住在睿宗为道士司马承祯所建的桐柏观。年底由剡溪顺流赴越州（今浙江绍兴）。在这里住的时间最长，结识了诗人崔国辅等，凭吊游览了梅福市、若耶溪、镜湖、云门寺诸名胜古迹。第三年年底海行赴永嘉（今浙江温州市），在永嘉上浦馆逢同里故人张子容，相偕登江心孤屿，饮酒赋诗。孟"众山遥对酒，孤屿共题诗"一联，很受时人称赏。后代建浩然楼于孤屿以为纪念。张子容时贬乐城（今浙江乐清）尉，孟不久即随张去乐城度岁。后代在乐清县治西塔山建三高亭，以晋王羲之、宋谢灵运和孟浩然曾来此游历。孟自吴越还乡，抵家约在开元二十一年（七三三）五月。开元十九、二十、二十一这三年孟浩然和杜甫都在吴越，但不知二人曾见面否。老杜后来在长安进三大礼赋,帝使待制集贤院,命宰相试文章,曾得直学士崔国辅等的称许,作《奉留赠集贤院崔于二学士》以致谢。如果老杜游越中时已认识做山阴县尉的崔国辅,而崔当时已与孟浩然有交往,那么老杜就很有可能见到过孟浩然。孟比杜大二十三岁。开元十九年二人共在吴越的第一年杜二十岁,孟四十三岁。开元二十三年(七三五)正月后不久,襄州刺史兼山南东道采访使韩朝宗约浩然一同去长安,想保荐他应制举,恰逢故人至,正在开怀痛饮,有人提醒他:"君与韩公有期。"他呵斥道:"业已饮,遑恤他!"终于没去。朝宗怒,辞行,他并不后悔[24]。

张九龄于开元二十二年五月为中书令,二十四年十一月迁尚书右丞相并罢知政事,二十五年四月贬荆州长史。张九龄招浩然入荆州(今湖北江陵县)幕在二十五年夏末秋初,第二年正月立春后即辞归襄阳。二十八年(七四〇)王昌龄游襄阳。时浩然疾疹发背,且愈;相得欢甚,浪情宴谑,食鲜疾动,终于冶城南园,年五十有二。老杜写这诗怀念孟浩然时,孟浩然已逝世十九年了。"长夜",比喻人死后埋于地下,永处黑暗之中。《左传》襄公十三年:"惟是春秋窀穸之事。"杜预注:"窀,厚也;穸,夜也。厚夜,犹长夜。春秋,谓祭祀;长夜,谓埋葬。"孟浩然终身贫困,不达而早卒,所以首二句说:"吾怜孟浩然,裋褐即(往

---

[24] 据《旧唐书·玄宗本纪》载:"(开元)二十三年,春,正月,己亥,……其才有霸王之略,学究天人之际,及堪将帅牧宰者,令五品已上清官刺史各举一人。"又《新唐书·选举志》载:"唐制取士之科,多因隋旧。然其大要有三。由学馆者曰生徒,由州县者曰乡贡,皆升于有司而进退之。……其天子自诏者曰制举,所以待非常之才焉。"知韩朝宗欲举浩然入朝是应这年的制举。浩然时年四十七岁,上次应进士举不第早就松了劲儿,而且考试胜负难期,他不能不想到再次失利后的难堪。所以他只得采取一种高傲的姿态逃过了这次举荐。

就）长夜。"这与陶渊明《饮酒》其十六"披褐守长夜"的意思不一样。王士源《孟浩然集序》说："浩然凡所属缀，就辄毁弃，无复编录，常自叹为文不逮意也。流落既多，篇章散逸，乡里购采，不有其半。敷求四方，往往而获。……今集其诗二百一十八首。"据此可知孟浩然的创作态度很严肃，写出的作品自己感到不满意便扔了，留着的也未曾"编录"，所以，即使王士源在他去世后不久就着手在"乡里购采"，所得已"不有其半"。今传《孟浩然集》共二百六十二题二百六十三首（其中也混入少量别人的诗），较王辑本增加四十五首，可见孟集经王编定后千多年来有增无减。孟浩然的诗歌创作不算多，相对地说，流传下来的倒也不算少，这是很难得的。孟浩然其人其诗当时就很著名。与孟浩然同时稍后的诗歌选评家殷璠，在《河岳英灵集》中选孟诗六首，并评论说："余尝谓祢衡不遇，赵壹无禄，其过在人也。及观襄阳孟浩然罄折谦退，才名日高，天下籍甚，竟沦落明代，终于布衣，悲夫！浩然诗，文彩苯苴，经纬绵密，半遵雅调，全削凡体。至如'众山遥对酒，孤屿共题诗'，无论兴象，兼复故实。又，'气蒸云梦泽，波动（撼）岳阳城'，亦为高唱。"(25)这话讲得很在行。可见早在盛唐，孟浩然诗歌的艺术特色就为人所认识所欣赏，并加以充分肯定。孟浩然长期隐居，且遍游各地，又深受陶渊明的

---

(25)《唐音癸签》引《吟谱》说："孟浩然诗祖建安，宗渊明，冲澹中有壮逸之气。"又潘德舆《养一斋诗话》说："襄阳诗如'东旭早光芒，浦禽已惊聒。卧闻渔浦口，桡声暗相拨。日出气象分，始知江湖阔''太虚生月晕，舟子知天风。挂席候明发，渺漫平湖中。中流见匡阜，势压九江雄。香炉初上日，瀑布喷成虹'，精力浑健，俯视一切，正不可徒以清言目之。"可帮助理解殷璠所说的"兴象"和"高唱"。"兴象"不过是指触景生情、借景抒情、情景交融的创作过程和艺术效果，而"高唱"则意味着"有壮逸之气"。潘德舆所称道的那两首诗，一名《早发渔浦潭》，一名《彭蠡湖中望庐山》。此外还有《与颜钱塘登樟亭望潮作》等。这些诗，都可算得是最有"兴象"的"高唱"。

影响，文学造诣很高，这就无怪他能开盛唐山水田园诗派之先了。不要说李、杜，就是王维的诗歌成就也超过了孟浩然。可是李、杜、王维都很敬仰孟浩然。很显然，除了人品，他们也不可能不多少受到这位开风气之先的前辈诗人[26]的启发和影响，不能不对他的成就表示应有的尊重。老杜在《遣兴》其五这首诗中称赞他"赋诗何必多，往往凌鲍谢"。[27]后来又在《解闷》其六中说他的"清诗句句尽堪传"。作这些诗时孟浩然早已去世。这不是当面的奉承。这是闲居自遣时的独白。评价的分寸可以商榷，而言语的真诚却不容置疑。可见老杜对孟诗印象之深。老杜所说的"清诗"不只是尊称别人作品的客套话，而且一语破的，指出了孟诗的风格特点是"清"。后来胡应麟的《诗薮》说："张九寿（九龄）首创清澹之派。盛唐继起，孟浩然、王维、储光羲、常建、韦应物本曲江（指张九龄）之清澹，而益以风神者也。"又说："靖节（陶渊明）清而远。康乐（谢灵运）清而丽。曲江清而澹。浩然清而旷。常建清而僻。王维清而秀。储光羲清而适。韦应物清而润。柳子厚（宗元）清而峭。"所论颇精到，说"浩然清而旷"尤其贴切。殊不知最早指出孟诗"清"这一风格特点的还是老杜。孟浩然作诗不多，保存下来的更少，除《过故人庄》《秋登万山寄张五》《夏日南亭怀辛大》《宿桐庐江寄广陵旧游》《宿建德江》《春晓》等少数脍炙人口的名篇外，其余大多淡而有味，仍可一读。可见老杜说的"赋诗何必多，往往凌鲍谢""清诗句句尽堪传"，也并不是毫无根据的。《后山诗话》引苏轼的话说："浩然之诗，

---

[26] 孟浩然比李白、王维大十二岁，比杜甫大二十三岁。
[27] 黄鹤注："'赋诗何必多，往往凌鲍谢'，乃孟诗也，公就举其诗以称之。"今孟集无此二句，未详何所据。蔡梦弼笺："鲍谓明远。谢谓三谢，乃玄晖、灵运、惠连也。""鲍谢"并举，谢当指灵运，似乎无须统括三谢。

韵高而才短，如造内法酒手，而无材料耳。"这话的主旨不过是说孟浩然不是个才气纵横的诗人，却很懂艺术，写的诗很有韵味。此评有褒有贬，比较允当。苏轼所说的"韵高""才短"，与老杜所说的"清诗句句尽堪传""赋诗何必多"，内容很接近，只不过一是较客观的评论，一是对前辈诗人带感情色彩的称道，说法与语气有所不同而已。老杜讲到了孟浩然的诗歌成就，就不觉想其为人和生前家居情事。《襄阳耆旧传》载汉水中鳊鱼甚美，常禁人捕，捕时以槎断水，因谓之槎头缩项鳊。这就是团头鳊，又叫团头鲂，原产湖北鄂城梁子湖。鄂城古称武昌，因名"武昌鱼"。

《三国志·吴书·陆凯传》载，东吴孙皓徙都武昌（今鄂城），童谣云："宁饮建业水，不食武昌鱼。"可见这种鱼很早就有名。孟浩然家居时常到岘山附近汉水边钓鳊鱼，曾赋《岘潭作》说："石潭傍隈隩，沙岸晓夤缘。试垂竹竿钓，果得槎头鳊。美人骋金错，纤手脍红鲜。因谢陆内史，莼羹何足传！""陆内史"指西晋平原内史陆机。太康末陆机自吴入洛，拜访侍中王济。王济指着羊酪问他："卿吴中何以敌此？"答道："千里莼羹，未下盐豉。"一个说莼羹堪敌羊酪，一个说与鳊鱼脍比起来莼羹不在话下。这都是出于对各自家乡的热爱[28]。又《冬至后过吴张二子檀溪别业》说："鸟泊随阳雁，鱼藏缩项鳊。"就是到了冬天他还是忘不了他的鳊鱼。他终因吃鱼鲜患了背痈而过早逝世。他的爱钓鱼、吃鱼给人印象很深，所以老杜在这首诗中借感叹"清江空旧鱼"以寄托对他的哀思了。又《解闷》其六忆及孟浩然也说："即今耆旧无新语，漫钓槎头缩项鳊。"（昔

---

[28] 襄阳的风景显然不及越中，可是当他在越中游历几年，回到襄阳，却说："山水观形胜，襄阳美会稽。"（《登望楚山最高顶》）足见孟浩然热爱乡土感情的强烈。

年〔一九七九〕去武汉讲诗偶作《汉游九绝句》，其二说："下车便食岘潭鳊，不觉深怀孟浩然。身在楚乡为楚客，讲诗先讲楚先贤。"在我的下意识中，鳊鱼仿佛总游不出关于孟浩然的想象。）"春雨余甘蔗"写的是孟浩然当年在乡间"灌蔬艺竹，以全高尚"（王士源语）的事。年年春雨肥甘蔗，可叹再也看不到诗人肆微勤于园圃的身影了。襄阳在秦州的东南。老杜寓秦州，故望东南之云而伤神："每望东南云，令人几悲吒。"王维《哭孟浩然》说："故人不可见，汉水日东流。借问襄阳老，江山空蔡州。"取此与"每望"二句同读，倍觉哀惋。杨伦说："浩然之穷，公亦似之，怜孟正以自怜也。"

蒋弱六说："子美本襄阳人，诸葛、庞、孟皆以襄阳，故思之也。而山阴尤所注意，见于诗者极多，故又独称贺。作诗首推陶、谢，而人文并美，尤莫如陶。至引嵇康特与孔明同号，而鲍、谢亦附见孟诗，公之雅志大略可见矣。"杨伦说："诸诗皆从汉魏出，自成杜体。嗣宗《咏怀》、太冲《咏史》、延年《五君咏》，公盖兼而用之。"各有所见，可借作这组诗的小结。

九　遣兴之三

另《遣兴二首》《遣兴五首》，黄鹤均编于秦州诗内。这两组纯在警世讽世，主旨与前《遣兴五首》有所不同。

前组其一："天用莫如龙，有时系扶桑。顿辔海徒涌，神人身更长。性命苟不存，英雄徒自强。吞声勿复道，真宰意茫茫。"朱鹤龄以为：六龙本以驾日，有时恃其强阳，则顿辔扶桑之上，徒使海波鼎沸，神人之力更足以制之。此可见人臣而敢行称乱者，虽英雄自命，终必不保其身，事后饮泣，亦何可及！且天意茫茫，非可妄觊，彼独不以跋扈不臣为惧？此诗乃深警安禄山之徒。其二："地用莫如马，无良复谁记？此日千里鸣，追风可君意。君看渥洼种，态与驽骀异。不杂蹄啮间，逍遥有能事。"朱鹤龄说：渥洼之种，迥异驽骀，所谓追风可君意者。当时惟郭子仪、李光弼足以语此。肃宗不能专任，诗盖以讽之。所论尚能自圆。蒋弱六说："二诗一戒一劝，意亦寻常，而语最奇特。"其实这两首诗写得并不好，不如《秦州杂诗》其五："西使宜天马，由来万匹强。浮云连阵没，秋草遍山长。闻说真龙种，仍残老骕骦。哀鸣思战斗，迥立向苍苍。"仇兆鳌串讲说：此借天马以喻意。良马阵没，秋草徒长，伤邺城军溃。今者龙种在军，而骕骦空老，其哀鸣向天者，何不用之以收后效？此盖为郭子仪而发兴。张溍说：真龙种、老骕骦，皆指郭子仪而言，望其戮力王室，以建大功。杂诗其五同是借物寓意，却富于生活实感而有情致。我曾在一篇文章中发过这样的谬论：取它们中间某一相同之点，借某一实物或实感来表现某一抽象概念，这就是象征。这在生活中是常见的。因此我认为抒情诗中如果带有一点象征意味，不仅不破坏诗意，甚至还会增强表现力。但切忌纯用象征手法作诗。因为生活中并非随处都有象征，尤其很难都有诗意。如果勉强拼凑，必然会破坏真情实感，必然会将诗歌写成玄妙的歌诀。《秦州杂诗》其五之所以写得较成功，就在于不纯用象征而于生活实感和比兴中寓象征。《遣兴二首》之所以失败，就在脱离生活实感而纯用象征。在古人心目中龙是实有之物。若想仅以不驯之龙表现诗人对人世社会问题的某一较复杂的看法，必然会将诗写得云里来雾里去，既难懂，又乏味。不能只要一见老杜开口吟诗，不问好赖就喝彩叫绝。

那组警世讽世的《遣兴五首》就写得很有意思很感动人。其一说：

"朔风飘胡雁,惨澹带砂砾。长林何萧萧,秋草萋更碧。北里富熏天,高楼夜吹笛。焉知南邻客,九月犹绨绤!"上半写深秋景色,下半以对比见炎凉异势。有的认为"南邻客"是老杜自谓,有的说此见客旅悲秋之旨,都是对的。但以第三人称发浩叹,便带有普遍的社会意义,似更感人。朔风飘胡雁,也带来扑面的砂砾,是深秋塞上景,移作别处不得。仇兆鳌说:"公诗'花时甘缊袍'(《遭遇》),此云'九月犹绨绤',见贫人衣服失寒暑之宜。"衣着换不了季,穷相可想。其二说:

"长陵锐头儿,出猎待明发。驿弓金爪镝,白马蹴微雪。未知所驰逐,但见暮光灭。归来悬两狼,门户有旌节。"百无聊赖时老杜又在数他的京华旧事的念珠了。杨伦说:"下三首(其二、其三、其四)皆追忆长安事。"这诗慨叹勋贵少年豪纵习气:上半写早猎之景,下半写暮归之兴。长陵是汉高祖陵,在今陕西咸阳市东北,为西汉五陵之一。汉营五陵,又使豪杰名家迁居其地,因而五陵多豪侠少年,传为典故。五陵在唐时为勋贵少年游赏、射猎之地:"同学少年多不贱,五陵衣马自轻肥"(杜甫《秋兴》其三);"恩承三殿近,猎向五陵多"(李益《春行》)。这里既是用典也是写实。《春秋后语》引平原君语:"渑池之会,臣观武安君小头而锐,瞳子黑白分明,瞻视不常,难与争锋,惟廉颇足以当之。"此以"锐头儿"喻勋贵少年,颇有趣。《新唐书·百官志》载:节度使辞日赐双旌双节,行则建节、树六纛。又同书《车服志》载:大将出,赐旌以专赏,节以专杀。旌以绛帛五丈,粉画虎,有铜龙一,首缠绯幡,紫縑为袋,油囊为表。节,悬画木盘三,相去数寸,隅垂赤麻,余与旌同。一个门悬旌节、有专赏专杀之权的大将人家,子弟们却专会驰逐射猎。你看他们日暮"归来悬两狼",进入有画虎铜龙旌节的门户,这又是何等的光景!岂不可笑么?正面描述,不加褒贬而讽意自出。黄生说："末句有隐讽，言其恣意游猎，乃恃父兄贵势而然。此具文见意法也。"李商隐的《富平少侯》"七国三边未到忧，十三身袭富平侯。不收金弹抛林外，却惜银床在井头。彩树转灯珠错落，绣檀回枕玉雕锼。当关不报侵晨客，新得佳人字莫愁"，在艺术构思上与老杜的这首诗相近。屈复评李商隐的这首诗说："不下论断，具文见意，俨然一无知贵介，纵横纸上。"老杜的这首诗也是这样。以第三人称作为人物、情事描写的表现手法，是从乐府歌行中学来的。先是老杜将之用于抒情杂诗，接着李商隐又用来写七律，都有所发展。其三说：

"漆有用而割，膏以明自煎。兰摧白露下，桂折秋风前。府中罗旧尹，沙道尚依然。赫赫萧京兆，今为时所怜。"《唐国史补》载："凡拜相，礼绝班行，府县载沙填路，自私第至子城东街，名曰沙堤。"蔡梦弼引于竞《大唐传》："天宝三年，因萧京兆炅奏，于要路筑甬道，载沙实之，属于朝堂。"钱笺以为史称京兆尹萧炅为李林甫所亲善，杨国忠倚势遭逐，林甫不能救，所谓"萧京兆"指萧炅。又说京兆尹多宰相私人，相与附丽，若萧炅与鲜于仲通辈皆是，故曰"府中罗旧尹，沙道尚依然"。仇兆鳌说："此章慨趋炎附势之徒。"《庄子·人间世》："山木自寇也，膏火自煎也。桂可食，故伐之。漆可用，故割之。"《汉书·五行志》载成帝时歌谣："邪径败良田，谗口乱善人。桂树华不实，黄爵（雀）巢其颠。昔为人所羡，今为人所怜。"诗中采其辞亦采其意。其四说：

"猛虎凭其威，往往遭急缚。雷吼徒咆哮，枝撑已在脚。忽看皮寝处，无复睛闪烁。人有甚于斯，足以劝元恶。"旧注多谓此章咏吉温以戒凭威肆虐之辈。李林甫当国，吉温与罗希奭锻狱，相勉以虐，号"罗钳吉网"，公卿见者莫敢耦语。后贬端溪尉，俄遣使杀温。吉温曾说："若遇知己，南山白额虎不足缚。"故借虎为喻。"忽看皮寝处，无复睛闪烁。"讲得痛快。《后汉书·吕布传》载：曹操缚吕布，吕布说："缚太急。"曹操说："缚虎不得不急。"《左传》襄公二十一年："然二子（齐将殖绰、郭最）者，譬于禽兽，臣（州绰）食其肉，而寝处其皮矣。"不知语有出处也能看懂，知有出处则更觉生动，用事如此，颇为不易。其五说：

"朝逢富家葬，前后皆辉光。共指亲戚大，缌麻百夫行。送者各有死，不须羡其强。君看束缚去，亦得归山冈。"这诗言贫富贵贱强弱皆同归于尽，殡葬规格的厚薄繁简于死人何涉？杨伦在"君看"二句旁批道："愤语亦快语。"其实也是自遣语。"天下兵马未尽销，岂免沟壑常漂漂？"（《严氏溪放歌行》）老杜乱世流离、年老多病，必然会经常想到生死问题。能如此自遣，足见终有所悟。当与陶渊明《挽歌诗》"得失不复知，是非安能觉！千秋万岁后，谁知荣与辱？"同参。不要以为这都是些消极想法，若从另外的角度看，其中倒含有朴素无神论思想因素。

唐汝询说：《遣兴》诗章法简净，属词平直，不露才情，有建安风骨，曹子建《杂诗》六首之遗韵。譬如宫室，"三吏""三别"、前后《出塞》，堂殿之壮丽者，《遣兴》各五首，曲室之精致者。此评中肯綮。钟嵘评曹操说："曹公古直，甚有悲凉之句。"可借"古直悲凉"四字状老杜《遣兴》各五首的风格特色。

这一时期，老杜还有许多即目抒情、咏物寓意的诗篇，从各个角度再现诗人当日的生活状况和内心活动。

十　即目抒情

秦州有个太平寺，里面有一大泉眼。一天老杜到这里来散心，见了很高兴，就写了《太平寺泉眼》⁽²⁹⁾赞叹道：

"招提凭高冈，疏散连草莽。出泉枯柳根，汲引岁月古。石间见海眼，天畔萦水府。广深丈尺间，宴息敢轻侮。青白二小蛇，幽姿可时睹。如丝气或上，烂熳为云雨。山头到山下，凿井不尽土。取供十方僧，香美胜牛乳。北风起寒文，弱藻舒翠缕。明涵客衣净，细荡林影趣。何当宅下流，余润通药圃。三春湿黄精，一食生毛羽。"此寺地处高冈，周围是山林草莽，可见不在秦州城内。"出泉枯柳根，汲引岁月古。"以根枯衬泉活，岁古显流长。这有如八大山人作画，能于枯涩处见生机，古简处见笔力，细味之始觉其妙。仇注："《成都记》，距石笋二三尺，每夏月大雨，陷作土穴，泓水湛然。以绳系石投其下，愈投而愈无穷。凡三五日，忽然不见，故曰海眼。此寺泉从石中而出，亦如海眼也。"唐人赞山泉古井的神异多谓能通海，如方干就一再作诗说："岩中古井员通海，窟里阴云不上天"(《题宝林山禅院》)；"众花交艳多成实，深井通潮半杂泉"(《题赠李校书》)；"不知测穴通潮信，却讶轻涟动镜心"(《山井》)。"石间见海眼"，也是如此。当然不一定真通海，这么想这么说，带有神秘感，有助于加强艺术感受力。"天畔萦水府"，见泉眼在寺旁地势较高处。接着写泉眼的神异："海眼、水府，见其穴小而泉多。只此丈尺之间，人不敢忽者，以中有神物，故能兴云致雨也。"(仇兆鳌语)有人说典型就是美，典型的蛇也是美的。不过在常人眼中，再典型的蛇，还是不大能觉出它的美来的。"青白二小蛇，幽姿可时睹。如丝气或上，烂熳为云雨。"这几句写得确乎美，我看倒不是因为这"青白二小蛇"刻画得如何典型，而是在诗人的想象中这是两条

〈29〉黄鹤注："太平寺在秦州。诗云：'北风起寒文'，当是乾元二年秋冬之交作。"

龙的化身[30]。不要以为在这清澈的泉水中蜿蜒游动的只是两条小蛇，泉眼上冒的只是丝丝水气。一旦小蛇化龙腾空而起，这丝丝水气便会顿时兴云作雨，普泽四方呢。这想象是美的，通过这美的想象，不仅写出了泉眼清澈、蛇游气冒的实景，展现了"潜虬媚幽姿"（谢灵运《登池上楼》）的意境，也借以一舒胸中抑郁之气。

沈复《浮生六记·闲情记趣》说："余忆童稚时，能张目对日，明察秋毫，见藐小微物，必细察其纹理，故时有物外之趣。夏蚊成雷，私拟作群鹤舞空。心之所向，则或千或百果然鹤也。……又留蚊于素帐中，徐喷以烟，使其冲烟飞鸣，作青云白鹤观，果如鹤唳云端，怡然称快。"沈复的这种"物外之趣"，有助于理解老杜有关"青白二小蛇"的想象，虽然前者较直接，将实物放大想象即得，后者稍复杂，不仅止于就眼前景因蛇想龙因气想云，更要从而生发开去想风雷变化。"山头"四句谓山地多石，凿井为难，幸有此味美色清的泉水供十方僧众饮用。"北风起寒文，弱藻舒翠缕。明涵客衣净，细荡林影趣。"前二名写实景平平。后二句写倒影绝妙：泉水明净，客衣可鉴；涟漪荡影，野趣宜人。山泉既如此可羡，这就难怪诗人动卜居之念、生羽化之想了："何当宅下流，余润通药圃。三春湿黄精，一食生毛羽。"《博物志》说太阳之草名黄精，饵之长生。《拾遗记》说昭王梦有人衣服皆毛羽，因名羽人。老杜来秦州后一直想卜居归隐。看起来，他不仅想重操旧业，以种药、采药、卖药为生，还要重温道术，服食修炼，企望羽化而登仙了。

如果说《太平寺泉眼》写得高古有韵致，那就该以"清丽"二字评《山寺》了：

---

[30] 仇注："《水经注》：汉水又东合洛谷，其地有神蛇戍，左右山溪多五色蛇，性驯良不为毒。殆即此类。"朱注："二蛇乃龙类。"

"野寺残僧少，山园细路高。麝香眠石竹，鹦鹉啄金桃。乱水通人过，悬崖置屋牢。上方重阁晚，百里见秋毫。"麝比鹿小，无角，雄的脐部有香腺，能分泌麝香。古人认为麝食柏而香。石竹为多年生草本植物，茎直立，叶对生，线形，花红色、淡紫色、白色或杂色，甚美，可供观赏。《酉阳杂俎》载蜀中石竹有碧花。祢衡《鹦鹉赋》："命虞人于陇坻，闭以雕笼，剪其羽翅。"又老杜《秦州见敕目……》有"陇俗轻鹦鹉"句。可见陇山一带盛产鹦鹉。《新唐书·西域传》载贞观五年康国入贡，致金桃、银桃，诏令植苑中。黄鹤注："崇仁饶焯景仲与余言：尝见武林有金桃，色如杏，七八月熟。因知《东都事略》所记外国进金桃、银桃种，即此也。"《天水图经》载麦积山有瑞应寺，山形如积麦。佛龛刳石，阁道萦旋，上下千余丈，山下水纵横可涉。仇兆鳌认为"山园细路高""乱水通人过"即咏此。他又引《玉堂闲话》云：麦积山梯空架险而上，其间千房万室，悬空蹑虚。谓即"悬崖置屋牢"。又云：高槛可以眺望，虚窗可以来风。谓即"百里见秋毫"。赵汸说："'鹦鹉'二句，本状寺之荒芜，以秦陇所产禽兽花木言之，语反精丽。"何义门说："麝以香焚，逃窜无所；鹦以言累，囚闭不放。非此山高峻，人迹不至，安得适性如此？三四以奇丽写幽寂，真开府之嗣音。"各有所见，可参看。认为老杜的精丽（或奇丽）来自庾信，这是很有见地的。若将"麝香"二句以及"暗水流花径，春星带草堂""翠柏深留景，红梨迥得霜""见轻吹鸟毳，随意数花须""风磴吹阴雪，云门吼瀑泉""花妥莺捎蝶，溪喧獭趁鱼""竹深留客处，荷净纳凉时""饭抄云子白，瓜嚼水精寒""野馆浓花发，春帆细雨来""一径野花落，孤村春水生""云掩初弦月，香传小树花""细雨鱼儿出，微风燕子斜"诸联，与庾信"荷风惊浴鸟，桥影聚行鱼""日落含山气，云归带雨余""树宿含樱鸟，花留酿蜜蜂""风逆花迎面，山深云湿衣""涧底百重花，山根一片雨""秋水牵沙落,寒藤抱树疏""麦随风里熟,梅逐雨中黄""雨住便生热,云晴即作峰""竹动蝉争散,莲摇鱼暂飞""行云数番过,白鹤一双来""水影摇丛竹,林香动落梅"等相比较,虽不无"雏凤清于老凤声"之感,而子山发唱、子美嗣音,之间渊源、影响之迹犹隐约可寻。老杜称赞太白诗风如"清新庾开府",太白固然,他自己那些沁人心脾的清辞丽句就更是如此。精丽而不雄浑易薄,雄浑而无清新之气易粗。子山文采风流,微伤弱质;子美诗沉郁顿挫,时有清绝之句,往往佳胜。

这一时期写得通篇优美而有高致的即景抒情小诗是五律《野望》《雨晴》和《遣怀》。《野望》说:

"清秋望不极,迢递起层阴。远水兼天净,孤城隐雾深。叶稀风更落,山迥日初沉。独鹤归何晚,昏鸦已满林。"写郭外晚眺寥廓秋景有如水墨山水图卷,而客旅孤单身影和索寞情怀自呈。李商隐"野气欲沉山"句近此"山迥"句,而意甚琢。王嗣奭说:"此诗结语见意。'独鹤'自比,'归何晚'见心未尝忘朝廷,而'昏鸦满林',归亦无容足之地矣,因知其望中寓意不浅。"颇嫌比附,未若浦说得当:"结亦'望'中事,然带比意。凡鸟有巢,而鹤独迟归,以况己之无家也。"《雨晴》说:

"天外秋云薄,从西万里风。今朝好晴景,久雨不妨农。塞柳行疏翠,山梨结小红。胡笳楼上发,一雁入高空。"久雨乍晴,精神爽朗,晴景如绘,情溢于景。发端有气势,与陶渊明《时运》"有风自南,翼彼新苗"媲美,一写西风,一写南风,各尽其妙。七月老杜以关辅饥馑弃官度陇,到秦州后始雨,曾作诗志庆:"丰年孰云迟,甘泽不在早。耕田秋雨足,禾黍已映道。春苗九月交,颜色同日老。"(《遣兴》)此云"久雨",当在"九月"之后十月赴同谷之前。杨伦认为"塞柳"二句亦从日光乍映中见出,"胡笳"句谓笳声因晴而倍响。结尾清越而意高远。《遣怀》说：

"愁眼看霜露，寒城菊自花。天风随断柳，客泪堕清笳。水静楼阴直，山昏塞日斜。夜来归鸟尽，啼杀后栖鸦。"仇兆鳌说："此边塞凄凉，触景伤怀，而借诗以遣之。句句是咏景，句句是言情，说到酸心渗骨处，读之令人欲涕。"顾宸以为结联盖叹卜居无地，即"上林无限树，不借一枝栖"之意。此等诗不须多讲，洛诵回环，便知感人至深。

十一　咏物寓意

钟惺说："少陵如《苦竹》《蒹葭》《胡马》《病马》《鸂鶒》《孤雁》《促织》《萤火》《归燕》《归雁》《鹦鹉》《白小》《猿》《鸡》《麂》诸诗，于诸物有赞羡者，有悲悯者，有痛惜者，有怀思者，有慰藉者，有嗔怪者，有嘲笑者，有劝戒者，有计议者，有用我语诘问者，有代彼语对答者，蠢者灵，细者巨，恒者奇，嘿者辩，咏物至此，神佛圣贤帝王豪杰具此，难着手矣。"（《苦竹》后仇注引）这里着重指出了老杜咏物诗命意和表现手法的多样及其成就的非凡，而所提到的篇章中就有六首（其实不止此数）作于客寓秦州这一时期。现或详或略简介于后。

《归燕》："不独避霜雪，其如俦侣稀。四时无失序，八月自知归。春色岂相误（一作'访'）？众雏还识机。故巢倘未毁，会傍主人飞。"咏物寓意，必物我有相仿佛处，故而有所感发。此类诗之佳者先必肖物，然后比兴见于似与不似之间。说诗人对这诗可以有各自不同的看法，或谓"伤羁旅也"（仇兆鳌），或谓"当时贾至、严武等皆因房琯而出，所谓'俦侣稀'也"（杨伦），或谓"末句见身虽弃官而心还恋主"，但所有这明确的体会，很难说尽如诗人之意。因为诗人在生活中见物偶有触发，所感必多，往往浮想联翩，心潮起伏，不大可能像注家所坐实的那样此必喻何意彼必抒何情。如果读者不从所咏之物去体会诗人的思想感情，并欣赏其艺术，而只是集中注意力于探微索隐，那就必然将诗看成诗谜，犹如《红楼梦》中宝琴编的那"内隐十物"的"十首怀古绝句"一样[31]。把咏物诗作成诗谜，或把本来不是诗谜的咏物诗当诗谜猜，这毕竟不是创作和赏析的正当本行啊。

其余《促织》感客思，《蒹葭》伤士不遇而沉沦，《苦竹》嘉苦守避世的高节，《病马》见爱物之心，《蕃剑》表不忘用世之意，《铜瓶》有感于兴废，都是诗人思绪和心情的反映，对了解老杜当时的内心世界很有帮助。若以为"神佛圣贤帝王豪杰具此，难着手矣"，则未免评价过高。这些诗中写得最出色的要算是《萤火》：

---

[31] 正文所引的几条解释犹在情理之中。只是浦起龙以为"下半皆作送归者瞩之之词。曰：春至岂复肯相访乎？尔雏其识之也。故巢倘在，勿他往也。盖设为君不忍弃其臣之语，用意弥厚"，则显系附会，不足信。"识机"即见机，指能预见祸福利害的征兆而有所趋避之意，盖本于《易·系辞》："君子见机而作。"浦氏之所以误解"众雏还识机"为"尔雏其识之（指主人或故巢）也"，并非他不懂"识机"之义，只是为了曲成其说而已。王嗣奭说："因语燕云，春色既回，汝再来相访乎？且众雏可留，犹然识机，将偕汝去耶？问词殊深缱绻。因代燕答云，倘故巢未毁，会当再来，何忍恝然也。此公自发己意，虽弃官而去，非果于忘世也。时行时止，便与圣人之意同。""且众雏可留，犹然识机，将偕汝去耶"云云，是何言哉？二公之病，病在忘却这是咏归燕的咏物诗，而只知一味探微索隐，把这并非诗谜的咏物诗稀里糊涂地当诗谜猜。施鸿保说："《归燕》云：'春色岂相访？众雏还识机。''访'一作'误'。今按上句不可解，若谓春时燕复来访，则于'岂'字说不去，作'误'字稍明晰，又与下句意不合。疑'访'或'妨'字之讹，言春日复来，岂有妨害？至秋则霜雪将至，众雏亦识机皆归也。字书'妨'字，一音敷亮切，昌黎岳阳楼诗：'宇宙隘而妨'，亦作上声。"其说可通，终嫌改字无据。其实作'误'字便可串通大意而无所阻滞。案前已指能预见祸福利害的征兆而有所趋避谓之见机或识机。见祸害而避是识机，见福利而趋也是识机。有此理解，则可将此诗后四句辞意通畅地串讲如下：四时有序，春色哪能相误？小燕们还像老燕一样知机，到时候一定回来。只要旧巢没毁，它们还会傍着主人飞去飞来的。怎能说"作'误'字稍明晰，又与下句意不合"呢？

"幸因腐草出,敢近太阳飞。未足临书卷,时能点客衣。随风隔幔小,带雨傍林微。十月清霜重,飘零何处归。"古人误以为腐草得暑湿之气化为萤。仇兆鳌说:"鹤注谓李辅国辈,以宦者近君而挠政也。今按腐草喻腐刑之人,太阳乃人君之象,比义显然。"比义显然,而肖物写景又不失生活情趣,故佳。

又《除架》:"束薪已零落,瓠叶转萧疏。幸结白花了,宁辞青蔓除。秋虫声不去,暮雀意何如。寒事今牢落,人生亦有初。"见除架有感而作:"花开匏结,除蔓何辞,有功成身退之义。秋虫犹在,暮雀已离,有倏忽聚散之悲。寒事已落,人生亦然,有始盛终衰之慨"(仇兆鳌语)。《废畦》:"秋蔬拥霜露,岂敢惜凋残。暮景数枝叶,天风吹汝寒。绿沾泥滓尽,香与岁时阑。生意春如昨,悲君白玉盘。"此叹废畦秋蔬以志身世萧条之慨:"蔬经霜露而凋,但存残叶数枝耳,况又寒风吹落,势必绿尽香阑矣。回思春意如昨,不复登君之玉盘(32),所以可悲。"(同上)《天河》:"常时任显晦,秋至转分明。纵被微云掩,终能永夜清。含星动双阙,伴月落边城。牛女年年渡,何曾风浪生。"杨伦采《心解》而发挥说:"只写天河而恋阙之城,远游之感,与谗口中伤之不足相累,言外都隐隐见之,

---

〈32〉仇兆鳌案:"一诗中称汝、称君,名号迭换,恐亦未安。据公诗'登君白玉堂',乃指君王。"施鸿保不同意:"今按汝字,是代人语菜,君字,是代菜答人,不当作君王解。又按上云:'天风吹汝寒。'注:《毛诗》:'风其吹汝',指荐言,故蔬可称汝。考公诗以尔汝称物者甚多,如:'凉风萧萧吹汝急',谓决明也;'鸡栖奈汝何',谓鸡栖树也;'无情移得汝',谓栀子也;'野莧迷汝来',谓莴苣也。亦有称尔者:'念尔形影干',谓枯棕也;'配尔亦茫茫',谓四松也。此皆称草木蔬菜也。若'吾与汝曹俱眼明',则谓鸬鹚;'稻粱沾尔在',则谓花鸭;'委弃非汝能周防',则谓瘦马;'应共汝为群',则谓麋鹿;'沧江白发愁看汝',则谓萤火;'为汝鼻酸辛',则谓双鹤。皆称鸟兽类也。又称酒亦曰汝,如:'浊醪谁造汝''长年三老遥怜汝',是也。尤奇者,'尔独近高天',以尔称山;'此时与子同归来',以子称长镵。此注谓《毛诗》称荐为汝,故可称蔬,尚拘泥矣。"

粘着则成钝汉矣（也就是说不要像猜谜那样去解诗）。"《初月》或隐讽时事（详第九章第二节）。这些诗，不管写琐事，还是写天象，其表现手法和创作目的都与咏物诗不二致。所以浦起龙认为："此（《天河》）下十六首，皆秦州咏物诗。题俱两两成对（如《天河》《初月》，《捣衣》《归燕》，《促织》《萤火》，《蒹葭》《苦竹》，《除架》《废畦》，《夕烽》《秋笛》，《空囊》《病马》，《蕃剑》《铜瓶》），故类编一处。"这发现颇有意思，含义和平仄一一对仗工整，可见老杜当时确乎有意写成一组咏物诗来抒发胸中的万千感慨。不过，若严加区别，《空囊》看题目像是咏物诗，其实写的却是一般叙事抒情诗：

"翠柏苦犹食，明霞高可餐。世人共卤莽，吾道属艰难。不爨井晨冻，无衣床夜寒。囊空恐羞涩，留得一钱看。"《列仙传》载赤松子好食柏实。司马相如《大人赋》："呼吸沆瀣餐朝霞。"浦起龙说："拈结联为题，总皆自嘲自解之词。"一上来就如此，不是说他真在学仙人辟谷，而是说没饭吃简直要成仙升天了。三、四句的意思是说：世人贵苟得，日子好过；我要行兼济之道，碰上这艰难时世，生活都不易维持了。五、六句具体描状饥寒情状。《杜臆》："阮孚持一钱皂囊游会稽，客问囊中何物，云：'但有一钱看囊，恐其羞涩'。'看'，犹守也。"留下一个钱看守着这空囊，免它感到羞愧啊！结尾话讲得多幽默，发端也同样"写穷况妙在诙谐潇洒"（杨伦语）。须知这"幽默"、这"诙谐潇洒"只是一层薄薄的糖衣，你只要少少玩味，就会发觉里面裹着一丸人生的苦药；正由于有这层糖衣作反衬，更会令你感到苦不堪言，苦彻心底，苦入骨髓。

他的《从人觅小胡孙许寄》则纯写身边琐事，别无深意："人说南州路，山猿树树悬。举家闻若咳，为寄小如拳。预哂愁胡面，初调见马鞭。许求聪慧者，童稚捧应癫。"仇兆鳌说："诗写胡孙，于其形声情状，亦颇详悉，但意义短浅，恐属率尔之作，故邵宝疑其可删。"就诗论诗，这诗虽如何义门所云"俗题措笔，乃尔蕴藉"，意义到底不大。不过删掉则大可不必。作为写评传的人，我倒很看重这一类的生活小诗，因为这些"率尔之作"，往往能从不同的角度，较生动具体地反映出日常生活中诗人的真实面貌。原来老杜在秦州，除了忧国忧民、谈今道古、即事遣兴、咏物寓意、登临凭吊、求田问舍外，有时求人给点黍子、薑头解决吃的问题，甚至还想弄个小猴子来给暗淡的羁旅生活增添点生趣，给可怜的孩子们带来点意想不到的快乐。本章第三节讲到老杜决计卜居此间，却又不忍将他的那些天真烂漫的小儿女给稀里糊涂地带上避世的道路，曾不无内疚地叹息道："采药吾将老，儿童未遭闻。"如今又想弄个小猴子来给他们玩，这不仅见其慈爱，也见家人父子处于忧患中相濡以沫的温情。

十二 "在山泉水清，出山泉水浊"

《佳人》是这一时期写人、叙事，兼有抒情、寓意特色的名篇："绝代有佳人，幽居在空谷。自云良家子，零落依草木。关中昔丧乱，兄弟遭杀戮。官高何足论？不得收骨肉。世情恶衰歇，万事随转烛。夫婿轻薄儿，新人美如玉。合昏尚知时，鸳鸯不独宿。但见新人笑，那闻旧人哭！在山泉水清，出山泉水浊。侍婢卖珠回，牵萝补茅屋。摘花不插发，采柏动盈掬。天寒翠袖薄，日暮倚修竹。"这诗写乱世佳人被丈夫遗弃的悲惨遭遇。李延年歌："北方有佳人，绝世而独立。""绝代"即绝世，谓举世无双。唐人避太宗李世民讳，故改"世"为"代"。"关中丧乱"指天宝十五载（七五六）六月安禄山叛军攻陷长安。佳人的厄运即肇端于这一场大灾难中。从"良家子"到"那闻旧人哭"皆代佳人语[33]:"我娘家本是高门大族。兄弟遭叛军杀害了,连尸骨都不能收葬,官再高又有什么用。人情冷暖,世态炎凉,变化之快,犹如烛焰随风飘转。由于娘家衰败,薄情的丈夫便抛弃了我,又爱上了别个貌美如玉的新人,我就流落到空谷山野中来了。(夏天开放的马缨花,它的羽状复叶早开夜合,所以叫合昏,也叫合欢。)合昏尚且知道时候,鸳鸯雌雄相随从不独宿。可是那个轻薄儿只见新人笑,不闻旧人哭,连花鸟都不如啊!""在山"句至结尾赞其节操,述其苦况,状其韵致:在山泉水清,出山泉水浊。[34]她独处空谷,不入尘世,为了保持她坚贞不移的节操。侍婢卖珠回来,牵引藤萝修补破旧茅屋。她摘花无意插发,却经常采了满捧的柏子表达贞心不改。天寒日暮,她倚着修竹,露出了单薄的翠袖。施鸿保说:"今按《容斋随笔》,言朱庆余献张水部'洞房昨夜停红烛'一首,通篇不言其人之美,而端庄佳丽,见于言外,非第一人不足当之。此诗题曰《佳人》,通篇亦不言其人之美,至结二句云:'天寒翠袖薄,日暮倚修竹',则端庄佳丽,亦非第一人不足当之,觉子建《洛神赋》,犹词费也。""赋者,铺也,铺采摛文,体物写志。"(《文心雕龙·诠赋》)与大赋比较起来,《洛神赋》算不上是"词费",而且写得也很美、很精彩。不过,说老杜的《佳人》和朱庆余的《近试上张籍水部》"洞房昨夜停红烛,待晓堂前拜舅姑。妆罢低声问夫婿,画眉深浅入时无","通篇不言其人之美,而端庄佳丽,见于言外,非

---

[33] 张远《杜诗会粹》:"此诗只起结四句叙事,中间俱承'自言'二字来,备极悲凄。至末二句,益难为情。"理解稍有不同,可参看。

[34] 徐而庵《说唐诗》:"此二句,见谁则知我? 泉水,佳人自喻。山,喻夫婿之家。妇人在夫家,为夫所爱,即是在山之泉水,世便谓是清的;妇人为夫所弃,不在夫家,即是出山之泉水,世便谓是浊的。"

第一人不足当之",那是一点儿也不假的。要想做到这一点,我看首先就得要求诗人通过艺术构思,在想象中真活灵活现地幻化出这么个"端庄佳丽"的"第一人";然后借助语言的魔杖,巧妙地诱导读者也感受到诗人所企图表现的心灵美、容颜美、风度美和意境美,从而触发读者自己生活经验中的类似联想,不知不觉进入诗中特定的艺术境界,创造性地完成一次美学的享受。不仅这两首诗,就是被施鸿保认为是"犹词费也"的《洛神赋》中也有这样的神来之笔。

仇兆鳌说:"杨亿诗'独自凭阑干,衣襟生暮寒',本杜'天寒翠袖'句,而低昂自见。"离开《佳人》中特定的美的意境,去掉"翠袖""修竹"这些冷清、孤寂而印象鲜明的形象,光写日暮凭栏、寒气袭人的感觉,当然就显得单调乏味了。姜夔则别出心裁,将佳人"天寒翠袖"的幽姿高致,连同昭君"环佩空归月夜魂"(杜甫《咏怀古迹》句)的想象、寿阳公主的梅花妆、汉武帝金屋藏娇的佳话等等,都一并借来比拟梅花暗香疏影的依稀风韵:"苔枝缀玉,有翠禽小小,枝上同宿。客里相逢,篱角黄昏,无言自倚修竹。昭君不惯胡沙远,但暗忆江南江北,想佩环月夜归来,化作此花幽独。犹记深宫旧事,那人正睡里,飞近蛾绿。莫似春风,不管盈盈,早与安排金屋。还教一片随波去,又却怨玉龙哀曲。等恁时、重觅幽香,已入小窗横幅",让各种绝代佳人的美丽想象来渲染、烘托名花,丰富了表现手法,取得了极佳艺术效果,也显示出《佳人》这首诗所达到的美学境界及其对后世创作的影响。《佳人》是写实还是寓言,历来聚讼纷纭。仇兆鳌认为是写实,不相信有寄托:"按天宝乱后,当实有是人,故形容曲尽其情。旧谓托弃妇以比逐臣,伤新进猖狂、老成凋谢而作。恐悬空撰意,不能淋漓恺至如此。"陈沆则极力反对这种看法:"仇注、卢解皆谓此必天宝之后，实有其人其事，非寓言寄托之语。试思两京鱼烂，四海鼎沸，而空谷茅屋之下，乃容有绝代之佳人、卖珠之侍婢，曾无骨肉，独倚暮寒，此承平所难言，岂情事之所有？若谓幽绝人境，迹类仙居，则又何自通其问讯，知其门阀，诉其夫婿，详其侍婢？此真愚子说梦，难与推求者也。夫放臣弃妇，自古同情。守志贞居，君子所托。兄弟谓同朝之人，官高谓勋戚之属，如玉喻新进之猖狂，山泉明出处之清浊。摘花不插，膏沐谁容？竹柏天真，衡门招隐。此非寄托，未之前闻。"（《诗比兴笺》）两造各有所见各有所蔽，未若黄生折中之议允当："偶然有此人有此事，适切放臣之感，故作此诗，全是托事起兴，故题但云《佳人》而已。后人无其事而拟作，与有其事而题必明道其事，皆不足与言古乐府者也。"

创作与赏析大致有这样三种情况：一、实无其人其事，又无真实感受而假虚构以寓言寄托则易流于概念化。不满"诗品、诗话之学，专揣于音节风调，不问诗人所言何志"，矫枉过正，避而不谈诗歌的艺术，而专笺比兴，阐幽发微，这是陈沆论诗的所长，也是他的所短。就是这样，他光看到《佳人》中的"弃妇"喻"放臣"、"兄弟"喻"同朝之人"、"官高"喻"勋戚之属"、"如玉"喻"新进之猖狂"……通篇无非寓言寄托，这必然将这首形象丰满、意味深长的优美诗歌简单化、抽象化、概念化，犹如将人拍成爱克斯光胶片，即使再准确，只可备诊断参考，却不宜送去参加艺术摄影比赛一样。二、实有其人其事而无真实感受（或不多），照实写来，往往无多深意，也算不上是成功之作。《佳人》确"因所见有感，亦带自寓意"（杨伦语），仇兆鳌却只承认是写实而无寄托，这势必将本来不浅的作品讲浅了。三、实有其人其事，又有真实感受，但在创作过程中经过艺术概括和典型化，使人物、情节出自原型又高于原型，思想感情来自实感又深于实感，这就有可能写出思想性、艺术性高度相结合的诗篇来。《佳人》正是这样的作品，黄生又正是这样看待这一作品，所以还是他所代表的这一派的看法对。萧涤非先生也认为"此解最确"，并进一步发挥说："因有同感，所以在这位佳人身上我们看到诗人自身的影子和性格。我认为这首诗的写作过程和白居易的《琵琶行》差不多，只是杜甫没有明白说出'同是天涯沦落人，相逢何必曾相识'而已。"元稹《乐府古题序》说："自风雅至于乐流，莫非讽兴当时之事，以贻后代之人。沿袭古题，唱和重复，……尚不如寓意古题，刺美见事，犹有诗人引古以讽之义焉。……近代唯诗人杜甫《悲陈陶》《哀江头》《兵车》《丽人》等，凡所歌行，率皆即事名篇，无复倚傍。"杜甫将建安诗人"借古题写时事"的做法提高到"即事名篇，无所倚傍"的新阶段，其实不过是古代风雅乐府民歌"讽兴当时之事"的固有精神和做法的恢复。所谓"即事名篇"，就是说以所咏之事为该诗篇命名。老杜这类诗歌，所咏皆实有其人其事，《佳人》是"即事名篇"，一般说来，亦当实有其人其事。黄生说："（《佳人》）'在山'二句，似喻非喻，最是乐府妙境。末二语，嫣然有韵，本美其幽闲贞静之意，却无半点道学气。"陈沆讥沧柱说诗犹"愚子说梦"，我看善作诗、说诗者亦着"半点道学气"不得，而且还应该懂得，此等诗，不仅止"在山"二句，妙就妙在"似喻非喻"之间。

十三 "海内知名士，云端各异方"

最后还应着重谈谈老杜客居秦州期内所作的怀人、送别诗篇。《秦州见敕目薛三璩（据）授司议郎毕四曜除监察与二子有故远喜迁官兼述索居凡三十韵》，写得知老友薛据（详第七章第三节）、毕曜（详第十章第三节）升官的喜悦和种种感想：首段宾主并提，已潦倒而喜其迁擢，身衰老而望其关照；二段叙旧交与遭乱情事；三段记肃宗的收复两京及二人的入仕；四段自述离群索居的苦闷和感慨。"侏儒应共饱，渔父忌偏醒。旅泊穷清渭，长吟望浊泾。"朝官皆尸位素餐，自己却以直言见斥。羁旅秦州，源穷清渭。长安回望，浊泾滔滔。诗人的牢骚可不小！五段叹邺城师溃，局势动荡，望专任李、郭以致太平。末段自感远游而有怀薛、毕。这诗一般，不见精彩。

去年（乾元元年，七五八）五月高适自詹事出为彭州（治今四川彭县）刺史。今年三月，岑参自右补阙转起居舍人，四月署虢州（治今河南灵宝县）长史。五月之任（详陈铁民、侯忠义《岑参集校注·岑参年谱》）。秋日老杜患疟疾，羁旅沉绵，倍思高、岑这两位诗友，作《寄彭州高三十五使君适虢州岑二十七长史参三十韵》。[35] 诗首叙思念之情、二人诗才之美和际遇之盛："故人何寂寞，今我独凄凉。老去才虽尽，秋来兴甚长。物情尤可见，词客未能忘。海内知名士，云端各异方。高岑殊缓步，沈鲍得同行。意惬关飞动，篇终接混茫。举天悲富骆，近代惜卢王。似尔官仍贵，前贤

---

[35] 仇注："朱注：新旧两史皆云：高先刺蜀，后刺彭。惟黄鹤作先彭而后蜀。今按此（《寄彭州高三十五使君适虢州岑二十七长史参三十韵》）诗云'秋来兴长'又云'陇草''洮云'，明是乾元二年秋在秦州作。最后公在潭州《追酬高蜀州人日诗序》云：'往居在成都时，高任蜀州刺史。'则知高刺蜀州在后矣。今以两诗互证，二史之误显然。鹤注：史云：乾元二年五月，贬李峘为蜀州刺史。柳芳《历》亦云：适乾元初刺彭，上元初牧蜀。房琯作《蜀州先主庙碑》载，州将高适建，其末云'公顷自彭迁蜀'，皆与杜诗合，史误其先后耳。钱笺：适《谢上彭州刺史表》云：'始拜宫允，今列藩条，以今月七日，到所部上讫。'则适自詹事，即出刺彭，鹤注是也。高集有《春酒歌》云：'前年持节将楚兵，去年留司在东京。今年复拜二千石，盛夏五月西南行。彭门剑门蜀山里，……'则适之刺彭，在乾元元年，岁月皆可考。"

命可伤。诸侯非弃掷，半刺已翱翔。诗好几时见，书成无信将。"故人何尝寂寞，惟我独见凄凉。于今才尽而兴长，惜知名词客天各一方，未能相聚，徒增怀念。因此引出了后面的种种感想。老杜好以南朝诗人称美时贤，如说李白是"李侯有佳句，往往似阴铿""清新庾开府，俊逸鲍参军"，说许十一是"陶谢不枝梧，风骚共推激"，说薛华是"何刘沈谢力未工，才兼鲍照愁绝倒"[36]，说孟浩然是"赋诗何必多，往往凌鲍谢"等等，不可拘看，也不可认为纯是一般客套语。认为高适、岑参学富才高，可与沈约、鲍照漫步诗坛，这比喻也确有几分真实性：一、四人在中国诗史上的地位是相当的；后世论诗多以"高岑"并称，这提法首先是老杜提出的。二、鲍照沉雄笃挚，每采边塞题材入诗，语又峻健，"如五丁凿山，开人世之所未有。当其得意时，直前挥霍，目无坚壁矣。骏马轻貂，雕弓短剑，秋风落日，驰骋平冈，可以想此君意气所在"(陆时雍《诗镜总论》)，"其乐府自是七言至极"，甚至可说"七言之制，断以明远为祖"(王夫之《古诗评选》)。又钟嵘《诗品》认为沈约"宪章鲍明远"。两《唐书·高适传》并称高适"以气质自高"。殷璠《河岳英灵集》说"参诗语奇体峻，意亦造奇"。二人并以边塞诗名家，七言歌行各有名篇(如高之《燕歌行》，岑之《白雪歌》《走马川行》等)。可见以鲍、沈比拟、称赞高、岑不是毫无根据的。仇兆鳌说："用意惬当，则机神飞动，此诗思之妙。篇势将终，而元气混茫，此诗力之厚。二句极推高、岑，实少陵自道也。"这话很对。一个人写诗，能做到有博大精深的内容，又

---

[36] 刘熙载《艺概·诗概》："明远长句，慷慨任气，磊落使才，在当时不可无一，不能有二。杜少陵《简薛华醉歌》云：'近来海内为长句，汝与山东李白好。何刘沈谢力未工，才兼鲍照愁绝倒。'此意重推薛，然亦见鲍之长句，何、刘、沈、谢均莫及也。"

能挥洒自如，篇虽终而意无穷，令读之者感慨万千，心潮久久不得平息，这无疑是一种很高的艺术境界。

杜诗多能如此，《自京赴奉先县咏怀五百字》《北征》等长篇巨制，这一特色尤其显著。岑诗热情洋溢、形象丰满，风骨则嫌稍弱，高《燕歌行》或近之。所以邵子湘说："'意惬'二句，杜诗实有此境地，他人不能到。"刘熙载说："夫篇终而接混茫，则全诗亦可知矣。且混茫之人，而后有混茫之诗，故庄子云：'古之人在混茫之中。'"亦有所见。富嘉谟（生卒年不详），雍州武功（治今陕西旧武功镇）人，举进士，长安（七〇一—七〇四）中累转晋阳尉，与另一晋阳尉吴少微相友善。先是文士撰碑颂皆以徐、庾为宗，气调渐劣。嘉谟与少微属词皆以经典为本，时人钦慕，文体一变，称为"富吴体"。嘉谟作《双龙泉颂》《千蠋谷颂》，少微撰《崇福寺钟铭词》，最高雅，作者推重。并州长史张仁亶待以殊礼，坐与同榻。嘉谟后为寿安尉，预修《三教珠英》。中宗中兴初，为左（《唐诗纪事》作"右"）台监察御史，卒。少微拜右台监察御史，病中闻嘉谟噩耗，哭而赋诗（诗并序见《全唐诗》），不久亦卒。二人在晋阳时，与太原主簿谷倚，皆以文词著名，时人谓之"北京三杰"。富嘉谟现存仅一《明冰篇》，不甚佳。张说论其文说："如孤峰绝岸，壁立万仞，浓云郁兴，震雷俱发，诚可畏也。若施于廊庙，骇矣。"（见《唐诗纪事》）

骆宾王（六四〇？—六八四？），婺州义乌（今浙江义乌）人。"初唐四杰"之一，尤妙于五言，曾作《帝京篇》，当时以为绝唱。高宗时任县主簿、侍御史。后得罪入狱，作《在狱咏蝉》，脍炙人口。光宅元年（六八四），徐敬业在扬州起兵讨武后，宾王为其幕僚，代草讨武氏檄。武后读檄，但嘻笑，至"一抔之土未干，六尺之孤安在"，瞿然问道："谁为之？"或以宾王对，武后说："宰相安得失此人！"敬业败，宾王亡命，不知何之。[37]有《骆临海集》行于世。卢照邻（六三七？—？），字升之，号幽忧子，幽州范阳（今北京附近）人。"初唐四杰"之一。十岁从曹宪、王义方授《仓》《雅》及经史，博学善属文。初授邓王府典签，邓王很看重他，对人说："此即寡人相如也。"后调新都尉，因染风疾去官，居太白山中，以服饵为事。后疾转笃，就往具茨山下买园数十亩，疏引颍水，流经房屋四周，又预造墓穴，偃卧其中。他自以高宗时尚吏，己独儒；武后尚法，己独黄老；后封嵩山，屡聘贤士，己已废。著《五悲文》以自明。病既久，痛苦不堪，就与亲属诀别，自投颍水而死，时年四十。有《卢升之集》。他的长篇歌行《长安古意》，通过对汉代长安的描写，反映了唐代长安的风气和盛况，揭露了当时上层社会几类人物的骄奢淫逸生活，有一定认识价值，艺术性也很高。王勃（六四九—六七六），字子安，绛州龙门（今山西稷山县）人。"初唐四杰"之一。隋末大儒文中子王通之孙。六岁善文辞，九岁读颜师古注《汉书》，作《指瑕》以摘其失。与兄王勔、王勮才藻相类。父友杜易简称赞他们为"王氏三珠树"。麟德（六六四—六六五）初，刘祥道巡行关内，勃上书自陈，祥道表荐于朝，对策高第。不到二十岁，授朝散郎，曾数次诣阙献颂。沛王闻其名，召署府修撰。是时诸王斗鸡，互有胜负，勃戏为讨英王

---

[37] 此据《新唐书》本传。《旧唐书》本传则谓"敬业败，伏诛"。《唐诗纪事》载："宋之问贬黜，放还至江南，游灵隐寺。夜月极明，长廊行吟曰：鹫岭郁岧峣，龙宫锁寂寥。句未属。有老僧点长明灯，问曰：少年夜久不寐，何耶？之问曰：适偶欲题此寺，而兴思不属。僧请吟上联。即曰：何不'云楼观沧海日，门对浙江潮'。之问愕然，讶其遒丽。又续终篇曰：桂子月中落，天香云外飘。扪萝登塔远，刳木取泉遥。霜薄花更发，冰轻叶未凋。待入天台路，看余渡石桥。迟明更访之，则不复见矣。寺僧有知之者曰：此宾王也。"虽不足信，却见当时有兵败后宾王并未"伏诛"的传闻。《新唐书》本传"不知所之"云云，就相信他兵败后并未"伏诛"。

鸡檄文,高宗看了,大怒道:"据此是交构之渐。"斥出府。勃既废,客剑南。曾登葛愦山眺望,慨然思诸葛亮之功,赋诗见情。闻虢州多药草,求补参军。倚才傲物,为同僚所嫉。官奴曹达抵罪,藏匿勃住所,惧事泄,即杀之。事发当诛,遇赦除名。父王福畤,为雍州司功参军,坐勃故贬交趾令。勃往省亲,渡南海堕水,惊悸而卒。时年二十八(《新唐书》作"二十九")。开初,王勃去交趾,途经南昌,正值重阳节,当地阎都督在滕王阁举行宴会,命其婿事先作好序,拟借机以自炫,然后假意出纸笔遍请众客作序,都不敢当,至勃,却不推辞。都督怒,起更衣,派小吏窥伺其文随时报告。一再报,语益奇,就惊叹道:"天才也!"请他写完,极欢而散。勃平日写作,初不精思,先磨墨数升,便酣饮,引被蒙头大睡,醒后援笔成篇,不易一字,时人谓勃为腹稿。其《送杜少府之任蜀川》"海内存知己,天涯若比邻",又《滕王阁诗序》"落霞与孤鹜齐飞,秋水共长天一色",都是古今传诵的名句。有《王子安集》。用我们今天的概念来说,高、岑是老杜那时的"当代文学家",富、骆、卢、王则是他祖父杜审言一辈的"现代文学家"。《旧唐书·杨炯传》载:"炯与王勃、卢照邻、骆宾王,以文词齐名,海内称为'王杨卢骆',亦号为'四杰'。炯闻之,谓人曰:'吾愧在卢前,耻居王后。'当时议者,亦以为然。"《唐诗纪事》"王勃"条载:"裴行俭在吏部,……李敬玄盛称王勃、杨炯、卢照邻、骆宾王。行俭曰:勃等虽有才,然浮躁炫露,岂享爵禄者?炯颇沉默,可至令长,余皆不得其死。"又同书"杨炯"条载:"炯……后为盈川令,(张)说以箴赠行,戒其苛。至官,果以严酷称,不为人所多。卒官。中宗时,赠著作郎。"据此知"四杰"早已并称,老杜《戏为六绝句》其二中也称"王杨卢骆"。为什么这里不称杨,而以富替代呢?我看这主要因为这里是慨叹才士遭遇的不幸而非论其文学成就所致。杨炯做到令长,死后又追赠为从五品上的著作郎,且生前为官"以严酷称,不为人所多"。富嘉谟只做到正八品上的监察御史,正如与他同升此官并接踵逝世的吴少微所说,"官职十分,未作其一"而卒,十分可悲。相形之下,老杜自会以富易杨,借富、骆、卢、王之酒卮,浇己之垒块,并衬托高、岑的青云得路。接着写己病中客旅的凄凉境状:"男儿行处是,客子斗身强。羁旅推贤圣,沉绵抵咎殃。三年犹疟疾[38],一鬼不销亡。隔日搜脂髓,增寒抱雪霜。徒然潜隙地,有靦屡鲜妆。何太龙钟极,于今出处妨。无钱居帝里,尽室在边疆。刘表虽遗恨,庞公至死藏。心微傍鱼鸟,肉瘦怯豺狼。陇草萧萧白,洮云片片黄。"

《后汉书·礼仪志》注引《汉旧仪》:颛顼氏有三子,生而亡去,为疫鬼,一居江水为疟鬼。古人迷信,以为患者若化妆伏于幽隙之地或寺庙之中可避疟鬼。朱注引《宾退录》:"高力士流巫州,李辅国授谪制,力士方逃疟功臣阁下。"认为避疟之说自唐已然。《读杜诗说》:"今按潜隙地,今人避疟尚然,惟未闻改妆避者,或当时俗有之。一说指疟鬼言,其时寒时热,若改易面目者,故云有靦,似亦可通。"《黄帝内经·素问》:"疟者,阴与阳争,不得出,

〈38〉《读杜诗说》:"寄彭州高使君云:'三年犹疟疾,一鬼未销亡。'今按下云:'隔日搜脂髓',是隔日一发也。凡疟疾隔日一发者不易瘳,故至三年。前疾后引王倚饮诗:'疟疠三秋孰可忍?寒热百日交相战。'三秋是言秋三月,故云百日,当在初发时也。梁权道本,编(过王倚饮诗)在至德二载,黄鹤改在天宝十三载。此诗,注谓乾元二年秋作,去天宝十三载已五年;当从梁本,至德二载至乾元二年,正三年也。朱说以前诗有长安金城语,必在京作,故从黄鹤编。据年谱,至德二载七月前,公亦在京也。疟疾初发必剧,故前诗有头白眼暗、肉黄皮皱等语,减作隔日发,虽延至三年,势已轻矣,故此诗云:'一鬼未销亡。'"施鸿保既以为"三秋是言秋三月,故云百日",那么就不得说"至德二载七月前,公亦在京",有可能作过王倚饮诗了。这年八月他放还鄜州省家后作《北征》说:"老夫情怀恶,呕泄卧数日。"倒是发过病,看症状却不像是发疟子,而且不在长安。疟子没断根,好了还会复发的,"三年"可能是从复发算起,也可能是泛指,不可拘看。

是以间日而作。"又:"疟者之寒,汤火不能温也。"所以说"隔日搜脂髓,增寒抱雪霜"。接着诗人又哀叹自己贫病交加,老态龙钟,举家流落边疆,不肯轻易依附于人,担心这把瘦肉会喂了豺狼。最后一大段写想象中高、岑所在二地风光和二人生活近况,"结到太平聚首,仍扣定论文,章法最密"(杨伦语)。虽如此,终嫌一般,从略。

《寄岳州贾司马六丈巴州严八使君两阁老五十韵》,虽然用的也是五言长排这种较呆板的形式,却写得很有真情实感、很有内容。尤其其中一些段落,如(一)"衡岳猿啼里,巴州鸟道边。故人俱不利,谪宦两悠然。开辟乾坤正,荣枯雨露偏。长沙才子远,钓濑客星悬",从所寄贾至(时贬岳州司马)、严武(时贬巴州刺史)双起,健笔凌云,唱叹而入,总挈全篇大旨,(二)"每觉升元辅,深期列大贤。秉钧方咫尺,铩翮再联翩。禁掖朋从改,微班性命全。青蒲甘受戮,白发竟谁怜?弟子贫原宪,诸生老伏虔[39]",说当初每以为房琯入相将重用贾、严诸贤,岂料当权不久,同官多遭打击,在贾、严不免被谗见放,在己则因廷诤获罪,终至衰颜羁旅,无人怜惜,(三)"旧好肠堪断,新愁眼欲穿。翠干危栈竹,红腻小湖莲。贾笔论孤愤,严诗赋几篇。定知深意苦,莫使众人传。贝锦无停织,朱丝有断弦。浦鸥防碎首,霜鹘不空拳",写旧好新愁,神驰两地,想象二位对此异地风光,不胜愁苦,定然有作,但嘱其缄默深藏,以免谗人曲为罗织,有如浦鸥之于霜鹘,易遭伤毁,无不挥洒自如,真切感人,不觉有律对板滞之迹。仇兆鳌论首

---

[39]《后汉书·儒林传》载:服虔,字子慎,少入太学受业,有雅才,著《春秋左氏传解》行于世。顾炎武《日知录》说:古人经史皆是写本,子美久客四方,未必能携。一时用事之误,自所不免。诗云"诸生老伏虔",本用济南伏生事。伏生,名胜,非虔。后汉有服虔,非伏。

段"开辟乾坤正，荣枯雨露偏"一联说："此承（第四句）'谪宦'而言。当乾坤反正之日，人各沾恩，特以质有荣枯，故受此雨露者偏异耳。语本微婉，旧注直云叹不得蒙恩而见谪，未免语涉怼上矣。"对此二句照仇说理解亦无不可，但不必将"微婉"与"怼上"对立起来。要是有"怼上"之情，话讲得越"微婉"就越挖苦。且看《秦州杂诗》其二十"唐尧真自圣，野老复何知"二句，用的是《列子·仲尼》中的典故："尧治天下五十年，不知天下治欤不治欤。……顾问左右，左右不知。问外朝，外朝不知。问在野，在野不知"，说的是当今天子真是圣明，我这乡下老头儿对朝政又懂得些什么。这话讲得够"微婉"的了。能说他真认为肃宗就是唐尧、自己真啥也不懂么？对皇帝、对自己竟如此不着边际地谬加褒贬，这不是在讲怪话，讲挖苦话，发牢骚么？在日常生活中谁都听得出这类话的话音来，为什么一遇到老杜人们的耳朵就有点背了呢？我看，这主要是由于人们对他的"忠君思想"理解得不尽符合实际所致。毋庸讳言，老杜的忠君思想是比较严重的，但并未达到不问青红皂白一味颂圣的愚昧程度。实际上他对皇帝为政的得失有自己的看法，也有所批评。

关于这一问题，还是萧涤非先生在《〈杜甫研究〉再版前言》中分析得最好："要知道，杜甫在《咏怀五百字》中说的'生逢尧舜君，不忍便永诀'，并不是一句门面话、一般的颂词，而是的的确确把他看成'尧舜君'的……是一个可以'大有为'的君主。'葵藿倾太阳，物性固莫夺。'这两句最足以表明杜甫忠君思想的诗，在很大程度上也是针对他心目中的这位'尧舜君'而发的，有其特定的对象。随着对象的不同、环境的不同，他的态度也有所改变，并非铁板一块。大家知道，当唐肃宗李亨不信任杜甫，把他从左拾遗的'近臣'出为华州司功参军的第二年，杜甫是掼了他的乌纱帽的：'弃官客秦州。'不但表示不合作，而且口出怨言：'唐尧真自圣！野老复何知？'（……这里的'唐尧'指李亨，是讽刺性的恭维，与上引'尧舜君'有别。）这两句诗是可以说得上'大不敬'的。不仅如此，还要说怪话：'张后不乐上为忙。'嘲笑他怕老婆。难道唐肃宗不是'太阳'，杜甫为什么不'倾'了呢？后来唐代宗想召他回去任京兆功曹，他也没有去。由此可见，在对待君主的态度上，杜甫也并非漫无差别，毫无条件，在不可动摇的绝对性中也有一定的相对性。"

《寄张十二山人彪三十韵》在长排中亦复大佳，尚可从中窥见老杜交游的一斑：

"独卧嵩阳客，三违颍水春。艰难随老母，惨澹向时人。谢氏寻山屐，陶公漉酒巾。群凶弥宇宙，此物在风尘。历下辞姜被，关西得孟邻。早通交契密，晚接道流新。静者心多妙，先生艺绝伦。草书何太古，诗兴不无神。曹植休前辈，张芝更后身。数篇吟可老，一字卖堪贫。将恐曾防寇，深潜托所亲。宁闻倚门夕，尽力洁飧晨。疏懒为名误，驱驰丧我真。索居尤寂寞，相遇益愁辛。流转依边徼，逢迎念席珍。时来故旧少，乱后别离频。"《唐诗纪事》从开篇引至"一字"句，说："读子美诗，则彪盖颍洛间静者，天宝末，将母避乱。故子美以诗寄云。"《全唐诗》卷二五九、卷八八二共存诗五首（《唐诗纪事》录四首）。据张彪《北游还酬孟云卿》："与君宿姻亲，深见中外怀"，知他是杜甫好友孟云卿的表兄弟。他的《敕移橘栽》说："愿为王母桃，千岁奉至尊。"又《神仙》说："神仙可学无？百岁名大约。天地何苍茫，人间半哀乐。浮生亮多惑，善事翻为恶。争先等驱逐，中路苦瘦弱。长老思养寿，后生笑寂寞。五谷非长生，四气乃灵药。列子何必待，吾心满寥廓。"可见他原来也有意于仕进，在名利场中驰驱较量过，后来受到挫折，有所感悟，才去求仙学道的。《海内先贤传》载：姜肱事继母，年少。肱兄弟同被而寝，不入室以慰母心。《列女传》载：孟子之母，凡三徙而舍学宫之旁。"历下"谓齐州（今济南）。"关西"谓潼关以西，指华州。"历下辞姜被，关西得孟邻。早通交契密，晚接道流新"[40]，是诗人叙述自己与张彪的交往始末，意谓彼此早就很要好，自从在济南辞别你这位孝子，到年前在华州幸得相遇，知道你新近交接道流，在学神仙了。"姜被"誉子孝，"孟邻"赞母贤，"得孟邻"也可理解为我幸得与孟家贤母孝子为邻。果真如此，他们两家在华州时还做过邻居呢。所以老杜对张彪"尽力洁飧晨"奉母之勤是亲眼得见的。"将恐曾防寇，深潜托所亲"，张家来华州避乱有亲戚可以投奔。对照着张彪的情况，就无怪乎诗人要叹息自身的流离失所、丧尽天真了。从现存作品看，张彪的诗属于以孟云卿为代表的"高古奥逸"一派[41]，风骨颇健，稍嫌偏枯。他的草书虽未流传下来，想有相当水平。赠诗称道对方，难免过当，也不至于毫无一点根据。此诗后半谈时事、发感慨，流于一般，不及前半富于生活气息。

十四 "水深波浪阔，无使蛟龙得"

这一时期所作怀人诗中的名篇，当首推那几首怀念李白的诗。《梦李白二首》其一说："死别已吞声，生别常恻恻。江南瘴疠地，逐客无消息。故人入我梦，明我长相忆。恐非平生魂，路远

---

[40]《读杜诗说》："（此）四句，注：历下，记初交之地。关西，记再见之缘。今按卷一有题张氏隐居二首，正在历下作。注引旧唐书李白传：少与张叔明等隐于徂徕山。徂徕亦在历下。疑此张山人，即前所题张氏。"说甚详，不悉引。
[41] 张为《诗人主客图序》："以孟云卿为高古奥逸主。"

不可测。魂来枫林青,魂返关塞黑。君今在罗网,何以有羽翼?落月满屋梁,犹疑照颜色。水深波浪阔,无使蛟龙得!"至德二载(七五七)李白因参预永王李璘的军事行动,坐系浔阳(今江西九江市)狱。乾元元年(七五八)长流夜郎(在今贵州桐梓县境)。乾元二年春夏间遇赦放还,自巫山下汉阳,过江夏(二地皆在今湖北武汉市)而复游浔阳等处。这年七月,老杜度陇客秦州以来,没能得到李白已遇赦放还的消息,因而思念成梦,醒而作此二诗以寄意。李白从璘获罪事,古今聚讼纷纭,主要不外如下几派:

一、认为从逆有亏大节。如朱熹说:"李白见永王璘反,便从臾之,文人之没头脑乃尔。"(《朱子语类》)洪亮吉说:"诗人不可无品,至大节所在更不可亏。杜工部、韩吏部、白少傅、司空工部、韩兵部尚矣,李太白于永王璘已难为讳。至王、杨、卢、骆,及崔国辅、温飞卿等,不过轻薄之尤,丧检则有之,失节则未也。"(《北江诗话》)

二、认为胁迫从璘,情有可原,无损大节。如苏轼说:"太白之从璘,当由胁迫。不然,璘之狂肆寝陋,虽庸人知其必败也;太白识郭子仪为人杰,而不能知永王璘之无成?此理之必不然者也。吾不可以不辨。"(《李太白碑阴记》)潘德舆说:"夫胁而来,逃而去,辞官弃金,未污爵赏,白之心事行迹,亦可以告天下后世矣。"(《养一斋诗话》)

三、肃宗与永王璘的矛盾本是统治者内部的王位之争,无论责难李白从璘或为之辩解,都是从封建道德标准出发,无甚意义。

陆侃如、冯沅君先生说:"永王重其才名,辟为都督僚佐,一同东下。此事前人或加责难,或加辩护;但从各种记载看来,事实是真的,殊不必辩护,而且作永王的幕僚,于理也无不合,也用不着责难。"(《中国诗史》)王瑶先生说:"唐代的王位承继权一向很不牢固，……唐肃宗也是乘安史之乱时分兵北走，自立为皇帝的。因此永王璘看到唐玄宗西走四川，于是他想乘机建立功业，谋取帝位，那也是很自然的事情。这本是统治者内部的矛盾，是很难说谁正谁逆的。"（《李白》）

四、认为永王璘举兵是逆而李白却不是从逆。如乔象钟同志说，"永王的趁机攘夺王位，当然抵消了当时的抗战力量，增加了人民的苦难，对当时千百万受难人民和整个民族国家来说，是不利的。所以永王事件的是非性质，并不难于分辨"，而李白的从璘，主要是因为主观上不了解内情，想借此以报国济时，客观上又受胁迫所致（详《李白从璘事辨》，载中华书局编《李白研究论文集》）。说李白在安禄山叛变之后忧心如焚、思赴国难那是一点儿也不假的。乱起之初，他作《北上行》，通过行人艰苦途程和愁惨心情的描绘，反映了变乱给人民带来的灾难："沙尘接幽州，烽火连朔方。杀气毒剑戟，严风裂衣裳。奔鲸夹黄河，凿齿屯洛阳。……叹此北上苦，停骖为之伤。何日王道平，开颜睹天光。"其后他从宣城、溧阳一带南下，避难剡中（今浙江嵊县），作《经乱后将避地剡中留赠崔宣城》，虽仍表示要继续求仙学道，但对国家的残破和人民的流离失所却十分关心："双鹅飞洛阳，五马渡江徼。何意上东门，胡雏更长啸。中原走豺虎，烈火焚宗庙。太白昼经天，颓阳掩余照。王城皆荡覆，世路成奔峭。四海望长安，颦眉寡西笑。苍生疑落叶，白骨空相吊。连兵似雪山，破敌谁能料？我垂北溟翼，且学南山豹。"同时前后所作的《扶风豪士歌》，写想象中洛阳人民遭叛军残杀的惨状，触目惊心，足见他深为国事而萦怀："洛阳三月飞胡沙，洛阳城中人怨嗟。天津流水波赤血，白骨相撑如乱麻。我亦东奔向吴国，浮云四塞道路赊。"这种忧国忧民的焦急心情，也明显地表露在《猛虎行》中："朝作猛虎行，暮作猛虎吟。肠断非关陇头水，泪下不为雍门琴。旌旗缤纷两河道，战鼓惊山欲倾倒。秦人半作燕地囚，胡马反衔洛阳草。"《古风》其十九最能见出李白当时的思想倾向和人生态度："西上莲花山，迢迢见明星。素手把芙蓉，虚步蹑太清。霓裳曳广带，飘拂升天行。邀我登云台，高揖卫叔卿。恍恍与之去，驾鸿凌紫冥。俯视洛阳川，茫茫走胡兵。流血涂野草，豺狼尽冠缨。"不难想象，正当我们的浪漫主义大师白日飞升、遨游太空时，一见到下界叛军作乱，杀人如麻，他准会登时忘却他的神仙伴侣，重新坠入红尘，跟凡夫俗子同历浩劫、共赴国难的。所以我们不能因为他在长安被谗见放之后好借隐逸求仙、佯狂纵饮以自遭，就认为他的思想倾向消极、人生态度出世，更不能说"李太白当王室多难、海宇横溃之日，作为诗歌，不过豪侠使气，狂醉于花月之间耳，社稷苍生曾不系其心膂"（《鹤林玉露》）。

李白平生最钦迟鲁仲连、诸葛亮、谢安等前代名人，并借以自况。这主要是因为有鉴于他们能在天下纷争、国家多事之秋挺身而出，创业、救亡，济世人于水火，解生民于倒悬，而想学习他们排难解纷、起为苍生的精神和足智多谋、指挥若定的本领。安禄山乱起，唐室垂亡，公私涂炭，他闻乱固然愤慨万分，写诗控诉敌人残暴，忧虑国家命运，悲叹人民遭难，如前所述；但同时也很兴奋，认为这正是他多年梦寐以求的东山再起、施展智能、"使寰区大定，海县清一"、救世济人的大好良机，于是便参加了永王璘的军队，准备抗敌平乱，收复失地，回狂澜于既倒，建不世之奇功："三川北虏乱如麻，四海南奔似永嘉。但用东山谢安石，为君谈笑静胡沙"（《永王东巡歌》其二）、"试借君王玉马鞭，指挥戎虏坐琼筵。南风一扫胡尘静，西入长安到日边"（前诗其十一）、"卷身编蓬下，冥机四十年。宁知草间人，腰下有龙泉？浮云在一决，誓欲清幽燕！愿与四座公，静谈金匮篇。齐心戴朝恩，不惜微躯捐。所冀旄头灭，功成追鲁连"（《在水军宴赠幕府诸侍御》）。从这几首诗中所表露出来的斗志昂扬、信心十足的情况看来，很难说李白的从璘完全出于被胁迫。胁迫之说始见于李白自己的诗文："属逆胡暴乱，避地庐山，遇永王东巡胁行，中道奔走，却至彭泽"（《为宋中丞自荐表》）；"仆卧香炉顶，餐霞嗽瑶泉。……半夜水军来，寻阳满旌旃。空名适自误，迫胁上楼船"（《经乱离后天恩流夜郎忆旧游书怀赠江夏韦太守良宰》）。这都作于出事以后，难免饰词开脱，不足深信。上引诗句之前有云："帝子许专征，秉旄控强楚。……人心失去就，贼势腾风雨。"这倒是实话。永王既承玄宗许以专征之任，力量又这样强大，当此风雨飘摇、人心惶惑之际，慕名来请他入幕，对于像李白这样的爱国志士来说，他哪会不欣然捧檄，却须"迫胁上楼船"呢？

詹锳《李白诗文系年》"至德二载"条内按："太白之附永王，本是事实，无庸讳言。盖永王引舟师东下，自肃宗视之则为称兵作乱，然肃宗亦何尝非僭位者！意者肃宗即位之后，永王必至为不满，因有坐大之意。而当其辟白为府僚佐时，白亦必不以为图反，迨永王兵败，白亦坐罪，乃诡称为受璘迫胁耳。观白与贾少府书（'白绵疾疲苶，去期恬退，才微识浅，无足济时。虽中原横溃，将何以救之。王命崇重，大总元戎，辟书三至，人轻礼重。严期迫切，难以固辞，扶力一行，前观进退'），知其并非由于迫胁也。《诗话总龟后集》卷十四引黄常明诗话云：'史称薛镠李台卿等为璘谋主，而不及李白。白传止言永王璘辟为府僚，璘起兵，遂逃还彭泽。审尔则白非深于璘者。及观白集有永王东巡歌十一首，乃曰：初从云梦开朱邸，更取金陵作小山。又云：我王楼舰轻秦汉，却似文皇欲度辽。若非赞其逆谋，则必无是语矣。……'"看起来，李白入幕之初倒不一定知道永王的居心，等到写作"更取""却似"诸句时，就难说他仍然蒙在鼓里了。——李白从璘获罪经过梗概大致如此。在今天看来,不管他真想借仗永王以实现其"使寰区大定,海县清一"的壮志也好,还是"没有头脑至于此"也好,都玷污不了诗人"不惜微躯捐""誓欲清幽燕"的爱国赤忱。道理很简单,在他遇赦得释之后两年、病卒之前一年的上元二年(七六一),当听到太尉李光弼举兵百万,出征东南,去追击史朝义时,他竟然不顾羸弱戴罪之身,前往请缨杀敌,半道终以病还,郁郁而卒。这还不足以表明诗人性格的率真和品质的高尚吗?即使如此,在封建时代,谁要是像李白那样卷入争夺王位的斗争被获胜一方判了从逆罪,那是罪莫大焉的。老杜写作《梦李白二首》时只听说他流夜郎,并不知至巫山已遇赦得释[42]。对于犯了这"弥天大罪"的人,老杜不仅不回避,反而写诗明确表示无限同情他的不幸遭遇,深切关怀他的生命安全,这真是古道热肠,难能可贵,应该着重指出加以肯定。在我看来,这不是对亲爱者无原则的偏袒,这是他明知挚友正直蒙冤而发自内心深处的呼吁。当李白判罪之后,面对王法和舆论,老杜仍能这样对待他,这需要有多么清醒的知人之明,和多么大的仗义执言的勇气啊!

李白的被流放,对老杜是个精神上的重大打击。日有所思夜有所梦。"三夜频梦君",见其思念的殷切。首章写梦李白醒后无限悲痛怅惘之情。"从来说别离者,或以死别宽生别,或以死别况生别。此反云'死'则'已'矣,'生常恻恻'"(浦起龙语),居然"生别"之悲甚于"死别",诗人思念李白之深之苦可想见了。究其"常恻恻"的根由则全在于"江南瘴疠地,逐客无消息"。逐客而处在瘴

---

[42]《李白诗文系年》:"唐大诏令集卷八十四以春令减降囚徒制:'其天下见禁囚徒死罪从流,流罪以下一切方免。'下注云:'乾元二年二月。'白之得释当在是时。"作此二诗时李白实已放还,只是乱世音讯难通,老杜尚未得知。

疠之地,难免一死。一去则杳无音信,或真已死。生死未卜,最费猜疑,所以就特别令人感到惶惑不安。蒋弱六说:"(起)便阴风忽来,惨澹难名。"写梦回若有所失的迷惘和悲痛绝妙。老杜因思成梦,因梦生悲,产生了怀疑李白已死的恐惧与悲哀。"故人入我梦,明我长相忆。恐非平生魂,路远不可测。"初觉欣慰,一想路远或险遭不测,来的恐非生人的魂,不觉又感到很担心很难受。"魂来枫林青,魂返关塞黑。"想象李白魂来,经过江南一带青青的枫树林;又从作者所在地返回,经过黑夜沉沉的秦陇关塞。《楚辞·招魂》:"湛湛江水兮上有枫,目极千里兮伤春心,魂兮归来哀江南。"这里不只是用其词藻,主要在于借其境界和感情色彩来渲染、表达此时此境难以名状的惶惑和悲哀。杨伦认为这两句"抵宋玉《招魂》一篇"未免夸大,但也看到了二者之间有相近处。"君今在罗网,何以有羽翼?"这是人处在似梦似醒、恍恍惚惚的精神状态中的惊诧。"落月满屋梁,犹疑照颜色。"这是实感和梦幻交织在一起的错觉。这样,诗人就一举两得,把梦中李白漂泊无依的灵魂,和自己的不安定的灵魂,同时显现出来了。所以郝敬说:"读此段,千载之下,恍若梦中,真传神之笔。""水深波浪阔,无使蛟龙得!"是对才返生魂的叮咛,是对远方逐客的祝愿,弥见深情。言虽望其无使蛟龙得,心实疑已得了之了。愈婉愈深,忧极悲极,老杜对太白的感情是无比诚挚的。

其二说:"浮云终日行,游子久不至。三夜频梦君,情亲见君意。告归常局促,苦道来不易。江湖多风波,舟楫恐失坠。出门搔白首,若负平生志。冠盖满京华,斯人独憔悴。孰云网恢恢,将老身反累。千秋万岁名,寂寞身后事。""三夜"句补前首所未及。浦起龙说:"'入梦',明我忆。'频梦',见君意。"其实都见老杜思念太白的情意。曹丕《杂诗》其二:"西北有浮云,亭亭如车盖。惜哉时不遇,适与飘风会。吹我东南行,行行至吴会。吴会非我乡,安得久留滞?弃置勿复陈,客子常畏人。"以浮云的随风而去喻客子漂泊异乡,动人遐想,情意深长。读了这首诗,再读李白《送友人》"浮云游子意"之句,就会获得更丰富的感受。仇注指出此章首句即用太白"浮云"句,并引古诗"浮云蔽白日,游子不顾反",虽未明言,实以为其中隐寓谗邪害忠良之意。这都是可取的,但不能忽视曹丕那首诗在思路上与此章发端二句的关系更直接。游子像终日飘个不停的浮云,总是在流浪,久久到不了我身边。最近三夜接连不断地梦见你,你那亲热的样子,充分见出你对我的深情厚意。每次你告辞回去时都那么局促不安,老讲来一趟真不容易。江湖上多风波啊,惟恐行船万一有闪失。我见你搔着白发走出门去[43],那模样就像辜负了你平生壮志似的灰心丧气。咳,京都里冠盖如云,惟独你形容枯槁。谁说"天网恢恢,疏而不漏",(如今却是作恶的得福,)像你这样的好人快要老了还不免身受牵累。你必会名垂万古,只是身后这么凄惨,真令人太息不已。刘辰翁说:"结极惨黯,情至语塞。"这简直是在哭奠李白,他心里似乎真以为李白已经惨死了。

陆时雍说:"是魂是人,是真是梦,都觉恍惚无定,亲情苦意,无不备极,真得屈《骚》之神。"黄生说:"交非泛交,故梦非泛梦,诗亦非泛作。若他人交情与诗情俱不至,自难勉强效颦耳。"有真情实感,不嫌披头散发;无真情实感,最怕搔首弄姿:真文学假文学区别在此。此二诗与《离骚》本不相干,但都发自真性情,以血泪文字抒孤愤,从精神实质上看则无二致。所谓"得屈《骚》

---

[43] 萧涤非先生说:"李白登华山曾说过'恨不能携谢朓惊人句来,搔首问青天'的话,搔首大概是李白不如意时的习惯举动。"

之神"，当作如是观。

在秦州这短短三个月内，老杜还写了另外两首怀念李白的诗，足见他对李白感情之深。

一首是《天末怀李白》："凉风起天末，君子意如何？鸿雁几时到，江湖秋水多。文章憎命达，魑魅喜人过。应共冤魂语，投诗赠汨罗。"感秋起兴，见鸿雁而想其音信：此时江湖秋水已多，不知鸿雁几时可到。"江湖秋水"云云，实有"江湖多风波，舟楫恐失坠"之虑，(44)但说得含蓄委婉，只觉秋水伊人，无限相思。"诗穷而后益工"，是寻常人朴素无华的说法。文章最憎恶人仕途通达，也就是说文章最怕"禄蠹"，所以"禄蠹"写不出好文章。意思相同，却是诗人艺术的说法。愤激之情以幽默语出之，似轻松而实沉痛。仇注："钱笺：白流夜郎，乃魑魅之地。（今本无。）《招魂》云：'以其骨为醢''吞人以益其心'，正此类也。"在诗人想象中"喜人过"的"魑魅"非独夜郎有，郑虔贬所台州也有："从来御魑魅，多为才名误。"（《有怀台州郑十八司户》）何况这不过是借喻那些见"宗室有潭者，白陷焉，谪居夜郎"而幸灾乐祸的忌贤妒能的群小，更不可拘看。冤魂指屈原。屈原含冤莫伸，怀沙自沉于湖南汨罗江。夜郎之流，几与汨罗同冤。西汉贾谊以才高招忌，贬官长沙，渡湘水曾为赋以吊屈原。末望李白中途经此也赠诗吊屈，是明以屈原，暗以贾谊况李白，足见诗人对李白的无比推崇，对其遭遇的无比同情。黄生说："不曰'吊'而曰'赠'，说得冤魂活现。"蒋弱六说："向空遥望，喃喃作声，此等诗真得风骚之意。"

---

(44) 黄生说："（首）四句亦寓行路难之意。《梦李白》：'江湖多风波，舟楫恐失坠。'又别作（《人日二篇》其二）：'早春重引江湖兴，直道无忧行路难。'又（《夜闻觱篥》）：'君知天地干戈满，不见江湖行路难。'"参读自见。

另一首是《寄李十二白二十韵》。首叙李白入长安之初，才华超绝，满朝为之倾倒："昔年有狂客，号尔谪仙人。笔落惊风雨，诗成泣鬼神。声名从此大，汩没一朝伸。文彩承殊渥，流传必绝伦。龙舟移棹晚，兽锦夺袍新。"贺知章自号四明狂客。《本事诗》载："李太白初自蜀至京师，舍于逆旅。贺监知章闻其名，首访之。既奇其姿，复请所为文。出《蜀道难》以示之。读未竟，称叹者数四，号为谪仙，解金龟换酒，与倾尽醉，期不间日，由是称誉光赫。贺又见其《乌栖曲》，叹赏苦吟曰：'此诗可以泣鬼神矣。'〔45〕故杜子美赠诗（'诗成泣鬼神'）及焉。"范传正《李公新墓碑序》载："天宝初，召见于金銮殿，玄宗明皇帝降辇步迎，如见园、绮。论当世务，草答蕃书，辩如悬河，笔不停辍。玄宗嘉之，以宝床方丈赐食于前，御手和羹，德音褒美，褐衣恩遇，前无比俦。遂直翰林，专掌密命，将处司言之任，多陪侍从之游。他日，泛白莲池，公不在宴，皇欢既洽，召公作序。时公已被酒于翰苑中，仍命高将军扶以登舟，优宠如是。"这些都是诗中所述本事。《唐诗纪事》载："武后游龙门，命群官赋诗，先成者赐以锦袍。左史东方虬诗成，拜赐。坐未安，之问诗后成，文理兼美，左右莫不称善，乃就夺锦袍衣之。"虽无记载，李白在皇家赛诗会上也可能有这类夺魁佳话，不必看作用本朝事入诗。岑参《赵将军歌》说："将军纵博场场胜，赌得单于貂鼠袍。"仇注引刘邈《秋闺》"灯前量兽锦"句。杨伦说："兽锦袍，织锦为兽文也。"将军纵博以貂鼠袍为赌注，学士赛诗以兽锦袍为锦标，殊觉有趣。接着写李白乞归与作者

---

〔45〕李白《对酒忆贺监》诗并序自己就说贺称他为谪仙人。李白故人之子范传正元和十二年所作《李公新墓碑序》也说："在长安时，秘书监贺知章号公为谪仙人，吟公《乌栖曲》云：'此诗可以哭鬼神矣！'"

相遇的交谊,及其见累于永王而遭放等等。这诗情真事详,且时有好对切事,如"白日来深殿,青云满后尘""稻粱求未足,薏苡谤何频""苏武元还汉,黄公岂事秦"诸联;惜采取长排形式,思想感情的表达受到过烦声律的限制,就通体而论,写得不如前几首怀李白诗真挚感人。老杜作此诗时当已得知李白遇赦还浔阳的消息,所以结尾说:"老吟秋月下,病起暮江滨。莫怪恩波隔,乘槎与问津。"虽仍惋惜李白有才如此而恩波不及,却也有喻以安命之意。自从闻李白长流夜郎以来,老杜既深为抱屈,又十分关心他的生命安全。如今好不容易盼到这样个结局,难说差强人意,到底能得生还,总会使老杜心安一些。

十五 "郑公纵得归,老病不识路"

这一时期另一令他无限关怀、思念不已的老友是郑虔。他的《有怀台州郑十八司户》说:

"天台隔三江,风浪无晨暮。郑公纵得归,老病不识路。昔如水上鸥,今为置中兔。性命由他人,悲辛但狂顾。山鬼独一脚,蝮蛇长如树。呼号傍孤城,岁月谁与度?从来御魑魅,多为才名误。夫子嵇阮流,更被时俗恶。海隅微小吏,眼暗发垂素。鸠杖近青袍,非供折腰具。平生一杯酒,见我故人遇。相望无所成,乾坤莽回互。"三年前(至德二载,七五七),郑虔因陷贼获罪,贬台州司户,离京上道,老杜送别去晚了,没见到面,曾写诗寄意,竟作永诀之词:"便与先生成永诀,九重泉路尽交期!"(详第九章第六节)稍后过其故居,不胜感慨,又写诗抒忆旧怀人之情,担心他性子鲠直,难免遭害:"可念此翁怀直道""祢衡实恐遭江夏"(详第十章第三节)。而今诗人自己也流离道路,前途茫茫,就更感此生后会无期了。"此诗想象郑公孤危之状,如亲见亦如身历,总从肺腑交情流露出来,几于一字一泪,与《梦李白》篇同一真切"(杨伦改写王嗣奭语):天台跟中原,中间隔着曹娥江、浙江、长江,朝朝暮暮,总是不停风浪。郑公啊,纵然能让你回来,你又老又病,你也不认得路。往昔你是水上的鸥,如今你成了网中的兔。性命任人摆布,悲苦辛酸,急得你乱奔狂顾。山鬼只有一只脚,蝮蛇长得像一棵树,它们傍着孤城呼号,这岁月有谁陪伴着你度?从来"投之四裔以御魑魅"(《左传》)的,多是为才名所误。先生你是嵇康、阮籍一流人物,那就更要被时俗厌恶。你这个海边卑微的小吏,两眼昏花头发雪白。你那低级官服青袍边那专赐给老人拄的鸠杖,决不是供你向上级折腰的用具。平日相遇,一杯酒见彼此情意。叹我俩都流落无成,乾坤莽莽,处其间相望万里。《博物志》载,一足曰夔,魍魉也,越人谓之山魈。《汉书·严助传》载,越地林中多蝮蛇猛兽。越中老杜不是没有去过,把那里写得这么阴森可怖,这主要是学《招魂》的想法和手法,表示"南方不可以止些"、盼其归来又明知不得生还的无比哀痛的情意。韩愈《八月十五日夜赠张功曹》描写湖南贬所的恐怖情状说:"洞庭连天九疑高,蛟龙出没猩鼯号。十生九死到官所,幽居默默如藏逃。下床畏蛇食畏药,海气湿蛰熏腥臊。"与杜诗"山鬼"几句相较,二者所描状的具体内容虽各不相同,而情调、路数却很接近。

大概在此后不久,老杜终于"得台州司户虔消息"(《所思》原注),他多少感到安慰,作《所思》说:"郑老身仍窜,台州信始传。为农山涧曲,卧病海云边。世已疏儒素,人犹乞酒钱。徒劳望牛斗,无计剸龙泉。"郑虔来信说他在海边为农、卧病,虽为世所弃,但也有人见怜,不时给点钱沽酒喝。老杜得知他还活着,自会稍觉心安,想到他境遇竟如此之惨,又深叹他的久窜犹如宝剑的埋于地下，苦无计以出之。仇注："公《赠郑虔》诗：'赖有苏司业，时时乞酒钱。'苏源明在长安，盖远寄钱与郑虔。郝敬曰：'乞，分给之也。'"苏源明经常给郑虔点酒钱，是安史乱前天宝十三载苏作国子司业以后的事（详第七章第四节）。现郑虔在台州，苏源明不见得还会"远寄钱与郑虔"。这时给他酒钱的，当是当地同情他的人。"诸公衮衮登台省，广文先生官独冷。甲第纷纷厌粱肉，广文先生饭不足。"（《醉时歌》）当广文博士时，穷得吃不饱饭，靠朋友给点钱买酒喝，如今贬官远邑，卧病海滨，就更须仰仗别人接济，郑虔一生的遭遇实在是够惨的了。浦起龙评《梦李白》其二说："纯是迁谪之慨。为彼耶？为我耶？同声一哭。"王嗣奭评《有怀台州郑十八司户》说："悲郑亦以自悲也。"这都是对的。不过，当诗人一旦沉浸于对李、郑二老友的深深怀念中，为他们的安危而万分焦虑时，他简直忘记自己也身在难中了。

这一时期写的怀人送别诗还有《月夜忆舍弟》《送远》《送人从军》。《月夜忆舍弟》说：

"戍鼓断人行，边秋一雁声。露从今夜白，月是故乡明。有弟皆分散，无家问死生。寄书长不达，况乃未休兵。"对仗工整，巧而不纤；感情真挚，一气呵成；这是一首脍炙人口、选本多录的名篇。王得臣《麈史》说："子美善于用事及常语，多离析或倒句，则语健而体峻，意亦深稳，如'露从今夜白，月是故乡明'是也。"因是忆弟，所谓"无家"，就东都老家而言。妻儿子女，随他辗转道路，也可说是无家。白露，二十四节气之一，在每年阳历九月八日前后。《月令七十二候集解》："（阴历）八月节……阴气渐重，露凝而白也。"这诗即作于这年白露节当晚，诗人是上月到秦州的。王嗣奭说："只'一雁声'便是忆弟。对明月而忆弟，觉露增其白，但月不如故乡之明，……盖情异而景为之变也。"

《送远》《送人从军》都极言乱世远行之苦。前诗首二句"带甲满天地，胡为君远行"，王士禛以为工于发端："或问：诗工于发端，如何？应之曰：如谢宣城'大江流日夜，客心悲未央'，杜工部'带甲满天地，胡为君远行'，王右丞'风劲角弓鸣，将军猎渭城''万壑树参天，千山响杜鹃'，高常侍'将军族贵兵且强，汉家已是浑邪王'，老杜'将军魏武之子孙，于今为庶为清门'是也。"(《渔洋诗话》) 可参悟诗歌发端诀窍。

老杜这一时期的怀人、送别诗，从各个方面细致地反映了乱世离人复杂的思想感情和苦痛的精神面貌，是秦州诗主要的组成部分，有较高的认识价值和近乎悲剧效果的美学价值，应予以足够的重视。

第十二章　入蜀"图经"

一　"身危适他州"

老杜一家在秦州住了三个月左右，就在这年（乾元二年，七五九）十月去同谷（今甘肃成县）。老杜在秦州时曾热衷于求田问舍，拟终老于此间。为什么忽然又离此而去呢？诸家多认为这主要是由于生活没着落，就不得不另找出路了。他动身时写的《发秦州》说："我衰更懒拙，生事不自谋。无食问乐土，无衣思南州。汉源十月交，天气如凉秋。草木未黄落，况闻山水幽。栗亭名更嘉，下有良田畴。充肠多薯蓣，崖蜜亦易求。密竹复冬笋，清池可方舟。虽伤旅寓远，庶遂平生游。此邦俯要冲，实恐人事稠。应接非本性，登临未销忧。溪谷无异石，塞田始微收。岂复慰老夫，惘然难久留。"这诗写得很真实，能帮助我们了解他当时的一些情况和想法：（一）题下原注："乾元二年自秦州赴同谷县纪行。"唐汉源县属成州（治同谷）。据原注与"汉源十月交"，知此行在乾元二年十月。（二）成州（同谷附邑）在秦州西南二百六十五里（见《九域志》），故称"南州"。发端至"崖蜜"句，"言同谷风土之暖，利于无衣"，"同谷物产之佳，利于无食"（朱鹤龄语）。而且那里有山有水，环境幽美，最宜寄寓。（三）秦州是陇西东西交通要冲，过往人多，苦于应酬，地瘠产微，胜迹无多，不可久留。此外，他之所以决计离秦州南行，也有"以其逼吐蕃必乱"(何焯语)的考虑。(四)他去同谷，将卜居于栗亭。诗中所写主要是传闻栗亭的种种好处。栗亭在成州(同谷)东五十里，离秦州一百九十五里(见《九域志》)。第十一章第三节探知老杜往西枝村寻置草堂地不得，后又拟卜居西谷，似亦未果，其时适同谷县宰寄书相招："邑有佳主人，情如已会面。来书语绝妙，远客惊深眷"(《积草岭》)，他便打消了在东柯、西枝、西谷等处卜居的念头，携家离秦州到同谷去了。

行前老杜曾向赞公和尚告别，作《别赞上人》说：

"百川日东流，客去亦不息。我生苦飘荡，何时有终极？赞公释门老，放逐来上国。还为世尘婴，颇带憔悴色。杨枝晨在手，豆子雨已熟。是身如浮云，安可限南北。异县逢旧友，初欣写胸臆。天长关塞寒，岁暮饥冻逼。野风吹征衣，欲别向曛黑。马嘶思故枥，归鸟尽敛翼。古来聚散地，宿昔长荆棘。相看俱衰年，出处各努力！"据《发秦州》"中宵驱车去"句，知老杜启程赴同谷在半夜。鲍照《代东门行》说："行子夜中饭。"温庭筠《商山早行》说："鸡声茅店月，人迹板桥霜。"古人远行赶路，往往如此。可见《别赞上人》"野风吹征衣，欲别向曛黑"中的"别"，是指老杜往赞公所在寺院辞行后作别归寓，并非告别赞公就此启程。老杜携家赴同谷当在此后不久一天的半夜。赞公是老杜在秦州的唯一旧友，老杜前来告别，感慨定然不少。他借江水起兴自怜东西流浪，无有终极；复叹赞公自京师放逐此间，杨枝豆子，时日易度，浮云南北，随遇而安。"还为世尘婴，颇带憔悴色"，赞公放逐此间不自由的处境和委顿神情可以想见。接叙离此之因是迫于饥寒，并叙天黑作别归寓情景。末四句是临别互勉之辞，语短情长，不胜凄恻。这次老杜是骑马来的，信手拈来，故有"马嘶"之句。赞公土室离城关老杜寓所不近,天黑路险,有马骑,老杜心里想会塌实得多。

之后不久的一天半夜,老杜携家启程了。当时的情景,在《发秦州》末尾有很具体而生动的描绘:"中宵驱车去,饮马寒塘流。磊落星月高,苍茫云雾浮。"情景凄凉,离人的心境更凄凉,这就难怪他要慨叹乾坤之大,无地容身,辗转道路,何日方休了:"大哉乾坤内,吾道长悠悠!"

离城往西南走了七里,来到赤谷。这赤谷他前些日子曾日暮经此,作《赤谷西崦人家》,赞其境地的幽美有如桃源。今日重经,不无感慨,作《赤谷》说:

"天寒霜雪繁,游子有所之。岂但岁月暮,重来未有期。晨发赤谷亭,险艰方自兹。乱石无改辙,我车已载脂。山深苦多风,落日童稚饥。悄然村墟迥,烟火何由追。贫病转零落,故乡不可思。常恐死道路,永为高人嗤。""重来"句下杨伦引蒋弱六语:"前已说秦州不可居矣,此仍不无恋恋,亦是真情。"想到此生此世必不再来,这必会勾引起老杜深沉的人生叹喟,就不只是对印象颇佳的赤谷,甚至对"不可居"的秦州产生眷恋之情了。州城到赤谷一段较平坦。未明出发,到赤谷天亮,从此往南尽是艰险的山路,所以说:"晨发赤谷亭,险限方自兹。"浦起龙说:"此才是发足之始,故景少情多。……中八,叙发赤谷以后情状,不粘赤谷说。"甚是。乱石塞途,才通一辙。山深风厉,日暮儿饥。村墟遥远,烟火难追。第一天行旅就如此艰苦、狼狈,诗人难免在结尾发穷途生死的浩叹了。王嗣奭说:"故乡之乱未息,故不可思,言永无归期也。公弃官而去,意欲寻一隐居,如庞德公之鹿门,以终其身,而竟不可得,恐死道路,为高人所嗤。'高人'正指庞公辈也。"李子德说:"古调铿然,有空山清磬之音。"

《方舆胜览》载铁堂山在天水县（秦州治所在此）东五里。峡有石笋，青翠，长者至丈余，小者可以为砺（磨刀石）。蜀姜维世居此。《通志》载峡有铁堂庄，四山环抱，对面有孤冢，相传是姜维祖茔。老杜过此作《铁堂峡》说：

"山风吹游子，缥缈乘险绝。峡形藏堂隍，壁色立积铁。径摩穹苍蟠，石与厚地裂。修纤无垠竹，嵌空太始雪。威迟哀壑底，徒旅惨不悦。水寒长冰横，我马骨正折。生涯抵弧矢，盗贼殊未灭。飘蓬逾三年，回首肝肺热。"老杜一行既已到了州城西南七里的赤谷，为什么又转到城东五里的铁堂峡去呢？仇兆鳌可能觉察到这一问题，在引用了前面那两条有关铁堂峡的资料之后，又采录邵注铁堂峡"在秦州东南七十里"之说。此说虽佳，惜无根据。那么，唯一合理的解释是：自秦州赴同谷须经铁堂峡，出城抄小路到此虽只五里，只是走不了车辆（须知此行是有车辆相随的："乱石无改辙，我车已载脂"），不得不从赤谷绕道而来。未知当否，惜不得亲自踏看，惟望专家和当地读者指正。前诗"晨发赤谷亭，险艰方自兹"，是说一过赤谷，艰险的旅途就开始了。此诗"山风吹游子，缥缈乘险绝"，所述情况，与之大致相符。这首诗写得很好，"起语亦尔缥缈"（邵子湘语）。山风吹拂着游子，缥缥缈缈越过险峰绝巘。峡谷的形状真像深藏的厅堂，黑色的石壁屹立仿佛是堆积着的铁。微径摩擦着青天而蟠曲，岩石与大地分裂开来。细长的竹林一望无边，空中镶嵌着太古以来从未融化的雪。提心吊胆走在山沟里真令人悲哀，旅伴们全都惨然不乐。横着长冰的水多凉啊，我马的骨头简直要冻折了。生当这战争年代，称兵作乱的盗贼远未消灭。（奉先、白水、鄜州逃难以来）飘零的日子加起来已超过了三年，回首前尘徒令我五内如焚。

《元和郡县志》载盐井在成州长道县（今甘肃西和县）东三十

里。水与岸齐，盐极甘美，食之破气。盐官故城，在县东三十里，在嶓冢西四十里。相承营煮，味与海盐同。今西和县东仍有盐关镇。老杜经过这里，见草木受卤气浸渍而凋枯，青烟满川，人们正忙于煮盐，又深慨上下其手、公私争利，作《盐井》说：

"卤中草木白，青白官盐烟。官作既有程，煮盐烟在川。汲井岁掊掊，出车日连连。自公斗三百，转致斛六千。君子慎止足，小人苦喧阗。我何良叹嗟，物理固自然。"官家规定产盐的任务很紧迫，盐民汲井煮盐，挽车运盐，操作十分辛苦。官家抬高盐价，盐商又从中渔利。虽说物情争利，本极自然，不足嗟叹，其实这就是诗人莫大的嗟叹了。黄希说："《唐志》：天宝、至德间，盐每斗十钱。乾元元年，第五琦为诸州榷盐铁使，初变法。刘晏代之，法益密。贞元四年，江淮斗增二百，为钱二百一十，后复增六十。河中两池盐，斗三百七十。豪贾射利，官收不能半。以此例之，蜀中盐价。从可推矣。"(仇注引)"自公斗三百，转致斛六千"当是实录。十斗为斛。盐商以每斗三百钱买进，以每斛六千（即每斗六百）钱卖出，即倍获其利。[1] 在公私重重盘剥下，人民的困苦可想。历来写盐民的诗作不多，稍为人知的有柳永的《煮海歌》和吴嘉纪的《绝句》等。老杜这首诗不如前者较细致地写出了盐民劳动的艰苦和所受剥削的深重："卤浓盐淡未得间，采樵深入无穷山；豹踪虎迹不敢避，朝阳出去夕阳还。船载肩擎未遑歇，投入巨灶炎炎热；晨烧暮烁堆积高，才得波涛变成雪。自从潴卤至飞霜，无非假贷充

---

[1]《新唐书·食货志》载："贞元四年，淮南节度使陈少游奏加民赋，自此江淮盐每斗亦增二百，为钱三百一十，其后复增六十，河中两池盐每斗为钱三百七十。江淮豪贾射利，或时倍之，官收不能过半，民始怨矣。"老杜诗中所述与此基本相符。可见不须到贞元四载以后，就在乾元二年老杜作此诗时，陇右一带盐价已涨到每斗三百以上，那里的"豪贾射利，或时倍之"了。

糠粮；秤入官中充微值，一缗往往十缗偿。周而复始无休息，官租未了私租逼；驱妻逐子课工程，虽作人形俱菜色"，也不如后者巧借细节以显示熬盐灶户的非人生活："白头灶户低草房，六月煎盐烈火傍。走出门前炎日里，偷闲一刻是乘凉"，但着眼于国计民生，"为世乱民困作劳求活而悯之"（浦起龙），同时也最先揭露了第五琦变法的流弊，意义还是很深刻的。

随后老杜就来到了寒峡，作《寒峡》说：

"行迈日悄悄，山谷势多端。云门转绝岸，积阻霾天寒。寒峡不可度，我实衣裳单。况当仲冬交，溯沿增波澜。野人寻烟语，行子傍水餐。此生免荷殳，未敢辞路难。"《宋书·氐胡传》载：安西参军鲁尚期，追杨难当出寒峡。即此。黄鹤说：秦至成之界，垂二百里；又七十里至成。钱谦益说：今寒峡尚为秦地，而已交十一月（"况当仲冬交"），则去秦在十月之末无疑。仇兆鳌串讲极佳："首记峡中势险而气寒。云门乍转，却逢绝岸，积阻之处，又霾天寒，此所谓势多端也。单衣仲冬，冲寒而度峡，旅人之困如此。……末叹峡行之艰苦。寻烟傍水，皆荒山阒寂之象。路难犹胜荷殳，此自解语，实自伤语。"黄生说："'此生'句即'生常免租税，名不隶征伐'意。然本怨路难，语故如此，盖无聊中自解之辞。"虽说是"自解之辞"，仍应看到此老自身难保尚能念及戍卒之苦的一片好心。正由于诗人有了间关道路的亲身体验，就更觉戍卒的可悲悯，这是感情的自然流露，并非故意找理由来自宽自慰啊。王维《鹿柴》"空山不见人，但闻人语响"，是说空山林密只听见里面有人说话。"野人寻烟语"是对着被烟雾遮掩的人说话。岑参《暮秋山行》"山风吹空林，飒飒如有人"，风吹叶响，无人却像有人。三种情境，三种意趣，比较便知。鲍照《登大雷岸与妹书》"栈石星饭，结荷水宿"，可与"行子傍水餐"同赏。陈继儒说：

"此与《铁堂》《青阳》二篇，幽奥古远，多象外异想，悲风泣雨，入蜀人不堪多读。"（仇注引）

老杜有《法镜寺》诗。寺旧注无考，黄鹤以为尚在秦州境。诗首叙行路伤神之际，忽见此寺古雅，不觉愁怀顿开；中写此间美景，点明破愁之由；末记离此上路情事：

"身危适他州，勉强终劳苦。神伤山行深，愁破崖寺古。婵娟碧藓净，萧摵寒箨聚。回回山根水，冉冉松上雨。泄云蒙清晨，初日翳复吐。朱甍半光炯，户牖粲可数。拄策忘前期，出萝已亭午。冥冥子规叫，微径不敢取。"既称所赴的成州为"他州"，则当时当身在秦州。此可为黄鹤"意尚在秦州"一说的旁证。黄希说："子规，春鸟，仲冬声闻，地气之暖使然也。"按：子规即杜鹃，种类不少，大多为夏候鸟或旅鸟。一般而论，此间仲冬不当有子规啼叫。即使老杜"多识于鸟兽草木之名"，且诗多写实，但此等细枝末节，也难保无讹，不可拘看。这诗写景清丽，能给人以变幻多姿而又色调鲜明的感官印象，几乎获得了只有水彩画所独具的富于透明感、轻快、湿润等效果。仇注于此诗后引钟惺的话说："老杜蜀中诗，非惟山川阴霁、云日朝昏，写得刻骨，即细草败叶、破屋危垣，皆具性情。千载之下，身历如见。"指出老杜写景而境界立呈且具性情，很有见地。

老杜《青阳峡》诗中写到的青阳峡，亦不详其所在；邵注据"南行道弥恶"句，意在秦州之南。诗说：

"塞外苦厌山，南行道弥恶。冈峦相经亘，云水气参错。林迥峡角来，天窄壁面削。谿西五里石，奋怒向我落。仰看日车侧，俯恐坤轴弱。魑魅啸有风，霜霰浩漠漠。昨忆逾陇坂，高秋视吴岳。东笑莲华卑，北知崆峒薄。超然侔壮观，已谓殷寥廓。突兀犹趁人，及兹叹冥寞。"这诗首叙峡行，次记峡景，末借众山以衬托峡的突兀。塞外的山真把人腻味透了,往南走路越来越险恶。冈峦纵横相连,云气、水气参错在一起。峡角劈面而来把后边的林子抛在远方,石壁陡立如削露出窄窄的一线天。山沟西边老远的崩石,像发怒似的向我滚落。抬头仰望,真担心日车经过这里会给高山撞翻了(老杜这时显然会想起李白"上有六龙回日之高标"的诗句来)。莫不是山魈木魅在嗥风啸雨,霰飞霜降的寒谷广漠而沉寂。记得几月前我度越陇坂,秋高气爽望见了吴岳(在今陕西陇县西南)。东笑莲花峰太矮小,北嫌崆峒山太单薄。只以为吴岳超然天外的壮观,再也没有可比拟的了。谁知到了青阳关,那高峻惊险的景象还是追着我不放,这使我不觉爽然若失了。⁽²⁾

随后来到成县东边的龙门镇⁽³⁾,作《龙门镇》说:

"细泉兼轻冰,沮洳栈道湿。不辞辛苦行,迫此短景急。石门云雪隘,古镇峰峦集。旌竿暮惨澹,风水白刃涩。胡马屯成皋,防虞此何及!嗟尔远戍人,山寒夜中泣。"先写往龙门镇途中栈道泥泞、天寒日暮、行旅辛苦情状;后述见龙门镇云屯峰攒而叹戍卒之苦。成皋,古县名,在今河南荥阳县境。这年九月史思明陷东京及郑、滑等州。"胡马屯成皋"指此。仇注引黄淳耀语:"时东京为史思明所据。秦成间密迩关辅,故龙门镇兵有石门之守。然旌竿惨淡,白刃钝涩,既无以壮我军容,况此地又与成皋远不相及,而防

⟨2⟩ 末句"及兹叹冥寞",杨伦说:"诸本多作'漠',重。上言吴岳之险,已非他山所及,其突兀之状,犹若逐人而来,今到青阳,其险有胜于吴岳者,乃不觉爽然如失也。正应前'南行道弥恶'意,不必作'冥漠'解。"

⟨3⟩《读杜心解》:"《一统志》:在成县东。按:志不记里,去成县当尚远。"又:"《蜀都赋》注:石门在汉中之西,襄中之北,蜀之险隘。案:石门即指龙门,当在两当、成县之间,正是汉西、襄北也。"案:清乾隆黄泳纂《成县新志》载:"龙门镇,县西七十里。杜工部诗:'石门云雷隘,古镇峰峦集'即此,后改府城镇。"当以此为准。

成于此，则亦徒劳吾民而已。使之山寒夜泣，亦何为哉！"萧涤非先生说："观'夜'字，杜甫是在龙门镇上住宿的。但他分明没有睡着。戍卒在哭泣，诗人在嗟叹。"

《石龛》上叹行路之难，下伤征求之苦，思路与前一首诗相近："熊罴咆我东，虎豹号我西。我后鬼长啸，我前狨又啼。天寒昏无日，山远道路迷。驱车石龛下，仲冬见虹霓。伐竹者谁子，悲歌上云梯。为官采美箭，五岁供梁齐。苦云直簳尽，无以应提携。奈何渔阳骑，飒飒惊蒸黎。"方志载西安镇在成县境，唐杜甫诗"驱车石龛下"即此。未知确否。申涵光说："起势奇崛，若安放在中间，亦常语耳。"曹操《苦寒行》："熊罴对我蹲，虎豹夹路啼。"刘琨《扶风歌》："麋鹿游我前，猿猴戏我侧。"仇注引以为首四句出处，甚是，但诗人处此阴森恐怖境地的实感仍是第一位的。天寒日暮，高山深谷必有各种野兽号叫，一经以民歌重沓方式咏叹出之，倍觉凄切感人。蒋弱六说："写万惨毕集，抵一篇《招魂》读。"这不过是极言其感人而已。浦起龙说："前但写龛边呼啸阴霾之象，知其地渐近同谷矣。《同谷歌》曰：'白狐跳梁黄狐立''天寒日暮山谷里'，与此正相类也。"冬月无虹，今见虹，是反常现象，写来平添神秘、恐怖感不少。安禄山乱起于天宝十四载，至作诗时已"五岁"。"梁齐"指河南、山东一带。诗人来到石龛偶见山巅"伐竹者"悲歌，问知乱起五年来都在砍伐作箭杆的竹子供应河南、山东一带平乱的官军，如今合格的笔直的竹子都砍尽了，无法满足官府的需求，故而愁苦，这使得老杜从一个方面以小见大、举一反三、具体真切地感受到这场战乱给唐帝国人力、物力、财力所造成损失的巨大，给天下苍生所带来灾难的深重，他的浩叹是发自肺腑的啊！

《积草岭》题下原注："同谷界。"蔡梦弼谓从此岭分路，东同谷西鸣水。浦起龙说："按：鸣水，今为汉中之略阳县，在同谷东。蔡说非是。"今方志一说积草山在今甘肃徽县北四十里，杜甫入蜀经此，有诗。一说在成县境，旧天水、同谷之间，唐杜甫有诗。说法不同，实指一山。在徽县北四十里，约当天水、同谷之间。自此西南行往同谷，东南行往鸣水（今略阳），故有"山分积草岭，路异鸣水县"之句。诗说：

"连峰积长阴，白日递隐见。飕飕林响交，惨惨石状变。山分积草岭，路异鸣水县。旅泊吾道穷，衰年岁时倦。卜居尚百里，休驾投诸彦。邑有佳主人，情如已会面，来书语绝妙，远客惊深眷。食蕨不愿余，茅茨眼中见。"阴云连着峰峦，白日时隐时现。林子里风吹叶动，飕飕作响；阳光忽明忽灭，山石阴森森的形状也随着变化不定。就在这山头分路，（往西的这条去同谷）往东的另一条去鸣水县。（孔夫子说："吾道穷矣！"）可叹我也总是流浪，年老岁暮，这使我感到无比地疲劳和厌倦。离我正要去卜居的地方还有百里，到那里我将停下车来投靠诸位先生。县里有这样好的主人，对我的情意如同我们早已见过面。他给我的信话讲得真妙极了，关怀备至，使我这个远客受宠若惊。我只要有薇蕨充饥就满足了，我多么渴望马上能见到那为我们准备的茅屋。仇注："诸彦，投宿之家。主人，同谷之宰。"虽可通，我以为"诸彦"也可以用来统指县令和县内诸僚友。县令来书顶多答应为他找一栖身之所，恐未必言明为何等人家，老杜岂能率尔称之为"诸彦"？最迟明天就要到达同谷了，在前面等着他的又是些怎样的人和事呢，诗人不免感到有点兴奋。对于旅泊不定的人来说，只要有个去处安身，哪怕生活苦一点，也是求之不得的啊！可叹的是老杜这决非奢望的愿望往往落空，同谷并不比秦州好。

泥功山在成县西北三十里[4]，上有古刹，峰峦突兀，高插青霄，周围数十里，林木丰蔚，鸟兽繁多。又，凤凰山在成县东南七里（一作十里）。秦始皇西略，登县西南十五里的鸡头山，宫娥有善玉箫者，吹箫引凤。至汉世又有凤凰栖其上。山后有龙池，有唐李彦琛修经阁，前有进珠泉、张果老洞，旁有台名凤凰台。下溪中二石，相对若阙（见清乾隆六年黄泳纂修《成县新志》）。老杜经此二地，作《泥功山》《凤凰台》二诗。王嗣奭说："古云成州有八景楼，泥功山与凤凰台居其二。（燋案：其余六景是杜祠、醉仙岩、仙人龛、鹿玉山、裴翁湖。八景楼在成县西南隅唐刺史裴守真所开裴翁湖侧，谓登楼可观此远近八景。宋张舜民诗云：'八景更从何处觅，一湖唯有此楼高。'老杜当日无此楼与此八景之名。）公诗止言其泞，不言其胜，何也？又云山上有泥功庙，石像古怪（《成县新志》引咸通中成州刺史赵鸿诗：'立石泥翁状，天然诡怪形。未尝私祸福，终不费丹青。'以为此石像系天成）。岂以称胜耶？"其实这问题很好回答：碰上道路泥泞，行旅艰难，心境不佳，当然就"止言其泞，不言其胜"了。据《成县新志》所描绘，泥功山峰高林茂，春秋佳日，亦复大有可观。《泥功山》说：

---

[4]《方舆胜览》谓在同谷郡西二十里。此山很大，方位、里数易因着眼点不同而有异。《读杜心解》："《唐书》有泥公山，在同谷西境。今为考从前来路，多从东北来。旧注引泥公证泥功，恐非。此云泥功，即是青泥岭之别名也。"又："《元和郡县志》：'青泥岭，在长举县西北五十三里，上多云雨，行者屡逢泥淖。'按：长举县即长庆中以鸣水县省入者，其在同谷东境无疑。而前篇之鸣水，在同谷东，益信。"案：青泥岭在今甘肃徽县南甘、陕两省界上。为入蜀的要路。若如《成县新志》所载泥功山在成县西北三十里，而周围数十里，则此山与青泥岭相去当不远，土色和上多云雨而道路泥淖情况也可能相近。既然诗题标示"泥功山"，又于首段点出"泥泞之处须版筑"乃"此泥功所由名"（仇兆鳌语），而诗中"青泥"不过记其土色，且此系大山，代有记载，故不可贸然断言"此云泥功，即是青泥岭之别名也"。从长安经宝鸡沿嘉陵江入蜀，青泥岭是必经之地。从天水南下成县则不必经此。老杜"从前来路，多从东北来"，山路萦回，也有可能转到成县西北三十里的泥功山的东麓去。

"朝行青泥上,暮在青泥中。泥泞非一时,版筑劳人功。不畏道途永,乃将汩没同。白马为铁骊,小儿成老翁。哀猿透却坠,死鹿力所穷。寄语北来人,后来莫匆匆。"这诗极言泥功山的泥泞:从早到晚都在青泥中费劲地赶路。一些泥泞之处还常劳人功版筑道路。行人不怕路远,就怕在泥淖中惨遭没顶之灾。为青泥所污,白马成了黑马,小儿成了嘴上长胡子的老头子。[5]猿掉在里面哀鸣不已,鹿陷在里面精疲力竭就死了。捎话给那些从北边来的人:你们走在后面可要小心,别只顾匆匆赶路。此"记地之作,朴老如古乐府"(杨伦语)。《凤凰台》说:

"亭亭凤凰台,北对西康州(唐初称西康州,后改为同谷)。西伯今寂寞,凤声亦悠悠。山峻路绝踪,石林气高浮。安得万丈梯,为君上上头。恐有无母雏,饥寒日啾啾。我能剖心血,饮啄慰孤愁。心以当竹实,炯然无外求。血以当醴泉,岂徒比清流。所重王者瑞,敢辞微命休?坐看彩翮长,举意八极周。自天衔瑞图,飞下十二楼。图以奉至尊,凤以垂鸿猷。再光中兴业,一洗苍生忧。深衷正为此,群盗何淹留?"题下原注:"山峻,人不至高顶。"这注很有意思,可帮助理解是什么触发了老杜的诗思。周文王姬昌在商纣王时为西伯。传说周文王时有凤鸣于岐山。诗人因凤凰台而联想及此,又见"山峻,人不至高顶",勾引起君门九重、忠悃无由上达的慨叹,并从而产生愿剖心血以饮啄凤雏、待致太平的非非之想(可参看第二章第三节)。仇兆鳌引卢注:"当时李泌久归衡山,春宫左右无人调护,公欲效绮里之功而不可得,故曰:'安得万丈梯,为君上上头。'"并于篇后加案语说:"解杜者,诗中本无寓言,而必欲傅会时事,失于穿凿;诗中本有寓意,而必欲抹杀微词,谓之

⟨5⟩ 杨伦则"谓小儿陷泥中,力竭不能出如老翁也",恐非。

矫柱。……此章托讽显然，盖借景以寓意，于卢注独有取焉。"谓此章托讽显然，不误。但谓老杜"欲效绮里之功而不可得"，仍嫌穿凿，还是浦起龙理解得较通达："是诗想入非非，要只是凤台本地风光，亦只是杜老平生血性，不惜此身颠沛，但期国运中兴。刳心洒血，兴会淋漓。为（自秦州抵同谷）十二诗意外之结局也。"

老杜自秦州至同谷，又自同谷至成都，前后纪行诗各十二首。[6]这样说大体是不错的。但要指出的是，当老杜途经两当（今甘肃两当县），曾作《两当县吴十侍御江上宅》。《杜臆》："吴十名郁，今巩昌古迹有吴郁宅，在两当县西南。……公作诗时，侍御尚谪长沙，此过其空宅而思及旧事也。"此诗性质不同，故不计入纪行诗内。据诗中所述，老杜曾与吴郁在凤翔行在同列。用兵之际，间谍事起，良民受诬，吴居言路，力为理冤，故以此取忤朝贵而遭贬。其时老杜方因疏救房琯忤旨，于侍御之斥，未能仗义执言，终有负于谏职，不胜内疚。可见老杜是个责任感很强、严于律己、不文过饰非的老实人。申涵光说："'余时忝净臣，丹陛实咫尺。相看受狼狈，至死难塞责。'真情实语，声泪俱下。王摩诘云：'知尔不能荐，羞称献纳臣。'两公心事，如青天白日，他人便多回护矣。"这种精神，对今天的人来说，也不无可取法处。

二　凤凰村里的凤雏供养人

前已论述，老杜决计离秦州携家赴同谷，主要因同谷"风土之暖，利于无衣"，"物产之佳，利于无食"。来到离同谷"尚百里"

---

[6] 仇注引崔德符语："诗题两纪行：发秦州至凤凰台，发同谷县至成都。二十四首皆以纪行为先后，无复差舛。"

的积草岭，老杜在诗中曾不胜感激地提到那位好心函邀他前来"卜居"的"佳主人"某县令。可是抵达以后竟无一字言及此公，而且困居穷谷，境况之惨，空前绝后，这就不能不令人感到跷蹊。施鸿保早已注意及此，并详为推度，所见颇有可取："今按七歌，正同谷作，长镵一章，极写旅况之穷，尚不如在秦州时，尚得阮生致薤，侄佐分梁也。据下同谷诗注，则居同谷，未及一月，即赴成都，前发秦州诗：'无食问乐土，无衣思南州'，又'汉源十月交'，云云，似将久居同谷者，故此（《积草岭》）诗尚云'卜居'，何以未至一月，即又舍去之成都？宰既'佳主人'，且先曾致书，即不能如严武、裴冕之厚待，或亦如高使君之供禄米，柏中丞之数赐金；又不然，亦当如王司马之助修草堂资，萧、韦明府之遗桃栽桤木；乃任其旅居穷谷，短衣长镵，拾橡栗、掘黄精，男呻女吟，几皆馁死，而此所谓'佳主人'者，竟不一顾；想是狡情薄分一流，慕公之名而寄书，假为语妙，以尽世情，初不料公信之，竟挈妻子舍秦州而来也。度公至后，其人或避匿不见，故同谷诗无一篇及之。此等人，吾生生世世所不愿见者，（仇）注与张𫖮说，似尚信其为'佳主人'，何耶？"果真如此，老杜这次算是受骗上当、给坑苦了。不过，在旧时代，"诗穷而后工"的话还是有几分道理的。老杜若真因受冷遇而备尝饥寒之苦，有所感发，创作了《乾元中寓居同谷县作歌七首》这组不朽名篇，正像韩愈在《调张籍》中所说"帝欲长吟哦，故遣起且僵。翦翎送笼中，使看百鸟翔"那样，这倒要衷心感谢这位恪遵"帝命"而成全老杜的"佳主人"呢。

同谷县即今甘肃成县，在该省东南部、西汉水北岸，邻接陕西省。北魏置白石县，西魏改同谷县，唐为成州治。要不是因为老杜在这里受过苦败坏了印象，这倒是个颇富名胜、值得一游的好去处。《成县新志》载明人李景廉旧志叙说："仇池之四山回合如环，两水相夹如镜。南对鸡峰之翠，东跨凤岭之云，西枕石嘴之头，北倚香水之洞。他如飞龙峡、卧佛寺、果老崖、瀑水泉、少陵祠、裴公湖之美，真是余霞散绮，涟漪涌碧，供人吞吐无尽。至于星分井鬼，地接巴蜀，襟汉江而带沔略，俯阴平而临武阶，古为成州同谷雄镇，信不诬也。"作序难免溢美，大体还是可信的。所述诸胜，最著名的当然是仇池（详第十一章第一节），那里不仅有神鱼穴、十九泉诸胜，而且是汉时白马羌国故城，古籍早有著录。老杜是博雅之士，"读记忆仇池"（《秦州杂诗》其二十），早已神游其间，还想邀赞上人同游，"徘徊虎穴上，面势龙泓头"（《寄赞上人》）。今来同谷，揣情度理，只要条件许可，他不会不到那里去登临、凭吊的。可是其同谷以后诸诗中未见道及，若非散失，当是在此停留不逾月即赴成都，而且饥寒交迫，资生无计，没有兴致，也没有工夫去县西北一百里的仇池山（见《成县新志》）游历了。

老杜来同谷后寓居何处？案：清乾隆二十九年费廷珍纂修《直隶秦州新志》收牛运震《重修杜少陵祠堂记》载："栗亭川拾遗祠者，明御史潘公创建以祀唐诗人杜少陵子美者也。……今之栗亭川者，实惟有唐同谷之故界。子美历秦窜蜀，扰攘艰难，风尘之际，盖尝淹处喘憩于兹，短衣山雪，乱发天风，负薪拾橡，号饥呻寒，文士穷愁，莫此为烈。"栗亭县，后魏置，寻废。故城在成县东五十里（一作七十里），徽县西（一作西北）。其地唐属同谷（故《少陵祠堂记》谓"实惟有唐同谷之故界"），后隶徽县。有栗河自此南注泥阳河，即古栗亭川。杜甫祠在栗亭西。（见《甘肃通志》《九域志》等）据《少陵祠堂记》所载，祠虽创建于明代，但早已相传老杜"历秦窜蜀""尝淹处喘憩于兹"，也就是他"寓居同谷县"的所在，所以作记的牛运震就理所当然地认为，《七歌》中所描写的短衣山雪、乱发天风、负薪拾橡、号饥呻寒诸情事，都发生在这里了。那么,这传闻最早可追溯到何时?根据现存资料至少可追溯到唐末。《太平寰宇记》载:同谷县有栗亭镇,咸通中(八六〇—八七三)刺史赵鸿刻石同谷说:"工部题栗亭十韵,不复见。鸿诗曰:'杜甫栗亭诗,诗人多在口。悠悠二甲子,题记今何有?'"《成县新志》"艺文"类除此首外更沿旧著录赵鸿《杜工部同谷茅茨》:"工部栖迟后,邻家大半无。青羌迷道路,白社寄杯盂。大雅何人继,全生此地孤。孤云飞鸟什,空勒旧山隅。"据此可知:(一)赵鸿作诗刻石时酌定于咸通十四年(八七三),上距乾元二年(七五九)老杜来同谷时一百一十四年,差六年,计其成数,无妨称"二甲子"。(二)前引赵二诗当同为凭吊同谷栗亭茅茨而作,因为后诗"空勒旧山隅"和前诗"题记今何有"就是"工部题栗亭十韵,不复见"的意思。("不复见""今何有"不就是"空勒"了吗?)老杜"栗亭诗""题记"今虽"不复见",而其诗仍在人口流传:"诗人多在口。"(三)杜"工部题栗亭十韵"已"不复见"的那首诗,就内容而论,是"孤云飞鸟什"。他的《别赞上人》共十二韵,中有"是身如浮云,安可限南北""归鸟尽敛翼"之句,所题或即此诗[7]("十二"言"十",取整数而已)。(四)"工部栖迟后,邻家大半无",说明赵鸿来此凭吊曾做调查。百多年过去了,"邻家"见过老杜的人当然一个也不会活在世上。可见指的是旧邻的子孙。既

---

[7] 此诗虽是赠赞上人之作,但抒发的是浮云飘荡之悲、飞鸟思归之叹,老杜如今暂得栖息之所,题此于栗亭以志游踪,倒也惬当不过。当然老杜也可以另作专章题记,后已失传。但考虑到杜甫这一时期的诗作保留下来的很完整,而且据赵鸿所说,老杜所题之诗当时尚传诵人口:"杜甫栗亭诗,诗人多在口",既然当地刺史特吟诗刻石称道,一般而论,当更会受到重视,岂可适得其反,偏失此首?方志载凤凰山在成县东南七里(一作十里),上有瀑布,名进玑泉,天宝间哥舒翰曾诗于岩间。古人所到之处,兴之所之,多有题壁之举。老杜题栗亭亦然。以笔墨题诗文于岩间石壁之上,日晒雨淋,久必脱落,所以百多年后赵鸿来游,已不见老杜旧题痕迹了。《成县新志》说进玑泉"哥舒翰诗宛然半崖间",这主要由于哥诗是"题刻"(见《方舆胜览》)所致。

说"邻家大半无",总会有"小半",至少有一两家当年邻居的子孙会留在这里。这样的一些村民说他们的爷爷、老子曾经见到过杜甫和他的石壁题诗,能说这是毫无根据的附会、编造吗?老杜在启程时写的《发秦州》中就明确地提到他去同谷将卜居于栗亭:"栗亭名更嘉,下有良田畴。充肠多薯蓣,崖蜜亦易求",途中写的《积草岭》则表露即将到达卜居地的欣幸之情:"卜居尚百里,休驾投诸彦",看起来,同谷县里的"佳主人"确乎已为他预先找好了栗亭这卜居之地(正因其如此,他才不禁由衷地感到"来书语绝妙"了),他们全家一来就住在这里,是合情合理的,是很有可能的。⟨8⟩既然如此,那么,能否像前述牛运震那样,从而肯定《七歌》中所写,就是老杜寓居栗亭时的生活情况呢?那倒不一定。

为了弄清这一问题,须先查考方志。

案《广舆记》载:子美草堂在飞龙峡口,水带山环,霞飞雾落,清丽可人。唐乾元中子美避难居此,作草亭,有《同谷七歌》及《凤凰台》诸诗,后人感其高风,即其址立祠祀之,岁春秋仲,邑令率属往祭。《成县新志》载:飞龙山有二。一在仇池山下,晋氏杨飞龙据仇池,因名。一在县之东南七里,河水经流,相传有龙飞出,故名;峡口有杜甫草堂。又载,万丈潭在凤凰山下飞龙峡中,距县东南七里。相传有龙自潭飞出,洪涛苍石,其深莫测。杜甫祠在其口,有诗云:"龙依积水蟠,窟压万丈内。"又载:杜甫至同谷,择地于凤凰台下万丈潭边,结为草堂,负薪采栗自给,作七歌寓感,未几入蜀。又载:杜少陵祠,每春秋祭,羊一帛一,醴赍粢盛,全礼用三献。在县东南五里许飞龙峡口。根据上述几种资

⟨8⟩ 如果老杜一来就把家安在栗亭,那么,仇兆鳌关于《积草岭》"卜居尚百里,休驾投诸彦"的如下解释不仅可通,甚至可取:"言路近同谷,得有依托也。诸彦,投宿之家。"

料可知：（一）老杜来同谷后曾在县东南七里（一说五里许）飞龙峡口作草堂以居。（二）飞龙峡在凤凰山的凤凰台下，万丈潭边。（三）老杜寓此，负薪采栗自给，《同谷七歌》及《凤凰台》诸诗皆作于此。（四）即其草堂遗址立杜少陵祠，春秋二祭，祀典颇隆。

虽说相传老杜曾寓于此，且"后人感其高风，即其址立祠祀之"，是否可信，仍须取证于杜诗。

《万丈潭》题下原注说："同谷县作"，而且诗中所写也确是万丈潭景物（详后），但这诗只能证明老杜来此游历过，起码在这次游历和写诗的当时，其旁并无他寄寓的草堂。这诗末后说："造幽无人境，发兴自我辈。告归遗恨多，将老斯游最。……何当炎天过，快意风云会。"自诩是第一批来此无人之境的探幽访胜者；自认为是平生最满意的一次游历，流连忘返，归后深感遗憾，尚思来年夏日重过登临：这岂不明白无误见出他当时并非住在这里吗？这里是"无人境"，又哪来的草堂呢？"发兴自我辈"，既说"我辈"，当有同游之人。但不知老杜这次出游，是从县城来，还是从栗亭来；更不知同游人是谁，有"佳主人"和"诸彦"否。

较能见出老杜在飞龙峡万丈潭附近寓居过的作品是《同谷七歌》其六："南有龙兮在山湫，古木巄嵸枝相樛。木叶黄落龙正蛰，蝮蛇东来水上游。我行怪此安敢出，拔剑欲斩且复休。呜呼六歌兮歌思迟，溪壑为我回春姿。""南有龙兮在山湫""木叶黄落龙正蛰"，即《万丈潭》"龙依积水蟠，窟压万丈内""寒木垒旌旆""闭藏修鳞蛰"的意思。旧注对此首的理解虽各有不同，但多认为有寓意有寄托，而且是借万丈潭潜龙以为比兴，这是不错的。正因他住在万丈潭（即此所谓"龙湫"）北附近，所以就说"南有龙兮在山湫""我行怪此安敢出"。如果写作地点是在栗亭寓所，那么栗亭在东万丈潭在西，就不得说"南有龙兮在山湫"了。而且两地相距很远,即使想象"龙湫"的"蝮蛇"趁"龙正蛰"而大肆活动,他也无须吓得不敢出门("我行怪此安敢出")啊!浦起龙说:"七诗总是贴身写。"贴身写既可即景抒情,也可咏物寓意,但对于成熟作家的成功之作来说,仍须注意"量体裁衣"啊!王嗣奭说:"前《积草岭》诗云'邑有佳主人',不知谓谁,岂同谷令耶?歌内甚有不足主人之意,如托长镵以为命,如闾里惆怅,主人何独不以为意也。又如'黄蒿古城云不开',见城中无相知,故但言'山中儒生旧相识'。"又杨伦在其五"四山多风溪水急,寒雨飒飒枯树湿。黄蒿古城云不开,白狐跳梁黄狐立"之上加顶批说:"确是谷里孤城,说得凄惨可畏。"与"我生何为在穷谷,中夜起坐万感集"二句联系起来看,总觉得这样说话的人,与其说像住在五十里外的栗亭,倒不如说更像住在城边万丈潭附近的峡谷里。如此说来,相传老杜曾在飞龙峡万丈潭附近寓居过的记载基本上是可信的。但要补充的是,据《七歌》其二"呜呼二歌兮歌始放,闾里为我色惆怅"、其七"山中儒生旧相识,但话宿昔伤怀抱"云云,他当时居住的地方决非万丈潭边的"无人境"("造幽无人境"),而是有"闾里"邻人的。方志多说杜甫草堂在飞龙峡口,后即其址立祠,这话我不大相信。选择在峡口"山危一径尽,岸绝两壁对"这样险阻阴森的地方立祠,借以为山川生色,那无疑是很合适的。要是说老杜当日的草堂就建在这"无人境",暂且不说与自述有"闾里"邻人的情况不合,单从生活上考虑,老杜哪会带着家小到这个山旮旯里来居住呢?他当寓居于附近村子里,而其后所建的少陵祠则在飞龙峡口,年深月久,修方志的人就想当然地写成"即其址立祠"了。

  推断是否近实,尚可从别的诗中加以印证。他的《发同谷县》说:"始来兹山中,休驾喜地僻。奈何迫物累,一岁四行役。忡忡去绝境,杳杳更远适。停骖龙潭云,回首虎崖石。"头两句说到来后即住在"兹山""地僻"处,可见非城中。"龙潭"即飞龙峡万丈潭。《成县新志》载虎崖在县南五里的仙人龛。"绝境"非谓"濒于绝境"的"绝境",而是用陶渊明《桃花源记》"来此绝境,不复出焉"中"绝境"之义,指与人世隔绝的地方。"忡忡"四句写他离寓首途,深悲去此绝境,适彼远方,故而经龙潭而停骖,仰虎崖而回首,依迟惆怅,不忍遽别。可见:(一)其寓并不在飞龙峡万丈潭;(二)但又离此不远。又,他的《木皮岭》一开始就说:"首路栗亭西,尚想凤凰村。季冬携童稚,辛苦赴蜀门。"从同谷入蜀,须东南行经栗亭西至今陕西略阳境,与长安入蜀路线会合。这次老杜"季冬携童稚,辛苦赴蜀门",走的就是这条路线。当他逶迤到县南百里的木皮岭(详后),想着前半天就是取路栗亭西而南下的,不无感触,便在首句中着重点出,这是很自然的,是可以理解的。那么,为什么同时"尚想凤凰村"呢?我看,唯一正确的解答是:此"凤凰村"非它,乃飞龙峡万丈潭北不远老杜之寓居地也。凤凰山在县东南七里(一作十里),旁有凤凰台,台下有飞龙峡和万丈潭,而且前已指出老杜的寓居处在万丈潭北。据此则可以揣知:老杜所寄寓的"凤凰村"当在万丈潭北凤凰台下。老杜过凤凰台,有感而作《凤凰台》,表示愿剖心血以饮啄凤雏、待致太平。可见他的寓居于其下"凤凰村",是很有深意的啊!陶渊明《九日闲居》诗小序说:"余闲居,爱重九之名。"能不能说,老杜的卜居于此,也是由于爱凤凰之名呢?既然是村,当然有"闾里"邻人了。有"闾里"邻人,他们不仅会闻歌而"色惆怅",还会来跟他送行:"临岐别数子,握手泪再滴。交情无旧深,穷老多惨戚。"(《发同谷县》)仇注:"陶潜诗:'相知何必旧。''无旧深',不必旧交深契也。"大多数来送行的"闾里"邻人确乎非"旧交深契",但也有例外。他自己就说过:"山中儒生旧相识,但话宿昔伤怀抱。"(《同谷七歌》其七)多亏浦起龙心细,居然将这个"旧相识"的"儒生"找出来了,原来这人叫李衔:"时亦有旧交寓同谷者。晚年《长沙送李十一衔》云'与子避地西康州',亦一证也。西康即同谷。"老杜离同谷赴蜀既然是从凤凰村动身的,凤凰村当是老杜在同谷的最后寓居处。可见他寓居栗亭在此以前初来同谷时。《同谷七歌》是一组完整的写同一寓居地生活情况和思想感情的作品,前面既已论证其中有作于飞龙峡万丈潭附近的凤凰村者,那么整组诗当皆作于此地。集中不见有作于栗亭者,可能在栗亭住的日子不多,未及安下心来写作,就迁往凤凰村去了。老杜在同谷停留总共不到一月,即使他大部分时间在凤凰村,也不算很长。他在同谷时写的诗远不如在秦州时写的诗多,除了时间短,无疑还有生活单调、生计艰难、心境不佳等方面的原因。虽然如此,《万丈潭》不失为别具风格的山水名篇,而《同谷七歌》则更是发自肺腑、感人至深的千古绝唱。

三 一比七

前已论及,《万丈潭》是写诗人首次来游万丈潭所见奇观和所生畅想:

"青溪含冥寞,神物有显晦。龙依积水蟠,窟压万丈内。踯步凌垠堮,侧身下烟霭。前临洪涛宽,却立苍石大。山危一径尽,岸绝两壁对。削成根虚无,倒影垂澹沱。黑知湾澴底,清见光炯碎。孤云到来深,飞鸟不在外。高萝成帷幄,寒木垒旌旆。远川曲通流,嵌窦潜泄濑。造幽无人境,发兴自我辈。告归遗恨多,将老斯游最。闭藏修鳞蛰,出入巨石碍。何当炎天过,快意风云会。"王嗣奭说:"起来二句有大力量,盖清溪神龙,合之以成其灵也。"高峡深潭给人的神秘感仿佛证明了神异传说的真实，神异传说又反过来增添了高峡深潭的神秘感。发端四句能写出龙峡龙湫的高深莫测，所以感到很有力量。先初步渲染这样一种气氛，显现这样一个境界，接着就进一步具体记述所见所感，这就像画油画先涂个底色（即所谓"上大体色"）然后再有层次地做具体表现一样。迈着局促的脚步越过山巅（"垠堮"，端崖，山顶），侧着身子从烟霭中下来。前临洪波涌起的宽阔水面，却步不前，站立在苔藓苍翠的大石上。山崖险峻，一条小路到这里已是尽头；岩岸陡绝，两壁屹立相对。这石壁仿佛是削成的，它的根直插入虚无缥缈之中，它的倒影却垂映在清空一气的水里。潭中那黑洞洞的地方，一望便知是深渊的底；清浅处又见波浪将反映的天光荡碎。孤云到来了，更增添境地的幽深；石高潭阔，飞鸟仿佛也飞不出去。高高的藤萝成了帷幕，寒风里摇曳的树木像是密密麻麻排列的旗帜。（康协《终南行》："枫丹杉碧，垒旌立旆。"老杜游万丈潭虽在阴历十一月，但此地气候较暖，当仍有红树黄叶与常青松柏交相辉映，犹如五彩缤纷的旗帜。）河流弯弯曲曲地从远方流来，通过这里又流向远方去；石根嵌着个洞穴，潭水暗暗从下面泄出，便成了浅滩急濑。（胡夏客说："上句人犹能作，下句造语更奇。"）到这无人之境来探幽访胜，发这么大的游兴大概是从我们这几人开始的吧。这是我平生以来最快意的一次游历，可是离此归去却有不少的遗憾：那鳞类之长的神龙正闭藏在潭底潜伏，出入受巨石阻碍；我真想炎暑天再到这里来，要是能见到飞龙出峡、际会风云，那该有多快意啊。——从潭底潜龙出发，初步涂抹出冥寞境界、渲染了神秘气氛，到具体刻画此间奇异景色，最后又回到潭底潜龙，生出欲见其腾空而去的遐想，画龙点睛地醒出他道穷身困、仍望有朝一日幸得际会风云的主旨。就这样，诗人将叙述和抒情、现实和想象、山川神异传说和社会政治感叹,一一巧妙地结合,并层次分明而又浑然一体地完成了这一佳什的创作。我国山水诗开山祖谢灵运之作,写景、说理往往断为二橛,了不相关。相形之下,这诗在艺术表现上无疑已达到了大气磅礴、运转自如、出神入化的境界了。蒋弱六说:"字句章法,一一神奇,发秦州后诗,此首尤见搏虎全力。"

如果说《万丈潭》"通篇摹写山水,极其幽隐奇怪,令人不觉兴逸心怡"(周珽语),那么《乾元中寓居同谷县作歌七首》,则总是身世之感,"呜咽悱恻,如闻哀弦"(李子德语),令人不堪卒读了。其一说:

"有客有客字子美,白头乱发垂过耳。岁拾橡栗随狙公,天寒日暮山谷里。中原无书归不得,手脚冻皴皮肉死。呜呼一歌兮歌已哀,悲风为我从天来。"浦起龙说:"七首皆身世乱离之感。遍阅旧注,疑后三首复杂不伦。杜氏连章诗,最严章法,此歌何独不讲?及反复观之,始叹其丝丝入扣也。盖穷老作客,乃七诗之宗旨,故以首尾两章作关照,余皆发源首章。……一歌,诸歌之总萃也。首句,点清'客'字。'白头''肉死',所谓通局宗旨,留在末章应之。其'拾橡栗',则二歌之家计也。'天寒''山谷'则五歌之流寓也。'中原无书',则三歌、四歌之弟妹也。'归不得',则六歌之值乱也。结独逗一'哀'字、'悲'字,则以后诸歌,不复言悲哀,而声声悲哀矣。故曰诸歌之总萃也。"所见甚是,此不惟有助理解《七歌》,亦可参悟连章作诗之法。施鸿保说:"(其一'岁拾橡栗随狙公')今按'岁'字疑误,公自秦州来同谷,未及一月,何以云岁?云岁,且若累岁矣。或云他本作'饥',当是。"但不知他本系何本。施氏又说:"按此('岁拾')二句,及下'长镵'一章,疑亦甚言穷困之状,犹在秦州诗云'翠柏苦犹食,明霞高可餐',非真食柏餐霞也;《新唐书》遂采入本传[9],似尚未审。又据后白沙渡诗'差池上舟楫''我马向北嘶',是去同谷时尚有车有马,若如此诗所云,安能远挈妻子,具舟马以行耶?"老杜当时处境窘迫,心情恶劣,发为悲歌,难免言甚其辞,要亦无损其真实性。若信以为真,采之入史,则大谬。时人说《七歌》亦有过于坐实者,施说或可矫枉。老杜自秦之蜀,车马则有之,坐船只是过渡,谓"具舟",微误。《庄子·齐物论》:"狙公赋茅(养猴子的人给猴子发橡子),曰:'朝三而暮四。'众狙皆怒。曰:'然则朝四而暮三。'众狙皆悦。"这里只是用其字面,并不用其寓意。这一章自叹垂老寄迹荒山,惟以拾橡为生,不胜悲苦。自呼己字,抓住"垂过耳"的白发,勾勒老态愁容,便能给人以强烈印象,感人至深。刘辰翁说:"一歌唤子美,二歌唤长镵,岂不奇崛?"视长镵为知交,"叫得亲切"(杨伦语),如此则无可依傍的境况立呈。这正是其二所要表现的:

"长镵长镵白木柄,我生托子以为命。黄独无苗山雪盛,短衣数挽不掩胫。此时与子空归来,男呻女吟四壁静。呜呼二歌兮歌始放,邻里为我色惆怅。""黄独",别称金丝吊蛋、金丝吊蛤蟆。薯蓣科植物。一本作"黄精"。黄精属百合科植物。地下具横生根状茎,肉质肥大,可入药。蔡梦弼认为当以"黄精"为正,但对黄独解释颇详:"黄独俗谓之土芋,根唯一颗而色黄,故谓之黄独。饥岁土人掘食以充粮食。江西谓之土卵。"仇兆鳌按:"公诗有别用黄

---

[9]《旧唐书·杜甫传》:"甫寓居成州同谷县,自负薪采招,儿女饿殍者数人。"当据《七歌》"岁拾橡栗""男呻女吟"云云酌定。谓"儿女饿殍者数人"更不足信。《新唐书·杜甫传》:"(甫)客秦州,负薪采橡栗自给。"沿袭旧传却误为秦州。仇兆鳌引后条注《七歌》其一:"今在同谷亦然。"从诗到史,又从史回到诗,如此互证,很有点像训诂学上"老,考也""考,老也"之类的互训,但意义比互训还小。

精者，如《太平寺》云：'三春湿黄精，一食生羽毛。'《丈人山》云：'扫除白发黄精在，君看他时冰雪容。'皆托为引年而发。若此歌则专为救饥而言，当主黄独为是。"我赞同后说。上章自伤冻馁，此章则写家小因饥寒而卧病、邻里为之动容等情事，但仍从己方上山挖黄独不得，绝望而归着笔，倍见忧思如焚。"既曰呻吟，又曰静，言除呻吟外，别无所有，别无所闻也。"（张溍语）以呻吟之声作反衬，更觉山居死寂、心境凄凉。"闾里为我色惆怅"，犹"吾宁舍一哀，里巷亦呜咽""邻人满墙头，感叹亦歔欷"，皆以局外人衬托局内人，人犹如此，我何以堪！其三说：

"有弟有弟在远方，三人各瘦何人强？生别展转不相见，胡尘暗天道路长。东飞鸳鹅后鹙鸧，安得送我置汝旁？呜呼三歌兮歌三发，汝归何处收兄骨！"老杜有四弟：杜颖、杜观、杜丰、杜占。只杜占跟随入蜀，后有《舍弟占归草堂检校聊示此诗》，其余三人当皆在山东（详第十六章第三节）。"鸳鹅"，野鹅，大于雁。"鹙"，秃鹙，似鹤而大。"鸧"，玄鸧，鹤类，色苍，故名。浦起龙说："三歌，悲诸弟也。申'中原无书'之一。'鸳鹅''鹙鸧'，总是连翩飞逐之意。鸟群逐而己孤飞，所以兴也。旧注好鸟、恶鸟之别，殊属多事。"[10] 结语又翻进一层：莫说各自漂流，汝纵得归故乡，我究不知何适！语更凄婉。""三人""前飞"诸句，语言天真质朴，恍如乐府歌谣。其四说：

"有妹有妹在钟离，良人早殁诸孤痴。长淮浪高蛟龙怒，十年不见来何时？扁舟欲往箭满眼，杳杳南国多旌旗。呜呼四歌兮歌

---

[10] 仇注引杨慎鸽有好鸟、恶鸟之分的说法，可参看。王嗣奭从此说而疏通大意如下："其三，鸳鹅雁属，以比兄弟，而恶鸟在后，安得送我在汝旁乎？公今在西，则诸弟在东，故云'东飞'。"亦可通。

四奏，林猿为我啼清昼。"这"在钟离（今安徽临淮关）"之妹，即《（至德二载）元旦寄韦氏妹》中那个"迎在汉钟离"的"韦氏妹"。作后诗时妹丈尚存："郎伯殊方镇"，即使不久即去世，到作《七歌》时尚不足三年，怎能说"良人早殁诸孤痴"？待考（参看第八章第七节）。浦起龙说："良人殁未十年，别已十年也。四歌，悲寡妹也。申'中原无书'之二。'满眼'上着一'箭'字，隽绝。""扁舟"二句与"带甲满天地，胡为君远行"（《送远》），都写得惊心动魄，但又很美。浦起龙说："结语下一'啼'字，便映切儿女子态。自是忆妹，不得移之忆弟也。"欣赏者不妨有此敏感，但忆寡居弱妹的一缕柔情实沁于全篇，岂止一"啼"字？"林猿"一作"竹林"。旧注一说以"竹林"为鸟名，一说竹林因风而号若啼，故云（详钱注）。仇兆鳌说："二说皆穿凿难信。猿多夜啼，今啼清昼，极言其悲也。"亦迂。《水经注·江水》："每至晴初霜旦，林寒涧肃，常有高猿长啸，属引凄异，空谷传响，哀转久绝。故渔者歌曰：巴东三峡巫峡长，猿鸣三声泪沾裳！""晴初霜旦"岂非"清昼"？王夫之说："因景因情，自然灵妙，何劳拟议哉？"末句即因景生情，自然灵妙，并不在留心"拟议"是夜还是昼。其五说：

"四山多风溪水急，寒雨飒飒枯树湿。黄蒿古城云不开，白狐跳梁黄狐立。我生何为在穷谷，中夜起坐万感集。呜呼五歌兮歌正长，魂招不来归故乡。"此章写苦雨凄风、城荒狐窜之景，和中夜起坐、万感交集之情。杨伦说："（末）言欲招魂同归故乡，而惊魂欲散，故招之不来也。《楚辞》：'魂兮归来，反故居些。'结语翻用更深。"这是一般的看法，惟萧涤非先生另作新解："这是倒句。魂早归故乡去了，故招之不来。"古代既招亡魂又招生魂（详第八章注〈15〉）。其六说：

"南有龙兮在山湫，古木巃嵸枝相樛。木叶黄落龙正蛰，蝮蛇东来水上游。我行怪此安敢出,拔剑欲斩且复休。呜呼六歌兮歌思迟,溪壑为我回春姿。"这章因飞龙峡万丈潭潜龙起兴而慨叹时事。郭知达《九家注杜诗》引苏轼的话说:"六歌一篇,为明皇作也。明皇以至德二年至自蜀,居兴庆宫,谓之南内。明年改元乾元,时持盈公主往来宫中。李辅国常候其隙间之,故上元二年帝迁西内。"浦起龙不同意上说,以为:"'龙在山湫',君当厄运也。'枝樛''龙蛰',干戈森扰也。'蝮蛇东来',史孽寇逼也。'我安敢出',所以远避也。'欲斩且休',力不能殄也。"此章显然有寓意,且所慨者大,私意以为前说近是。《旧唐书·玄宗本纪》载:"上(即位前)所居宅(兴庆宫)外,有水池浸溢顷余,望气者以为龙气。"因万丈潭潜龙,联想到退位居于南内兴庆宫的失势上皇玄宗,是很自然的。以蛇喻李辅国、张后等奸诈小人也很恰当。作此诗时,李辅国逼上皇迁居西内的事虽未发生,但李辅国辈的从中挑拨、玄宗父子的失和,作为"近侍",老杜在朝时早已有所风闻,且微露端倪于吟咏(参看第九章第二节,第十章第一、三、八节),此诗也很可能为此而发。末写溪壑晴和之象,借寓"望阳长阴消,回造化于指日"(仇兆鳌语)之意。其七说:

"男儿生不成名身已老,三年饥走荒山道。长安卿相多少年,富贵应须致身早。山中儒生旧相识,但话宿昔伤怀抱。呜呼七歌兮悄终曲,仰视皇天白日速。"末章归到叹老嗟卑,语殊愤愤。浦起龙考出,同寓同谷的有旧交李衔(详前一节)。王嗣奭说:"收拾已前不尽之意,而提出'旧相识',见新知之不如也。"

《同谷七歌》,后代评者大都说好。如胡应麟说:"杜《七歌》亦仿张衡《四愁》,然《七歌》奇崛雄深,《四愁》和平婉丽。汉、唐短歌,各为绝唱,所谓异曲同工。"(《诗薮》)王嗣奭说:"《七歌》创作,原不仿《离骚》,而哀实过之;读《骚》未必堕泪,而读此不能终篇，则节短而声促也。七首脉理相通，音节俱协，要摘选不得。"申涵光说："《同谷七歌》，顿挫淋漓，有一唱三叹之致，从《胡笳十八拍》及《四愁诗》得来，是集中得意之作。"（仇注引）各有所见，可参看；惟以为《七歌》感人之深非《离骚》可及，则纯属个人偏爱，不足为凭。对《七歌》有褒有贬的是朱熹，他说："杜陵此歌七章，豪宕奇崛，诗流少及之者。顾其卒章，叹老嗟卑，则志亦陋矣。人可以不闻道哉！"（《晦庵先生朱文公文集》）施鸿保不同意，为老杜辩解说："今按朱子此说，盖以君子居易行法言也。然人诚如杜陵之才之学，许身稷契，欲置君于唐虞，而使之终老不遇，既卑且贫，至于饥寒流落，白首无依，如此七章所述，则感慨亦自不免。子路圣门高弟，尚有君子亦穷之愠，况非子路者乎？必以未闻道少之，则托言安贫乐贱一流，岂皆圣贤之徒欤？朱子特未遭此境耳。然此说不知载大全集否，恐尚假托朱子说也。"搬出孔夫子的"圣门高弟"子路来与朱夫子对阵，在"以其人之道，还治其人之身"、击中要害之后，又宣称可能是出于误会，这一手确乎很厉害。这是儒生之间的一场小小的舌战，我们且不必去管它。不过平心而论，说"朱子特未遭此境"，难免空发迂论，这是一点儿也不假的。何况末章"长安卿相多少年，富贵应须致身早"，跟《古诗十九首》其四"何不策高足，先据要路津。无为守穷贱，轗轲长苦辛"一样，都是感愤之辞、不平之鸣，哪能信以为真，认为说这种话的人"志亦陋矣"呢？

《同谷七歌》是一组独具特色的作品，表现似写实而实浪漫，语言似粗放[11]而实精美，通过夸饰的眼光，显示了诗人寓居同谷的生活情况和精神状态之一斑，有一定现实意义，且有近乎悲剧效果

---

[11] 陆时雍说："《同谷七歌》，稍近骚意，第出语粗放。其粗放处，正是自得也。"

的审美价值。这组诗对后世颇有影响,宋元诗人多仿作此体,惟文天祥所作《六歌》为佳。

四 "忽在天一方"

贫病交加、饥寒交迫,老杜见实在没法再在同谷待下去了,就决计携家离此入蜀。从启程到抵达,他又写了十二首纪行诗,为后人研究他萍梗飘零的踪迹,留下了极其生动具体的珍贵资料。他的《发同谷县》题下原注说:"乾元二年十二月一日,自陇右赴成都纪行。"老杜一行离秦州当在十月底(《发秦州》"汉源十月交"),途经石龛时已入十一月(《石龛》"仲冬见虹霓"),到同谷当在十一月初。可见他家在同谷停留不超过一个月。他原想来此地卜居,哪知事与愿违,终难安下身来,所以就在《发同谷县》诗中大发感慨道:

"贤有不黔突,圣有不暖席。况我饥愚人,焉能尚安宅?始来兹山中,休驾喜地僻。奈何迫物累,一岁四行役。忡忡去绝境,杳杳更远适。停骖龙潭云,回首虎崖石。临岐别数子,握手泪再滴。交情无旧深,穷老多惨戚。平生懒拙意,偶值栖遁迹。去住与愿违,仰惭林间翮。"相传孔子和墨子热心世事,忙忙碌碌地各处奔走,所居席不暖、灶突(烟囱)未黑即已他去。[12] 圣贤尚且如此,何况我们这些经常饿饭的顽愚之人,哪里还能在家里安生地呆着呢?刚搬来时很喜欢这里境幽地僻,无奈为妻子所累,春天从东都回华州,秋天从华州客秦州,冬天从秦州赴同谷,现今又从同谷入

---

[12] 班固《答宾戏》:"是以圣哲之治,栖栖遑遑,孔席不暖,墨突不黔。"《文子·自然》《淮南子·修务训》作"孔子无黔突,墨子无暖席"。韩愈《争臣论》"孔席不暇暖,而墨突不得黔",与杜甫《发同谷》首二句均用班固语。

蜀,一年之内竟有四次旅行。——这都是实情,生活确乎是太不安定了,难怪老杜一提起来就太息不已。接着写临发踟蹰,不忍舍此地之景,不忍别此地之人情状。末后又重申奔走非其本意,深叹事与愿违,不能如林鸟的自适。拖家带口,"一岁四行役",只要设身处地想一想,就会知道有多痛苦了。

《成县新志》载:"木皮岭在县南百里,疑今白马关。《通志》载黄巢之乱,王铎治兵于此,以遮秦陇,路极险阻,入蜀要路。"[13]老杜离开同谷城东不远他家寄寓的凤凰村,东行经初来时小住过的栗亭之西逶迤南下(详本章第二节),到木皮岭,作《木皮岭》,记述冬日行旅的苦辛和木皮岭的艰险、西崖的秀发:

"首路栗亭西,尚想凤凰村。季冬携童稚,辛苦赴蜀门。南登木皮岭,艰险不易论。汗流被我体,祁寒为之暄。远岫争辅佐,千岩自崩奔。始知五岳外,别有他山尊。仰干塞大明,俯入裂厚坤。再闻虎豹斗,屡跼风水昏。高有废阁道,摧折如断辕。下有冬青林,石上走长根。西崖特秀发,焕若灵芝繁。润聚金碧气,清无沙土痕。忆观昆仑图,目击玄圃存。对此欲何适?默伤垂老魂。"寒冬腊月也走得汗流浃背,可见爬山越岭的艰苦。《礼记·王制》:"五岳视三公。"张昶《华山碑》:"山莫尊于岳。"传说五岳为群神所居,历代帝王多往祭祀,唐玄宗更封五岳为王,所以备受尊崇,其实山都不算高。[14]老杜度陇时惊讶地发现吴岳竟然比西岳莲花峰和崆峒山还高:"昨忆逾陇坂,高秋视吴岳。东笑莲花卑,北知

---

[13]《方舆胜览》载:"木皮岭在同谷县东二十里,河池县(今甘肃徽县)西十里。"杜甫发同谷,取路栗亭,南入郡界,历当房村,度木皮岭,则木皮岭在栗亭"以远"(借用铁路、公路上的用语)。已知栗亭在同谷县东五十里(一作七十里)徽县西(一作西北),则木皮岭不当在同谷县东二十里。《成县新志》所载较可信。

[14]据现代科学测量,华山莲花峰海拔二千八十三米,是五岳中最高者。衡山以祝融峰最高,海拔一千二百九十米,是五岳主峰中最低者。可见五岳都不很高。

崆峒薄。"如今在自陇右入蜀途中,又不禁再次宣称"始知五岳外,别有他山尊"。可见他真被这些从未见过的崇山峻岭怔住了。"远岫"争着来"辅佐"它,"千岩自崩奔",在它面前简直要五体投地。往上一望,它塞满了整个天空;往下一瞧,万丈深渊,大地裂开了口。就是这样,他大刀阔斧地将"五岳外""他山"无比的尊严和惊天动地的势派充分表现了出来,令人读了不觉目瞪口呆。人知王之涣的"欲穷千里目,更上一层楼"(《登鹳雀楼》)、陆游的"山重水复疑无路,柳暗花明又一村"(《游山西村》),写景绝妙,富含哲理。"始知五岳外,别有他山尊",同样富于哲理意味。求知、习艺,每当飞跃到另一新境界时,岂不是往往有这种感觉么?"虎豹斗""风水昏""废阁道""如断辕",拉杂写来,见旅情物状,不求工求精而自佳,是杜诗老境。"下有冬青林,石上走长根",长根而走于石上,语拙而奇,其状闭目便可想见。蜀地黄桷树根甚长,多裸露于外。山岩间多石少土,露根的树木自然不限于黄桷树一种了。《六一诗话》引"县古槐根出"句,写树根亦饶别趣。末写西崖的秀发,以灵芝的繁茂形容其光彩炳焕,以金碧之气形容其清润绝尘,从而引出垂老暗伤羁旅的感叹。浦起龙认为:"结入妙,又转出好景,使人留恋。才动足,便思住足。是作者有意留西崖于后作翻身势,是谓波澜老成。"

又有《白沙渡》《水会渡》二诗。旧注据《方舆胜览》以白沙、水回(会)二渡俱属剑州。浦起龙说:"剑州在剑门南。此去剑门尚远。当即成州渡嘉陵江处。"《白沙渡》说:

"畏途随长江,渡口下绝岸。差池上舟楫,杳窕入云汉。天寒荒野外,日暮中流半。我马向北嘶,山猿饮相唤。水清石礧礧,沙白滩漫漫。迥然洗愁辛,多病一疏散。高壁抵欹崟,洪涛越凌乱。临风独回首,揽辔复三叹。"两岸渡口险阻,上下为难。入舟见水清沙白,风景可娱,不觉心神顿爽。既渡回首,见洪涛可畏,故又为之嗟叹不已。"一渡分作三层写,法密心细"(张上若语),妙在见境地,见情状,见心理变化之速。仇注:"长江,乃嘉陵江,即西汉水,故比之云汉。""天寒荒野外,日暮中流半。我马向北嘶,山猿饮相唤",烘托气氛,点染细节,富生活实感,写得很好。这首是写日暮渡江,《水会渡》则写夜渡:

"山行有常程,中夜尚未安。微月没已久,崖倾路何难。大江动我前,汹若溟渤宽。篙师暗理楫,歌笑轻波澜。霜浓木石滑,风急手足寒。入舟已千忧,陟巘仍万盘。回眺积水外,始知众星干。远游令人瘦,衰疾惭加餐。"长途跋涉,非到埠头无处"中伙安宿",故有"常程",故须夜渡。星光闪烁,惟见大江。"大江动我前,汹若溟渤宽""回眺积水外,始知众星干",着重写水写星空,而夜渡情境立呈。仇兆鳌说:"曹孟德碣石观海诗:'星汉灿烂,若出其里。'此俯视水中之星。杜诗:'回眺积水外,始知众星干。'此仰视水外之星。又陆放翁诗'水浸一天星',与'水外众星干'参看更明。"渡江见水中星空倒影,恍疑众星皆湿,及登岸仰视,见众星在天,始知其仍干。杨伦于"始知"句旁评曰"险句"。句险意生,给人印象强烈。姚崇《夜渡江》:"夜渚带浮烟,苍茫晦远天。舟轻不觉动,缆急始知牵。听草遥寻岸,闻香暗识莲。惟看孤帆影,常似客心悬。"[15]又孟浩然《夜渡湘水》:"客行贪利涉,夜里渡湘川。露气闻芳杜,歌声识采莲。榜人投岸火,渔子宿潭烟。行旅时相问,浔阳何处边。"[16]写夜渡俱佳,但不如老杜这首夜渡诗具有鲜明的时地特点和感情色彩。

---

[15] 一作柳中庸诗。
[16] 一作崔国辅诗。

两次来回渡江之后,老杜一行来到栈道。栈道又名阁道、栈阁,是我国古代在今川、陕、甘、滇诸省境内峭岩陡壁上凿孔架桥连阁而成的一种道路,是当时西南地区的交通要道。战国时已修建。《战国策·秦策》:"栈道千里,通于蜀汉。"《汉书·张良传》:"汉王之国,良送至褒中。……良因说汉王烧绝栈道,示天下无还心。"相传战国秦伐蜀所修的"金牛道",后世名"南栈道",即今川陕公路的一段。《华阳国志》载,诸葛亮相蜀,凿石架空为飞梁阁道。但阁道的创设非始于诸葛亮。诸葛亮《与兄瑾言赵云烧赤崖阁道书》:"前赵子龙退军,烧坏赤崖以北阁道。缘谷百余里,其阁梁一头入山腹,其一头立柱于水中。而今水大而急,不得安柱,此其穷极,不可强也。"(《水经注·沔水》引)记栈道之险甚详。老杜入蜀要走好几段长而险的栈道,曾作诗四首。其《飞仙阁》说:

"土门山行窄,微径缘秋毫。栈云阑干峻,梯石结构牢。万壑欹疏林,积阴带奔涛。寒日外澹泊,长风中怒号。歇鞍在地底,始觉所历高。往来杂坐卧,人马同疲劳。浮生有定分,饥饱岂可逃。叹息谓妻子:我何随汝曹?"《方舆胜览》载,飞仙岭在兴州(治所在今陕西略阳)东三十里,相传为徐佐卿化鹤跄泊之地,故名飞仙。上有阁道百余间,即入蜀路。又《通志》载,栈道在褒斜谷中。飞仙阁即今武曲关,北栈阁五十三间,总名连云栈。这诗当是始登栈道时所作。《梁州图经》载,栈道连空,极天下之至险。兴利州(南宋绍兴中兴州曾为利州西路治所)至三泉县(今陕西宁强),桥阁共一万九千三百八十间,护险编栏共四万七千一百三十四间。诗中"阑干"即编以护险之栏。土门之上,登阁道的山路窄狭。栈阁高耸入云,外设栏干护险,又用石头砌成梯子一样陡的磴道,虽极险峻,倒也坚固。栈道旁边,数不清的山沟里，歪歪斜斜地长着一片片稀疏的树林子。栈道下面，阴影积聚，波涛奔腾。寒日在阁道外面淡淡地照着，大风在阁道内怒号。等到来到低洼处歇鞍时，这才觉得刚才经过的地方真高啊！来来往往的旅客混杂在一起，有的坐着有的躺着，无论人还是马都同样感到很疲劳。如果说人们的一生遭遇都是命中注定的，那么命中注定要挨饿又怎能逃避得了。我不禁对妻子儿女叹息道：我为什么要跟着你们为生计而到处流浪呢？浦起龙说："'万壑''积阴'，以下句形上句。'奔涛'，即疏林之欹势。身度林壑之上，俯瞰阴林摆动，如涛奔也。"栈道多筑于悬崖间，下临洪河（详上引诸葛亮《与兄瑾言赵云烧赤崖阁道书》。《五盘》"仰凌栈道细，俯映江木疏"，所写亦如此）。"奔涛"是实写，非虚拟。浦说不符实际，且有损于表现栈道惊险感受的艺术力量，不可取。又《五盘》说：

"五盘虽云险，山色佳有余。仰凌栈道细，俯映江木疏。地僻无网罟，水清反多鱼。好鸟不妄飞，野人半巢居。喜见淳朴俗，坦然心神舒。东郊尚格斗，巨猾何时除？故乡有弟妹，流落随丘墟。成都万事好，岂若归吾庐！"《一统志》载，七盘岭在保宁府广元县（今四川广元）北一百七十里，一名五盘岭。五盘是说栈道盘曲有五重。蒋弱六说："是险极中略见可喜，反因此生出别感来。分明一路恐惧惊忧，万苦在心，俱记不起；至此心神略闲，不觉兜底触出，最为神到。"时史思明据东都，战乱未平，弟在山东，妹在钟离，都不得回家园团聚，故尔忽动乡关之思。东方朔《答客难》："水至清则无鱼，人至察则无徒。"此反用其意，写此间境地幽清，风俗淳朴，甚妙。

《元和郡县志》载，龙门山在利州绵谷县（今四川广元）东北八十二里。《方舆胜览》载，其阁道虽险，然在山腰，亦微有径，可以增置阁道。惟此阁石壁斗立,虚凿石窍,架木其上,比他处极险。《一统志》载,山在广元县嘉陵江上。老杜到此,作《龙门阁》说:

"清江下龙门,绝壁无尺土。长风驾高浪,浩浩自太古。危途中萦盘,仰望垂线缕。滑石欹谁凿,浮梁袅相拄。目眩陨杂花,头风吹过雨。百年不敢料,一坠那得取!饱闻经瞿塘,足见度大庾。终身历艰险,恐惧从此数。"龙门阁道下面是清清的嘉陵江,石壁陡绝一点土也没有。长风驾御着高高的浪头在奔驰,鸿蒙初辟以来当即如此。危险的栈道在空中萦回盘旋,抬头仰望像是垂挂着一根线。欹侧的石壁梯滑是谁上去凿的眼,安装起细长柔软的阁梁支柱一排排。杂花陨落使我更觉目眩,雨吹了过来使我受风寒而发作头风。⟨17⟩人生百年生死难料,要是在这里掉了下去,不知到哪里去收尸。如今有了这亲身体验,足以懂得过瞿塘峡、度大庾岭的滋味了。回想我平生所经历的艰险都算不了什么,最令人感到恐惧的当从这里数起。浦起龙说:"'危途'四句,栈道图未必能尔。太白《蜀道难》,亦未免虚摹多、实际少。"何义门说:"写艰难险阻,乃尔细丽。"我曾攀跻华山诸险,深有"一失足成千古恨"之虑,今读"百年不敢料,一坠那得取",不觉会心而笑。

《方舆胜览》载,石栏桥在绵谷县(今广元)北一里,自城北至大安军界,营栏桥阁共一万五千三百一十六间,其著名者为石柜阁、龙门阁。老杜到此作《石柜阁》说:

"季冬日已长,山晚半天赤。蜀道多早花,江间饶奇石。石柜

⟨17⟩朱鹤龄以为这两句是说花陨而目为之眩,视不及审,雨吹而头为之风,迫不能避。浦起龙以为"目眩""头风"接"浮梁"来,临迅驶之流故"目眩"如"花陨",腾澎湃之响,故"头风"若"雨吹"。并驳朱注说,若欲实指花、雨,则途中或有花飞,篇内全无雨景,且于江险意含蕴不着。私意仍以实指花、雨为佳。

曾波上,临虚荡高壁。清晖回群鸥,暝色带远客。羁栖负幽意,感叹向绝迹。信甘屠孺婴,不独冻馁迫。优游谢康乐,放浪陶彭泽。吾衰未自由,谢尔性所适。"白天的时间以冬至最短。据首句,知老杜行至石柜阁作这诗时已是冬至以后。冬天的末尾,白天已慢慢长了;空山晚晴,红了半边天。进入蜀地路旁多早开的花,江间的奇石也不少。石柜阁建于层波之上,面临一片空虚似乎在石壁上晃荡。沐浴着夕阳的光辉飞回成群的白鸥,暮色带领着远客到来了。年来羁留逆旅,辗转道路,这真有负我想寻幽访胜的心意,令我感叹不已。说实在的,我的不能搜奇主要是因为体弱,不独迫于饥寒。我已经衰老了,一切由不得自己,不可能像谢灵运那样优哉游哉寄情山水,像陶渊明那样归隐园田放浪于形骸之外,那么就让那些高人雅士去过最适合自己性情的生活吧!⁽¹⁸⁾——奇异的风光,旅途的劳顿,片时的愉悦,未遂的幽怀,种种所见所感,以峭刻生新之笔出之,情境在目,咏叹萦耳,老杜当时的身影、心曲依稀可想。

过了石柜阁,来到桔柏渡,作《桔柏渡》说:

"青冥寒江渡,驾竹为长桥。竿湿烟漠漠,江永风萧萧。连笮动袅娜,征衣飒飘飘。急流鸨鹢散,绝岸鼋鼍骄。西辕自兹异,东逝不可要。高通荆门路,阔会沧海潮。孤光隐顾盼,游子怅寂寥。无以洗心胸,前登但山椒。"《方舆胜览》载桔柏渡在利州昭化县(一九五九年撤销,并入四川广元县)境内。这里有竹索架的长桥。雾气蒙蒙,竹索桥湿漉漉的。长长的江流上面风声呼啸,桥笮(笮是竹篾拧成的绳索)颤悠,行人的衣裳随风飘扬。急流中连鸨这样

〈18〉仇兆鳌注"谢尔"句中的"谢"字说:"犹言让也。"蔡梦弼说:"谢灵运、陶元亮优游放浪,无所系滞。今甫未能自由,比于二子适性之乐,颇有感焉。"

的大鸟、鹚这样的水鸟都待不住,阻绝的岩岸只有骄傲的鼋鼍在嬉戏。连日来总是缘着嘉陵江走,到这里,就要与留不住的东流水分手而西行。想到这嘉陵江水不久就汹涌澎湃地通过荆江的水路,波澜壮阔地与海潮汇合,我不禁临流顾盼,神往不已。没法舀江水洗涤我的心胸,且继续赶路,去爬那一个又一个山峰吧[19]!——没想到这几天的长途跋涉,反倒跟嘉陵江有了感情,临别依依,还引动了诗人东游之想。

不久到了剑门关。关在今四川剑阁县东北二十五里,因大剑山、小剑山峭壁中断,两崖相嵌,如门之辟,如剑之植,故名。老杜见此关地势险要,心忧狂徒割据,祸国殃民,作《剑门》致慨说:

"惟天有设险,剑门天下壮。连山抱西南,石角皆北向。两崖崇墉倚,刻画城郭状。一夫怒临关,百万未可傍。珠玉走中原[20],岷峨气凄怆。三皇五帝前,鸡犬各相放。后王尚柔远,职贡道已丧。至今英雄人,高视见霸王。并吞与割据,极力不相让。吾将罪真宰,意欲铲叠嶂。恐此复偶然,临风默惆怅。"剑门真是天险。山山相连抱住西南,山上的石头犄角都指向北方。两崖犹如并排靠着的两堵高墙,纹理纵横居然刻画成城郭的形状。西晋张载的《剑阁铭》说:"一夫荷戟,万夫趑趄。形胜之地,非亲勿居。"李白的《蜀道难》说:"剑阁峥嵘而崔嵬,一夫当关,万夫莫开。所守

---

[19] 浦起龙说:"公少游吴越,乐其风土,素有东游之志。观入蜀以后诗,每每情见乎辞。此来连日缘江,至是则长谢于'东逝'之水,故致慨'西辕'也。'不可要'者,不得与水相期会也。"杨伦说:"戴叔伦诗:'沅湘日夜东流去,不为愁人住少时',即此意。"

[20] 仇注:"往见旧人手卷,此句之上,有'川岳储精英,天府兴宝藏'二句,方接以珠玉云云。"杨伦按:"仇本珠玉上有二句,庸滥,决非公笔。"浦起龙说:"杜诗多四句转意,此段独阙两句。且得此一提,文气愈畅。仇氏非伪撰也。脱简无疑。"

或匪亲，化为狼与豺。"这里确乎是一夫奋勇临关，百万人莫敢近前。西川乃天府之国，物产丰富。奈何蜀人困于诛求，珠玉财宝都外流到中原去了，连岷山、峨嵋山也仿佛暗含悲怆之气。回想蜀地当三皇五帝上古之世，本与中国不通，鸡犬之声相闻，民各安其俗乐其业。自秦开金牛道，务以柔远，职贡修而淳朴道丧，从此蜀地就多事了。东汉公孙述为导江卒正（蜀郡太守）。后起兵，据益州称帝，为汉军所破，被杀。三国时刘备曾在这里建立蜀汉。所以左思《蜀都赋》说："一人守隘，万夫莫向。公孙跃马而称帝，刘宗下辇而自王。"像这样一些称霸称王的英雄人物，至今仍有影响，今后难免还会有人出来，效法他们并吞割据，互不相让。我要谴责天公，真想铲平这重山叠嶂。想到割据一方的事将来偶或有之，我不禁临风惆怅、沉默无言了。王嗣奭说："'连山抱西南，石角皆北向'，据地形自应内属，见并吞割据，皆违天者。"朱、仇诸注皆从之。独浦起龙说："'抱西南'，见曲为彼护。'角北向'，见显与我敌。为篇末'欲铲叠嶂'之根。旧以为面内之义，何耶？'怒临关''未可傍'，见扼险可虞。为篇末'英雄''高视'之根。旧以为中原赖之，何耶？"浦氏所见甚是。诗人所虑者有二：一、剑门天险，利于军阀扼险割据，古已有之，今亦难保无虞；二、天府之国，物产丰富，若诛求太过，难免结怨生乱。这也就是这首诗的主旨。仇兆鳌说："按公《登慈恩寺塔》诗：'秦山忽破碎，泾渭不可求。'知天宝之将乱也。《悲青坂》诗：'安得附书与我军，忍待明年莫仓卒。'知收京在次年也。《收京》诗：'杂虏横戈数，功臣甲第高。'知回纥生衅、藩镇跋扈也。《秦州》诗：'西征问烽火，心折此淹留。'知吐蕃寇边、不能安枕也。此诗云：'恐此复偶然，临风默惆怅。'知蜀必有事而深忧远虑也。未几，段子璋、徐知道、崔旰、杨子琳辈果据险为乱。公之料事多中如此，可见其经世之才矣。"说老杜善于分析形势，有一定政治预见性，并不为过。

他的《鹿头山》也是一首纪行而兼发议论的诗：

"鹿头何亭亭，是日慰饥渴。连山西南断，俯见千里豁。游子出京华，剑门不可越。及兹险阻尽，始喜原野阔。殊方昔三分，霸气曾间发。天下今一家，云端失双阙。悠然想扬马，继起名硑兀。有文令人伤，何处埋尔骨！纡余脂膏地，惨澹豪侠窟。仗钺非老臣，宣风岂专达？冀公柱石姿，论道邦国活。斯人亦何幸，公镇逾岁月。"四川德阳县治北三十余里有鹿头山，唐设鹿头关，南距成都一百五十里。老杜一行，自秦州起程入蜀，沿途川岭重复，栈阁险阻，及至鹿头山，方出险境；南望成都，沃野千里，眼界开阔，不觉喜极：这就是这诗首段的意思。接着因念及蜀中历史上的风流人物而感叹不置。昔日先主建立蜀汉，成就了鼎足三分的霸业。如今天下一家，当时蜀都那高耸入云的双阙早已消失了。司马相如、扬雄都是成都人，他们前后继起，名垂千载，其文现虽可读，但不知二人葬在何处，思想起来，令人伤感。王嗣奭说："非悲扬、马，实自伤也。"末段称誉成都尹裴冕，庆幸方镇得人。

仇兆鳌说："《旧唐书》：至德二载十二月，右仆射裴冕封冀国公，乾元二年六月，拜成都尹，充剑南西川节度使。据诗云'公镇逾岁月'，则裴冕拜成都尹当在是年六月之前，恐《旧书》有误。"裴冕是河中河东（治所在今山西永济蒲州镇）人，出身世家，以荫再调渭南尉。王𫓥为京畿采访使，表署判官，历殿中侍御史。裴冕少学术，但临事明智、果决，很受王𫓥重用。后王𫓥得罪，诏付廷辨，冕位低下，却抗言其诬。𫓥伏法，宰相李林甫方窃权柄，僚属畏惧，皆引去，独冕为收尸埋葬，从此渐知名。河西节度使哥舒翰辟为行军司马。安禄山乱起，玄宗入蜀，诏皇太子为天下兵马元帅，拜冕御史中丞兼左庶子为之副。初，冕在河西，方召还，道遇太子于平凉，便从至灵武，与杜鸿渐、崔漪共同劝进。太子即位，进冕中书侍郎、同中书门下平章事。冕性忠勤，悉心奉公，稍得人心，但不识大体，竟下令用卖官鬻爵、度僧尼道士的办法聚敛钱财，以济军需，人多不愿，就一再跌价，终于失败。肃宗至凤翔，罢冕政事，拜尚书右仆射。两京收复，封冀国公，出为成都尹，充剑南西川节度使。又入为右仆射，待制集贤院。不久充山陵令。冕以宦臣李辅国权大，为了讨好他，表李辅国亲信术士中书舍人刘烜为山陵使判官，烜抵法，冕坐贬施州刺史，徙澧州。裴冕曾提拔过元载，元载执政，拜冕为左仆射、同中书门下平章事。不久兼河南江淮副元帅、东都留守。不到一月即逝世，时在大历四年十二月。后诏冕配享肃宗庙。裴冕性豪侈好利，舆服饮食皆光丽珍丰，枥马值数百金的常有十数匹，自制头巾极精工，人争仿效，号"仆射巾"。"蜀本膏腴豪侠之场，自经丧乱，不免元气日亏，必得老臣仗钺，方能播宣风教，专达朝廷。裴冕以宿望而镇此邦，可为生民厚庇矣。"（仇兆鳌串讲末段语）裴冕之于肃宗虽说有功，终嫌平庸，如此颂扬，显然过当。"在人矮檐下，哪得不低头！"西南政治、文化中心的成都快到了，对于流离道路、渴望得到大力者照应的老杜来说，他不得不重新强打精神，为今后的人事交往做思想准备，留有余地。这是诗人未能免俗的地方，也是他的莫大悲哀。李长祥说："自秦州至此，山川之奇险已尽，诗之奇险亦尽，乃发为和平之音，使读者至此，别一世界，情移于境，不可强也。"所论甚是，但还应看到使他"发为和平之音"的另一来自世俗考虑的原因。杨伦说："入境颂邦君，自体当如此，而依刘之意，即在其中。"陆机《文赋》说："颂优游以彬蔚。"刘勰《文心雕龙·颂赞》说："颂惟典雅，辞必清铄。"既有"入境颂邦君"之意，哪能把诗写得奇险艰涩？

终于到达了目的地，作《成都府》，写初来时的印象和感触，也可看作二十四首入蜀纪行组诗的总结语：

"翳翳桑榆日，照我征衣裳。我行山川异，忽在天一方。但逢新人民，未卜见故乡。大江东流去，游子日月长。曾城填华屋，季冬树木苍。喧然名都会，吹箫间笙簧。信美无与适，侧身望川梁。鸟雀夜各归，中原杳茫茫。初月出不高，众星尚争光。自古有羁旅，我何苦哀伤！"唐成都府蜀郡，以玄宗曾来此避安禄山乱，于至德二载（七五七）十二月升为南京，上元元年（七六〇）九月罢京。据《新唐书·地理志》载："（成都府）土贡：锦、单丝罗、高杼布、麻、蔗糖、梅煎、生春酒。户十六万九百五十，口九十二万八千一百九十九。县十。"这是当时一个人口众多、物产丰富的大地方，治所即今四川成都市。老杜来到的这时候，这里正是南京。从"曾城"四句看，当时虽然天下战乱未平，这里依然歌舞升平，繁华得很。老杜一行是傍晚到达的，所见所感在诗中记述得十分真切：桑榆斜日，照着我风尘仆仆的衣裳。走过了景物各异的千山万水，不觉来到了天这边这个地方。遇到的只是别具风貌的新人民，不知何时才能够见到故乡。岷江流向东方，游子流浪他乡的岁月还很长。高城里满是宝肆华堂，地气暖，虽是深冬，树木还郁郁苍苍。真热闹啊这个著名的都会，袅袅的箫声夹杂着嘹亮的笙簧。这里确乎很美，可是没有什么能令我适意的，我不由得伫立桥头侧身长望。鸟雀夜晚都归了窝，中原杳无音信，我又将归往何处。犹如月亮刚出，众星还想跟它争光，中兴草创，群盗仍旧气焰万丈。自古以来就有羁旅，我又何苦这样哀伤！——正因为诗人意识到他将会在这里停留很长一段时期，他就更加感到羁旅的悲哀，更加关心战火纷飞的中原，更加思念故乡了。朱鹤龄说，盛称都会，愈见故乡可怀，即《五盘》中所谓"成都万事好，岂若归吾庐"之意。又说，此诗语意，多本阮公《咏怀》："翳翳桑榆日，照我征衣裳"，即阮之"灼灼西颓日，余光照我衣"；"侧身望川梁"，即阮之"登高望九州"；"鸟雀夜各归，中原杳茫茫"，即阮之"飞鸟相随翔，旷野莽茫茫"；"自古有羁旅，我何苦哀伤"，又翻阮之"羁旅无俦匹，俯仰怀哀伤"以自广。"初月出不高，众星尚争光"，则本子建《赠徐干》诗："圆景光未满，众星粲以繁。"杜公云"熟精《文选》理"，于此益信。娴熟古诗，有所感发，口吻往往近似，这正是正确借鉴前人的最好范例；作如此观则可，不得理解是亦步亦趋的邯郸学步。杨德周说："此诗寄兴含情，悲凉激壮，正复有俯仰六合之意。"这样感人的作品，是不可能用摹拟字句的办法写得出来的。

五　山水诗的一大变

《发秦州》至《凤凰台》十二首，是老杜"自秦州赴同谷县纪行"之作，又《发同谷县》至《成都府》十二首，是"自陇右赴成都纪行"之作，共计二十四首。这两组诗以行程先后为次，且篇数相同，可见是老杜按计划写成留作纪念的。关于这两组诗历代诸家多有好评。韩子苍说："子美秦州纪行诸诗，笔力变化，当与太史公诸赞方驾，学者宜常讽诵之。"陆时雍说："老杜《发秦州》诸诗，首首可诵。凡好高好奇，便与物情相远。人到历练既深，事理物情入手，知向高奇者一无所用。"江盈科说："少陵秦州以后诗，突兀宏肆，迥异昔作。非有意换格，蜀中山水，自是挺特奇崛，独能像景传神，使人读之，山川历落，居然在眼。所谓春蚕结茧，随物肖形，乃为真诗人、真手笔也。"周明辅说："少陵入蜀纪行诸作，雄奇崛壮，盖其辛苦中得之益工耳。"王履说："昌黎《南山》

诗，二百四句，铺叙详，文采赡，议者谓其似《上林》《子虚》赋，才力小者不能到。然窃观'东西两际海，巨细难悉究。……初从蓝田入，顾盼劳颈脰'等十余句，凡大山皆可当，不独终南也。况又每有梗韵生意，使文辞牵缀，而义理不得通畅，恐非终南本色耳。文章纵不宜规规传神写照，亦岂泛然驾虚立空？驾虚立空以夸其多，虽多亦奚以为？少陵则不然，其自秦入蜀诗二十余篇，皆揽实事实景以入乎华藻之中，是故高出人表，而不失乎文章之所以然。"（均见《杜少陵集详注》所引）这意见都很好，私意以为尤以如下两点最可注意：（一）这两组诗笔力多变化，迥异昔作，之所以如此，非有意换格，实蜀中山水挺特奇崛，而作者又能随物肖形使然。（二）创作最忌驾虚立空、泛泛而谈。这两组诗都采取实事实景加以艺术表现，各具特色，移作他处不得，加上作者历练既深，谙于事理物情，所见所感又多从辛苦中得来，所以高出好高好奇者逞才炫博之作一头。

历来谈论山水诗多不及老杜，其实老杜的入蜀诸什，不止是当行出色的山水佳制，而且体现了山水诗表现艺术的新成就。

考山水诗派形成之初即重客观刻画。《文心雕龙·明诗》说："宋初文咏，体有因革，庄老告退，而山水方滋。俪采百字之偶，争价一句之奇，情必极貌以写物，辞必穷力而追新。"而这一倾向，又突出地体现在谢灵运山水诗的创作中："宋临川太守谢灵运，其源出于陈思，杂有景阳之体。故尚巧似，而逸荡过之。且以繁富为累。嵘谓若人兴多才高，寓目辄书，内无乏思，外无遗物，其繁富，宜哉！"（《诗品》）谢灵运的山水诗，多记出游过程中或从早到晚、或由此及彼的所见，和借景言情、借事谈玄的所感，他的《石壁精舍还湖中作》："昏旦变气候，山水含清晖。清晖能娱人，游子憺忘归。出谷日尚早，入舟阳已微。林壑敛暝色，云霞收夕霏。芰荷迭映蔚，蒲稗相因依。披拂趋南径，愉悦偃东扉。虑澹物自轻，意惬理无违。寄言摄生客，试用此道推"等等，无不如法炮制。当时的文风尚"极貌以写物""穷力而追新"，谢灵运受到了文坛上这一风气的影响（当然他也通过自己的创作实践助长了这种风气），加之他入宋以后，降袭封的康乐公为康乐侯，政治上始终受压抑，"遂肆意游遨，遍历诸县，动逾旬朔"（《宋书·谢灵运传》），对山水自然之美有极细极深的独到领悟，确曾写出过不少技艺精工、形象生动、情境清丽的写景名句。可是，由于他只知就足之所到、眼之所及，以铺叙的手法、排比的句式，逐一刻画景物，而且情景的描写和哲理的阐发，莫不截分两橛，这就使得整首诗显得繁富而不空灵，堆砌而不浑成，最糟的是，在山水诗中拖着条玄言诗的尾巴，犹如一个没完全变成蛤蟆的蝌蚪。这是"庄老告退而山水方滋"时期的情况，谢灵运做出了自己的贡献，却把进一步探索山水诗表现艺术的课题留给了后来人。

齐代谢朓，也擅长山水，与谢灵运前后齐名，世称"小谢"。他的山水诗的生活基础，既不是隐逸，也不是像谢灵运那样的贵族遨游，而是一般世途的宦游。这就使得山水这一题材，在谢朓笔下开始从士族的颓风陋习中，从玄言诗的恶劣影响下解脱出来，从而创作不少秀丽、自然的作品，有助于这一诗派往清新活泼的方面发展。他也有不少名句，如"鱼戏新荷动，鸟散余花落""大江流日夜，客心悲未央""天际识归舟，云中辨江树""余霞散成绮，澄江静如练""朔风吹飞雨，萧条江上来"等等，诵之皆"渊然泠然，觉笔墨之中，笔墨之外，别有一段深情妙理"（沈德潜语）。他还注意到景物的剪裁、情景的交融和表现的凝炼。其余沈约、何逊、阴铿诸人，在运用"永明体"的形式与技法写景上，也做出了一定的贡献。

这里应该着重指出，在山水诗开始形成的同时，陶渊明创作了许多田园诗，其中一些好的景物描写，如"有风自南，翼彼新苗""平畴交远风，良苗亦怀新""暧暧远人村，依依墟里烟""采菊东篱下，悠然见南山"等等，渲染几笔，境地自呈，且见作者情致。只是在贵族华靡文风大炽的六朝，这种较高较素朴的诗歌表现艺术未能受到足够的重视，直到唐代，才为诗坛所推重，产生了重大的影响。

隋及初唐，齐梁余风未尽。这时写景篇什虽多，艺术上也有所发展，但无突出成就。盛唐时期，作家生活日益丰富，诗歌日益繁荣，风景诗与景物描写的艺术技巧也随着有显著的提高。孟浩然在盛唐诗人中年辈较长，他长期隐居，且遍游各地，又深受陶渊明的影响，文学造诣很高，开了盛唐山水田园诗派的先声。他的田园诗，侧重于写他在襄阳村居时的种种高雅行径和闲情逸致，大多韵致飘逸、感受清新、手法自然、风格清雅。他的山水诗，色彩不如大谢鲜明，风格不如小谢清新，但采用了陶诗的白描手法，注意总的印象和情绪的把握，不刻画不雕琢，浑然而就，意境自呈，为这一诗派的表现艺术提供了独特的经验。王维是盛唐著名的山水诗人。他的山水诗总的艺术特点和优点是：注意把握并描写客观景物作用于审美主体所产生的浑然一体的整个印象。在具体艺术表现上，既渲染、烘托总的印象和情绪，又形象生动地描绘具体景物；既看到全体，又看到局部和个别，以后者为主，以前者为辅，层次分明；既有虚叙，又有实景；既有白描，又有彩绘。王维是画家，又精通音乐，在取景设色、调度诗歌音律上，也有其独到处。这样就形成了他"诗中有画"（苏轼语）和"百啭流莺，宫商迭奏"（《史鉴类编》）的诗歌艺术风格特点。同代人中和王维诗歌风格相近的有孟浩然、储光羲、裴迪、祖咏、卢象、邱为、綦毋潜等。这些人都是王维的好友，由于他们意趣相同，且都以描写自然景物见长，就无形中形成了盛唐诗歌中的一个流派。他们之中，以王维、孟浩然的文学成就最高，素以王孟并称。但王孟诗歌之间，也同样存在着显著的风格上的差异。且就给人的印象而论，正如《麓堂诗话》所说："王诗丰缛而不华靡；孟却专心古澹，而悠远深厚，自无寒俭枯瘠之病。"这就是说，王诗显得丰润而富有生趣一些，孟诗显得清秀而意趣淡远一些。若问总的成就，则孟不如王。

从以上粗略的回顾中可知：（一）在山水诗派形成之初的代表作家谢灵运手里，对自然景物的描绘，已由作为抒情、叙事的陪衬而转变为表现的主体，用的是逐个刻画、随意议论的做法，长处是能"极貌以写物"，出语生新，每多秀句，短处是"内无乏思，外无遗物"，主观表述和客观描摹都嫌繁杂，又缺乏有机联系。（二）发展到盛唐王孟诗派，山水诗的表现艺术日臻成熟。他们作诗，多直接从生活中获得感受，情动于中而形于外，发为吟咏，往往情景交融，意境清雅，无截分两橛之弊，有浑然一体之妙。但局限是过于追求诗情画意，美学趣味多偏于恬静幽雅，久而久之，容易形成定法陈规，产生熟境、熟意、熟词、熟字、熟调、熟貌，不利于不同境地、不同感受的表现。凡事发展到极盛，必然转向衰落；要想有所突破，就不能不舍弃旧法，力图变革。

苏轼《东坡集·书吴道子画后》说："诗至于杜子美、文至于韩退之、书至于颜鲁公、画至于吴道子，而古今之变，天下之能事毕矣。"清初冯班《钝吟老人杂录》则径以为："东坡云：'诗至杜子美一变。'"说唐诗的大变始于杜甫是很有见地的。这当然有社会背景、时代潮流以及诗人个人遭遇和才学诸方面的重大原因，但也出于诗歌发展的需要（就是说正好赶上诗歌盛极须变的时机）。杜甫是集大成而大变的诗人，他的大变表现在各体诗歌的内容和形式上，当然也包括对景物描写和山水诗表现艺术的探索和发展。老杜不以风景诗、山水诗名家，他却以自己创造性的劳动开拓了这一诗歌领域，增添了它的路数，丰富了它的成果。如果说老杜的《望岳》"岱宗夫如何？齐鲁青未了"首同王维的《终南山》"太乙近天都，连山到海隅"首一样，是盛唐人写雄伟景物的正体，那么，他在下面这几首诗中则采用变体写诗：《郑驸马宅宴洞中》"主家阴洞细烟雾，留客夏簟青琅玕"首，开始探索声调上的拗救规律和用辞遣句上的刻意求新，并着意提炼风格、艺术特点上的"异味"（详第五章第三节）；《冬日洛城北谒玄元皇帝庙》"碧瓦初寒外"句等等，善于表现那种似不真切而实真切的感觉（详第六章第三节）；《陪郑广文游何将军山林》《重游何氏》尝试以带偶然性的细节生动具体地表现自然景物；《渼陂行》让寻常游陂情景，通过不平静的心理状态的折光，产生波澜壮阔、光怪陆离的不寻常的艺术效果（详第七章第三节）；《三川观水涨》等，纯以破体的笔墨写险恶的境地和恶劣的心情，举重若轻，似拙实巧，令人惊叹不置（详第八章第四节）。这些尝试是多方面的，也是很成功的。不过，若论突破"旧法"的多和取得成绩的大，则当首推他这二十四首入蜀纪行诗的创作。

这二十四首诗最大的艺术特色是峭刻生新。前人认为之所以如此，主要是"蜀中山水，自是挺特奇崛"使然，这固然不错，但对于同样的蜀山蜀水，为什么有人吐属平平，有人竟而搁笔呢？仇兆鳌早已有见及此："蜀道山水奇绝，若作寻常登临览胜语，亦犹人耳。少陵搜奇抉奥，峭刻生新，各首自辟境界。后来天台方正学入蜀，对景阁笔，自叹无子美之才，何况他人乎？"在我看来，描状蜀道奇山异水，要想做到"搜奇抉奥，峭刻生新"，对于具有同一才能的同一个人来说，首先就要看他有没有敢于摆脱俗套、独辟蹊径的创新精神。如前所述，老杜不仅有这种精神，而且早就显示了实绩，这就无形中为入蜀诸诗的写作，做好了美学思想上和创作路数上的充分准备。老杜久客长安，求官不得，生活日益贫困，尤其是安禄山叛变的突然爆发，他的处境和遭遇，无不一反常态，而他的所见所感却如鲠在喉，不吐不快，但又很难用那种基于正常美学标准的"旧法"来加以表现，这就促使他不得不大胆突破传统诗歌的习惯写法，创作了《秋雨叹》《投简咸华两县诸子》《醉时歌》《病后过王倚饮赠歌》《三川观水涨》等等，具体深入却又典型地再现了本来的生活面貌和精神面貌，大大丰富了写实主义的表现艺术。不要以为这与入蜀诸诗无关。正是由于诗人在这以前早就有了丰富的艺术创新经验，善于根据客观现实和主观感受的实际情况进行艺术概括，不作虚假的诗化和美化，不故作惊人之笔径直以丑为美，但能化生活中之丑为艺术中之美，又娴熟传统诗歌艺术，却知力避陈熟而就生新，如今一旦置身于风貌与中原迥异，且从未得到最恰当的艺术表现的蜀中山水之间，自己又辗转道路，"从辛苦中"得到了酸甜苦辣种种复杂的感受和触发，他就决不会像常人那样感到眼花缭乱、应接不暇，不知从何处落笔，而是耳目一新，思如泉涌，写作起来，便如庖丁解牛，得心应手，游刃有余，致令那些大自"山川阴霁、云日朝昏"小至"细草败叶、破屋堐垣"之景之物，以及彼时彼境中的万千感触，无可遁逃，统统得到了淋漓尽致的表现，真正做到了"情必极貌以写物，辞必穷力而追新""内无乏思，外无遗物"。有谢灵运的模山范水、刻画生新而无繁富之累、"两橛"之病，有王孟的情景交融、浑然一体而无烂熟之境、闲散之气，取山水诗形成之初直至大盛之时艺术上的所长，去其所短，在集大成中大变，从而创作出这二十四篇成功之作，突兀宏肆，忧愤深广，既是山水图经，更是流民长卷，思想与艺术俱高，为唐代山水诗创作开拓领域，增添异彩，并大大提高其表现力和价值。

第十三章 "暂止"的"飞鸟"

一 从草堂寺到草堂

老杜一行平安抵达成都是在乾元二年（七五九）年底，这年老杜四十八岁。

过了年，就是上元元年（七六○）。

这年正月，党项等羌吞噬边鄙，将逼京畿。

三月，李光弼破安太清于怀州城下。

四月，又破史思明于河阳西渚，斩首千五百余级。

六月，凤翔节度使崔光远奏破泾陇羌、浑十余万众。又破党项于普润。平卢兵马使田神功奏破史思明之兵于郑州。

七月，李辅国逼迁玄宗于西内。处置其左右亲近：高力士流巫州，陈玄礼勒令致仕，玉真公主出居玉真观。

十一月，宋州刺史刘展反，江淮战乱，至次年正月始平。

十二月，党项寇美原。是岁，吐蕃陷廓州。

以上是老杜到成都后一年的大事纪。初来时，他虽然十分关心中原的战局和政局，但由于相隔很远，"锦里烟尘外"，消息闭塞，就不可能像以前那样及时地、直接地、大量地将之反映在诗歌中了。

老杜一家初到成都，寓居在城西七里浣花溪畔的草堂寺。[1]当时高适正在做彭州刺史。彭州府治在今成都西北不远的彭县。高适听说杜甫来了，就写了首诗问候他：

"传道招提客，诗书自讨论。佛香时入院，僧饭屡过门。听法还应难，寻经剩欲翻。草《玄》今已毕，此后更何言？"（《赠杜二拾遗》）因老杜寄寓寺中，故云"招提客"。老杜青年时期写的《游龙门奉先寺》中有"已从招提游，更宿招提境"的话，不想如今竟做了"招提客"了。首联是说：听说你客寓佛寺仍在探讨儒家经典。此意越过中二联而结穴于尾联：如今你已经像扬雄仿《易经》作《太玄》那样草就了你的哲学论著，此后你还将写些什么呢？长期颠沛流离，初来成都，寄寓寺院，尚无安身之所，哪里谈得上读书、著作。这么说不过是为了增添诗意的高雅，是友人之间的善意调侃，我们千万不要太认真了。佛香入院为听法，僧饭过门为趁食。王维在《山中与裴秀才迪书》中说，他常"往山中，憩感配寺，与山僧饭讫而去"。王维作为大施主、大居士，常去佛寺吃饭，寺众自会引以为荣，是决不敢厌怠的啊！《唐摭言》载："王播少孤贫，尝客扬州惠昭寺木兰院，随僧斋餐。诸僧厌怠，播至，已饭矣。后二纪，播自重位出镇是邦，因访旧游，向之题已皆碧纱幕其上。播继以二绝句曰：'二十年前此院游，木兰花发院新修。而今再到经行处，树老无花僧白头。''上堂已了各西东，惭愧阇黎饭后钟。二十年来尘扑面，如今始得碧纱笼。'"如果杜甫真的常往寺中趁食，他肯定不会像王维那样受礼遇，与中唐的王播相比，也好不

---

[1]《成都记》："草堂寺在府西七里，极宏丽，僧复空居其中，与杜员外居处逼近。"赵清献《玉垒记》："公寓沙门复空所居。"闻一多《少陵先生年谱会笺》："按明年有《赠蜀僧闾丘师兄》诗，不知即其人否。"

了多少。要知道，王播只是他一个人，老杜还拉家带口呢！不过，这只是高适的想象，老杜当时并未去趁饭。《高僧传》载：支遁讲《维摩经》，遁通一义，许询无以措难；询设一难，遁亦不复能通。《庐山记》载：谢灵运即远公寺翻《涅槃经》，名翻经台。翻非谓翻译，乃敷衍经文要旨之意。颈联称赞老杜精于佛学。高适此诗平平，但据此窥知：一、他只是"传道"老杜一行已到成都，暂住佛寺；二、老杜到来之初，高适对他的生活情况似乎不大清楚，也没有什么具体帮助，不过以诗代简，略表问讯之意而已。

老杜收到高适的这首诗后，就写了《酬高使君相赠》作答：

"古寺僧牢落，空房客寓居。故人供禄米，邻舍与园蔬。双树容听法，三车肯载书。草《玄》吾岂敢，赋或似相如。"还是仇兆鳌解说得好："此诗逐联分答，与高诗句句相应。空房客居，见无诗书可讨。邻友供给，见非取资僧饭。但容听法，则不能设难。未肯载书，亦何处翻经乎？末则谢草《玄》而居作赋，言词人不敢拟经也。"王嗣奭以为"故人"当指裴冕。闻一多疑非是。[2] 没听说老杜跟裴冕有什么私交，二人关系不可能很密切。不过，裴冕作为一方大员，杜甫既然不远千里来投奔他（老杜在《鹿头山》末段特致"入境颂邦君"之意，表明是要投奔裴冕的），他哪能不将就对待一下呢？以裴冕那样的地位，如果仅只将老杜一家安置在寺院之中，稍"供禄米"以周济之，这是不难办到的，也是合乎情理的，因此不能排除"故人"指裴冕的可能性。仇兆鳌以"邻友"释"故

---

[2] 闻一多说："恐非是。后有《卜居》诗云：'主人为卜林塘幽。'黄鹤、鲍钦止等亦皆以为是裴冕。顾宸曰：'裴若为公结庐，则诗题当标"冀公"，而诗中亦不当以主人卜林塘一句轻叙矣。'按顾说是也。史称裴冕无学术，又食嗜货利，其人鄙陋，恐非能知公者。后又有《寄裴施州》诗，朱鹤龄已证其别为一人。则公与裴始终未尝发生关系也。此后《江村》诗云'但有故人供禄米'，《狂夫》云'厚禄故人书断绝，恒饥稚子色凄凉'，当与前是一人，其姓氏则不可考耳。或以为即高适，未闻其审。"

人"，欠当。《翻译名义集》：娑罗树，东西南北四方各双，故曰双树。方面悉皆一荣一枯。《涅槃》：世尊在双树间演法。古典诗文中因以"双树"喻高僧说法处。《法华经》：长者以牛车、羊车、鹿车立门外，引诸子出离火宅。王勃《释迦成道记》：牛羊鹿之三车出宅。此诗旧注：《法华》三车喻也，羊车喻声闻乘，鹿车喻缘觉乘，牛车喻菩萨乘，俱以载运为义。前二乘方便设施，唯大白牛乘是实，引重致远，不遗一物。钱谦益不同意上述旧注所引，别引《唐慈恩窥基传》云："基师，姓尉迟氏，鄂国公（尉迟敬德）其诸父也。（玄）奘师因缘相扣，欲度为弟子。基曰：听我三事，方誓出家。奘许之。行至太原，以三车自随，前乘经论箱袠，中乘自御，后乘妓女食馔。道中，文殊菩萨化为老人，诃之而止。"笺："此诗正用慈恩事也。言如容我双树听法，亦应许我如慈恩三车自随，但我只办用以载书耳。落句谓文字习气未尽，故下有草《玄》作赋之言。如旧注指《法华》三车，不知临门三车，乃《法华》三乘要义，泛滥引用，同外典之五车，戏论侮法，莫大于是，况文意粗鄙，公宁有是句法耶？"浦起龙、杨伦从旧说，斥钱说，其实钱说颇佳。唐人用典少忌讳，即使用《法华》三车事，在当时也不会认为是"戏论侮法，莫大于是"的。但三车在《法华》中是比喻，义似实而虚，不如窥基的三车是实事，用在这里较有生活气息，也较有风趣。

上面两首高适和老杜的赠答诗，为老杜初到成都时的生活情况多少留下了点滴痕迹，这就很不容易了。

大概就是这样在寺院里一直住到上元元年（七六〇）开春，他就在亲友们的帮助下筹划着修盖草堂了。他的《卜居》即首述其事：

"浣花溪水水西头，主人为卜林塘幽。已知出郭少尘事，更有澄江销客愁。无数蜻蜓齐上下，一双𫛛𫛩对沉浮。东行万里堪乘兴，须向山阴入小舟。"浣花溪在成都西郭外，一名百花潭，老杜即卜居于此，离初来暂寓的佛寺当不甚远。今四川成都杜甫草堂即在旧址扩建。晚唐成都人雍陶，曾在《经杜甫旧宅》中描写了草堂荒芜景象，并抒发了缅怀诗人之情："浣花溪里花多处，为忆先生在蜀时。万古只应留旧宅，千金无复换新诗。沙崩水槛鸥飞尽，树压村桥马过迟。山月不知人事变，夜来江上与谁期？"郑谷《蜀中》其二也说"杜甫台荒绝旧邻"，可见原宅早已破败。北宋元丰年间，始重建草堂，立祠宇。元、明、清历代均曾改建修葺。明弘治十三年（一五〇〇）、清嘉庆十六年（一八一一）两次修建，大体奠定了后来草堂的规模。《卜居》第二句"主人为卜林塘幽"，黄鹤、鲍钦止等都以为这为老杜卜居的"主人"，同"故人供禄米"的"故人"一样，是指裴冕。顾注以为此说无据。仇注以为"主人"是老杜自指。施鸿保说："今按公在同谷，穷乏已甚，远挈妻子来蜀，虽故人暂供禄米，岂有余赀自营草堂？黄、鲍二说，正未可非；裴即不全为卜，亦必倡先出赀，故王司马随许相助，即萧、韦二明府，何、韦二少府，亦代觅致桃栽桤木之类，盖皆仰体上官意也。诗中主人，明是指裴，（仇）注解作公自谓，殊甚牵强。"剖析入情入理，私意以为可信。一个地位很高的国公或节度使，跟你并无特殊关系，如果真像施氏所说的那样在不即不离地照应你，你能大肆宣扬这是某国公、某节度使在为你倡议集赀盖茅屋？你难道不怕别人笑话你庸俗、浅薄，不怕对方误解你是在寒伧他么？明说不大好，不说又未免矫情，那么，只含糊其辞地以"故人"或"主人"泛指，倒不失为两全其美的变通办法。顾宸说："裴若为公结庐，则诗题当特标'裴冀公'，而诗中亦不当以'主人卜林塘'一句轻叙矣。如王判官遗草堂赀，公必载之。又如严郑公携酒馔来，亦必呕称之。何况为公卜居耶？其说不足信矣。"貌似揣情度理，仍旧是知其一不知其二。王嗣奭说："公厚于情谊，虽邂逅间一饮一食之惠，必赋诗以致其铭佩之私，俾垂名后世，（华州牧）郭公与周旋几一载，而公无只字及之，其人可知，不免宝山空手矣。"又说："'邑有佳主人'，'来书语绝妙'（诸注家多以为指同谷邑宰寄书相招），及栖同谷，绝不齿及，想亦口惠之人尔。""齿及"不"齿及"，以及"齿及"的分寸如何，都得视具体人、具体情况而定，哪能简单地断定"裴若为公结庐，则诗题当特标裴冀公"呢？此诗上半表明卜居于此的考虑，下半写江上景物及有关遐想。《华阳国志》载，蜀使费祎聘吴，孔明送之，祎叹道："万里之行，始于此矣。"案：万里桥在浣花草堂之东："万里桥西宅，百花潭北庄"（《怀锦水居止》其二）、"万里桥西一草堂，百花潭水即沧浪"（《狂夫》）。又《世说新语·任诞》载，东晋王子猷（名徽之）居山阴（今浙江绍兴），夜大雪，眠觉开室，命酌酒，四望皎然。因起彷徨，咏左思《招隐诗》。忽忆戴安道（名逵），时戴在剡，即便夜乘小船就之。经宿方至，造门不前而返。人问其故，他说："吾本乘兴而行，兴尽而返，何必见戴？"黄生说："因居近万里桥，故即所见以寓兴，堪可也。言有时乘兴便可东行万里，直上小舟而向山阴矣。此盖初得浣花，喜其疏快宜人，故为放言以豁其怀次，非真有此志也。东行万里是本色语，山阴乘兴又暗用王子猷事，其融会之妙，亦天衣无缝也。"此解得之，可息纷纭聚讼。

正在筹划修盖草堂的时候，一天他的一位在成都府当司马的表弟王十五来看他，送了钱来帮助他盖屋，他喜出望外，吟诗致意说：

"客里何迁次，江边正寂寥。肯来寻一老，愁破是今朝。忧我营茅栋，携钱过野桥。他乡惟表弟，还往莫辞遥。"（《王十五司马弟出郭相访遗营草堂赀》）客中多不自在⁽³⁾，我住在江边正感到很寂寥。你肯来找我这老头儿，今儿我可真高兴。你为我盖草堂担忧，亲自来送钱给我，出了城还要过座桥。⁽⁴⁾ 在这远离故乡的地方我就只有你这位表弟，希望你今后不辞劳累，常来常往。蒋弱六评："且诉且谢且说，只如白话，自妙！"

这一阵子真把老杜忙坏了。他边料理修盖草堂，边四处寄诗索取各种树苗美化环境，索取家什以备日用。他向某县令萧实要桃树苗："奉乞桃栽一百根，春前为送浣花村。河阳县里虽无数，濯锦江边未满园。"（《萧八明府实处觅桃栽》）潘岳为河阳令，遍树桃李（见《白帖》）。贵县的桃树李树多得数不完，濯锦江边我这园子里还没种满。请您赶快派人在春前送一百根桃树苗（桃栽。此处栽犹苗，下同）到浣花村来！多大的口气，多好的兴致。他又向绵竹县令韦续要该县特产绵竹三数丛："华轩蔼蔼他年到，绵竹亭亭出县高。江

⟨3⟩《杜臆》："'迁次'无注，犹云造次。"仇注："邵注：'迁次'，适居次舍也。《左传》：楚子期伐吴，废日共积，一日迁次。陈乐昌公主诗：今日何迁次，新官对旧官。"浦注："（'客里何迁次'）言何所藉以为迁次之资。"案：乐昌公主诗见《本事诗》："陈太子舍人徐德言之妻，后主叔宝之妹，封乐昌公主，才色冠绝。时陈政方乱，德言知不相侔，谓其妻曰：'以君之才容，国亡必入权豪之家，斯永绝矣。倘情缘未断，犹冀相见，宜有以信之。'乃破一镜，人执其半，约曰：'他日必以正月望日卖于都市，我当在，即以是日访之。'及陈亡，其妻果入越公杨素之家，宠嬖殊厚。德言流离辛苦，仅能至京，遂以正月望日访于都市。有苍头卖半镜者，大高其价，人皆笑之。德言直引至其居，设食，具言其故，出半镜以合之，仍题诗曰：'镜与人俱去，镜归人不归。无复嫦娥影，空留明月辉。'陈氏得诗，涕泣不食。素知之，怆然改容，即召德言，还其妻，仍厚遗之。闻者无不感叹。仍与德言、陈氏偕饮，令陈氏为诗。曰：'今日何迁次，新官对旧官，笑啼俱不敢，方验作人难。'遂与德言归江南，竟以终老。"据本事揣度，陈氏诗"迁次"一辞决不至谓"迁居次舍也"，可能是隋唐人口语，犹今言"别扭""不自在"之类的意思。待考。老杜这首诗中"迁次"一辞的含义近似，姑且散译如此。

⟨4⟩ 王嗣奭说："大抵贵官人，未肯过野桥访客，此见其用情之厚也。"

上舍前无此物,幸分苍翠拂波涛。"(《从韦二明府续处觅绵竹》)〈5〉向绵谷县尉何邕要数百根桤树苗:"草堂堑西无树林,非子谁复见幽心?饱闻桤木三年大,与致溪边十亩阴。"(《凭何十一少府邕觅桤木栽》)〈6〉桤木长得快,种几百棵在宅子西边遮荫,又可劈些枝子作柴火,嫩叶还可晒干当茶叶,看起来老杜倒是很会打算的。《堂成》说:"桤林碍日吟风叶,笼竹和烟滴露梢。"可见要的绵竹和桤树苗等很快就送来了,而且都很粗壮。不然,当春种下,哪能这么快就成林成荫呢?此外,他还向涪城县尉韦班要松树苗,希望栽下后能长成,荫垂千载:"欲存老盖千年意,为觅霜根数寸栽。"(《凭韦少府班觅松树子栽》)〈7〉向住在果园坊的徐卿(有人以为是那个后来反叛、为其部将所杀的西川兵马使徐知道)要果树苗,说草堂花果很少,所以不问梅和李,只要是果木树都要:"草堂少花今欲栽,不问绿李与黄梅。"(《诣徐卿觅果栽》)这是他亲自到石笋街果园坊徐家登门相求的,所以末二句说:"石笋街中却归去,果园坊里为求来。"当时大邑烧的瓷器很好,又轻巧又结实,敲起来声音像玉一般清脆,誉满成都。他听说韦班家里收藏着赛过霜雪的白碗,又写了首诗去问他要:"大邑烧瓷轻且坚,扣如哀玉锦城传。君家白碗胜霜雪,急

〈5〉 蔡梦弼引《十道志》谓绵竹产于绵竹县之柴岩山。韦续当是绵竹县令。题"觅绵竹",一作"觅锦竹三数丛"。

〈6〉 据其后《赠别何邕》"绵谷元通汉"句,知何邕时为绵谷(今四川广元)尉。宋祁《益部方物略记》载:桤木蜀所宜,民家莳之,不三年可为薪,疾种疾取,里人以为利。桤木属桦木科,落叶乔木。叶长椭圆形,嫩叶可作茶的代用品。春季开花,果实悬垂。木材质较软,可用。分布于我国四川、贵州和陕西。题中"桤木"下有"数百"二字。

〈7〉 黄鹤注:"后有《涪江泛舟送韦班》诗,韦当是涪江尉。"又:"涪江在梓州涪城县,此(《涪江泛舟送韦班归京》)当是广德元年春在梓州作。"黄鹤所谓"涪江尉"只是泛指。韦班当时当是涪城县尉。涪城县治所在今四川三台西北。

送茅斋也可怜。"(《又于韦处乞大邑瓷碗》)[8]向人索取的家什恐怕不止这一样,只是不一定都写进诗里,所以我们就无从得知了。在以浣花村为中心的方圆几百里内,居然动员了好几位官员和士绅来为他的修盖草堂、美化环境、充实家什效劳,要是丝毫不依傍像裴冕这样的大员的提携,光靠他个人的地位和影响,那是万万办不到的,这只要回想一下老杜在秦州在同谷的狼狈处境就知道了。陶开虞说:"子美草堂有四:其一在西枝村,未成;一在浣花;一在瀼西;一在东屯。初营成都草堂,有裴、严二中丞,高使君为之主;有徐卿,萧、何、韦三明府为之圃;有王录事、王十五司马为之营修。大官遣骑,亲朋展力,客居正复不寂寥也。"所言微有失误[9],就大体而论,倒是搔到痒处了。王嗣奭说:"此等皆戏笔手札,不足为诗,然亦有致。此公无日不思故乡,而种榿栽松,若为久住之计,其襟情可想。然浣花一草堂,遂为千古宅,岂偶然哉?"亦甚有见,所要补充的是:一、此等文字最见诗人日常生活情景和精神面貌,无论是"不足为诗"或"有致"与否,对写作评传来说,都是很可贵的。二、浣花草堂,代有兴废,而其规模则是老杜亲手创立的。今成都杜甫草堂的历史应从上元元年(七六〇)算起,至今(一九八二年)已一千二百二十二年。老杜当年并不打算在此久住,可是他当初栽幼松时确乎有为千载以后的人留纪念之意:"欲存老盖千年意,为觅霜根数寸栽。"因此,说浣花草堂是老杜筚路蓝缕为后代创建的"公园",也未尝不可。我们应该领会诗人这"千年

---

[8] 浦起龙说:"当即(凭韦班)觅松栽时带索者。"
[9] 《旧唐书·严武传》:"收长安,以(严)武为京兆少尹,兼御史中丞,时年三十二。以史思明阻兵不之官,优游京师,颇自矜大。出为绵州刺史,迁剑南东川节度使。"《新唐书》本传谓严武"坐疏事贬巴州刺史。久之,迁东川节度使"。《资治通鉴》亦谓"贬巴州刺史"。老杜营草堂时严武当在东川。实是二明府——萧实、韦续,二少府——何邕、韦班。谓"萧、何、韦三明府",误。

第十三章 "暂止"的"飞鸟" | 713

意",不要辜负了。

这年暮春,草堂终于落成了。对于乱世流亡在外的人来说,有个安身之处,已经是够幸运的了。何况这里风景又那么美,这就难怪诗人在草堂落成之时所写的那首《堂成》诗中禁不住要愉快地歌唱了:

"背郭堂成荫白茅,缘江路熟俯青郊。桤林碍日吟风叶,笼竹和烟滴露梢。暂止飞乌将数子,频来语燕定新巢。旁人错比扬雄宅,懒惰无心作《解嘲》。"白茅盖成的草堂背靠着城郭,俯临着青葱的郊原;沿江的小路已渐渐走熟了。桤树林挡住了阳光,叶子在微风中低声吟咏;笼竹枝梢和烟浥露,青翠欲滴。乌鸦领着几只小鸦飞来定居,燕子呢喃相语,商量在堂前砌个新窝。有人拿汉代扬雄的住宅和草堂相比拟这可不对,因为我这人很懒惰,无心学扬雄的样,去写作《解嘲》之类的东西呢!说不跟扬雄相比;既然相提并论,其实是比。话中有自得,有自豪,也有聊以自遣之意。[10] 扬雄宅在成都少城西南,亦称草玄堂,即扬雄著《太玄》处。古人诗文中多借此对照豪门大族以示寒士的偃蹇。左思《咏史》:"济济京城内,赫赫王侯居。……寂寂扬子宅,门无卿相舆。"卢照邻《长安古意》:"昔时金阶白玉堂,即今惟见青松在。寂寂寥寥扬子居,年年岁岁一床书。独有南山桂花发,飞来飞去袭人裾。"皆如此。中唐刘禹锡的《陋室铭》也说:"南阳诸葛庐,西蜀子云亭。孔子云:'何陋之有'。"老杜快到成都时说"悠然想扬马"(《鹿头山》),刚住下不久又在《酬高使君相赠》中说:"草《玄》吾岂敢,赋或

---

[10]《汉书·扬雄传》载:"哀帝时丁、傅、董贤用事,诸附离之者或起家至二千石。时雄方草《太玄》,有以自守,泊如也。或嘲雄以玄尚白(玄,黑色。此言雄作之不成,其色犹白,故无禄位),而雄解之,号曰《解嘲》。"其主旨"言人之取名,有建功于世者,有高隐者,有以放诞之行使人惊异,若司马长卿、东方朔,亦所以致名也。今进不能建功,退不能高隐,又不肯失于放诞之行,是不能与数子者并,惟著书以成名耳"(姚鼐语)。老杜"懒惰无心作《解嘲》",而扬雄之感愤实深。

似相如。"可见他当时是经常想到当地这两位文坛先贤的。

闻一多《少陵先生年谱会笺》掇录老杜诗句,考查草堂结构、规模、方位、环境如下:"按《寄题江外草堂》:'诛茅初一亩,广地方连延。……敢谋土木丽,自觉面势坚。亭台随高下,敞豁当清川。'《绝句漫兴九首》'野老墙低还是家',此草堂结构之大概也。《送韦郎司直归成都》原注'余草堂在成都西郭';《绝句三首》'茅堂石笋西'(石笋街在成都西门外);《西郊》'时出碧鸡坊,西郊向草堂',《堂成》'背郭堂成荫白茅',《遣闷呈严二十韵》'南江绕舍东',《卜居》'浣花溪水水西头',《狂夫》'万里桥西一草堂',《怀锦水居止》'万里桥南(一作西)宅';《遣闷呈严二十韵》'西岭纡村北',《怀锦水居止》'雪岭界天白';《怀锦水居止》又曰'百花潭北庄',《狂夫》'百花潭水即沧浪'。据此则草堂背成都郭,在西郊碧鸡坊石笋街外,万里桥南,百花潭北,浣花溪西,而北望则可见西岭也。陆游云:'少陵有二草堂,一在万里桥西,一在浣花,皆见于诗中。'按公实无二草堂,放翁在蜀久,顾不辨此,何哉?宋京《草堂诗》云:'野僧作屋号草堂,不是柴门旧时处。'放翁必以野僧所营者误为公之草堂矣。"(11) 闻氏引《寄江外草堂》删"经营上元始,断手宝应年"二句。上元元年始建草堂。又过两年是宝应元年(七六二),草堂才最后建成。可见经营的不易。

二 定居之初

刚在草堂安居下来的这个时候,诗人的心情的确是比较舒畅、愉快的。他见这里离打仗的地方很远,江边的农村又是那么美丽,

---

(11) 此衍《狂夫》诗钱注。

就想长期在这里居住下去，终身为农："锦里烟尘外（成都这儿不在战区之内），江村八九家。圆荷浮小叶，细麦落轻花。卜宅从兹老，为农去国赊（就在这里安居乐业，终身为农，不回故乡了）。"（《为农》）这时，他锄菜种药，饮酒赋诗，登临游览，访人待客，……由于有做官的亲友接济，生活比较轻松自在，便多少感到有些满足："清江一曲抱村流，长夏江村事事幽（清清的江水环绕着村子流过，江边的村子，夏天里样样都很幽美）。自去自来梁上燕，相亲相近水中鸥。老妻画纸为棋局（棋盘），稚子（小儿子）敲针作钓钩。但有故人供禄米，微躯此外更何求（能有老朋友分给我一些俸禄供我生活就很满足了，此外还有什么可要求的呢）？"（《江村》）[12]

还有不少作品能见出老杜这一时期村居生活的各个方面。

《梅雨》当作于这年四月刚搬进草堂后不久：

"南京犀浦道，四月熟黄梅。湛湛长江去，冥冥细雨来。茅茨疏易湿，云雾密难开。竟日蛟龙喜，盘涡与岸回。"春末夏初梅子黄时，我国长江中下游地方连续下雨，空气湿潮，衣物等容易发霉。这段时期叫黄梅季，也叫黄梅天。这一时期下的雨叫黄梅雨。蜀地想亦如此。陆游《老学庵笔记》载："杜子美《梅雨》诗……盖成都所赋也。今成都乃未尝有梅雨，惟秋半积阴气令蒸溽，与吴中梅雨时相类耳。岂古今地气有不同耶？"宋代贺铸《青玉案》"一川烟草，满城风絮，梅子黄时雨"，写此时情境绝妙。《旧唐书·肃宗本纪》："（上元元年，）九月，甲午，以荆州为南都，州曰江陵府，官吏制置同京兆。其蜀郡先为南京，宜复为蜀郡。"写

---

〔12〕《江村》不过能见出老杜暂得安闲时的风貌，诗本身不算很好。申涵光说："此诗起二语，尚是少陵本色，其余便似《千家诗》声口。选《千家诗》者，于茫茫杜集中，特简此首出来，亦是奇事。"所言殊觉有趣。

诗时仍称"南京"。犀浦县属成都府,垂拱二年析成都县置。《楚辞·招魂》:"湛湛江水兮上有枫,目极千里兮伤春心。"不要以为浣花溪离长江很远,这里有万里桥,今见春江水涨,诗人的心早已随波流向远方,流到长江去了。"湛湛"二句,妙在于写景中抒情,写意入化。新盖的不密不厚的茅屋顶经受不住连绵细雨的浸润,湿透了,渗水了。云雾密布,看样子一时晴不了。溪水暴涨,漩涡滚滚,这种凶险的景象,对于一个久居北方而初来乍到的人来说,当然是不胜惊愕的了。不说自己整天的提心吊胆、担惊受怕,而说"竟日蛟龙喜",这不仅以龙之喜反衬己之愁,更借龙之神秘感以加深己之恐怖感。岑参《秋夜宿仙游寺南凉堂呈谦道人》"石潭积黛色,每岁投金龙[13]。乱流争迅湍,喷薄如雷风",亦有此艺术效果。古人真以为有龙,山洪暴发是"出龙",深渊有潜龙,龙能兴风作浪,写来所以真实。

这种见屋边水涨而惊恐之情,在《江涨》中得到了进一步的表露:

"江涨柴门外,儿童报急流。下床高数尺,倚杖没中洲。细动迎风燕,轻摇逐浪鸥。渔人萦小楫,容易拔船头。"才报急流,下得床来便见室内水深数尺,出门一看,外面的沙洲已经淹没了。水涨得多快,多可怕啊!李商隐《异俗》"未惊雷破柱,不报水齐檐",写广西人司空见惯,不以惊雷山洪为意,反衬北客的畏惧心理,与《梅雨》《江涨》有相仿佛处,可参看。"细动迎风燕,轻摇逐浪鸥"二句,不止"谓急流中燕鸥,皆不能自主,故但见其细动

---

[13]《陕西名胜志》载:"望仙泽在鳌屋县东南三十里,……又五里,即长杨宫故址。稍南为仙游潭,阔二丈,其水黑黑,号五龙潭。唐时每岁降中使投金龙于此。"在岑参的想象和读者的印象中,"金龙"和真龙合而为一了。

轻摇也",妙在以工笔添颊毫,从细节描绘中见水势的汪洋。"容易拔船头",仇注:"亦见江水宽而渔人乐。"杨伦说:"'容易',言不容易也。此亦言急流之势,仇注非。"

天晴了,水退了,草堂周遭依然那么恬静那么美好。自然界的威胁是解除了,没想到生活上的威胁又接踵而来:

"万里桥西一草堂⁽¹⁴⁾,百花潭水即沧浪。风含翠篠娟娟净,雨裛红蕖冉冉香。厚禄故人书断绝,恒饥稚子色凄凉。欲填沟壑惟疏放,自笑狂夫老更狂。"(《狂夫》)《旧唐书·肃宗本纪》载:"(上元元年,)三月,壬申,以京兆尹李若幽为成都尹、剑南西川节度使。"传载裴冕出为成都尹、剑南西川节度使,卸任后即入为右仆射,待制集贤院。三月既委派李若幽来接替,到"红蕖冉冉香"时,裴冕当已离蜀回京。即使说老杜初来时"供禄米"的"故人"中有他,甚至他还是"倡先出赀"营草堂的人,如今他已远去,而且与老杜的关系极其平常,可见这诗中"厚禄故人书断绝"的"故人"就不大可能包括裴冕在内了。那么到底指的是谁呢?我看不外乎严武、高适他们。因为只有他们,才算得上是"厚禄故人"呢!阔佬朋友不寄信不捎钱来,孩子们饿得面黄肌瘦,自己这把老骨头也快填了沟壑,可还那么狂放,这股倔强劲儿真够可以的了。家住桥西,开门白水;风含翠竹,雨裛红莲:这幽美的景物描写,似与后面的情绪不大协调,其实不然。生活艰难,前途黯淡,处逆境而竟有如许雅兴,留连光景,风神萧散,这岂不更见其"疏放",更

---

(14)《文选·北山移文》李善注:"梁简文帝《草堂传》曰:汝南周颙,昔经在蜀,以蜀草堂寺林壑可怀,乃于钟岭雷次宗学馆立寺,因名草堂,亦号山茨。"仇注引此,以为"公卜居浣花里,近草堂寺,因以命名"。"草堂"就是茅屋,并非专门为这所房子取的名字。老杜在秦州时所作《西枝村寻置草堂地夜宿赞公土室》即称草堂。当时连盖房子的地点都没找到,难道西枝村诗中那尚属子虚的草堂旁边也有草堂寺么?作注最忌过迂。

可"自笑"么？万里桥在成都南门外，诸葛亮送费祎处。陆游《老学庵笔记》载："四月十九日，成都谓之浣花遨头，宴于杜子美草堂沧浪亭。倾城皆出，锦绣夹道。自开岁宴游，至是而止，故最盛于他时。予客蜀数年，屡处此集，未尝不晴。蜀人云：'虽戴白之老，未尝见浣花日雨也。'"

因乔迁之喜而撩起的兴奋过去以后，故人接济不及时带来了生活上的困难，长年的病痛又犯了，真可谓"贫病交加"，这就使他渴望已久的闲居生活时忧时喜，正像春天多变的天气忽阴忽晴一样，《有客》《宾至》等，就是这种生活情状的真实写照。《有客》说：

"患气经时久，临江卜宅新。喧卑方避俗，疏快颇宜人。有客过茅宇，呼儿正葛巾。自锄稀菜甲，小摘为情亲。"为了避俗，住在江边这新盖的茅屋里，虽然病了许久，倒也疏快宜人。难得有要好的亲友来，赶忙叫儿子帮着整理好葛巾出来迎接。自己种出的稀稀拉拉的蔬菜刚长出了几片叶子，且去摘点待客吧。客来打破村居沉寂，给诗人多少带来一点刺激和喜悦。《说文》：草木初生曰甲。谢灵运《永嘉记》：百卉正发时，聊以小摘供日。这里用"甲"，用"小摘"俱佳。杨伦说："八句一气直下，自有一种散淡真率之趣，必妄加赏叹，无谓也。"另一首《宾至》就写得郑重些、着意些：

"幽栖地僻经过少，老病人扶再拜难。岂有文章惊海内？漫劳车马驻江干。竟日淹留佳客坐，百年粗粝腐儒餐。不嫌野外无供给，乘兴还来看药栏。"这大概是个地位较高、关系较疏、慕名而来的人[15]，所以话说得既客气又自留身份：僻居老病，不意宾至。

---

[15]《读杜诗说》："今按《有客》诗云：'自锄稀菜甲，小摘为情亲。'《宾至》诗云：'岂有文章惊海内，漫劳车马驻江干。'似'有客'，乃寻常之客，亲戚旧好也；'宾至'，则新交且贵客也。"

谬承称许文章，又枉驾见过江村。终日淹留佳客对坐，惟有粗茶淡饭款待。不嫌招待不周，欢迎再来看花。顾宸以为此诗，词人声价、高士性情，种种具见。朱瀚说：一主一宾，对仗成篇，而错综照应，极结构之法。起语郑重，次联谦谨，腹联真率，结语殷勤。如聆其謦欬，如见其仪型。这些意见大都可取。若就诗论诗，从严要求，我认为前半胜过后半。对起老到、别致。颔联自谦实自负，谈吐得体。颈联稍次[16]。老杜好用"百年""万里""乾坤""天地"之类大字眼，不尽妥帖，往往流于空洞，大而无当。尾联平平。

天气好，兴致好，他也常到房前屋后，或附近村子里去转转：

"田舍清江曲，柴门古道旁。草深迷市井，地僻懒衣裳。杨柳枝枝弱，枇杷对对香。鹆鹆西日照，晒翅满渔梁。"（《田舍》）田舍、柴门、清溪、古道、草木蓊郁的集市、诗人萧散的身影、婀娜的柳枝、树上一对对的黄枇杷、西下的夕阳、晒翅的鹆鹆……好一幅初夏江村夕照水彩写生！这首诗的好处在于捕捉住了一个个鲜明的感官印象，而情趣即在其中了。

《野老》题材近似，写得较深入一些：

"野老篱边江岸回，柴门不正逐江开[17]。渔人网集澄潭下，估客船随返照来。长路关心悲剑阁，片云何事傍琴台？王师未报收东郡，城阙秋生画角哀。"黄生说："剑阁乃由蜀入京之道，因盗贼未宁，归途有梗，故作歇后云：长路关心，悲剑阁之难越；片云何意，傍琴台而不归。前半写景真是诗中之画，后半写情，则又纸上之泪矣。""船随返照来"，光线强烈，印象鲜明，此景象若假绘事以出之，恐怕只有后世的油画技艺差可表现。"片云"自喻。早在

---

[16] 此联失粘。杨伦说："杜诗七律间有失严者，尚沿初唐体。"
[17] 张惕庵说："偶然事写出便妙。"这也就是前面一再提到的以偶然性细节作描写的手法。

曹丕《杂诗》其二"西北有浮云"首中即以浮云喻游子。陶渊明《与殷晋安别》："飘飘西来风，悠悠东去云。山川千里外，言笑难为因"，亦然。之所以如此，只不过如李白所说"浮云游子意"，古今诗人触景生情、易有同感而已。《玉垒记》载，司马相如琴台在浣花溪北。这年六月，田神功破史思明部于郑州，但东部及诸郡尚未收复，故尾联有秋闻画角而忧战乱难归之叹。这种心情，也不时表露在这一时期的其他诗篇中。如《云山》："京洛云山外，音书静不来。神交作赋客，力尽望乡台。衰疾江边卧，亲朋日暮回。白鸥元水宿，何事有余哀。"《遣兴》："干戈犹未定，弟妹各何之？拭泪沾襟血，梳头满面丝。地卑荒野大，天远暮江迟。衰疾那能久，应无见汝期。"《遣愁》："养拙蓬为户，茫茫何所开。江通神女馆，地隔望乡台。渐惜容颜老，无由弟妹来。兵戈与人事，回首一悲哀"，等等，无不哀时伤乱，望乡思亲，百感交集。流离道路时，渴望一枝栖隐，既营草堂，初觉惬意，稍长仍想还乡，这也是人之常情。王粲登楼，早有斯叹："虽信美而非吾土兮，曾何足以少留！"老杜在入蜀道中，也已料到这一点了："成都万事好，岂若归吾庐！"

三 戴"白帻""乌巾"的邻人和两位名画师

一时回不去，总得安下心来在这里生活下去。慢慢地他跟左邻右舍熟识起来了，他们经常相互串门，关系很融洽。他的《北邻》说：

"明府岂辞满，藏身方告劳。青钱买野竹，白帻岸江皋。爱酒晋山简，能诗何水曹。时来访老疾，步屣到蓬蒿。"草堂在浣花溪水西岸江流弯曲处（"浣花溪水水西头"），据"柴门不正逐江开"，知草堂基本上坐西朝东。又据"草堂堑西无树木，……与致溪边十亩阴""桤林碍日吟风叶",知屋后凿沟为界并借以护院,沟西蓄桤林以遮挡西晒。由此可见草堂北邻即左邻。这位邻居主人是位不到任满就辞官退隐于此的县令。此公十分风雅,不惜花钱买野竹栽种,常常顶着平民用的白头巾露着额头(岸帻)在江边徘徊。晋朝山简镇守襄阳时,常常在外面喝酒,大醉骑马而归。当时有一首民歌形容他,其中有"倒著白接䍦"之句。梁朝何逊,八岁即能赋诗,为名流所称,曾任水曹、尚书水部郎等职。他的名句有"岸花临水发,江燕绕樯飞""江暗雨欲来,浪白风初起"等等。北邻这位归田县令,爱喝酒,又常顶白头巾,就像山简一样。他会写诗,跟何逊差不多。他见老杜年老多病,经常到满院蓬蒿的草堂来看望老杜。老杜的南邻,即右舍,是位隐士。老杜的《南邻》说:

"锦里先生乌角巾,园收芋栗不全贫。惯看宾客儿童喜,得食阶除鸟雀驯。秋水才深四五尺,野航恰受两三人。白沙翠竹江村暮,相送柴门月色新。"黄生说此诗极佳:"'乌角巾'三字押得浑峭。五律'悲君白玉盘'三字亦然。此'乌巾'又与'锦里'相映,在七律起语尤妙耳。乌巾乃隐士之服,三字便见其高尚,赞人不用多语。诗中道人贫,所以高其人也。此言'未全贫',则其贫亦可知矣。语趣较妙。……三(句)见儿童,化其好客。四(句)见鸟雀,与为忘机。三句尤深。盖富翁好客不难,贫士好客为难,贫士家人不厌客为尤难。非平日喜客之诚,浃入家人心髓,何以有此?"想想北邻"白帻"和南邻"乌巾"遥遥相对,反差很大,颇觉有趣。"白沙""翠竹"亦相映成趣。老杜过访南邻,主人热情相待,又趁秋水初涨,陪同乘船游览,到黄昏月上,才亲自送客归家,这"锦里先生"也真是好客了。"秋水"一联,自然而别饶意趣。王嗣奭说:"'野航'乃乡村过渡小船,所谓'一苇杭之'者,故'恰受两三人';作'野艇'者非。其人留饭,至夕而送至柴门,

公之德邻也。"作如此解亦佳。若然,则草堂与南邻尚隔一曲浣花溪。老杜的这位"南邻"就是朱山人。后有《过南邻朱山人水亭》:

"相近竹参差,相过人不知。幽花欹满树,细水曲通池。归客村非远,残樽席更移。看君多道气,从此数追随。"两家中隔竹林,竹里过从,外人自然不知。陶渊明《归园田居》说:"时复墟曲中,披草共来往。"老杜前在泰州作《贻阮隐居》说:"寻我草径微,褰裳踏春雨。"情况近似,而幽致各臻其妙。看起来,老杜跟他的南邻朱山人很相投,经常来往,这次又到他家水亭上来盘桓了。幽花满树,细水通池。住得很近,回家没几步路,故可杯酒留连,喝完了一瓶酒又挪个阴凉的地方。诗人见主人很有股子道气,表示此后还会经常来追随他优游林下。前诗只就儿童、鸟雀,写朱山人好客忘机,情怀自妙。此又云"看君多道气"。前后互证,此公人品之高可以想见。罗大经说:"自古士之闲居野处者,必有同道同志之士相与往还,故有以自乐。陶渊明《移居》诗云:'昔欲居南村,非为卜其宅。闻多素心人,乐与数晨夕。'又云:'邻曲时来往,抗言谈在昔。奇文共欣赏,疑义相与析。'则南村之邻,岂庸庸之士哉!杜少陵在锦里,亦与南邻朱山人往还,……所谓朱山人者,固亦非常流矣。"(《鹤林玉露》)北邻嗜酒能诗,南邻好客忘机,有此德邻,老杜退隐江村颇不寂寞了。

慢慢地,他交往的风雅之士更多了。当时的一位名画家、京兆人韦偃也寓居在成都。他善画鞍马,千变万态,或腾或倚,或齕或饮,或惊或止,或走或起,或翘或趹。其小者,或头一点,或尾一抹,巧妙精奇。他画马可与韩干匹敌(见朱景玄《画断》)。老杜平生最爱马和鹰,曾一再见诸诗文以抒壮志。他跟韦偃可能在长安时早就认识了。一天,韦偃来向他告别,说要到别处去。韦偃知道老杜喜欢他的画,就在草堂厅内东边的墙壁画了两匹马作为留念:

"韦侯别我有所适,知我怜渠画无敌。戏拈秃笔扫骅骝,欻见骐驎出东壁。一匹龁草一匹嘶,坐看千里当霜蹄。时危安得真致此?与人同生亦同死。"(《题壁上韦偃画马歌》)政治上几乎到了山穷水尽的地步,仍然不失其老骥伏枥的雄心壮志,老杜这种坚定的用世精神,确乎感人,可敬可佩!环境逐步美化,房屋盖得虽不华丽却很坚固:"敢谋土木丽,自觉面势坚。"(《寄题江外草堂》)大邑白瓷碗等家什差不多都搜罗来了。现在加上韦偃的这幅大壁画,草堂越发显得出色了。张彦远《历代名画记》载,韦鹖(偃)工山水、高僧、奇士、老松、异石,笔力劲健,风格高举。人知鹖善马,不知松石更佳。老杜是行家,当然知道他松石更佳,又写诗向他求双松图说:

"天下几人画古松,毕宏已老韦偃少。绝笔长风起纤末,满堂动色嗟神妙。两株惨裂苔藓皮,屈铁交错回高枝。白摧朽骨龙虎死,黑入太阴雷雨垂。松根胡僧憩寂寞,庞眉皓首无住著。偏袒右肩露双脚,叶里松子僧前落。韦侯韦侯数相见,我有一匹好东绢,重之不减锦绣段。已令拂拭光凌乱,请公放笔为直干。"(《戏为韦偃双松图歌》)毕宏,天宝中御史,善画古松。后见张璪,于是搁笔。大历二年,为给事中,画松石于左省厅壁,好事者皆诗咏之。改京兆少尹,为左庶子。树石擅名于代;树木改步变古,从毕宏开始(见《封氏闻见记》《历代名画记》)。作诗时毕宏还不算太老,相对而言"韦偃少",可见韦偃的年纪实在不大。王嗣奭解此诗甚佳:"起来二句极宽静,而忽接以'绝笔长风起纤末',何等笔力!至于描写双松止四句,而冥思玄构,幽事深情,更无剩语。后入'胡僧',窅冥灵超,更有神气。然韦之画松,以屈曲见奇,直便难工。一匹东绢,长可二丈,汝能'放笔为直干'乎?所以戏之也。""白摧"句,言画之枯淡处。"黑入"句,言画之浓润处。李商隐写画松句"樛枝势夭矫,忽欲蟠拿空。又如掠螭走,默与奔云逢",亦出于冥思玄构,犹不及此二句笔势的陡峭。《楞严经》:"名无住行,名无著行。"写西域胡僧入定,非惟"突兀萧洒",神形亦酷似。赵孟𫖯《红衣天竺僧像跋》说:"余尝见卢楞伽罗汉像,最得西域人情态,故优入圣域。盖唐时京师多有西域人,耳目所接,语言相通故也。至五代王齐翰辈,虽善画,要与汉僧何异?余仕京师久,颇尝与天竺僧游,故于罗汉像,自谓有得。此卷余十七年前所作,粗有古意,未知观者以为如何也。"(像与跋均载《艺苑掇英》一九七八年第三期)再会画,见也没见过,怎会画得神气活现呢?这是常识,也是真理。韦偃、杜甫他们在长安见胡僧见多了,所以画得像,写得像。四川盐亭县鹅溪一带古代产绢甚良,时人谓之鹅溪绢,即东绢。张衡《四愁诗》:"美人赠我锦绣段。"此借以形容东绢的珍贵,见修辞之美。挖空心思,盛赞韦偃画技的出神入化,到头来原是为了向他索图,而且出难题,用激将法,这不但见老杜之"所以戏之也",更见他的幽默感。看样子,这回韦偃免不了又要为老杜画他最拿手的"老松""高僧"了。除了双马壁画,草堂理应还收藏了韦偃的一幅绢本双松障子,这是十分值得祝贺的!这些壁画、绢画当然早已荡然无存了。要是当今有位好事的"韦偃",在杜甫草堂内找面"东壁","戏拈秃笔扫骅骝",又"放笔为直干",画幅绢本双松送去悬挂,那该有多好啊!

与上二诗同时前后所作《戏题王宰画山水图歌》也很精彩:

"十日画一水,五日画一石。能事不受相促迫,王宰始肯留真迹。壮哉昆仑方壶图,挂君高堂之素壁。巴陵洞庭日本东,赤岸水与银河通,中有云气随飞龙。舟人渔子入浦溆,山木尽亚洪涛风。尤工远势古莫比,咫尺应须论万里。焉得并州快剪刀,剪取吴松半江水。"《历代名画记》载,王宰,蜀中人,多画蜀山,玲珑嵌空,巉嵯巧峭。又朱景玄《唐朝名画录》载,王宰家于西蜀。贞元中,韦令公以客礼待之。画山水树石,出于景外。景玄曾于故席夔舍人厅事,见一图障,临江双树,一松一柏,古藤萦绕,上盘于空,下著于水,千枝万叶,交植屈曲,分布不杂。或枯或荣,或蔓或桠,或直或倚,叶叠千重,枝分八面。达士所珍,凡目难辨。又于兴善寺见画四时屏风,若移造化风候云物八节四时于一座之内,妙之至极。故山水松石,并可跻于妙上品。据以上记载,王宰并非工笔画家。即使是,也不至于"十日一水""五日一石"。这么说只不过是极言王宰作画,态度严肃,从容不迫,决不迁就他人,勉强"赶任务"而已。腾挪人世仙境诸般地名,不外是铺陈山水壮观,状咫尺万里之妙,不可拘看。夸了韦偃夸王宰,这次虽然没有明说要画,看样子王宰短不了也要送他一幅。朱注以为李贺《罗浮山人与葛篇》末二句"欲剪湘中一尺天,吴娥莫道吴刀涩",本此诗末二句。其实不止于此,若就创作路数而论,李贺这整首诗也显然属于老杜这首和上首题画诗以及其他诗作所滥觞的"冥思玄构"、务求奇险的一类。赵翼《瓯北诗话》说:"韩昌黎生平所心摹力追者,惟李、杜二公。顾李、杜之前,未有李、杜,故二公才气横恣,各开生面,遂独有千古。至昌黎时,李、杜已在前,纵极力变化,终不能再辟一径。惟少陵奇险处,尚有可推扩,故一眼觑定,欲从此辟山开道,自成一家。此昌黎注意所在也。"又李维桢《昌谷诗解序》说:"长吉名由韩昌黎起。司空表圣评昌黎诗:驱驾气势,若掀雷挟电,撑决天地之垠,而长吉务去陈言颇似之,譬之草木臭味也。"可见老杜同长吉,在奇险诗派的滥觞和发展上,也不无关系。从上面简约的比较中,便见一斑。

四　锦里游踪

大概就在这年暮春搬进草堂前后，一天老杜得暇，曾去成都游览、凭吊，作《蜀相》说：

"丞相祠堂何处寻？锦官城外柏森森。映阶碧草自春色，隔叶黄鹂空好音。三顾频烦天下计，两朝开济老臣心。出师未捷身先死，长使英雄泪满襟。"武侯祠现存，在成都市南郊。西晋末年十六国成（汉）李雄为纪念三国蜀丞相武乡侯诸葛亮而建。初与蜀先主刘备昭烈庙相邻。明初武侯祠并于昭烈庙，故大门横额书"汉昭烈庙"。现存殿宇系清康熙十一年（一六七二）重建。当时老杜所见，并在这诗中所咏及的古柏，今犹翳翳森森。青瓦红墙，殿宇宏伟。祠内有"三绝碑"，由中唐宰相裴度撰文，著名书法家柳公绰（柳公权之兄）书写，名匠鲁建刻字，皆绝妙，故名。诸葛亮殿内外匾对甚多，最著名的是清代赵藩的一副对联："能攻心则反侧自消，从古知兵非好战；不审势即宽严皆误，后来治蜀要深思。"正殿诸葛亮像前有铜鼓三面，称诸葛鼓，铸于公元六世纪以前，老杜来游时当见到此物。殿西侧为先主惠陵。这诗发端以自问自答，点明祠堂所在和初次寻访的心情，以及未到即望见古柏森森的最先印象，崇敬之感，油然而生。锦官城故址在今成都市南，简称锦城。三国蜀汉时管理织锦之官驻此，故名。锦官城附近一带有锦江流过，称锦里，如《为农》"锦里烟尘外"即指此。传说古人织锦濯于此江中，较他水鲜明，故名。诗文中多以"锦官城""锦城""锦里"称成都。颔联是说阶草自绿、莺歌空好都无心欣赏，因为他此来是为了缅怀蜀相功业，心中感触正多，无闲情逸致呢。从而引出后面的话来：刘备（先主）三顾茅庐，诸葛亮帮他决定东连孙权、北抗曹操、西取刘璋的天下大计，辅佐他开基创业，后来又扶助刘禅（后主）济美守成。诸葛亮为两朝开（基）济（美）效忠，真是费尽了一片心血。他曾在《后出师表》中表示："臣鞠躬尽力，死而后已。"后出师伐魏，据武功五丈原，与司马懿对抗于渭南，相持百余日，病死军中。每当想到他决心匡复汉室、统一中国的大志终于未能实现，后世的英雄们都不免要热泪沾襟、不胜感慨啊！老杜对诸葛亮很敬佩，也很羡慕他有幸得遇先主："孔明有知音。"（《遣兴》）诸葛亮建立了两朝开济的大功业，可是对于他的"出师未捷身先死"老杜尚且如此深表惋惜，那么，对于自己的胸怀大志，身当乱世，却无补于国，无济于时，又将作何感想呢？诗人这一掬同情之泪是为孔明洒，更是为自己洒。当然，这沉痛的诗句也道出了千古英雄壮志未酬、抱恨终天的孤忿，具有强烈的艺术感染力。《宋史·宗泽传》载："泽请上（指宋高宗）还京二十余奏，为黄潜善等所抑，忧愤成疾。诸将入问疾，泽曰：'吾以二帝（徽宗、钦宗）蒙尘，积愤至此，汝等能歼敌，则我死无恨。'众皆涕泣曰：'敢不尽力。'诸将出，泽感曰：'出师未捷身先死，长使英雄泪满襟。'无一语及家事，但呼过河者三而薨。"这不仅能见诗歌感染力的强烈，也可反过来帮助体会诗人孤忿的深沉。老杜经过千辛万苦来到成都，尤其是修盖了草堂、暂得安居以后，心境的确是比较好的，诗中也不时流露出闲适情调来，但是他内心深处仍然是极其痛苦的。《蜀相》是诗人来成都后第一首心情沉重的作品，这种情绪，犹如一股泉脉，在这一时期那些貌似和平宁静的篇章中时有涌现，这提醒我们在研究作家作品时，既要看到思想感情的各个方面及其表现形式的多样化，也要看到它的主流。尽管老杜一再表白他想找个桃花源避世，莫说世上并无桃花源，就是真的找到了，他也当不了那种"不知有汉，无论魏晋"、身世两相弃的避秦人啊！

除此而外，这年自春至冬，老杜的游踪，犹依稀可辨。

秋天，他曾乘船沿浣花溪绕村子做过一次"巡礼性"的游览：

"落景下高堂，进舟泛回溪。谁谓筑居小？未尽乔木西。远郊信荒僻，秋色有余凄。练练峰上雪，纤纤云表霓。童戏左右岸，罟弋毕提携。翻倒荷芰乱，指挥径路迷。得鱼已割鳞，采藕不洗泥。人情逐鲜美，物贱事已暌。吾村霭暝姿，异舍鸡亦栖。萧条欲何适，出处庶可齐。衣上见新月，霜中登故畦。浊醪自初熟，东城多鼓鼙。"（《泛溪》）王嗣奭说："自卜居浣花，至此始溯溪西行游览。"谁说我盖房子的这个地方很小？树林以西那边我至今还没有走遍呢。所以就趁太阳偏西时出发，坐船到那边去看看。远郊确乎荒僻，满目秋色凄凉，只有那西岭白皑皑的长年积雪，和云外纤纤的虹霓差可观赏。沿溪左右两岸，有不少儿童，携带着网和箭在捕鱼射鸟。有的在掏藕采菱角，把荷叶菱叶都翻倒了搞乱了。他们指挥我们行船，反而害得我们迷了路。（可能怕我们打他们那儿经过，妨碍他们工作吧！）想吃个鲜美，这本是人之常情。你看他们逮到鱼就把鳞打了，掏出藕来连泥也不洗，这么看贱好东西，这真是不合常情常理的怪事。我们的村子在苍茫的暮色中呈现出朦胧的轮廓，别人家的鸡也进窝了。在这萧条的野外还要往哪里去？该回去就回去吧，这就跟读书人的出处行藏一个样，要见时识机，不可勉强。回到草堂，已是月上霜飞时候。米酒刚刚酿得，且开怀畅饮吧。听！这隐隐约约的鼓鼙声，不是从村子东边成都城里传来的么？王嗣奭说："此时新月在衣，故畦不荒，舍舟而登，撷蔬而归，浊醪亦熟，与妻孥共为一夕之乐而已。盖'东城多鼓鼙'，故乡不可归，苟全性命足矣，更复何适耶？东城谓京、洛以东，非必东京也。"仇兆鳌说："日暝返棹，犹之身老思机，故曰'出处可齐'。夜酌新醪，而忽听鼓鼙，则归溪亦非安枕之地矣。……朱注：成都城在草堂之东,故曰'东城'。旧指东都者非。"浦起龙说:"结语正喜身超事外。仇反谓未可安枕,失其本旨。"各有所见,可参看。诸家解"童戏"八句多不惬当,主要是不懂得老杜写的是一些带偶然性的细节所致。王维也有一首描写在他蓝田辋川别业附近泛舟的纪游诗:"落日山水好,漾舟信归风。玩奇不觉远,因以缘源穷。遥爱云木秀,初疑路不同。安知清流转,偶与前山通。舍舟理轻策,果然惬所适。老僧四五人,逍遥荫松柏。朝梵林未曙,夜禅山更寂。道心及牧童,世事问樵客。瞑宿长林下,焚香卧瑶席。涧芳袭人衣,山月映石壁。再寻畏迷误,明发更登历。笑谢桃源人,花红复来觌。"(《蓝田山石门精舍》)这诗也很写实,只是经过诗情画意的渲染和美化,其写实的程度不及老杜的《泛溪》。"童戏"八句写来似乎就像生活本身一样杂乱而不加修饰,其实这仍然是经过了诗人的艺术概括,已化生活中的丑为艺术中的美了。乡村儿童,不爱干净,不知鲜美的可贵,甚至把荷芰糟蹋得不成样子,还要捉弄人,可是,他们却那么顽健,那么无忧无虑,这无疑会使得我们这位心事重重的诗人,感到又可爱,又可羡了。

有时他也进城玩玩,参加一些社交活动。他有首《寄杨五桂州谭》:

"五岭皆炎热,宜人独桂林。梅花万里外,雪片一冬深。闻此宽相忆,为邦复好音。江边送孙楚,远附《白头吟》。"原注谓"因州参军段子之任"。这诗上半写想象中桂州(今广西桂林市)之景,下半抒寄杨之情。梅花开时有雪,可销炎瘴,所以说"宜人"。气候宜人,疾病较少,了解到这情况,想念杨谭的心就多少得到宽慰。何况又听说他做官有好名声,这使我感到更加高兴。西晋孙楚才藻卓绝,爽迈不群,曾为石苞参军。此借喻即将去桂州上任的段参军。《西京杂记》载,司马相如将聘茂陵女为妾,卓文君作《白头吟》以自绝,相如乃止。此借指寄诗杨谭以加深二人的友谊。此诗不止写得"通篇气势流走,字句空灵",尚能见出诗人有时也参加城里一些洗尘、饯别之类的官场应酬。州参军经此赴桂州上任,当地有关官绅,定然有所表示,"江边送孙楚",岂止老杜一人?

他每次进城,回草堂往往很晚:

"霜露晚凄凄,高天逐望低。远烟盐井上,斜景雪峰西。故国犹兵马,他乡亦鼓鼙。江城今夜客,还与旧乌啼。"(《出郭》)成都平原,一望无际,天与地平线相连,"高天"句即写此景象。始见天之"高",继而移目寻其涯乃见其"低","逐望"二字非虚下。杨伦评:"真景如画。"实是动画。孟浩然"野旷天低树"句亦写此景象,但着眼点在树,借树以衬托"野旷天低"。四川产井盐和天然气,有以天然气煮盐的。左思《蜀都赋》:"家有盐泉之井。"刘渊林注:"蜀都临邛县、江阳、汉安县,皆有盐井。"远烟是煮盐的烟。"景"是光的意思。"斜景",斜阳光。仇注说这里的"景"同影是不对的。雪岭为岷山主峰,在今四川松潘县南,春夏常有积雪,故名。这诗是出成都郭外所作,上半写出郭晚眺之景,下半写归家夜宿之情。"故国"指东都。"他乡"指成都。当时故国兵荒马乱既未可归,他乡也不平静又不能离去,只好回草堂去跟那些可算得上是老朋友了的"暂止飞鸟"作伴了!——听这口气,老杜这次进城好像待了不止一天。比这次稍晚一些,这年腊月梅花开时,他又一次从城里回到草堂,作《西郊》说:

"时出碧鸡坊,西郊向草堂。市桥官柳细,江路野梅香。傍架齐书帙,看题检药囊。无人觉来往,疏懒意何长。"碧鸡坊在当时成都的西南。《梁益记》载,成都之坊,百有二十,第四为碧鸡坊。《汉书·郊祀志》载,或言益州有金马、碧鸡之神,可醮祭而致。于是遣谏议大夫王褒使持节而求之。《华阳国志》载,成都西南石牛门外有市桥。李膺《益州记》载,冲星桥即市桥,在成都县西南四里。汉旧州市在桥南,故名。首记自城回草堂路线甚详:出城西南的碧鸡坊,走四里过市桥,迤西再走三里即到草堂(草堂在城西七里)。既云"时出",见不时出入城市。整理书帙、检点药囊,是归后所做之事。黄生解尾联说:"出碧鸡坊时无人觉。由西邻向草堂,若市桥,若江路,一带亦无人觉。在草堂中齐书帙、检药囊时,亦无人觉。自来自往,自作自止,无限舒畅。不言少俗人应接之烦,但言得遂己疏懒之意,较前引('眼前无俗物,多病也身轻')二语更饶兴味。时诵一过,亦复令人通身舒畅也。"[18]这次进城,他显然没在社交场合露面。他曾在《进三大礼赋表》中说:"顷者卖药都市,寄食友朋。"难道他如今又重操旧业,这次进城,是去卖药,好得点钱贴补家用么?"欲填沟壑惟疏放,自笑狂夫老更狂。"老杜很要强,有时即使生活困难,作起诗来还往往很潇洒。如果情况真是这样,那么我们读这首诗时,哪会感到那么"通身舒畅"呢?

五 蜀州访友

靠人接济,只要一时没赶上趟就会马上揭不开锅。这年"红蕖冉冉香"时,曾因"厚禄故人书断绝"而使得"恒饥稚子色凄凉"。秋天,家里又将断炊,没奈何,他只得硬着头皮,趁崔侍御去彭州(今四川彭县)之便,托他捎诗给彭州刺史高适求援:

---

[18] 仇兆鳌说:"'无人觉',谓不见人迹来往。黄注泥上出郊向堂,谓人不知己之来往,其说太曲。"施鸿保按:"既云出郭向堂,则黄生说亦是。若谓不见人迹往来,与上二句意不合矣。且是言独步往来,虽在稠众中而人不觉,说亦未尝曲也。"

"百年已过半，秋至转饥寒。为问彭州牧，何时救急难？"（《因崔五侍御寄高彭州一绝》）[19] "秋至"是收获季节，此时尚"转饥寒"，可见流浪在外、无产业的人生计的艰难。彭州至成都九十二里（见《九域志》）。以二人关系的密切，高适得诗后定会马上送粮送钱来的。从能交结上刺史这样的大官这一点来看，老杜似乎又比一般稍有产业的人强一些。应该从他的社会地位和实际处境这两方面来看老杜。既然彭州离成都不远，走得快一天就到了，当家计安排妥当之后，老杜是很可能去彭州探望他的老友高适的。到底去了没有呢？因无明确记载，须稍作考辨。

案：老杜有《奉简高三十五使君》："当代论才子，如公复几人？骅骝开道路，鹰隼出风尘。行色秋将晚，交情老更亲。天涯喜相见，披豁对吾真。"这是一首代简之作。前半称道高适才调出群，如今得位，可大行其志。后半非止"述高之交情"，且告知已将趋前探望、谋求天涯聚首谈心。"行色秋将晚"，见老杜即将启程的探高之行是在秋季。既然代简之作中讲得这么肯定，他一定是去了而且是见着了的。现在需要弄清楚的是：一、这诗作于何时？也就是说老杜想去探望高适是在何时？二、这位"高三十五使君"到底是"高彭州"，还是"高蜀州"？也就是说老杜要去的地方是彭州，还是蜀州？其实对于这两个问题仇兆鳌早有答案："高由彭州刺蜀州，公时在蜀。《年谱》云：上元元年，间常至蜀州之青城、新津，是也。"认为老杜想与高适会面而作此诗是在上元元年，可信。老杜到成都已大半年，无论彭州还是蜀州离成都又近，这年秋

〈19〉仇注："朱注：公《追酬高蜀州人日诗》考之，上元二年，高已刺蜀，此云彭州牧，必元年作也。时公年将五十，而诗云'百年已过半'，犹乾元二年《立秋后题》，年止四十八，亦曰'惆怅年半百'。"

天草堂早已盖好，老杜也该去看看他的老朋友了。至于高适这时是否已"由彭州刺蜀州"，则须进一步加以检验。两《唐书》传载高适先刺蜀州后刺彭州，皆误。实先刺彭州后刺蜀州，而刺彭州在乾元元年（七五八）五月（详第十一章注三六及有关正文）。那么，由彭州刺蜀州又在哪一年呢？"大历五年正月二十一日"（见后诗序所记）老杜作《追酬故高蜀州人日见寄》，序说："开文书帙中，检所遗忘，因得故高常侍适（往居在成都时，高任蜀州刺史）人日相忆见寄诗，泪洒行间，读终篇末。自枉诗已十余年。"高适《人日寄杜二拾遗》首句说："人日题诗寄草堂。"黄鹤注："上元元年人日，杜公未有草堂，殆是二年人日所寄也。"大历五年（七七〇）上数至上元二年（七六一）整十个年头，勉强可说"已十余年"。宝应元年（七六二）七月，严武召还，高适为成都尹。此前高仍为蜀州刺史。因此宝应元年人日仍可寄此诗，但与大历五年老杜作诗追酬时相隔只九个年头，更不得谓"已十余年"了。可见黄鹤的判断是可信的。上元二年人日（正月初七）高适既已刺蜀州，按常情而论，他由彭州来此上任当在头年（上元元年）。因此进一步认定杜甫在这年（上元元年）深秋（"行色秋将晚"）到蜀州（今四川崇庆，距成都才百里）去拜访高适（冯至《杜甫传》即如此叙述），不为无据。他的《和裴迪登新津寺寄王侍郎》当作于在蜀州与裴迪同游州城东南七十里属县新津时：

"何恨倚山木，吟诗秋叶黄。蝉声集古寺，鸟影度寒塘。风物悲游子，登临忆侍郎。老夫贪佛日，随意宿僧房。"题下原注："王时牧蜀。"《文苑英华》注："即王蜀州。"蔡梦弼认为"王侍郎乃王维之弟缙也"，而各家皆持异议："钱笺考《缙传》未尝牧蜀，注家因裴迪而附会也。《杜诗博议》：《王维传》有缙为蜀州刺史、迁散骑常侍一节，与《缙传》不合。吴缜《纠谬》谓缙未尝历蜀州及常侍,为说甚辩。今考《旧书》,缙为凤翔尹,先加工部侍郎,后除常侍。缜云并未尝为常侍,似失考。而由蜀州迁常侍,则断乎不可信。"(仇注) 偶与邓绍基同志谈及王维表谓王缙曾为蜀州刺史一事求教。随后绍基同志赐函,慷慨见示其创获如下:

"关于王维弟王缙任蜀州刺史事,经查,皇甫澈有《赋四相诗》,序云:'蜀州刺史厅壁记居相位者,前后四公,谟明弼谐,迁转历此。顾已无取,忝迹于斯。景行遗烈,嗟叹之不足也。谨述其行事,咏其休美,庶将来君子,知圣朝之德云尔。'诗凡四首:一、《中书令汉阳王张柬之》,二、《中书令钟绍京》,三、《礼部尚书门下侍郎平章事李岘》,四、《门下侍郎平章事王缙》。咏王诗末尾云:'瞻视华壁中,来者谁其嗣。'可见王任蜀州刺史在李岘之后。案《通鉴》载李岘于乾元二年五月贬蜀州刺史。又,杜甫于乾元二年冬到成都,次年秋(上元元年)有《和裴迪登新津寺寄王侍郎》诗,题下原注云'王时牧蜀'。蔡梦弼以为王侍郎即王缙,钱谦益、仇兆鳌持异议。我曾疑'原注'为后人所加,因认为王缙牧蜀在李岘之前,现在应修正这看法。王缙之后的蜀州刺史当为高适。从杜甫《追酬故高蜀州人日见寄》诗,似高于上元二年初即在蜀州任上。那么,王缙牧蜀时间大概不很长。总之,皇甫澈诗可作为王维《责躬荐弟表》'臣弟蜀州刺史缙'一说的有力佐证。皇甫澈在贞元中任蜀州刺史,他'景行遗烈'而写诗,当很可靠。吴缜《新唐书纠谬》之说不足据。又裴迪与王维兄弟关系密切,裴迪或者就是随王缙入蜀的。从杜甫的三首关及裴迪的诗可知裴正在蜀州。"所论甚是。

前已论证高适刺蜀州,以及高到任后不久杜甫前往探望当在上元元年深秋,现又进一步明确高适的前任是王缙,那么,蔡梦弼认为《和裴迪登新津寺寄王侍郎》中的"王侍郎乃王维之弟缙也"是正确的。刚办完交接手续，王缙一时尚未离蜀返京，老杜来蜀州时二人当会晤面。之后不久，老杜偕裴迪同游新津寺，和诗而寄王缙，这难道不是很合情合理么？王缙任蜀州刺史前曾为宪部侍郎，现既已卸任，又尚未受新署官职，故以"侍郎"旧衔称之。王维《责躬荐弟表》称缙时为蜀州刺史，当作于上元元年缙任蜀州刺史期内。又据"上元二年五月四日通议大夫守尚书右丞臣王维状进"《谢弟缙新授广散骑常侍状》，知朝廷得到王维的荐弟表后很快就将王缙调回长安，并于上元二年五月四日以前授予新职。王缙深秋时节卸蜀州刺史任，年底或次年年初抵长安，四月底或五月初授新职，从时间上看，也很顺理成章。广德二年（七六四），代宗拜王缙黄门侍郎同平章事。大历间再次拜相。时元载用事，缙卑附之。缙弟兄奉佛不茹荤血，晚年尤甚；与元载、杜鸿渐劝诱代宗佞佛，影响极坏。缙性贪婪，纵弟妹女尼等招纳财贿，贪猥之迹犹如市贾。元载得罪，缙连坐，贬括州刺史。久之除太子宾客，分司东都。德宗建中二年（七八一）十二月卒，年八十二。

《金壶记》载，王维与弟王缙，名冠一时。时议云："论诗则王维、崔颢，论笔则王缙、李邕，祖咏、张说不得与焉。"《卢氏杂记》载，王缙好与人作碑铭，有送润笔者，误叩其兄门，王维说："大作家在那边。"大历元年（七六六）老杜在夔州作《解闷十二首》，其八说："不见高人王右丞，蓝田丘壑蔓寒藤。最传秀句寰区满，未绝风流相国能。"即称赞缙善文辞，能继乃兄风流。当时王缙劣迹尚未昭彰，怀右丞故及之。今知老杜与王缙在蜀多少有点文字因缘，就无怪他要深情地提到他了。《解闷》是诗人闲居自遣之作，非用于干求，不得以为其八有意讨好时相。裴迪是王维多年的老朋友。开元末天宝初王维四十多岁时就跟裴迪一起隐居终南山。此后至天宝七载以前，王维"得宋之问蓝田别墅，在辋口。辋水周于舍下,别涨竹洲花坞。与道友裴迪,浮舟往来,弹琴赋诗,啸咏终日"(《旧唐书·王维传》)。这一时期他们优哉游哉的生活,在二人现存诗文中尚可窥见一斑。王维《辋川集序》说:"余别业在辋川山谷,其游止有孟城坳、华子冈、文杏馆、斤竹岭、鹿柴、木兰柴、茱萸沜、宫槐陌、临湖亭、南垞、欹湖、柳浪、栾家濑、金屑泉、白石滩、北垞、竹里馆、辛夷坞、漆园等,与裴迪闲暇,各赋绝句云尔。"只看这许多美丽的小地名,就可想见蓝田别墅规模的宏大、景致的优美,以及其间隐士生活和心境的幽雅了。二人咏各景五言绝句各二十首均存,裴作多板滞,远逊王作,惟《华子冈》"落日松风起,还家草露晞。云光侵履迹,山翠拂人衣"、《宫槐陌》"门前宫槐陌,是向欹湖道。秋来山雨多,落叶无人扫"、《临湖亭》"当轩弥滉漾,孤月正徘徊。谷口猿声发,风传入户来"、《欹湖》"空阔湖水广,青荧天色同。舣舟一长啸,四面来清风"、《北垞》"南山北垞下,结宇临欹湖。每欲采樵去,扁舟出菰蒲"少数几首清新可诵。天宝十五载王维陷安禄山叛军中,送至洛阳,居于菩提寺。"裴迪来相看,说逆贼等凝碧池上作音乐,供奉人等举声,便一时泪下,私成口号,诵示裴迪"(王口号"万户伤心生野烟"首诗题)。据此知裴迪当时亦在洛阳,但行动较自由。《唐诗纪事》载裴迪"天宝后为蜀州刺史,与杜甫友善"。老杜与裴迪友善即在他往蜀州探望高适相偕游览新津等地的这一时期,这时裴并未为蜀州刺史,《唐诗纪事》云云,未详何所据。安史乱前王维半官半隐,王缙、裴迪、崔兴宗诸人,常追随游览赋诗,所作虽不甚佳,也都是些高雅之士。以前在我的印象中,总以为老杜跟王维和他周围的人无甚交往,其实并非如此。裴迪跟王维合得来,也可以"与杜甫友善",这表明在实际生活中,人与人的交往,并不完全像常言所说"人以群分,物以类聚"那样泾渭分明。积极入世的现实主义诗人老杜跟消极出世的山水田园诗派中人尚且有千丝万缕的联系，思想感情上也不无相通之处，那就更不可把本来是好朋友，又都有进步政治理想的伟大现实主义诗人杜甫和伟大浪漫主义诗人李白，生拉硬拽地分离开来，作为儒法对立的双方一褒一贬。各个文学流派及其主要倾向是应该研究的，但须坚持辩证观点，摈弃形而上学。——且说老杜偕裴迪登新津寺，裴作诗抒怀寄王侍郎（裴作已佚），这"何恨"首是老杜的和章，大意是说：您倚山木而吟诗悲秋，又有何恨？虽说蝉声鸟影，秋景堪伤，风物登临，故人足念。但在我则不然。我之日游招提，颇悟解脱之理，几乎忘却悲秋之兴了。张远注："《淮南子》：赵王迁流于房陵，思故乡，为作山木之歌，闻之者莫不陨涕。《白虎通》亦载此事。"仇兆鳌按："此诗首句，突然而起，初时未详所出，解尚含糊，及得远可此说，顿释所疑。言赵王流窜房陵而作山木之歌，宜其怨恨。今羁旅蜀中，亦何所恨而倚木吟诗乎？此引古语以逗起下文。"佛典中多以日喻佛光的普照。李子德说："此（诗）与'暗水流花径'，俱为盛唐正声。"读"鸟影度寒塘"令人想起《红楼梦》第七十六回写凹晶馆联诗史湘云的"寒塘渡鹤影"。

六　佛日摩尼珠都无能为力

高适上元二年《人日寄杜二拾遗》首句云"人日题诗寄草堂"，可见老杜头年深秋往蜀州、新津游览后即回成都，他是和家里人在草堂一起过团圆年的。大概从新津回来后不久，他遇见跟他有通家之好的"蜀僧闾丘师兄"，曾作诗相赠。赠诗题下原注："太常博士均之孙。"闾丘均，成都人。在陈子昂以后，亦以文章著称。中宗景龙年间，为安乐公主所荐，起家拜太常博士。公主诛，均坐贬循州司仓，卒。老杜《赠蜀僧闾丘师兄》首叙闾丘世系，次述"审言以诗，闾丘均以字，同侍武后"（《唐诗纪事》"杜审言"条）。后半写二人相逢情事，颇精彩：

"小子思疏阔，岂能达词门？穷秋一挥泪，相遇即诸昆。我住锦官城，兄居祇树园。地近慰旅愁，往来当丘樊。天涯歇滞雨，粳稻卧不翻。漂然薄游倦，始与道侣敦。景晏步修廊，而无车马喧。夜阑接软语，落月如金盆。漠漠世界黑，驱驱争夺繁。惟有摩尼珠，可照浊水源。"在新津时写景言黄叶、蝉声，此云"穷秋"，时序当较晚；"漂然薄游倦"，似指最近蜀州、新津短暂之游：这两点可作为晤闾丘师兄赠诗一事在归自新津后不久的佐证。祇园，意译自梵文，全称"祇树给孤独园"或"祇园精舍"，印度佛教圣地之一。据说释迦牟尼成道后，憍萨罗国的给孤独长者用大量黄金购置舍卫城南祇陀太子园地，建筑精舍，请释迦说法。祇陀太子也奉献了国内的树木，因此以两人名字命名。后用来尊称佛寺精舍。此指闾丘师所居寺院。据"地近慰旅愁，往来当丘樊"云云，知"我住锦官城"边的草堂与"兄居祇树园"两地离得不远，二人可经常来往。这次老杜去寺院看望师兄，时值久雨初歇，沿途见田中粳稻倒状，景象很是荒凉。他们见面以后，一同在夕阳返照的长廊里散步谈心，这情境的恬静，正如陶渊明所说："结庐在人境，而无车马喧。"《法华经》说，如来能种种分别，巧说诸法，言词柔软，悦可众心。《华严经》说，菩萨摩诃萨有十种语，一者柔软语，能使一切众生得安稳。《维摩经》说，所言诚谛，常以软语。夜晚留宿寺中，听师兄软语说法，偶见落月圆如金盘，心中仿佛也有圆觉之悟。《翻译名义集》载，摩尼或曰逾摩，正云末尼，即珠之总名。《圆觉经》说，譬如清净摩尼宝珠，映于五色，随方各见。《宣室志》载，冯翊严生，家汉南岘山，得一珠，如弹丸。胡人说："此西国清水珠，至浊水泠然洞彻矣。"听了师兄的说法，我感到尘世茫茫，一片黑暗，争夺纷繁，恐怕只有佛法才能普度众生，犹如只有摩尼珠才能照清浊水一样。老杜早年对佛教就有些了解，于今身处乱世，流落他乡，心力交瘁，偶向佛门寻求安慰，这也是可以理解的。陈善《扪虱新话》说："陶渊明诗：'采菊东篱下，悠然见南山。'采菊之际，无意于山，而景与意会，此渊明得意处也。而老杜亦曰：'夜阑接软语，落月如金盆。'予爱其意度闲雅，不减渊明，而语句雄健过之。每咏此二诗，便觉当时清景尽在目前，而二公写之笔端，殆若天成，兹为可贵。"

老杜想向空门寻求精神上的安慰，只是乱世阴霾太重，非摩尼珠所能澄清，客愁郁积太深，非佛日所能照彻。他的《恨别》写的就是这种忧时伤别的沉重悲哀：

"洛城一别四千里，胡骑长驱五六年。草木变衰行剑外，兵戈阻绝老江边。思家步月清宵立，忆弟看云白日眠。闻道河阳近乘胜，司徒急为破幽燕。"首联从离家之远、战乱之长见别恨之深。颔联言去冬入蜀，很有可能因兵戈阻隔而老死濯锦江边。颈联于常情中见别致："对月思家，望云忆弟，皆诗中常意，然'步'而又'立'，'看'而复'眠'，则其情绪无聊之状，非常人摹写所能到矣。"司徒指李光弼，时光弼为检校司徒。《资治通鉴》载：上元元年三月，李光弼破安太清于怀州城下；四月，破史思明于河阳西渚，斩首千五百余级。尾联即闻此捷报而盼望李光弼乘胜直捣幽燕叛军巢穴，结束持续多年的战乱，重致太平，那么，自己忧时伤别之恨，也自会冰消瓦解了。

这种切盼李光弼挥师直捣幽燕、己得回归故里的心愿再一次表露在同时前后所作《散愁二首》其一中：

"久客宜旋旆，兴王未息戈。蜀星阴见少，江雨夜闻多。百万传深入,寰区望匪他。司徒下燕赵,收取旧山河。"

他还以讨贼之事寄厚望于兵部尚书、潞泌节度使兼太原尹王思礼,盼王扫平蓟北,急报朝廷,以免他心破泪沾,常怀久客莫归之忧:

"闻道并州镇,尚书训士齐。几时通蓟北?当日报关西。恋阙丹心破,沾衣皓首啼。老魂招不得,归路恐长迷。"(其二)

然而事与愿违,这年十一月,"史思明遣其将田承嗣将兵五千徇淮西,王同芝将兵三千人徇陈,许敬江将二千人徇兖、郓,薛鄂将五千人徇曹州"(《资治通鉴》),形势很紧张,这就使他感到更加惶恐不安、忧虑重重了:"风色萧萧暮,江头人不行。村春雨外急,邻火夜深明。胡羯何多难,渔樵寄此生。中原有兄弟,万里正含情。"(《村夜》)

至德二载(七五七)十二月以蜀郡为南京,凤翔郡为西京,西京为中京。上元元年(七六〇)九月,罢南京;从节度使吕谭之请,置南都于荆州,以荆州为江陵府,以扼吴、蜀之冲。二年(七六一)九月,停京兆、河南、太原、凤翔四京及江陵南都之号。宝应元年(七六二)建卯月,复以京兆为上都,河南为东都,凤翔为西都,江陵为南都,太原为北都。这年(上元元年)九月后当老杜听说要停成都南京之号,改置南都于荆州时,就按捺不住内心的愤慨,写了《建都十二韵》,对之加以评论说:如今老百姓并没有缓过气来,胡马在践踏着半个中国。不知在朝廷上议事的衮衮诸公,又有谁来扶助皇帝。已经分建了几个京城,还下诏要开辟荆州为东都。理由是恐怕东都的人民失望,无奈最西的成都南京原是太上皇避乱之地[20],

---

[20] 原句是"其如西极存"。仇兆鳌从朱注,以为"西极指上皇幸蜀之地"。浦注:"西极,当即指长安。朱氏指蜀,恐非。"此采前说。

可你们早已不放在心上。时局这么危急首先当想到为国雪耻，事关大计，岂可轻易议论建都？你们虽身居三阶正位，如此决策我总担心会因此搞得万国翻腾。我曾经像牵着魏文帝衣裙进谏的辛毗那样疏救房琯，只恨未能一死殉职，遭贬华州犹如漏网的鱼，这未免辱没了主上当初擢用我的殊恩。我永远有负于汉庭贾生的痛哭，我遥远地怜惜那被谗见放、沉于湘水的屈子的冤魂。穷冬季节我客居在剑外的濯锦江边，随随便便，总算也有了田园。这会儿，风吹断了青蒲的节，霜埋住了翠竹的根。想到衣冠虽多，未能救关辅之难，我衷心祷愿天子回转他那"齐日月之光辉"，去照耀河北沦陷的原野，不要汲汲于建都之举。

综览以上诸作，可以看出诗人身世之悲总与苍生社稷之忧紧紧结合在一起，既代筹军事，又指斥朝政，这就难怪他心情沉重，不胜烦恼了。对于这样一位"身在江湖之上，心居于魏阙之下"、始终以天下为己任的爱国诗人来说，他即使偶向空门寻求慰藉，可是，他那种因执着于现世人生而生出的无穷烦恼，又岂是任何得道高僧的"软语"说法所能点化所能消除的？

秋末冬初，老杜从蜀州、新津回到成都草堂，一直在家闲居。岁暮，得裴迪寄来的《登蜀州东亭送客逢早梅相忆》（已佚），他和诗说：

"东阁官梅动诗兴，还如何逊在扬州。此时对雪相遥忆，送客逢春可自由。幸不折来伤岁暮，若为看去乱乡愁。江边一树垂垂发，朝夕催人自白头。"（《和裴迪登蜀州东亭送客逢早梅相忆见寄》）何逊《咏早梅》："兔园标物序，惊时最是梅。衔霜当路发，映雪拟寒开。枝横却月观，花绕凌风台。朝洒长门泣，夕驻临邛杯。应知早飘落，故逐上春来。"张溁《何记室集序》说："杜子美与裴迪诗云：'东阁官梅动诗兴，还如何逊在扬州。'宋人撰杜注，谓逊作扬州法曹，廨舍有梅一株，吟咏其下，后居洛思之，请再任扬州。值梅花盛开，相对终日。杨用修驳之曰：'逊时南北分裂，洛阳魏地，安得居洛又请再任？'此足破宋注之讹。但据本传不载法曹事，便斥逊非扬州法曹，则子美去梁未远，'在扬州'三字不应都无着落。盖据此非要津，治乏声绩，本传偶尔见遗，诸史中往往有之。……考维扬旧志题云'扬州法曹廨舍见梅花'，则与子美'官梅'二字正自合节，必非无据。且"风台""月观"明属扬州事，奈何欲离之扬州哉？"老杜的这首和诗写得极委婉尽致："上四答裴诗意，下四对时感怀。裴有早梅之咏，故以何逊梅诗相比。'相忆'句，和诗题忆寄。'送客'句，和诗题送客。玩第三联语气，必裴诗有不及折赠之句，故答云幸不折来，免伤岁暮；若使一看，益动乡愁矣。既而又自叹曰：此间江梅渐发，亦觉催人头白。盖当衰老之年，触处皆足伤情也。"(仇兆鳌解)"垂垂"，渐渐。《辞海》一九七九年版引杜此诗"江边"句与黄庭坚《和师厚秋半》"杜陵白发垂垂老"句为证，良是。黄生说："篇中无一字不言梅，无一字是言梅，曲折如意，往复尽情，笔力横绝千古。"这诗确乎绝妙，见此老迟暮情怀，复见其风流蕴藉。

写作了这首诗以后该过年了。这是在草堂过的第一个年，老杜一定是又悲又喜，百感交集，痛饮高歌。可惜没篇什流传下来，我们就只好凭想象揣度了。

七 身外无穷事，生前有限杯

上元二年（七六一）也不是平静的一年。

二月，奴剌、党项进犯宝鸡，烧大散关，南侵凤州，杀刺使萧愧，大掠而西；凤翔节度使李鼎追击，破之。崔光远代李若幽为成都尹，充剑南西川节度使。有人说："洛中将士皆燕人，久戍思归，上下离心，击之，可破也。"陕州观军容使鱼朝恩相信这看法，几次进言于肃宗，肃宗命令李光弼等夺取东京。光弼奏称："贼锋尚锐，未可轻进。"朔方节度使仆固怀恩，骁勇而刚愎自用，麾下皆蕃汉劲卒，恃功，多为不法，郭子仪宽容他们，李光弼严厉，一一绳之以法，无所假贷。仆固怀恩害怕李光弼，心里很恨他，就依附鱼朝恩，说东都可取。于是中使相继督促光弼出师，光弼不得已，使郑陈节度使李抱玉守河阳，自己与怀恩带兵会朝恩及神策节度使卫伯玉攻洛阳。戊寅，列阵于邙山。光弼命部队依险而列阵，怀恩列阵于平原，光弼说："依险则可以进，可以退；若平原，战而不利则尽矣。思明不可忽也。"命移于险，怀恩又加以阻止。史思明趁其阵势尚未布好，就发动进攻，官军大败，死数千人，军资器械都抛弃了。光弼、怀恩渡河走保闻喜，朝恩、伯玉逃回陕州，抱玉也丢掉河阳逃走，河阳、怀州都为叛军所占领。朝廷闻讯大惧，增兵屯守陕州。癸未，李揆罢相，贬袁州长史，以河中节度使萧华为中书侍郎、同平章事。史思明多疑残暴，底下人稍不如意，动辄灭族，人不自保。长子史朝义，常跟史思明带兵，颇谦谨，爱士卒，将士多依附他，因此得不到史思明的宠信。史思明爱小儿子史朝清，使守范阳，常想杀朝义，立朝清为太子，左右颇泄其谋。思明既破李光弼，欲乘胜西入关，派朝义带兵当先锋，自北路袭陕城，自己从南路带领大军继之。

三月，甲午，朝义兵至礓子岭，几次为卫伯玉击败。思明退屯永安，认为朝义怯懦，说："终不足成吾事！"欲按军法斩朝义及诸将。戊戌，命朝义筑三隅城贮军粮，限一天完工。朝义筑完，未抹泥，思明至，大加斥责，命左右立马监督，很快就抹好了。思明又说："俟克陕州，终斩此贼。"朝义忧惧，不知所措。思明在鹿桥驿，令心腹曹将军带兵宿卫；朝义宿于旅舍，其部将骆悦、蔡文景劝朝义说："悦等与王，死无日矣！自古有废立，请召曹将军谋之。"朝义低头不语。骆悦等说："王苟不许，悦等今归李氏，王亦不全矣。"朝义哭道："诸君善为之，勿惊圣人！"骆悦等命人召曹将军至，告知其谋；曹将军知诸将尽怨，恐祸及己，不敢违抗。这晚，骆悦等带领朝义的三百名士卒披甲去驿，宿卫兵惊怪，畏曹将军，不敢动。骆悦等引兵走入思明寝所，值思明如厕，问左右，未及对，已杀数人。思明闻有变，翻墙至厩中，自鞴马骑上，骆悦的傔人周子俊用箭射他，中臂坠马，被擒。思明问："乱者为谁？"骆悦说："奉怀王（朝义封怀王）命。"思明说："我朝来语失，宜其及此。然杀我太早，何不待我克长安！今事不成矣。"骆悦等送思明至柳泉驿，将他囚禁起来，回头报告朝义说："事成矣。"朝义说："不惊圣人乎？"骆悦说："无。"时周挚等领后军在福昌，骆悦等派人去告知此事，周挚惊倒于地；朝义引军还，周挚等来迎，骆悦等劝朝义将周挚抓起来，杀了。军至柳泉驿，骆悦等怕众心不一，就缢死了思明，以毡裹其尸，用骆驼驮回洛阳。史思明跟安禄山一样，都因生性残暴，众叛亲离，为各自的儿子和下属所杀。朝义即皇帝位，改元显圣，秘密派人去范阳，命令散骑常侍张通儒等杀朝清和朝清母辛氏以及不附己者数十人。其党自相攻击，战城中数月，死了数千人，范阳才安定下来。时洛阳四面数百里，州县皆为丘墟，而朝义所辖各节度使皆安禄山旧将，朝义召之，多不至，略相羁縻而已，不能得其用。

四月，壬午，梓州刺史段子璋反。子璋骁勇，从玄宗在蜀有功，东川节度使李奂奏请替代他，子璋举兵，袭李奂于绵州。路过遂州，刺史虢王李巨苍黄修属郡礼迎之，子璋杀之。李奂战败，奔成都。子璋自称梁王，改元黄龙，以绵州为龙安府，置百官，又攻陷剑州。

五月，癸巳，党项进犯宝鸡。戊戌，平卢节度使侯希逸击史朝义范阳兵，破之。乙未，西川节度使崔光远与东川节度使李奂共攻绵州，庚子，拔之，斩段子璋。牙将花惊定等恃功大掠，妇女有金银臂钏，兵士皆断其腕以取之，乱杀数千人，光远不能禁。肃宗遣监军官使按其罪，光远忧愤成疾，这年十月卒。

六月，甲寅，青密节度使能元皓败史朝义将李元遇。戊寅，党项进犯好畤。

八月，癸丑朔，加开府仪同三司李辅国兵部尚书。乙未，辅国上任，宰相朝臣皆送之，御厨具馔，太常设乐。辅国骄纵日甚，求为宰相，肃宗说："以卿之功，何官不可为，其如朝望未允何！"李辅国就暗示仆射裴冕等使荐己。皇上私下对萧华说："辅国求为宰相，若公卿表来，不得不与。"萧华出，问裴冕；裴冕说："初无此事，吾臂可断，宰相不可得！"萧华入言之，皇上大悦；辅国衔恨不已。

九月，甲申，天成地平节，皇上于三殿设置道场，以宫人为佛菩萨，士为金刚神王，召大臣膜拜围绕。壬寅，制去尊号，但称皇帝；去年号，但称元年；以建子月为岁首，月皆以所建为数；因赦天下。江、淮大饥，人相食。

建子（十一）月，神策节度使卫伯玉攻史朝义，拔永宁，破渑池、福昌、长水等县。

建丑（十二）月，严武为成都尹。王维卒于是年。

这确乎是很不平静的一年，而且蜀中也发生了战乱，不过对老杜说来，这一年过得倒也平静，尤其春天里兴致很高。

旧称阴历正月初七日为"人日"。《北史·魏收传》引晋议郎董勋《答问礼俗说》："正月一日为鸡，二日为狗，三日为猪，四日为羊，五日为牛，六日为马，七日为人。"上元二年新年里，老杜在草堂闲居，人日初七后一两天，接到高适寄来的《人日寄杜二拾遗》说：

"人日题诗寄草堂，遥怜故人思故乡。柳条弄色不忍见，梅花满枝堪断肠。身在南蕃无所预，心怀百忧复千虑。今年人日空相忆，明年此日知何处。一卧东山三十春，岂知书剑老风尘。龙钟还忝二千石，愧尔东西南北人。"汉代的郡守秩二千石，时高适为蜀州刺史，故借汉秩自喻所居官职。高适做了刺史，官不谓不高，禄不谓不厚，尚且抱怨自己老处西南，不预朝政，难酬壮志，想到老杜犹如"此人不出，如苍生何"的谢安，却高卧东山，卅年不起，于今又书剑飘零，成了孔夫子自谓的那种东西南北之人，那就更觉不安，更觉有愧，于是就写了这首诗来慰问他。这诗写得很真挚，正搔到老杜的痒处。十年后的大历五年（也就是他去世的那年）正月二十一日，老杜偶检文书帙，见到此诗，读后不觉泪洒行间，并感慨系之地作诗"追酬"亡友，一抒郁结说："自蒙蜀州人日作，不意清诗久零落。今晨散帙眼忽开，迸泪幽吟事如昨。呜呼壮士多慷慨，合沓高名动寥廓。叹我凄凄求友篇，感君郁郁匡时略。……"（《追酬故高蜀州人日见寄》）据此差可想象他当初展诵此诗时的情景和感触。

想去年年底忙于回成都草堂过年，新津之游意犹未尽，过完新年，他又到新津等地旅游去了。方志载新津县南二里有四安寺，为神秀禅师所建。杨德周说，县有修觉山，其上为宝华山，以峰顶多雪，又名雪峰。一天傍晚，老杜登上寺楼眺望雪峰，只见一僧人前来撞钟，不言不语，了不相顾。孤城返照，红光渐渐消失了；附近市镇上空，飘浮着翠而浓的炊烟。他年老多病，常常感到很寂寞；

可惜老朋友们总难从从容容地在一起欢聚。他想裴迪那么瘦，大概是由于苦思苦想作诗太苦的缘故，这就使得他太懒于交游，本来约好在这里相会的，谁知他竟然不来了。此情此景他写到诗里就是：

"暮倚高楼对雪峰，僧来不语自鸣钟。孤城返照红将敛，近市浮烟翠且重。多病独愁常阒寂，故人相见未从容。知君苦思缘诗瘦，大向交游万事慵。"（《暮登四安寺钟楼寄裴十迪》）这诗头两句能写出孤清之境。浦起龙认为"'翠且重'欠老成"，其实末句造语也不很稳妥。这诗可贵处在于能见其行踪与心境之一斑。"知君苦思缘诗瘦"，即相传李白嘲杜甫"借问别来太瘦生？总为从前作诗苦"意。两相对照，殊觉有趣。从这诗与去冬《和裴迪登蜀州东亭送客逢早梅相忆见寄》看，当时裴迪不在新津而在蜀州。浦起龙疑"裴或官于新津"，恐非。

老杜在新津盘桓非止一日，他前后曾两次游览了县城东南五里修觉山上的修觉寺。前次作《游修觉寺》说：

"野寺江天豁，山扉花竹幽。诗应有神助，吾得及春游。径石相萦带，川云自去留。禅枝宿众鸟，漂转暮归愁。"首联写景见登临时的心旷神怡。颔联写诗思的骏发和诗人的自信自得，话语本身就讲得很帅，似"有神助"。李、杜往往有此豪兴，发此狂言。仇兆鳌好意为老杜开脱："诗有神助，非自夸能诗，是云胜境能发诗兴耳。""云胜境能发诗兴"，良是；谓"非自夸能诗"，则非知人之言。后半摹寺前之景，语涉禅机，颇伤行旅，写得不算精彩。[21] 后次作《后游》说：

---

[21] 仇兆鳌说："此诗'径石相萦带，川云自去留'，乃摹寺前之景，说得潇洒自如。陆放翁诗'泉石相萦带，云烟互吐吞'，此写湖上之景，说得变见无常。一则参会禅机，一则旷观物态，意各有指，虽脱胎而却非蹈袭。"对"径石""泉石"二联的评价似均嫌稍高。

"寺忆曾游处，桥怜再渡时。江山如有待，花柳更无私。野润烟光薄，沙暄日色迟。客愁全为减，舍此复何之？"这诗中二联写得好。正由于诗人对前游地充满了感情"寺忆曾游处，桥怜再渡时"，在他眼中，这里的江山仿佛也很想念他，在等待着他的重来，而花柳就更是无私地以自己的姿色装点春光，供人游赏。[22] 我少时读先父建楣先生诗稿，至今还记得其中"桃李有花春到早，江山无恙我来迟"二句，颇赏其豪爽，但不知有意无意中受到老杜"江山"二句的启迪否。早上烟光微薄，原野显得湿润；中午沙滩温暖，似乎日色在那儿迟留不去。张惕庵说："'润'字从'薄'字看出，'暄'字从'迟'字看出，写景极细。"尾联与前章呼应，前云思家生愁，此云赏景销愁，暗点不惮重游之意。

他的《题新津北桥楼得郊字》也作于这一时期："望极春城上，开筵近鸟巢。白花檐外朵，青柳槛前梢。池水观为政，厨烟觉远庖。西川供客眼，惟有此江郊。"王嗣奭说："据诗语，题当作'北城楼'，新津令设宴于楼上。'望极'二字管下五句。池水、厨烟亦望时所见：池水止水清净，观为政，得清净之理也；厨烟远庖，怀好生之仁也。"所论甚是。这是应酬之作，无甚意义，但见老杜在新津时与当地官府有交往。"开筵近鸟巢"，老杜后期作诗不避险俗往往如此。"白花檐外朵"，写得楚楚动人。

这一时期的作品还有《寄赠王十将军承俊》《奉酬李都督表丈早春作》等。前首"将军胆气雄，臂悬两角弓。缠结青骢马，出入锦城中"，起得雄健含古意，写人物虎虎有生气。后首"红入桃花

---

[22] 王嗣奭说："江山如故，故云'有待'；花柳改观，故云'无私'。"对"花柳"句的理解特别，意思是说花柳不徇私情，不管你重来与否，该开就开，该落就落。这当然也讲得通，只是下句中的"更"字是相对上句而言，既然认为江山如此多情相待，就不大好硬说花柳"更"是"无私"，不徇私情了。此解于"更"字无着落，恐非作者原意。

嫩，青归柳叶新"一联，为历来评诗者所乐道。仇兆鳌说："'柳青桃复红'，起于谢尚，袭用便成常语。梁简文帝诗云：'水照柳初碧，烟含桃半红。'乃借烟水以形其红碧。杜云：'红入桃花嫩，青归柳叶新。'用'归''入'二字写出景色之新嫩。皆是化腐为新之法。"

老杜在新津稍作盘桓，当就近往蜀州与高适晤面，不久即归成都草堂。这是卜居于此遇到的第二个春天，头年规划、种植的花木松竹都已长成，浣花溪两岸春光更是明媚，跟附近乡亲们也渐渐熟识了，因此他就格外兴奋，格外容易受感动，禁不住写了两组小诗，纵情歌唱自己的快乐与痛苦。一组是《绝句漫兴九首》，另一组是《江畔独步寻花七绝句》。王嗣奭说："兴之所到，率然而成，故云'漫兴'，亦竹枝、乐府之变体也。"又说："此（《江畔独步寻花七绝句》）亦竹枝变调。"中唐刘禹锡曾仿竹枝词等民歌形式作了不少小诗，其《竹枝词九首引》说："四方之歌，异音而同乐，岁正月，余来建平。里中儿联歌竹枝，吹短笛击鼓以赴节；歌者扬袂睢舞，以曲多为贤。聆其音，中黄钟之羽，卒章激讦如吴声。虽伧伫不可分，而含思宛转，有淇澳之艳音。昔屈原居沅湘间，其民迎神，词多鄙陋，乃为作《九歌》，到于今荆楚歌舞之。故余亦作竹枝九篇，俾善歌者扬之。附于末，后之聆巴歈，知变风之自焉。"刘禹锡是最早自觉仿作竹枝词的人，引中有两点值得注意：一、受屈原提高沅湘迎神之词的启发，仿作竹枝着重在表现健康的爱情和巴蜀当地的风土人情；二、当地民间的竹枝词虽然听不懂，而其宫调可辨，其"含思宛转"的"艳音"还是很感人的。从现存刘禹锡的竹枝词中可以看出，他的这类小诗，既采取民歌习见的题材，又摹拟其曲调，无论在创作路数上在音乐风格上与一般绝句迥异。老杜的这两组绝句，任"兴之所到，率然而成"，不用深语，不拘声律，随意写村居感触，口吻的流利、腔调的宛转亦如刘禹锡《竹枝词》的肖巴蜀山歌。王嗣奭说这两组诗"亦竹枝变调"，所见甚是。鲁迅曾经说过这样的话："歌，诗，词，曲，我以为原是民间物，文人取为己有，越做越难懂，弄得变成僵石，他们就又去取一样，又来慢慢的绞死它。"这话是不错的。诗歌发展到唐代，诗这一文学品种远未"变成僵石"，但已有一些文人，如张志和、刘长卿、戴叔伦、王建、刘禹锡、白居易等在向七言四句的山歌、句式长短不齐的小曲学习，尝试写作新兴的诗歌体裁词了。刘禹锡的《竹枝词》《杨柳枝词》《浪淘沙》虽然都是七言四句，但就音乐和写法而论，它们是词而不是诗。老杜的这两组小诗，受当地民歌的影响很明显。黄生说："杜公绝句不入正声，似于此体不甚留意。特闻蜀中竹枝之音，聊尔戏效之耳。读者只就本调作解，不必律以正法，始称知言。"亦有见及此。即使老杜只是"戏效之"而非着意模仿，这无疑也显示了文人向民间学习新文学形式的趋势。

《绝句漫兴九首》其一说："眼见客愁愁不醒，无赖春色到江亭。即遣花开深造次，便教莺语太丁宁。"老夫我客寓他乡正愁得不可开交，没想到你这无赖的春色，眼见我客愁不醒便偷偷来到了江亭。你打发花儿开放已经够鲁莽的了，还让黄莺唠唠叨叨地叫个不停。元人曾瑞的〔南吕·骂玉郎过感皇恩采茶歌〕《闺中闻杜鹃》说："无情杜宇闲淘气，头直上耳根底，声声聒得人心碎。你怎知、我就里，愁无际。帘幕低垂，重门深闭。曲栏边，雕檐外，画楼西，把春醒唤起，将晓梦惊回。无明夜，闲聒噪，厮禁持。我几曾离、这绣罗帏？没来由劝我道'不如归！'狂客江南正着迷，这声儿好去对俺那人啼。"一唐一元，一诗一曲，二者之间不大会存在直接的影响与借鉴关系，但它们的构思相同，口吻近似，之所以如此，除了偶然相像的因素，似乎还可以从它们都濡染于民间歌曲的原因中求得并非毫无道理的解答。王嗣奭说:"'客愁'二字,乃九首之纲领。愁不可耐,故借目前景物以发之。其一'眼见客愁'者,春色也。春色安得有眼?奇得可笑。'即遣''便教',俱着春色说;'花开''莺语',因客愁而娱弄之使醒,此春色之无赖也。"怪了春色又怪春风:

"手种桃李非无主,野老墙低还是家。恰似春风相欺得,夜来吹折数枝花。"(其二) 这些桃树李树是去年我写诗向人家求来的,亲手栽种的,哪里是没有主的呢?我这乡下老头儿的围墙虽低,到底还是家啊。这春风恰好像是在欺负我,昨夜将几枝桃花李花吹折了。"夜来"犹云昨夜,孟浩然《春晓》"春眠不觉晓,处处闻啼鸟。夜来风雨声,花落知多少"中的"夜来"亦然。王禹偁,字元之,在商州,尝赋诗云:"两株桃杏映篱斜,装点商州副使家。何事春风容不得,和莺吹折数枝花。"其子嘉祐谓后二句颇与杜语相似,欲请易之。元之欣然更为诗曰:"本与乐天为后进,敢期子美是前身。"卒不复易(《小畜集·前赋春居杂兴诗二首间半岁不复省视因长男嘉祐读杜工部集见语意颇有相类者咨于予且意予窃之也予喜而作诗聊以自贺》)。这有什么可自豪的?哪有这样的呆鸟,任凭风吹枝折而不飞去呢?所以陆游早就说"王元之诗……和莺吹折数枝花,语虽极工,然大风折树而莺犹不去,于理未通,当更求之"(见一九七九年中华书局版《老学庵笔记》所附辑录之《续笔记》)。有真情实感,骂得出奇,不失其天真;反之,即使话语相似,仍不免弄巧反拙,贻笑大方。——且听老杜骂了春光、春风又骂燕子:

"熟知茅斋绝低小,江上燕子故来频。衔泥点污琴书内,更接飞虫打著人。"(其三) 去年春天"堂成"之日,"频来语燕定新巢",你们这些燕子该熟知我的茅斋绝低小啊。那么你们为什么偏要不停地从江上飞来又飞去,把衔来砌窠的春泥掉下来弄脏我的琴和书,还因为捕捉飞虫竟让翅膀扑打着人。诸注于末句多无解,或不知其中"接"字犹曹植《白马篇》"仰手接飞猱"之"接"字。"接"，迎。"接飞猱"，迎射飞猱。"接飞虫"，迎捕飞虫。张溍解此句得之："燕啄飞虫，虫避之，遂击人。"惟"虫避之，遂击人"嫌稍曲。仇兆鳌说："此章借燕子以寓其感慨，承首章莺语。莺去燕来，春已半矣。污琴书，扑衣袂，即禽鸟亦若欺人者。《杜臆》：'远客孤居，一时遭遇，多有不可人意者。'故两章皆带寓言。"也许流露出一些牢骚情绪，但不可看得太认真。如果径以为这不过是老杜在指桑骂槐，就未免大煞风景了。黄生评其一说："意喜之而语故怨之，口角趣绝。"又评其三说："亦假喜为嗔之辞。"认识到悲愁中也有喜悦，就比较全面了。其四是说留春不住，只得及时行乐：

"二月已破三月来，渐老逢春能几回？莫思身外无穷事，且尽生前有限杯。"果真恼春，春去最好，何惜之有？可见还是喜春的。黄生说："'破'乃破除之破，分明换却'过'字，然亦必俗语如此。"张相《诗词曲语辞汇释》考之甚详，举沈佺期《度安海入龙编》"别离频破月"、李商隐《和友人戏赠》"新正未破剪刀闲"等例句以证之，谓"破"皆"犹过也"。说要抛开世事，借酒浇愁，其实又何尝做得到。刘辰翁说："总如此则乐天矣。"胡仔《苕溪渔隐丛话》引《蔡宽夫诗话》说："乐天既退闲，放浪物外，若真能脱屣轩冕者，然荣辱得失之际，铢铢较量，而自矜其达，每诗未尝不着此意。是岂真能忘之者哉，亦力胜之耳。""力胜之耳"的意思是说勉强用理智去控制它，这话说得好。一个人痛苦之极时想解脱是一回事，能否解脱又是另一回事。乐天退闲之后，"铢铢较量"的主要是个人的"荣辱得失"，因此当他几经权衡，觉得"大隐住朝市""太嚣喧"，"小隐入丘樊""太冷落"，"贱即苦冻馁，贵则多忧患"，"不如作中隐，隐在留司官。似出复似处，非忙亦非闲"，且少风险，可以"致身吉且安"（《中隐》)，加之主客观都具备"作中隐"的条件，退而求其次，他又有什么不可以"力胜之"的呢？老杜则异于是。他并不是不较量荣辱得失，只是身处乱世，沦落下层，忧国忧民，百感交集，政治上又遭到严重打击，绝了"隐在留司官"之路，自然不生"作中隐"之想，因此他就不可能真正地放达起来。你听，他不是又在骂桃骂柳了么：

"肠断江春欲尽头，杖藜徐步立芳洲。颠狂柳絮随风舞，轻薄桃花逐水流。"（其五）"江春"一作"春江"。王湾《次北固山下》有"江春入旧年"句，此作"江春"较佳。首句是说我为江上的春天将尽而悲伤。《许彦周诗话》说："春时秾丽，无过桃柳。'桃之夭夭''杨柳依依'，诗人言之也。老杜云：'颠狂柳絮随风去（舞），轻薄桃花逐水流。'不知缘谁而波及桃花与杨柳矣？"未必缘谁，不过借憎怪桃柳以写惜春之情而已。伤春欲尽，踯躅芳洲。絮随风舞，实在颠狂。花逐水流，果然轻薄。桃柳如此无情，真是令人恼煞。从艺术构思的角度看，这么想这么说不是很别致很有趣么？气不过，没奈何只得又回家去喝酒：

"懒漫无堪不出村，呼儿自在掩柴门。苍苔浊酒林中静，碧水春风野外昏。"（其六）没什么可赏玩的我不再出村子了，叫儿子把柴门掩好，且让我消停消停。箕踞在苍苔上喝盅酒，林子里真清静啊，哪管它春风猛吹绿水扬波把野外搞得昏天黑地。写得颇有境界。情绪安定下来了，其实这春末夏初之景也足可赏心悦目：

"糁径杨花铺白毡，点溪荷叶叠青钱。笋根雉子无人见，沙上凫雏傍母眠。"（其七）赵宸说，汉铙歌有《雉子斑》。又雉（野鸡）性好伏，其子身小，在笋旁难见。杨慎说："绝句诗，一句一义，如杜诗此章，本于古诗《四时咏》。王维诗：'柳条拂地不忍折，松干梢云从更长。藤花欲暗藏猱子，柏叶初齐养麝香。'欧阳公诗：'夜凉吹笛千山月，路暗迷人百种花。棋散不知人换世，酒阑无奈客思家。'亦是此体。"若论合零为整，能于四分景中见浑然一体的意境，当推王、杜二绝为优。既然夏景亦复大佳，则当开怀畅饮，了此一生，这就是其八中所表达的意思：

"舍西柔桑叶可拈，江畔细麦复纤纤。人生几何春已夏，不放香醪如蜜甜。"脱口而出率真如山歌，不着意描状而富于季节感和江乡情调。仇兆鳌说，自春入夏，所咏花木禽鸟，俱随时托兴，惟独柳色夏青，仍遭摧折，故感慨系之，写成其九，作为结束：

"隔户杨柳弱袅袅，恰似十五女儿腰。谁谓朝来不作意，狂风挽断最长条。""不作意"，没注意。《琅琊王歌辞》："新买五尺刀，悬著中梁柱。一日三摩挲，剧于十五女。"与此皆取譬于"十五女儿腰"，但一状爱之甚，一状枝之软，风韵各别，不觉雷同。于一枝之折，意犹不释如此，这哪里是痴，这是备受创伤的心灵不堪再遭摧折的过敏性反应。黄生说："此首是竹枝本色。"

李东阳认为少陵《漫兴》诸绝句有古竹枝词意，跌宕奇古，超出诗人蹊径。申涵光则认为，绝句以浑圆一气、言外悠然为正，王龙标其当行。太白亦有失之轻者，然超轶绝尘，千古独步。惟杜诗别是一种，能重而不能轻，有鄙俚者，有板涩者，有散漫潦倒者，虽老放不可一世，终是别派，不可仿效。李空同处处摹之，可谓学古之过。"恰似春风相欺得，夜来吹折数枝花"，语尚轻便。"莫思身外无穷事，且尽生前有限杯"，似今小说演义中语。"糁径杨花铺白毡"，则俚甚。李、申二说，一褒一贬，却都搔着痒处。平心而论，认为绝句以浑圆一气、言外悠然为正体，以王昌龄、李白（还应加上王维）为正宗，老杜终是别派，这也是历来大多数诗评家的看法，并非毫无道理。一个说老杜《漫兴》这类绝句像竹枝词，跌宕奇古。一个说像小说演义的话，俗气得很。不管怎样，都指出了趋向于当时当地民歌的这一特点。在我看来，不管它雅也好俗也好，只要写得别致，能显示诗人部分的（哪怕是凌乱的）生活风貌和内心活动，那也是好的，值得珍视。至于老杜的这种绝句值不值得学，又应该怎样学，则是可以从长计议的另外的问题。

《江畔独步寻花七绝句》与《绝句漫兴九首》可算是姊妹篇，当作于同时前后。[23] 其一说：

"江上被花恼不彻，无处告诉只颠狂。走觅南邻爱酒伴，经旬出饮独空床。"王嗣奭说："'颠狂'二字，乃七首之纲。觅酒伴而不值，所以独步寻花也。"黄生说："首作觅伴，次作独寻，次四作遍历有花之处，末章复总发其意以终之。诸绝句中多入方言，益知其仿竹枝之体。'独空床'三字，写出逼真，满拟拉伴寻花，谁知偏背出饮，大有恨之之意。""走觅"句下原注："斛斯融，吾酒徒。"据此知南邻非止一家，除此人外，前面已经介绍了朱山人。其二说：

"稠花乱蕊裹江滨，行步敧危实怕春。诗酒尚堪驱使在，未须料理白头人。"江两岸全给开得又稠又乱的花和蕊裹起来了，一脚高一脚低跟跟跄跄地走着，我实在害怕这个春啊！眼下诗和酒还很听我的使唤，倒不须为我这个白头人的健康操心。王嗣奭说，"花恼""怕春"皆反语；诗酒而曰"驱使"，白头人而曰"料理"，俱是奇语。要是说奇，我看"裹"字就下得更奇。这种想事的路子，这种措辞法，很有点现代诗人的味道。其三说：

"江深竹静两三家，多事红花映白花。报答春光知有处，应须美酒送生涯。"红白花多事，春色撩人，此即"江上被花恼不彻"之意。即"被花恼"，"惟有杜康"可以解忧。如此可嗔却说"报答"，这是在讲反话。其实他又何尝嗔，他不过在诗中装疯卖傻，

---

[23]《绝句漫兴九首》从春写到夏，《江畔独步寻花七绝句》只写春天情事不到夏，就整组而论，后者当在前完成。

"假喜为嗔"(黄生语)。其四说：

"东望少城花满烟，百花高楼更可怜。谁能载酒开金盏，唤取佳人舞绣筵。"左思《蜀都赋》："亚以少城，接乎其西。市廛所会，万商之渊。"刘渊林注："少城，小城也，在大城西，市在其中也。"唐时仍有少城的名称。《元和郡县志》载少城在成都县西南一里。这是离浣花草堂最近的市区。王嗣奭以为变烟花为"花满烟"，是化腐为新。遥望少城，望有人召赴舞筵，此老兴致可不小。他过去在长安时，经常身预此等盛会。今来成都，偶与官府酬酢，亦当有官妓歌舞助兴。（他这一时期所作《即事》"百宝装腰带，真珠络臂鞲。笑时花近眼，舞罢锦缠头"，即席上赠舞妓的诗，这就是明证。）他是个中人，难免作此奢想，但在今天看来，这倒是他未能免俗处，值不得称道。其五说：

"黄师塔前江水东，春光懒困倚微风。桃花一簇开无主，可爱深红爱浅红？"陆游《老学庵笔记》载："予在成都，偶以事至犀浦，过松林甚茂，问驭卒：'此何处？'答曰：'师塔也。'盖谓僧所葬之塔。于是乃悟杜诗'黄师塔前江水东'之句。"怕春寻酒，来到黄禅师塔前，见江水东逝，该抵得上当头棒喝，有所醒悟。谁知这里春风骀荡，无主桃花，开得正盛，令人应接不暇，不知爱深红好还是爱浅红好。"春光懒困倚微风"，多以为是诗人自谓，言春时懒倦，故倚风少憩。杨伦说此句"并传出春光之神"，则径以"懒困（而）倚微风"者为"春光"。这两组诗中多以春色、春风、花鸟、诗酒等拟人，可见如此解"春光"句不仅别致，很可能这就是作者的本意。若从前说，实在倒实在，只是把个杜少陵形容成林黛玉了。其六写从冷僻处又寻到了有人家的地方：

"黄四娘家花满蹊，千朵万朵压枝低。留连戏蝶时时舞，自在娇莺恰恰啼。"黄四娘是何许人也？浦起龙答："黄四娘自是妓人，用'戏蝶''娇莺'恰合。"萧涤非先生说:"按娘子乃唐时妇女的美称,……又唐人以称呼行第为尊敬,浦氏未免望文生义。"我看这位黄四娘大概是在百花潭这一带当垆卖酒的老板娘。去黄四娘家的路上满是盛开的鲜花,千朵万朵把枝子都压低了。流连忘返的蝴蝶时时起舞,自由自在的黄莺这时恰好尽情地啼叫起来。你看他把景物描写得多美,心情又是何等地畅快,能说他真的嗔春怕春么?末章总结,深情无限:

"不是爱花即欲死,只恐花尽老相催。繁枝容易纷纷落,嫩蕊商量细细开。"不是爱花我真想马上就死,可见爱花之深。我不是不爱花,只怕花开尽了时光催人老。("老相催","老"是拟人化,这是这两组诗用字奇处。)枝上繁花容易纷纷飘落,那些嫩蕊且商量着仔仔细细地开放吧!杨伦说:"明明供出又不肯承认,妙!"李商隐《即日》说:"一岁林花即日休,江间亭下怅淹留。重吟细把真无奈,已落犹开未放愁。"又《二月二日》说:"二月二日江上行,东风日暖闻吹笙。花须柳眼各无赖,紫蝶黄蜂俱有情。"这种怕春惜春、恼花爱花而实是自悲时光流逝的矛盾心情,以及"假喜为嗔"口吻,和老杜的这两组差近,可互相参读。王阮亭说:"读七绝,此老是何等风致!"此等风致,义山往往得之。

俗话说:"酒醉见真情。"春风沉醉,诗兴癫狂,老杜的这两组绝句,看似逢场作戏,却在梦幻般的多少变形的艺术折光中泄露了灵魂深处的真情。这是很有意义的,写得也很出色,决不可因"别派"而见斥。

八　到底不是陶渊明

这年自春至夏,老杜还创作了许多以正常心理状态、常规表现手法反映生活风貌的诗篇。

　　南方多雨，春时尤甚。老杜去春初居草堂时，见春雨连绵，春涨迅猛，难免腻烦，难免惊恐。现在住久了习惯了，渐渐体味出春雨、春水原来如此地美，写在诗里连诗也显得很滋润，这犹如春天里的辛夷、海棠、牡丹、芍药，在北方固然也开得好，终觉灰扑扑的，要是在南方，自会清爽得多水灵得多。他的《春夜喜雨》就是一首写春雨和雨中景物极为成功之作：

　　"好雨知时节，当春乃发生。随风潜入夜，润物细无声。野径云俱黑，江船火独明。晓看红湿处，花重锦官城。"春天正需要雨的时候春雨就下起来了，所以叫好，所以可喜。王嗣奭认为首联"谓当春乃万物发生之时也，若解作雨发生则陋矣"。"随风潜入夜，润物细无声"，写春雨出神入化。李商隐的《微雨》"初随林霭动，稍共夜凉分。窗迥侵灯冷，庭虚近水闻"，体物入微。又《细雨》"帷飘白玉堂，簟卷碧牙床。楚女当时意，萧萧发彩凉"，以意象表入微的感觉，构思尤其精美。但与老杜此联相较，颇嫌纤巧，少"妙手偶得"之趣。韦承庆《南行别弟》："澹澹长江水，悠悠远客情。落花相与恨，到地一无声。"刘长卿《别严士元》："细雨湿衣看不见，闲花落地听无声。"皆就"无声"着墨，而以刘作稍逊。野径与乌云密布的天空一片漆黑，只有江上船中一点灯火独明。邵子湘说："（野径）十字咏夜雨入神。"以上都写夜雨。尾联写早起远眺成都所见。近郭花繁，经雨则红湿且重，"'重'字妙，他人不能下"(王嗣奭语)。杨伦说："解杜旧多穿凿，宋人有以三四为相业者，殊属可笑。"近人也有过分拔高这两句之含意的。见仁见智，读者不妨有各自独特的体会；若谓诗人必以寓言见其胸襟，则未免武断，且有损于诗意。这诗从夜晚写到天明，而着重在夜晚。诗人居然把伸手不见五指的黑夜和"润物细无声"的春雨写得这样真切入微，可触可感，其艺术表现力之强，只有王维《冬晚对雪忆胡居士家》"隔牖风惊竹，开门雪满山"差可比拟。晚上只听到风吹竹响，早上起来开门一看，嗬！满山是雪，昨晚只道是风惊竹，原来落了一夜的雪了。摩诘写夜雪，少陵写夜雨，各臻其妙，但都能在难下笔处写出水平来，足见他们功夫之深。杜"随风"联、王"隔牖"联，都是流水对。流水对以属对工整又一气呵成为工，此二联旗鼓相当，堪为典范。

当此"好雨知时节，当春乃发生"之际，老杜的心情很好，曾在《遣意二首》中愉快地描写了草堂春日、春夜之景及其闲居适意之事。其一说：

"啭枝黄鸟近，泛渚白鸥轻。一径野花落，孤村春水生。衰年催酿黍，细雨更移橙。渐喜交游绝，幽居不用名。"这里写的是白天的情景。听到婉转的叫声，原来黄莺就在近处的树枝头；白鸥随波漂浮，它们可真轻啊。如果改为四言"枝啭黄鸟，渚泛白鸥"，便成了无我之境，似乎也不错。现在用了个"近"字、"轻"字，就像画龙点睛，把境界写活了，把诗人自己也写入了境界之中，这显然更好一些。王国维谈有我之境、无我之境，以为后者优于前者。究其实，只要好，有我之境亦佳；不好，即无我之境亦不佳。[24]"一径野花落，孤村春水生"，申涵光以为是高、岑秀句，杨伦以为是王、韦佳句。这两句写得确乎有韵味，能见出江乡生活中的孤寂之美：一路落花，一湾春水，一缕柔情。仇注引《语林》：

---

[24]《人间词话》说："……'寒波澹澹起，白鸟悠悠下。'无我之境也。……古人为词，写有我之境者为多，然未始不能写无我之境，此在豪杰之士能自树立耳。"于两种境界，即语含轩轾。"枝啭黄鸟，渚泛白鸥"，犹所举"寒波"二句，可谓之为无我之境。有"近"字、"轻"字的"啭枝"二句，虽不极佳，亦别饶生活情趣，自相比较，多少能说明问题。

王无功有四十六顷在河渚间，自课种黍，春秋酿酒。以此注"衰年"句，固然恰当。不过，说这话时的心情似乎更与陶渊明想悉令公田种秫，俾"常得醉于酒"的心情接近。是高士的洒脱么？不，这是苦闷的变态反应。橙，又名广柑、广橘、黄果。果实球形或长球形，橙红或橙黄色，味甜。皮较厚，不易剥离。原产于我国广东、四川、湖南等地。品种甚多。司马相如《上林赋》中已提到橙："黄甘橙楱。"《华阳国志》说"蜀有给客橙葵"，蜀地的橙是很出名的。去春草堂草创之初，老杜抓紧栽种的主要是些很快能收益的桤树、桃树之类。现在可以从从容容地趁阴雨天移栽广柑这样的良种果木树了。老杜从前在长安重游何将军山林时，见主人"手自移蒲柳，家才足稻粱"，不胜艳羡，也想"何日沾微禄，归山买薄田"。如今他总算如愿以偿，也有余粮酿酒，有园地移橙，心中该多少得到一点安慰了吧！陶渊明《归去来兮辞》："归去来兮，请息交以绝游。"末联用其意，也实有同感。仇兆鳌说："末联，不唯笑倒结客少年，亦且唤醒虚声处士矣。"故作深解，反觉乏味。其二写傍晚和夜间情事：

"檐影微微落，津流脉脉斜。野船明细火，宿鹭起（一作雁聚）圆沙。云掩初弦月，香传小树花。邻人有美酒，稚子夜（一作也）能赊。"夕阳西下，屋檐的阴影微微垂落下来[25]；浣花溪水脉脉含情地打村边斜斜地流了过去。火惊鹭起，颔联有因果关系，是不很明显的流水对。"云掩初弦月，香传小树花"，清新自然，于细微处见幽境高致，诵之口齿生香。李义山间有此等秀句，其《夜出西溪》"月澄新涨水，星见欲销云"境界差近。姚崇《夜渡江》"闻香

---

[25] 可参看何逊《秋夕仰赠从兄寘南》"徘徊檐影斜"句、沈佺期《游少林寺》"绀园澄夕霁，碧殿下秋阴"联。

第十三章 "暂止"的"飞鸟" | 761

暗识莲"、孟浩然《夜渡湘水》"露气闻芳杜"意思跟"香传"句也差不多，却嫌炼句（其实是炼意）的功夫还不到家。兴致这么好，邻家又有美酒可让宗文、宗武去赊来自酌自饮，诗人今晚过得真惬意！王嗣奭说："野船将夕起爨，故有火，而未入夜，故其光尚细，与'江船火独明'者不同。……'宿雁'似当作'鹭'，盖花开雁已北矣。后有（《草堂即事》）'建子月'（'宿鹭起圆沙'）诗句与此同而作'宿鹭'，此作'宿雁'，彼此两误也。《禽经》云：'鹭恶露，今人畜之有驯扰者，每至白露降日，定飞扬而去，不可复畜。'则知建子月安得有鹭？邻人有酒，稚子能赊，何足为异？余谓径当作'夜'。'也能赊'，余谓当作'夜'，今阅应刻果然。《韵府》引之亦作'夜'，为之一快。《（杜）通》云：'"孤村春水生"，冲淡自然，不知与"池塘生春草"孰胜？'世有大可忧者，众人不忧，唯君子独忧之。然世有可适意者，众人不知所适，唯君子独取之。如'一径野花落，孤村春水生''云掩初弦月，香传小树花'，此景趣谁不见之，而取之以适者君子也。"所论颇可取。所定之字，其后诸本多从之。

《漫成二首》也写春日草堂的生活情趣。其一说：

"野日荒荒白，春流泯泯清。渚蒲随地有，村径逐门成。只作披衣惯，常从漉酒生。眼边无俗物，多病也身轻。"用"荒荒白"状野外迷雾中的春阳，用"泯泯清"状澄澈的春流，极富表现力。申涵光说："杜诗善用叠字，如'野日荒荒白''宿鹭娟娟净''江市戎戎暗''山云淰淰寒'之类，皆非意想所及。""渚蒲"二句如杨伦所评确是"妙语"。到了春天，水边哪里不长满香蒲呢？"渚蒲"句写渚蒲之多。王维《辋川集·白石滩》"清浅白石滩，绿蒲向堪把"，写滩蒲长得还不到一拳高，都有季节感。陶诗说："时复墟曲中，披草共来往。"杜诗说："寻我草径微，褰裳踏春雨。"荒村邻舍之间的小路多是这样用脚走出来的;由于你来我往,走得多了,自然而然"村径逐门成"了。这景象未免凄凉点,但是这种脚走出来的小路,却能让人想到淳朴的乡邻关系,所以觉得美。今天好不容易在公园里或学校里铺就一块块绿油油的草地,由于过往人等多爱走捷径,竟在好端端的草地上也来个"捷径逐门成",那就一点儿也不觉得美了。可见美总是同理想结合在一起的。萧统《陶渊明传》:"郡将尝候之(指陶渊明),值其酿熟,取头上葛巾漉酒,漉毕,还复著之。"又陶渊明《移居二首》其二:"春秋多佳日,登高赋新诗;过门便相呼,有酒斟酌之。农务各自归,闲暇辄相思,相思则披衣,言笑无厌时。"颈联活用此二事,合尾联,意谓每当兴起辄披衣寻邻叟杯酒言欢;只要眼前没俗物,多病也觉一身轻。《世说新语·排调》:"嵇、阮、山、刘,在竹林酣饮。王戎后往,(阮)步兵曰:'俗物已复来败人意。'王笑曰:'卿辈意亦复可败邪?'"何者为"俗物",理解因人而异。有人根本无此概念。自命清高者所指的"俗物",可能并不俗。不过"俗物"毕竟是有的。老杜人品不坏、趣味不低,他眼中的"俗物"想必确有可厌处。篇末的感想恐怕不完全是泛泛而论,他近来间或去成都、蜀州、新津与官场中人交往,一定又遇到几个确乎可厌的"俗物"了。其二说:

"江皋已仲春,花下复清晨。仰面贪看鸟,回头错应人。读书难字过,对酒满壶频。近识峨眉老,知余懒是真。"这首着重写眼无俗物得以独适己性之乐:早春二月的江滨,多美呀这花下的清晨。我仰着脸正贪看着枝头的啼鸟,忽听得一声招呼,回头一瞧才知我答应错了人。读书贵有得且放过难字不去管它,对着酒可就要满壶满壶地往杯里倾。最近我结识了一位峨眉山的老隐士,他知道我的疏懒就是我的纯真。"峨眉老"原注:"东山隐者。"峨眉山在四川峨眉县城西南七公里，与浙江普陀山、安徽九华山、山西五台山并称佛教四大名山。因山势逶迤，"如螓首蛾眉，细而长，美而艳"，故名。有大峨、二峨、三峨之分。今游览地即大峨。主峰万佛顶海拔三千米有余。山脉峰峦起伏，重岩叠翠，气势磅礴，雄秀幽奇，素有"峨眉天下秀"之誉。山上寺庙创建于东汉，后历代续有增修。初流行道教。唐、宋以后佛教日趋兴盛。"难字过"，故夏客以为"经眼之字，难于轻过"，仇兆鳌说是"老年眼钝"，难于一个字一个字地过目。浦起龙说："全首诗总见得'懒是真'。'难字过'，正见懒趣。五柳先生不求甚解，意亦犹是。"此说得之。陶渊明《五柳先生传》："（五柳先生）好读书，不求甚解；每有会意，便欣然忘食。性嗜酒，家贫不能常得；亲旧知其如此，或置酒而招之。造饮辄尽，期在必醉。"这几句话，不但有助于理解"难字过"，也有助于理解"满壶频"。老杜俨然以五柳先生，亦即陶渊明自况了。

处在跟陶渊明相近的生活环境，思想感情容易跟陶渊明相通，作起诗来，不觉就有点五柳先生的味道和派头，超然物外，不欲与俗物为伍，这只是老杜当时村居生活和精神面貌的一个侧面。一旦真的有至亲好友来了，他还是会暂时收起那偃蹇疏懒之态，抖擞精神，热情地招待起客人来了：

"舍南舍北皆春水，但见群鸥日日来。花径不曾缘客扫，蓬门今始为君开。盘飧市远无兼味，樽酒家贫只旧醅。肯与邻翁相对饮，隔篱呼取尽余杯。"（《客至》）题下原注："喜崔明府相过。"邵宝说："公母崔氏，明府，其舅氏也。"这揣测不无道理。张𬘡说："前有《宾至》诗，而此云'客至'。前有敬之之意，此有亲之之意。"陈秋田说："宾是贵介之宾，客是相知之客，与前《宾至》首各见用意所在。"家里来了这样的客人，那就难怪诗中既有空谷足音之喜，又见村居真率之情了。正因为浣花溪这"清江一曲抱村流"(《江村》)，若着眼于草堂，那就是"舍南舍北皆春水"了。我读王维《白石滩》"清浅白石滩，绿蒲向堪把。家住水东西，浣纱明月下"，总想象这春夜月下浣纱者是个少女，而她家的东边和西边都是水（或一水抱流或两水夹流），以为这样更显得幽静，更显得美。王维的"家住水东西"，跟杜的"舍南舍北皆春水"，方位虽异，基本意思却是相同的。同样，"舍南"二句跟"家住"二句，虽有日夜之分，写的却都是幽美恬静之境。所不同的只是后者纯为表现一种美的境界，前者在美的境界之中却隐隐地流露出一种被冷落的情绪。萧涤非先生说："'但见'二字，暗含讽意，见得只有群鸥不嫌弃。交游冷淡自在言外。"老杜嘴里说什么"渐喜交游绝，幽居不用名"，可心里对这种被冷落的处境并非毫不介意。如今他在前几首诗中所显露出来的那层冷漠人生态度的微霜，一下子给好客的热情融化了，这岂不足以见出他内心深处始终是热的，他表面上的冷，不过是为了求得精神上的平衡，减弱那起于人世烦恼的心火，用理智克制情感的结果。黄生说："花径不曾缘客扫，今始缘君扫；蓬门不曾为客开，今始为君开：上下两意交互成对。"于殷勤迎接中见深情。颈联是说因市远、家贫，拿不出两种美味和好酒待客。今人于酒轻新而重陈，比如讲究喝陈年花雕；古人重新而轻陈，所以白居易借"绿蚁新醅酒"以招饮，杜甫愧出"旧醅"以待客了。尾联问客人如果肯与邻翁对饮，那就隔着篱笆把他们叫过来一起喝。老杜的邻翁诗中写到的有"爱酒""能诗"的某归田县令、好客而"多道气"的朱山人、"卖文为活"的落拓文士斛斯融。老杜经常叨扰他们的酒食（其《南邻》"惯看宾客儿童喜"、《过南邻朱山人水亭》"残樽席更移"、《江畔独步寻花七绝句》其一"走觅南邻爱酒伴"原注"斛斯融，吾酒徒"可证），他们又都是些斯文人，如今家里来了客，虽说"无兼味""只旧醅",可吃可喝的总会比平时丰富些,请他们一个两个来陪客,既可以热闹热闹,又借此机会还个人情,这又何乐而不为呢?自称"野老"("野老墙低还是家"),他们自然是"邻翁"了。(本来就是嘛!)把他们说得这么村俗,态度这么随便,主要是:(一)为了对作为现任县官的客人表示尊敬。(二)借以表示包括自己和邻人在内的江村"野老"们之间"忘形到尔汝"(老杜《醉时歌》中句)的亲昵关系。王羲之在《州民帖》中自称"州民王羲之",收信人不详,想是当地最高地方行政长官了。难道王羲之真是一般的州民么?诗文中的作者自我形象及其有关人物,不管怎样写实,由于受艺术构思和创作情绪的影响,总不会跟原型完全一样,而或多或少带有进入角色的表演者的味道。因此我们不要过于老实,认为那"邻翁"就只能是地地道道的田父野老,并从而好心地看出诗人与人民亲密无间的关系来。当然,老杜也确乎跟田父野老多次在一起饮过酒(有《羌村三首》其三、《遭田父泥饮美严中丞》等可证),而且他这次"隔篱呼取"来当陪客的"邻翁"也可能是地地道道的田父野老。不过,如前所论,既然还存在另外一种可能性,我们就不应随意拔高老杜及其诗作的思想性。

犹如一泓止水偶起涟漪而复归于平静,客去之后老杜的乡居生活很快又恢复了它原来的舒缓的节奏。

二月三月,桃花水发了⁽²⁶⁾,真是"舍南舍北皆春水",一片汪洋。老杜有了头年春天居住江村的经验,对于涨水已经不那么可怕,甚至还觉得挺有意思:

〈26〉桃花水即桃花汛。《汉书·沟洫志》:"来春桃花水盛,必羡溢,有填淤反壤之害。"《宋书·河渠志一》:"二月三月,桃花始开,冰泮雨积,川流猥集,波澜盛长,谓之桃花水。"

"二月六夜春水生,门前小滩浑欲平。鸂䴒㶉鶒莫漫喜,吾与汝曹俱眼明。"(《春水生二绝》其一)今年桃花汛来得早,浣花溪二月六夜就开始涨水了。早上起来一瞧,前面的小滩快淹没了。好大的水!不觉兴高采烈,"无处告诉只颠狂"地跟水鸟们吹起牛来:"不要以为只有你们喜欢涨水,我的眼睛也同样很明亮呢!"这真是莫大的喜悦!这简直是孩子们的心理!王嗣奭说:"观此二诗,知前江涨之喜,水势如海,固奇观也。"水越涨越高,他想南市码头有船卖,可惜没有钱,要是有钱,买了来系在篱笆旁边该有多好:

"一夜水高二尺强,数日不可更禁当。南市津头有船卖,无钱即买系篱旁。"(其二)一夜涨二尺,要是照这样的速度涨下去,几天之后那还了得!看来不可盲目乐观,得做点准备以备万一。虽然如此,他倒也不惊慌失措,甚至还有闲情逸致去欣赏那海一般汪洋大水的奇观,并垂钓浮槎,赋诗遣兴:

"为人性僻耽佳句,语不惊人死不休。老去诗篇浑漫与,春来花鸟莫深愁。新添水槛供垂钓,故著浮槎替入舟。焉得思如陶谢手,令渠述作与同游。"(《江上值水如海势聊短述》)吴见思说:江上值水势如海,诗人见此奇景,偶无奇句,故不能长吟,聊为短述;题意在"聊短述"三字,故通篇皆作自谦之词。这理解是正确的。通篇大意是说:我平生对锤炼佳句最入迷,语句如不惊人我死也不肯罢休。如今年老已不像过去那样刻意求工,写作诗篇随随便便就脱手了;春天里的花鸟呀,你们再也用不着害怕我对你们做极貌穷形的刻画了。[27]就

---

[27] 旧注将"愁"字属花鸟说,盖谓诗人形容刻露,花鸟亦应愁怕。钱笺:"春来花明鸟语,酌景成诗,莫须苦索,愁句不工也。若指花鸟莫须愁,岂知花鸟得佳咏,则光彩生色,正须深喜,何反深愁耶?"(仇注引,今本《钱注杜诗》无此条)萧涤非先生从前说,并进一步论证说:"诗人形容刻画,就是花鸟也要愁怕,是调笑花鸟之辞。韩愈赠贾岛诗:'孟郊死葬北邙山,从此风云得暂闲。'又姜白石赠杨万里诗:'年年花月无闲处,处处江山怕见君。'可以互参。"

拿眼下来说，新近水涨到轩窗之下可供垂钓[28]，设法编个木筏子坐坐，也凑合着替代乘船（他想买船，因为没有钱没买成），此情此景，可放笔为长篇，可惜手涩力不从心。要是诗思潮涌有如陶渊明、谢灵运这些高手，与他们同游，令他们澜翻述作，那该有多好啊！《吕氏童蒙训》说："陆士衡《文赋》：'立片言以居要，乃一篇之警策。'此要论也。文章无警策，则不足以传世，盖不能竦动世人。如杜子美及唐人诸诗，无不如此。但晋宋间人，专致力于此，故失于绮靡而无高古气味。杜诗云：'语不惊人死不休。'所谓惊人语，即警策也。"仇兆鳌说："作诗机神偶有敏钝，忽然机到，则曰'诗应有神助'；忽然机涩，则曰'老去诗篇浑漫与'。若云公自五十后，年衰才尽，何以又曰'晚节渐于诗律细'乎？今考夔诗，如《秋兴八首》《诸将五首》《咏怀古迹》诸作，皆极精彩，未可谓皆率意漫与也。"

春雨时停时下，桃花水时退时涨，时光荏苒，转眼已是三月。与前诗稍异，他的《春水》则着重描写江村水涨情景：

"三月桃花浪，江流复旧痕。朝来没沙尾，碧色动柴门。接缕垂芳饵，连筒灌小园。已添无数鸟，争浴故相喧。""连筒"指筒车。筒车亦称"天车"。一种提水工具。筒车的水轮用木或竹制成，直立于河边水中，受水流冲击而转动。轮周系有竹制或木制盛水筒，筒在水中盛水后，随轮转至上方，水自动倾入特备的槽内，流入农田。三月里的桃花浪，又重新回升到前几天水落后刚露出来的旧涨痕。早上已淹没了前面沙滩的尾巴，清空凝碧的水色晃动着映

---

[28] 这轩窗本不近水，不是"水槛"，只因大水涨到窗下，等于"新添"了个可供"垂钓"的"水槛"了。这样理解，方与"水如海势"的实情实景密切相关，也很风趣。当然，也可以理解为新近真的添建了个"水槛"。因为据同时所作《水槛遣心二首》可知，这里确有水槛啊。

照着柴门。水深了须接长了钓丝垂钓,岸边的筒车因流速增大灌园灌得更欢了。不知哪儿来的这许多鸟,都争着洗澡,所以一片喧哗。这时春江水涨之于老杜与其说可怖,毋宁说可喜了。浦起龙说:"写春雨后水涨,能一字不混入雨,能字字切春,断非他手能办。通首生趣盎然,活泼泼地。"王嗣奭以为用"沙尾"新。四川彭山县有沙头津,广东三水县有沙头村,广州有沙面,福建金门有沙尾市,或古时有"沙头""沙尾"的说法,此采俗语入诗。

这一时期,老杜写春雨春水且见快意的篇章不一而足。他的《水槛遣心二首》即写梅雨时节诗人在草堂水亭凭槛眺望以遣心的兴会和感慨。其一说:

"去郭轩楹敞,无村眺望赊。澄江平少岸,幽树晚多花。细雨鱼儿出,微风燕子斜。城中十万户,此地两三家。"城里人口众多房屋密集,此地离郭很远,只有两三户人家,前面又无村子挡着,加上水亭柱子(槛)稀疏门窗宽敞,所以在此地眺望,看得很远。首尾两联结合起来看意思就很清楚了。江水平满,淹没了不少地段的堤岸,所以说"平少岸"。"幽树晚多花",可与苏舜钦《淮中晚泊犊头》"春阴垂野草青青,时有幽花一树明"合看。"细雨"联脍炙人口。叶梦得说:"诗语固忌用巧太过,然缘情体物,自有天然工妙,虽巧而不见刻削之痕。老杜:'细雨鱼儿出,微风燕子斜。'此十字,殆无一字虚设。雨细著水面为沤,鱼常上浮而淰;若大雨,则伏而不出矣。燕体轻弱,风猛则不能胜,唯微风乃受以为势,故又有'轻燕受风斜'之语。"(《石林诗话》)黄希说:"成都户十六万九百五十,此云'城中十万户',虽未必及其数,亦夸其盛耳。"末联以城中之盛反衬此地之清旷,这是文学夸饰,不是人口普查,岂求数字的精确?若死抠数字,不但城中户数不符,此地恐亦不止两三家,已知老杜的南邻北舍有某退休县令、朱山人、斛斯融三家，浣花村住户定然超过此数。八句排对，各含遣心，妙在浑然一体，无割裂之弊。其二说：

"蜀天常夜雨。江槛已朝晴。叶润林塘密，衣干枕席清。不堪只老病，何得尚浮名。浅把涓涓酒，深凭送此生。"首联即《散愁二首》其一"蜀星阴见少，江雨夜闻多"意。王阮亭甚赏"蜀星"联，认为"不至蜀者不知其确"。"蜀天"联亦佳。"衣干枕席清"写雨晴之后的爽朗感觉亦佳。仇兆鳌说："叶润承雨，衣干顶晴。老病忘名，酒送余生，此对景而遣怀也。"

他不仅借春水以遣心，还因江涨而起沧洲之兴：

"江发蛮夷涨，山添雨雪流。大声吹地转，高浪蹴天浮。鱼鳖为人得，蛟龙不自谋。轻帆好去便，吾道付沧洲。"《江涨》西边少数民族地区高山之上雨降雪融，更增添了江涨汹涌之势。巨大的声音吹得地轴旋转，高高的浪头拍打着天空把天空浮起。鱼鳖给冲刷到岸边被人们逮住了，蛟龙也给搞得无处安身自身难保。子曰："道不行，乘桴浮于海"《论语·公冶长》，那么，我也无妨趁大水轻帆之便，去寻找神仙们居住的沧洲，将我的主张通通付诸东洋大海。涨势凶险而意态潇洒，对比去春"江涨柴门外，儿童报急流"《江涨》时的惶恐不安情状，老杜现在可算是浣花溪边经过大风雨、见过大世面的"老"住户了。

蜀地春夏多雨，这一年这一时期老杜写阴雨写涨水的诗又特别多，集中起来读读，见其生活，见其意趣，是很有意思的。虽然如此，为了从尽可能多的侧面瞻仰此老当时的风貌，还应细细讽诵他的那些写其他内容的生活小诗。他的《江亭》说：

"坦腹江亭暖，长吟野望时。水流心不竞，云在意俱迟。寂寂春将晚，欣欣物自私。故林归未得，排闷强裁诗。"羁旅思归，在作者是实情，在读者则因屡见而不觉新鲜了。邵子湘认为"水流"

联"有理趣，无理语"。王嗣奭说："（此联）景与心融，神与景会，居然有道之言。盖当闲适时道机自露，非公说不得如此通透，更觉（程颢《春日偶成》）'云淡风轻'无此深趣。"仇注引张韶的话说："陶渊明云：'云无心以出岫，鸟倦飞而知还。'杜子美云：'水流心不竞，云在意俱迟。'若渊明与子美相易其语，则识者必谓子美不及渊明矣。观云无心，鸟倦飞，则可知其本意。至于水流而心不竞，云在而意俱迟，则与物初无间断，气更混沦，难轻议也。"认为这一联在写优美的生活体验中见理趣，认为老杜只要有点闲暇功夫自会参悟哲理，那是一点儿也不错的。张韶拐着弯子说话，意思不过是说老杜的这一联其实比陶渊明的"云无心以出岫，鸟倦飞而知还"好，只是人们盲目好古，总觉陶句略胜一筹，这话则可商榷。前面我曾说过，老杜一旦处在跟陶渊明相近的生活环境，思想感情容易跟陶渊明相通，作起诗来，不觉就有点五柳先生的味道和派头。但不能因而认为二人对人生的理解，或在旷达的程度上已渐趋一致。老杜曾取笑"陶潜避俗翁，未必能达道"。认真地说，陶渊明的隐逸有逃避污浊官场、追求人生真谛和愤慨晋宋易代的意义，而且认识是透彻的，态度是坚决的。他宣称"违己讵非迷！……吾驾不可回"，后断然"不复肯仕"。如果说见几识时，不苟出处是真"达"人生之"道"，那么陶渊明算得上是"能达道"的"避俗翁"了。正因为他真有认识，真有行动，而他的"云无心以出岫"云云，又恰恰质朴无华地表达出他"误落尘网中""复得返自然"的欣慰"本意"，真诚感人，所以认为这两句话讲得好的不一定都出于好古的偏见。老杜有理想有抱负，一生为实现他救世济人的壮志，"虽九死其犹未悔"。在自命清高的人看来，这当然是老杜未必达道、未能免俗的表现。但在我们看来，这种积极入世、执着人生的精神，正是他始终不渝、难能可贵而应加以充分肯定的。有着这种精神的人，为了排遣内心的莫大苦闷，"当闲适时道机自露"，写出"水流心不竞，云在意俱迟"这样"有理趣，无理语"的警句，就诗论诗，固然绝妙，若就人论诗，总不免扭捏作态，终逊陶令的率真质朴。须知老杜虽极谙闲适之趣，奈何他并非真正的旷达之人！这是他的痛苦和悲哀。我们不应该把他吹得"飘飘然"，也千万别对他的貌似闲适的生活和诗歌过多责难啊！

九 "幽事颇相关"

老杜当然不是陶渊明。他的闲适自有他聊假此以销忧的特点。你看，这会儿他不是一早就爬起来为"颇相关"的"幽事"在忙乎着么：

"春来常早起，幽事颇相关。帖石防隤岸，开林出远山。一丘藏曲折，缓步有跻攀。童仆来城市，瓶中得酒还。"（《早起》）只因为有幽事关心，所以春天里经常起得早。为了防备草堂旁江岸崩溃，就贴岸垒起石块。砍掉林子里的一些树木，好让远山露出来。一丘一壑包藏着曲曲折折的地形，我迈着舒缓的步子在那儿攀登。最高兴的是，童仆为我从城里打回酒来了。除了督工贴石防岸崩，其余的诸般"幽事"，岂不都是高人雅士的"无事忙"。他就是这样从早起"忙"到日落：

"落日在帘钩，溪边春事幽。芳菲缘岸圃，樵爨倚滩舟。啅雀争枝坠，飞虫满院游。浊醪谁造汝，一酌散千愁。"（《落日》）落日时分，缘岸园子里的花正盛开，停在滩边的船中在劈柴做饭，一对麻雀为争夺栖息的枝子打起架来扑棱一声从枝头掉下，飞虫满院子飞来飞去。这溪边的种种幽美"春事"正如后来的孟郊所说"春芳役双眼"一样，令人应接不暇，把眼睛也看累了，还撩起了无名的惆怅，那就只好又仗杜康解忧了。谢榛《四溟诗话》说："五言律首句用韵，宜突然而起，势不可遏，若子美'落日在帘钩'是也。若许浑'天晚日沉沉'则无力矣。"赵汸认为："唐诗'斗雀翻檐散，惊蝉出树飞'、宋梅圣俞诗'悬虫低复上，斗雀堕还飞'，俱本此诗。"写到这里，不觉想起四十年前一个冬天我在南方老家，当时我学作诗学得入了迷，一次正为自己好不容易作了一首好诗而大喜过望，谁知原来是个梦。回想了许久，只记起"两个鸦争上下枝"一句，意犹未足，凑成一绝说："小院新晴睡起迟，回廊袖手立多时。斜阳半在梅梢外，两个鸦争上下枝。"这是少时干的营生，不免可笑，思之亦复可怀！

花开尚且伤神，花落更加愁苦，无可奈何，只有仗诗酒宽心遣兴了：

"花飞有底急？老去愿春迟。可惜欢娱地，都非少壮时。宽心应是酒，遣兴莫过诗。此意陶潜解，吾生后汝期。"（《可惜》）陶渊明也有时光流逝、志业未就的莫大悲哀："日月掷人去，有志不获骋。念此怀悲凄，终晓不能静"（《杂诗》），但是他懂得"载弹载咏，爰得我娱"（《答庞参军》），"酒能祛百虑"（《九日闲居》），善自以诗酒遣闷。如今老杜也解得此意，所以就引陶渊明为异代知音。其实陶渊明不止靠诗酒，也靠开展思想斗争来解决深藏在内心的矛盾和苦闷："贫富常交战，道胜无戚颜。"（《咏贫士》）正由于陶渊明想得宽、悟得透，探索并懂得人生大道，认识到"人生归有道，衣食固其端"，主张"落地为兄弟，何必骨肉亲"，向往"春蚕收长丝，秋熟靡王税"的桃花源，当大限来时便"纵浪大化中，不喜亦不惧"……这就难怪他居贫贱而能怡然自乐了。老杜身经离乱，漂泊西南，忧国忧民，无时或释，即使偶得闲暇，效渊明以诗酒自适，终难尽消垒块，这恐怕是老杜没功夫像陶渊明那样从人生大道的根本问题去

"务虚"的缘故。申涵光说："'可怕欢娱地，都非少壮时'，是'欢娱恨白头'注脚。下云：'宽心应是酒，遣兴莫过诗。'语近浅率矣。如《官定后》诗：'老夫怕趋走，率府且逍遥。'词亦近俚。此皆开长庆一派，非盛唐气象也。"词语近俚，开长庆一派的诗篇，杜集中往往是有的。

老杜这一时期抒写闲情逸致的诗篇还有《独酌》《徐步》《寒食》等。前二诗只不过发点小小的牢骚，说什么"薄劣惭真隐，幽偏得自怡。本无轩冕意，不是傲当时""敢论才见忌，实有醉如愚"，新意深意无多，只是"仰蜂粘落絮，行蚁上枯梨""芹泥随燕觜，蕊粉上蜂须"两联，能于观物精微处见心境的恬静，较之以前所作"见轻吹鸟毳，随意数花须"，路数相同而稍有发展。宋人秦观的《秋日》"月团新碾瀹花瓷，饮罢呼儿课《楚词》。风定小轩无落叶，青虫相对吐秋丝"，不一定有意借鉴此等句，但仍可以显示这一路数所能达到的精美境界。懒真子说："古人吟诗，绝不草草，至于命题，各有深意。老杜《独酌》诗云：'步屧深秋晚，开樽独酌迟。仰蜂粘落絮，行蚁上枯梨。'《徐步》诗云：'整履步青芜，荒庭日欲晡。芹泥随燕觜，花蕊上蜂须。'且独酌，则无献酬也。徐步，则非奔走也。以故蜂蚁之类，细微之物，皆能见之。若与客对谈，或急趋而过，则何暇致详至是？尝以此问诸舅氏，舅氏曰：《东山》之诗，盖尝言之：'伊威在室，蠨蛸在户。町畽鹿场，熠耀宵行。'此物寻常亦有之，但人独居闲处时，乃见其亲切耳。杜诗之原出于此。"剖析深入，惟末句之意须活看。这种于精微处见境界之法到晚唐诗人手中有了进一步的发展。如李商隐的《凉思》写他在天涯凉夜怀人的情意。由于开头"客去波平槛，蝉休露满枝"两句写出了水亭凉夜的境界和感觉，整首诗就显得更加精彩了。第一句当然并不是写突然涨水。客未去时，其实也是"波平槛"的。只是忙于应酬,没有注意到罢了。客去之后,夜静了,心静了,蝉也噤声不响了。偶然瞥见槛外秋水盈盈,枝头清露闪闪,孤寂之感便不觉油然而生了。又如温庭筠的《夜宴谣》"高楼客散杏花多,脉脉新蟾如瞪目",也很奇警。杏花岂是客一散便刹那间怒放?其实它早已盛开,只是热闹时无人注意罢了。夜深人静,新月微明,犹如冷眼旁观,反衬有力,设想亦复大奇。跟老杜的手法一样,温、李所写亦极精微(瞬息间能觉察出水的涨、露的繁、花的开),只是老杜的偏重于客观描写,温、李的偏重于主观感觉,前者较直,后者更巧而已。

这几首诗中,以《寒食》的视野较广,能隐约见出浣花溪边诗人村居生活的全貌:

"寒食江村路,风花高下飞。汀烟轻冉冉,竹日净晖晖。田父要皆去,邻家问(馈问)不违。地偏相识尽,鸡犬亦忘归。"寒食在清明(三月的节气,在每年阳历四月五日前后)前一天(一说在清明前两天)。相传起于晋文公悼念介之推事,以介之推抱木焚死,就定于是日禁火寒食。《邺中记·附录》:"寒食三日,作醴酪,又煮粳米及麦为酪,捣杏仁煮作粥。"寒食节的江村,一路之上只见风吹着花片上上下下地飞舞。汀洲上的烟雾轻轻地慢慢地升起,竹叶反射出明净的阳光亮晶晶的。农民老大爷来相邀饮酒没有不去的,邻家赠送些醴酪之类应时吃食也不忍违背他们的盛情。地方偏僻附近的人家全都熟识了,连鸡呀狗呀的都相互串门也忘了回家呢。浦起龙说:"风致何减桃花源?不作玩世语,故厚。"杨伦说:"后半写出与俗相安,亦见真趣。"前半写暮春江村风景,疏朗而生趣盎然,亦大佳。

另一首比较能真实地显示他当时生活面貌的作品是《进艇》:

"南京久客耕南亩,北望伤神坐北窗。昼引老妻乘小艇,晴看稚子浴清江。俱飞蛱蝶元相逐，并蒂芙蓉本自双。茗饮蔗浆携所有，瓷罂无谢玉为缸。"老杜不大喜欢在诗中提他的家人。自从去年夏天在《江村》中听诗人说到过"老妻画纸为棋局，稚子敲针作钓钩"以后，我们就跟杨氏夫人和宗文、宗武他们久违了。（我认为"稚子"指的就是宗文、宗武，起码包括他俩在内。）今天老杜兴致很高，携带着那不亚于玉缸的瓷罂，盛满了香茶和甘蔗水，陪着杨氏夫人，乘小艇在"舍南舍北""一曲抱村流"的浣花溪中游览消遣。（春天涨水时老杜想到南市津头买条船，看来这船终于买到了。这次老杜陪夫人泛溪，没带酒，只准备了一些茶、甘蔗水之类"软饮料"，可见对夫人是很体贴、很尊重的。须知去秋他独自泛溪，一登岸就喉急地念叨着他的"浊醪自初熟"呢！）天气晴得很好，宗文、宗武他们在清澈的江里洑水，这不是很像齐飞的蝴蝶在互相追逐么？当然，老杜和夫人，也像那并蒂的莲花，本来就成双成对啊！葛立方《韵语阳秋》说："老杜《北征》诗云：'经年至茅屋，妻子衣百结。恸哭松声回，悲泉共幽咽。平生所娇儿，颜色白胜雪。见爷背面啼，垢腻脚不袜。'方是时，杜方脱身于万死一生之地，得见妻儿，其情如是。洎至秦中，则有'晒药能无妇，应门亦有儿'之句。至成都，则有'老妻忧坐痹，幼女问头风'之句。观其情惊，已非北征时比也。及观《进艇》诗则曰：'昼引老妻乘小艇，晴看稚子浴清江。'《江村》诗则曰：'老妻画纸为棋局，稚子敲针作钓钩。'其优游愉悦之情，见于嬉戏之间，则又异于在秦益时矣。""老妻忧坐痹"二句见《遣闷奉呈严公二十韵》，该诗当作于代宗广德二年（七六四），远在《江村》《进艇》之后。这里说《进艇》《江村》（若按写作时间的前后为序，则《江村》当置于《进艇》之前）中所表现出来的优游愉悦之情，"又异于在秦益时矣"，显然认为这两首诗作于《遣闷奉呈严公》之后，且不在"益"

（指成都。唐武德至开元、北宋太宗时，曾先后改蜀郡、成都府为益州），这是错误的。但举例指出老杜家人的生活境况逐步有所改进，却很有意思。申涵光说："'南京久客耕南亩，北望伤神坐北窗。'南北字叠用对映，杜诗每戏为之。如'旧日重阳日，传杯不放杯''桃花细逐杨花落''即从巴峡穿巫峡'之类，后人效之，易入恶道。"所论甚是，但"桃花"句颇自然，"即从"句尤佳（详后《闻官军收河南河北》评论），不可一概否定。

《恶树》诗不算好，却没有那种故意摆出来的高士架势，也能较真实地显示诗人当时的生活面貌和心情：

"独绕虚斋径，常持小斧柯。幽阴成颇杂，恶木剪还多。枸杞因吾有，鸡栖奈汝何！方知不材者，生长漫婆娑。"你看他经常手里攥着把斧子，在草堂房前屋后转来转去，恨恨地砍掉那些不成材却长得很快很茂盛的皂荚树（一名鸡栖）之类杂树，免得它们阴住了枸杞，好让枸杞子长大成熟，给他滋补虚弱的身子。……这岂不比"把酒从衣湿，吟诗信杖扶"（《徐步》）那种诗化了美化了，或者可以说"进入了角色"的形象，更接近现实生活中老杜的本来面目么？史传说杜甫"性褊躁"，这里"恶木剪还多"和其后所作《将赴成都草堂途中有作》"恶竹应须斩万竿"云云，就表现了他疾恶如仇的"褊躁"性格。总之，这首诗写得很有个性。

这一期间写的《朝雨》《晚晴》，跟春时所作《独酌》《徐步》一样，发点牢骚："黄绮终辞汉，巢由不见尧"，有一二佳句："夕阳薰细草，江色映疏帘"，无论思想还是艺术，都流于一般化。

其他如《一室》表示想离蜀去祖籍襄阳探望、居住："巴蜀来多病，荆蛮去几年？应同王粲宅，留井岘山前。"《所思》想象他贬为荆州司马的好友崔漪，借酒浇愁，或醒或眠，颠狂落拓情状："苦忆荆州醉司马，谪官樽酒定常开。九江日落醒何处，一柱观头眠几回。"《闻斛斯六官未归》讽刺邻人斛斯融往南郡江陵府要来为人写作碑文的润笔,却通通拿去喝了酒,不管家人死活:"故人南郡去。去索作碑钱。本卖文为活,翻令室倒悬。荆扉深蔓草,土锉冷疏烟。老罢休无赖,归来省醉眠。"《送裴五赴东川》称赞裴五负匡时之志,盼望早日收复幽燕,无使同老剑南:"故人亦流落,高义动乾坤。何日通燕塞,相看老蜀门。"《送韩十四江东省觐》见同乡韩十四往江东他父母避乱地去探亲而兴丧乱之感、乡关之思:"兵戈不见老莱衣,叹息人间万事非。我已无家寻弟妹,君今何处访庭闱?黄牛峡静滩声转,白马江寒树影稀。此别应须各努力,故乡犹恐未同归。"或诉衷肠,或见交谊,或描状传神,或言情尽致,多少有助于了解老杜从夏到秋的活动情况。

  这期间,他曾就近游了成都北边的武担山。《华阳国志》载,武都有一丈夫,化为女子,很美丽,其实是个山精。蜀王纳为妃,不久物故。蜀王派遣五丁去武都,担土作冢,上有石镜表其墓门,即武担山。老杜游后作《石镜》讥古人的好色,诗不佳,纪游踪而已。又游了司马相如琴台。《成都记》载,琴台院以相如琴台得名,而非其旧。旧台在城外浣花溪海安寺南。《玉垒记》载台在浣花溪北岸。老杜游后作《琴台》诗,追慕风流,词意俱雅:"茂陵多病后,尚爱卓文君。酒肆人间世,琴台日暮云。野花留宝靥,蔓草见罗裙。归凤求凰意,寥寥不复闻。"

  秋天,他还去过一趟青城县。青城县即今四川灌县,当时属蜀州(州治在今崇庆县城)。据《赴青城县出成都寄陶王二少尹》"老被樊笼役(一作老耻妻孥笑),贫嗟出入劳",想此行当为生计所迫,有所求助于此间旧识。他的《野望因过常少仙》《丈人山》,略见青城游踪。前诗说:

"野桥齐渡马,秋望转悠哉!竹覆青城合,江从灌口来。入村樵径引，尝果栗皱开。落尽高天日，幽人未遣回。"常少仙当是青城山中隐者。[29]青城山在灌县西南三十里。峰峦迭嶂，古树参天，有"青城天下幽"之誉。传说黄帝遍历五岳，封青城山为五岳丈人，一名赤城，一名青城都，一名天国山，为第五大洞宝仙九室之天。主要寺观有始创于晋代的上清宫、唐代称之为丈人观的建福宫等。陆游《丈人观》："黄金篆书扁朱门，夹道巨竹屯苍云。崖岭划若天地分，千柱耽耽压其垠。"胜概可想。灌口山在灌县西北。西汉蜀郡守文翁征集民工穿湔江灌溉农田，起于山下，故名。范成大《吴船录》载，将至青城，当再渡绳桥，桥长百二十丈，分为五架，桥之广，十二绳排连之。今灌县城郊二王庙前岷江上有混凝土墩、钢缆建造的安澜桥，旧时就是这种竹缆、木墩桥。这次老杜结伴去游青城山，出得城来，见竹索桥很宽，居然能骑马并排而渡，就用了"齐渡马"三字表现内心的惊喜。"竹覆青城合，江从灌口来"，写景如在目前，且有气势。下半写枉道访常和常热情留客情事。宋祁《益部方物略记》载，天师栗，生青城山中，他处无有，似栗，味美，以独房（一个壳斗一个栗子）为贵，久食能治好风挛。栗子成熟，壳斗裂开，常少仙以此当地特产飨客，足见深情，亦甚风雅。前几年老杜在蓝田崔氏草堂做客，主人曾"盘剥白鸦谷口栗"招待他，但不知何者风味较佳。岑参《秋夜宿仙游寺南凉堂呈谦道人》"林晚栗初拆，枝寒梨已红"，写枝头栗子已熟。《滹南诗话》载："卢延让有'栗爆烧毡破，猫跳触鼎翻'之句，杨文公深爱；而或者疑之。予谓此语固无甚佳，然读之可以想见明窗温炉间闲坐

---

[29] 洪迈《容斋四笔》："杜诗有《野望因过常少仙》一篇，所谓'落尽高天日，幽人未遣回'者。蜀士注曰：少仙应是言县尉也。县尉谓之少府，而梅福为尉，有神仙之称。少仙二字，尤为清雅。与今俗呼为仙尉不侔矣。"浦起龙按："诗云'入村'，又云'幽人'，恐是青城隐者。少仙或其名，非尉也。"

之适。杨公所爱,盖其境趣也邪!"这几句写到栗子的诗,"固无甚佳",只是都能引起读者的生活联想,也就佳了。尾联不过是说到日落还不让客人走,但一经以"尽"修饰"落",以"高天"形容"日",便见长日欢聚,不觉天黑而情犹未已之意。

据《丈人山》,可知他最后还是登过丈人峰、游过丈人观的:

"自为青城客,不唾青城地。为爱丈人山,丹梯近幽意。丈人祠西佳气浓,缘云拟住最高峰。扫除白发黄精在,君看他时冰雪容。"《青城山记》载,昔宁封先生栖于北岩之上,黄帝筑坛拜为五岳丈人,晋代置观。这是丈人峰名称由来的另一传说。老杜身临其境,听了这一传说,不觉又引动他那冷却多时的想求仙学道、服食飞升的热忱。

老杜在青城时,可能得知族弟杜位,因其岳丈李林甫长流岭南新州新昌郡十年,今量移江陵,就写了《寄杜位》,以诗代简,表达对杜位的深切怀念:

"近闻宽法离新州,想见怀归尚百忧。逐客虽皆万里去,悲君已是十年流。干戈况复尘随眼,鬓发还应雪满头。玉垒题书心绪乱,何时更得曲江游?"玉垒山在灌县西北,据此知诗作于这次来新城时。龚芝麓说:"同一贬窜也,郑虔台州之流,自论死减等,犹曰'严谴';杜位在新州,去国万里,长流十年,始离贬所,乃曰'宽法'。盖虔陷贼中不得已,其情可原;杜为李党,仅加贬谪,复得量移,实旷恩也。只'严谴''宽法'四字,便见《春秋》之笔。"所论有见。虽然如此,老杜对杜位的感情还是很真挚的。老杜寄旅长安时曾在杜位家守过岁(详第六章第三节)。这诗题下原注说:"位京中宅,近西曲江。"故有末句云云。可见他多么想念以往长安愉快相处的日子,多么想念长安啊!

青城之行,仅剩此雪泥鸿爪;不久,他又回成都草堂去了。

十　宁苦身以利人

身逢乱世，流寓他乡，总免不了有忧国思家的苦痛，但就大体而论，今年开春以来，直到八月"楠树为风雨所拔""茅屋为秋风所破"，老杜的日子过得还蛮顺利，心情也蛮舒畅。

且说这棵楠树。这是一棵树干很高树冠很大的楠树，它亭亭如盖挺立在草堂前面、浣花溪边。老杜很喜欢它，傍着它的根开出片药圃，接着它的叶子盖起草堂。它浓阴四垂，微风吹拂树叶发出的声音十分悦耳。最妙的是，每当老杜喝醉了酒，只要在它下面睡片刻工夫酒就醒了。——这就是《高楠》中所夸道的全部内容："楠树色冥冥，江边一盖青。近根开药圃，接叶制茅亭。落景阴犹合，微风韵可听。寻常绝醉困，卧此片时醒。"黄鹤说："公有《楠树为风雨所拔叹》云'倚天楠树草堂前'，此云'接叶制茅亭'；《叹》云'浦上童童一盖青'，此云'江边一盖青'：故知即此楠树也。"这样可心的楠树，一旦为风雨所拔，诗人自然会感到十分悲痛：

"倚江楠树草堂前，古老相传二百年。诛茅卜居总为此，五月仿佛闻寒蝉。东南飘风动地至，江翻石走流云气。干排雷雨犹力争，根断泉源岂天意？沧波老树性所爱，浦上童童一青盖。野客频留惧雪霜，行人不过听竽籁。虎倒龙颠委榛棘，泪痕血点垂胸臆。我有新诗何处吟，草堂自此无颜色。"这棵楠树相传有二百年了，就是因为看上了它才在这里卜居的。它垂荫足避霜雪，迎风如听竽籁，故客行至此，频留而不过。今见它跟雷雨进行了一番激烈的搏斗，终于给连根拔起，像虎倒龙颠似的倒在荆棘丛中，这实在太刺激我，太使我伤心了。想到草堂从此失色，我有新诗也无处行吟，更是怅然若失。浦起龙说："'虎倒龙颠'，英雄失路；'泪痕血点'，人树兼悲。'无颜色'，收应老辣。叹楠耶，自叹耶？殷仲文有言：

'树犹如此，人何以堪！'"老杜跟这棵大楠树"一见倾心"。年来朝夕相对，风雨与共，更觉情深。正由于他把树看成了人，看成了知音，写出诗来，就自会声情悲切、寄托深长了。

这诗固然写得不错，但其思想艺术成就还是赶不上同时前后所作的《茅屋为秋风所破歌》：

"八月秋高风怒号，卷我屋上三重茅。茅飞渡江洒江郊，高者挂罥长林梢，下者飘转沉塘坳。南村群童欺我老无力，忍能对面为盗贼！公然抱茅入竹去，唇焦口燥呼不得。归来倚仗自叹息。俄顷风定云墨色，秋天漠漠向昏黑。布衾多年冷似铁，娇儿恶卧踏里裂。床头屋漏无干处，雨脚如麻未断绝。自经丧乱少睡眠，长夜沾湿何由彻！安得广厦千万间，大庇天下寒士俱欢颜，风雨不动安如山！呜呼！何时眼前突兀见此屋，吾庐独破受冻死亦足。"这诗一上来就开门见山、单刀直入地描写了茅屋为秋风所破情状。秋空越是辽阔，就越能显出狂风来势之猛。这样大的风，当然会卷起屋顶上的几重茅草，似乎还能撼动天地。这样，诗人就以刚劲有力的笔锋，简括而生动地写出了秋风的狂暴，并借以反衬出人们处在自然威力之下的巨大惊悸，以及由此而产生的要求有安定的生活保障的强烈愿望。然后，他就接二连三地极力铺叙狂风吹着茅草、"渡江洒江郊"、"挂罥长林梢"、"飘转沉塘坳"的情景，极度紧张，不容喘息，既显出风力之大和情况的混乱，又显出诗人眼望着自己苦心经营的草堂，正在遭到破坏却无力挽救的焦急和痛惜。前五句每句押韵，押的都是平声韵，这就使得接连不断的韵脚产生急剧的节奏，有助于加强诗中紧张的气氛，而"号""茅""郊""梢""坳"这些韵脚，读起来又仿佛令人感到秋风怒号，萧瑟满耳，就像身临其境一样。接着写一群顽童不听呼唤，抢走茅草的事和诗人的感叹。屋顶的茅草全给风吹散了，本来还可以拣回一些，想不到又给顽童们弄走了。弄走了茅草也就罢了，可是他们欺我年老无力，追他们不上，竟能忍心当面打抢，还公然抱着茅草大摇大摆地走着，故意气我，害得我叫干了嘴舌皮也不理睬，这就更加可恶，更加可叹。这里作者把自己和顽童对照起来写，使老人和顽童的神情都显得很生动。严辞斥责顽童，可见老人当时心情的暴躁，同时又令人感到很幽默。诗人笔下那些顽童固然可恶，但是在他们顽皮、幼稚的神情中也的确有可爱的地方。如果以为诗人是在极其认真地谴责他们，那还不能算是正确地理解了杜甫，理解了这几句诗。狂风停息不久，大雨就下了起来。屋漏床湿，诗人通宵不眠。写秋天黄昏时候大雨降临前的短暂沉寂，却烘托出诗人内心深处沉重的苦闷。他用铁来形容棉被；由于随着主人在外流浪多年，棉被变得很僵硬。被子能够硬得像铁，已足见它的陈旧了。娇儿睡觉不规矩，蹬一脚，破一块，更见它陈旧不堪。被窝冷，儿子不会睡，已经很难安宁了，何况茅屋又给秋风吹破，大雨下个不停，屋漏床湿，屋子里没有一块干的地方，这更叫人怎样睡呢！诗人好用"日脚""雨脚"这类形象的词汇。的确，这和"雨点""雨滴"等词比较起来，"雨脚"不仅很形象，而且还富有情趣。往下一句是："自经丧乱少睡眠，长夜沾湿何由彻！"诗人久经战乱，忧国忧民，长时期以来就失眠，今夜遭到雨淋，更加不能合眼。多年积压在心头的家国深忧和目前的痛苦交错在一起折磨他，使得他急迫地盼望天明。可是，老天爷好像故意在捉弄人，盼望得越厉害，就越是迟迟不亮。最后写诗人在风雨不眠之夜，产生了无穷的理想和愿望。他由目前的痛苦想到过去一连串的悲惨遭遇，又由个人的悲惨遭遇想到天下穷苦人水深火热的苦难生活，并从而产生了甘愿为天下穷苦人的幸福而牺牲自己的强烈愿望。这就是这首诗的主题，也是诗人长夜不眠经过苦苦思索，从切身痛苦中体验出来的极其伟大、极其宝贵的思想感情。这种思想感情的产生，对于像杜甫这样热爱人民，且有丰富而又深刻的生活体验的诗人来说，是很自然的。因此，表达出来就很真实，很有力量，感人很深。正因为有这样的一种思想感情，这首诗才不仅是个人悲苦命运的哀叹，而且还具有最重大最深广的时代社会意义；才能在进步现实主义的艺术创造中，闪耀出理想的光辉，洋溢着救世济人的激情，显示出积极浪漫主义的精神。这几句诗写得真好，巨大的形象："安得广厦千万间，大庇天下寒士俱欢颜，风雨不动安如山！"深沉的喟叹和激昂、坚决的言辞："呜呼！何时眼前突兀见此屋，吾庐独破受冻死亦足。"正好被诗人用来很恰当地表现了他那种舍己为人、至死不悔的伟大精神。这是诗人，也是这首诗思想感情崇高伟大的地方。但是，有了这样崇高伟大的思想感情，要想将它们表达出来，写成感染力很强的好诗，那还需要有高超的艺术表现力。

总的看来，这首诗在艺术上有不少突出的成就，主要有三点：（一）善于根据主题思想的需要，去选择素材，安排素材。茅屋为秋风所破，从傍晚到第二天早上，所见所感可写的当然很多。但是，诗人却有所选择，只是着重地写秋风如何吹破茅屋卷走茅草、小孩蹬被、屋漏床湿这些事。写这些事好像意义不大，其实不然。因为只有通过这些生动细致的描写，才能使读者真切地感受到诗人当时所经受的生活上和精神上的痛苦，才能使读者深刻地理解他的那种理想和愿望是在怎样的情况之下产生的，在当时又有怎样的现实意义。如果不是这样写，那么，这理想和愿望虽然本身很崇高伟大，也可能由于缺乏生活实感，而显得多少有点枯燥，减弱了它们的感染力量。这首诗的素材安排得很恰当，前后贯穿得也很好。全诗平铺直叙，好像没有什么特别的地方。但是，写起来却一层比一层深入，最后才水到渠成，情不自禁地说出了自己的理想和愿望，点破主题。这种写法,可以说是画龙点睛。(二)语言朴素、生动,带有强烈情感色彩。(三)描写、叙述、抒情都很好。前面着重在描写、叙述,但由于能紧扣主题,充满感情,一点不显得客观、琐碎。后面着重在抒情,但由于用了"广厦千万间""风雨不动安如山"这样鲜明、生动的形象来表达,所以一点也不显得抽象、空洞。

过去曾经在极左思潮影响下,对这首诗提出了三点指责:一说"三重茅"冬暖夏凉,住在里面很舒适;二说此诗谩骂贫下中农的孩子是盗贼;三说作者关心的只是"寒士",也就是像他一样的不得志的读书人,并非劳苦大众。对此我也曾撰文做了分析。先谈第一个问题。说"三重茅"的茅屋冬暖夏凉,住在里面很舒适,这话的意思是老杜即使住茅屋,与一般穷苦人究竟不一般。这并不错。老杜来到成都,先寄寓在浣花溪边的草堂寺,有做官的"故人分禄米"接济他的生活。要盖草堂了,又有当司马的表弟"忧我营茅栋,携钱过野桥"来资助。为了布置环境、添置家具,他向"萧八明府实处觅桃栽""从韦二明府续处觅绵竹""凭何十一少府邕觅桤木栽""凭韦少府班觅松树子栽""又于韦处乞大邑瓷碗""诣徐卿觅果栽"。相与的都是官府,这种社会关系和社会地位决非一般平民百姓所能比拟的。如前所述,这草堂环境幽美,跟一般穷人的住处还是有区别的。但是决不能把他的草堂看作大观园稻香村里那几间用来点缀风景的茅屋。别的不说,单看《茅屋为秋风所破歌》所描绘的那屋漏床湿、通宵不寐的狼狈相,与其说接近上层生活,倒不如说接近下层生活更合乎实际些。老杜旅食京华十年之久,"残杯与冷炙,到处潜悲辛"。安禄山乱后,他携家逃难,颠沛流离。后来又辗转道路,"漂泊西南"。这漫长的苦难历程使他有可能接近人民大众,同情民生疾苦。因此当我们评价老杜及其作品时既要看到他的社会地位和阶级属性，又要看到他与人民大众在生活遭遇和思想感情上仍有千丝万缕的联系。且以他的《自京赴奉先县咏怀五百字》为例，在这首诗中这两方面的特点就表现得很明显："老妻寄异县，十口隔风雪。谁能久不顾，庶往共饥渴。入门闻号咷，幼子饿已卒。吾宁舍一哀，里巷亦呜咽。所愧为人父，无食致夭折。岂知秋禾登，贫窭有仓卒。生常免租税，名不隶征伐。抚迹犹酸辛，平人固骚屑。默思失业徒，因念远戍卒。忧端齐终南，澒洞不可掇。"从这段话中可以看出：一、他家属于有蠲免特权的官僚地主阶级。二、家人寄寓异县，生活毫无保障，即使这年丰收，幼子仍因无食而饿死，这遭遇、这命运跟当时的一般穷人也相去无几了。三、自家享有特权，又正处在伤幼子夭折的极度悲恸之中，却能推己及人，想到那些境况远不如己的"平人"的"骚屑"，从而兴起了忧国忧民的浩叹。（详第七章第七节）对待这样的情况，我们应该怎样看呢？我想，既不可因他境遇之惨便把他等同于"平人"（他自己也承认是不一样的），也不可因他出身于封建特权阶级竟认为有关他悲惨境遇的描述和忧国忧民的浩叹都不足信，并加以贬抑。正确的，也是实事求是的态度是：既要看到他的出身，又要看到他的遭遇，将二者结合起来考虑，才能较深入地认识到，像他那样出身的人，由于自己有与人民苦难生活相接近的遭遇，又有"窃比稷与契"的志向，他的忧国忧民的思想感情就是十分自然和可以理解的了。同样，我们既要看到，（一）杜甫虽然身居草堂，他仍然是上层社会的一员，不是浣花溪畔的普通"野老"；又要看到，（二）草堂虽雅，毕竟是茅屋，虽说"三重茅"冬暖夏凉，还是可以给秋风刮破，受冻挨淋，跟穷人的茅屋并无二致；更要老老实实承认，（三）老杜能由个人的悲惨遭遇，想到天下穷苦人水深火热的苦难生活，并且从而产生甘愿为天下穷苦人的幸福而牺牲自己的强烈愿望，这是极其难能可贵的思想感情，应该肯定，值得学习，岂可随便加以鄙薄和嘲弄？

再谈公然谩骂贫下中农的孩子的问题。其实这根本不成为个问题，要是你正处在困难之中，有人竟来趁火打劫，你一时按捺不住，骂一声："你这强盗，敢当面打抢么？"这也算不得什么大错。为了辨明是非，不妨先研究一下他对所谓"盗贼"究竟是怎样看待的。

现存杜诗中提到"盗""贼""盗贼""贼盗"和有关字眼的句子不下五十处。其中"贼"多指安史叛军，如"翻思在贼愁"（《北征》）、"岂意贼难料"（《新安吏》）、"昔没贼中时"（《送韦十六评事充同谷郡防御判官》）、"辛苦贼中来"（《喜达行在所》其一）等，称安史叛军为"贼"，无论当时或现在，恐怕不会有人反对。又"擒贼先擒王"（《前出塞》其六），"贼"泛指敌人，在长期流传中这已成了成语，也不会有什么问题。除此以外，他诗中所说的盗贼不少是指吐蕃，如《登楼》"西山寇盗莫相侵"等。《旧唐书·吐蕃传》载："乾元之后，吐蕃乘我间隙，日蹙边城，或为虏掠伤杀，或转死沟壑。数年之后，凤翔之西，邠州之北，尽蕃戎之境，埋没者数十州。"这就是老杜在一些诗中这么称呼吐蕃的具体时代背景。今天看来这显然不对，但处在当时的情况下，这种情绪也不是不可以理解的。他也常用盗贼这一名词指作乱的军阀、打家劫舍的土匪，有时甚至不免包括起义的农民，含义不一样，有对有不对，不可一概而论。老杜把起义农民称之为盗贼，当然十分错误。不过，对于一个像杜甫这样的封建士大夫来说，这正是他阶级局限性的表现。（我国历史上绝大多数起过进步作用的封建统治阶级中的代表人物，当遇到这一问题时，有谁能突破自身的阶级局限呢？）因此，当具体论及这些诗歌时，应严肃地指出这个局限，但不得从而以偏概全，认为他凡是讲到盗贼都是在对起义农民、对人民进行恶毒的攻击和诬蔑。事实恰恰相反,他的一些讲到盗贼的诗句,不仅不是在诬蔑人民,反倒是站在人民一边,将批判的矛头指向鱼肉人民的贪官污吏。譬如他在《麂》中说:"衣冠兼盗贼,饕餮用斯须。"仇注:"衣冠乃食肉者,盗贼乃捕兽者。徇口腹之欲,而戕命于斯须,则衣冠亦等于盗贼矣。此骂世语,亦是醒世语。"说"此骂世语"是对的,以为"盗贼乃捕兽者"就不对了。因为这句诗本来的意思是说此等"饕餮"成性的"衣冠"人物(《汉书注》:"衣冠,有仕籍者。"即官僚)本身就是"盗贼"。这是不是仅止于指责这些"衣冠"人物在贪吃的这一点上"等于盗贼"呢?也不是的。它更寓有讽刺"衣冠"人物鱼肉人民的"盗贼"本性之意。如若不信,请看他的《送韦讽上阆州录事参军》:"国步犹艰难,兵革未衰息。万方哀嗷嗷,十载供军食。庶官务割剥,不暇忧反侧。诛求何多门,贤者贵为德。韦生富春秋,洞澈有清识。操持纲纪地,喜见朱丝直。当令豪夺吏,自此无颜色。必若救疮痍,先应去蟊贼。"这诗一开始从时事叙起,多年战乱,民困于军需,望韦讽坚守清节,秉公执法,除贪救民。他无情地揭露了人民受"豪夺吏"巧立名目的"诛求",并义正辞严地将那班贪官污吏斥之为"蟊贼",指出欲救穷民必先去蟊贼,这不仅切中时弊,也可见出他是站在人民一边,他的心是与人民相通的。他在出蜀后所作《三绝句》其一中痛骂那些专横残暴的地方军阀是狠毒甚于虎狼的群盗:"前年渝州杀刺史,今年开州杀刺史。群盗相随剧虎狼,食人更肯留妻子?"又在其三中揭露皇帝殿前的禁军杀戮百姓、奸淫妇女的罪恶:"殿前兵马虽骁雄,纵暴略与羌浑同。闻道杀人汉水上,妇女多在官军中。"他还认识到天下动乱、盗贼丛生的本源在于统治者的骄奢淫逸:"不过行俭德,盗贼本王臣!"(《有感》其三)在他看来,盗贼本是好老百姓,只是文贪武暴，逼得他们走投无路才铤而走险的。

《孟子·滕文公》说："劳心者治人，劳力者治于人；治于人者食人，治人者食于人，天下之通义也。"老杜是正统的孔孟之徒，他不可能从根本上反对剥削和剥削制度，却由衷地反对苛政和诛求："蜀门多棕榈，高者十八九。其皮割剥甚，虽众亦易朽。徒布如云叶，青黄岁寒后。交横集斧斤，凋丧先蒲柳。伤时苦军乏，一物官尽取。嗟尔江汉人，生成复何有？有同枯棕木，使我沉叹久。死者即已休，生者何自守？啾啾黄雀啅，侧见寒蓬走。念尔形影干，摧残没藜莠。"（《枯棕》）这里所说的"割剥"，不就是我们今天所说的"剥削"么？以被"割剥"至死的枯棕比喻被官府压榨干最后一滴血至死的"江汉人"，真是再形象、再真切感人也没有的了。老杜对人民的苦难不仅看在眼里痛在心里，还敢挺身而出，为人民大声呼吁，难道这种精神不值得肯定么？杜甫对人民的关心和同情是一贯的。他早年旅食京华时，曾在《兵车行》中借役夫之口诉说了不义的开边战争给人民带来莫大的痛苦和不幸。安禄山乱起前夕，在《自京赴奉先县咏怀五百字》中为贫富悬殊、苦乐迥异的畸形社会做了高度的艺术概括："朱门酒肉臭，路有冻死骨。"乾元二年（七五九）三月，九节度使联军大溃于相州。老杜离开洛阳返回华州，亲眼得见人民所遭受的种种苦难，就写了著名的"三吏""三别"。他在夔州作《白帝》诗，深感乱世人民所受剥削和压迫的深重："戎马不如归马逸，千家今有百家存！哀哀寡妇诛求尽，恸哭秋原何处村？"又在《又呈吴郎》中对一个"无食无儿"的妇人深表同情："堂前扑枣任西邻，无食无儿一妇人。不为困穷宁有此，只缘恐惧转须亲。即防远客虽多事，便插疏篱却甚真。已诉征求贫到骨，正思戎马泪盈巾！"所有这些，都足以说明杜甫对人民的关心和同情是一贯的，而且这种关心和同情，随着他的日益沉沦下层、接近人民、洞察民生疾苦而越来越加深了。鲁迅曾经说过："世间有所谓'就事论事'的办法，现在就诗论诗，或者也可以说是无碍的罢。不过我总以为倘要论文，最好是顾及全篇，并且顾及作者的全人，以及他所处的社会状态，这才较为确凿。要不然，是很容易近乎说梦的。"(《且介亭杂文二集·"题未定"草》)要知人论世，要顾及作者的全人，对于杜甫，难道可以不顾及他一贯对人民的态度，仅抓住诗中描写他处于焦躁情绪中斥责顽童的一句并无大错的话，就能断定他仇视贫下中农、仇视人民么？

最后简短地谈谈《茅屋为秋风所破歌》中的所谓"寒士"到底包括不包括广大穷苦人民在内。要想对这一问题做出正确的判断，我认为最好先研究一下《三川观水涨》"因悲中林士，未脱众鱼腹"这两句诗。"士"而居于"中林"，无疑是山林隐逸了。但决不能因此就说杜甫当时仅只担心山林隐逸会给鱼吃了。因为诗人在前面就明明交代过："应沉数州没，如听万室哭。"可见他担心的不只是山林隐逸而是"数州""万室"会给水淹了。既然这诗中的"中林士"在老杜心目中主要是用来指"数州""万室"的老百姓（其中当然也包括山林隐逸），那么，我们就不能死抠字眼，一口咬定另一首诗中的"寒士"就只能指那些没有功名富贵的或者有功名而无富贵的读书人，而决不能够扩大为"民"或"人民"（详第八章第四节）。

经过前面粗浅的辨析，可以看出有些人用来否定《茅屋为秋风所破歌》的那三条理由是站不住脚的。今天，我们应为这首诗及其作者掸掉十年前思想混乱时期难免沾上的灰尘，还其本来面目。黄彻《䂬溪诗话》说："老杜《茅屋为秋风所破歌》云：'自经丧乱少睡眠，……吾庐独破受冻死亦足。'乐天《新制布裘》云：'安得万里裘，盖裹周四垠。稳暖皆如我，天下无寒人。'《新制绫袄成》

云:'百姓多寒无可救,一身独暖亦何情。心中为念农桑苦,耳里如闻饥冻声。争得大裘长万丈,与君都盖洛阳人。'皆伊尹身任一夫不获辜也。或谓子美诗意,宁苦身以利人;乐天诗意,推身利以利人;二者较之,少陵为难。然老杜饥寒而悯人饥寒者也;白氏饱暖而悯人饥寒者也。忧劳者易生于善虑,安乐者多失于不思。乐天宜优。或又谓:白氏之官稍达,而少陵尤卑;子美之语在前,而长庆在后。达者宜急,卑者可缓也。前者唱导,后者和之耳。同合而论,则老杜之仁心差贤矣。"白居易大裘的想法显然受老杜广厦的想法的启发,可见《茅屋为秋风所破歌》对后世影响的深远。杜、白处境不同,思想同中有异,比较一下各自的特点,亦无不可,却不必强分轩轾。要是一个人真能做到"宁苦身以利人""推身利以利人",再加上范仲淹在《岳阳楼记》中所提出的"先天下之忧而忧,后天下之乐而乐",他就算得上是个高尚的人了。这种精神,对于我们今天的人来说,仍然是有可取法的。

十一 秋天冬天里的哀乐

秋风秋雨不仅拔高楠、破茅屋,也扫掉了诗人春夏以来因暂得闲适而酿就的好兴致和确乎类于"颠狂"的浪漫情绪。他的《百忧集行》,就是这种醉醒梦回、重新面对现实时所发出的喟叹:

"忆年十五心尚孩,健如黄犊走复来。庭前八月梨枣熟,一日上树能千回。即今倏忽已五十,坐卧只多少行立。强将笑语供主人,悲见生涯百忧集。入门依旧四壁空,老妻睹我颜色同。痴儿不知父子礼,叫怒索饭啼门东。"黄鹤指出上元二年老杜恰五十。又说:老杜于乾元二年十二月至成都,时裴冕为尹。上元元年三月,以京兆尹李若幽为成都尹,若幽后赐名国桢。二年三月,以崔光远为成都尹，与高适共讨段子璋。时花惊定大掠东蜀，天子怒，以高适代光远。是年十一月，光远卒。十二月，除严武成都尹。则高适代光远在成都，才一二月，意止是摄尹。老杜素与高适友善，岂强供笑语者？主人当指崔光远。史云光远无学任气，宜与老杜不相合。浦起龙力驳其说，以为此诗是总慨入蜀以来落莫之况。居草堂席不及暖，即往蜀州，往新津，往青城，又尝简彭州高适、唐兴王潜。凡所待命，皆主人，凡面谈简寄，皆笑语，不得胶柱鼓瑟。后说解亦通脱，以为此诗是总慨入蜀以来落莫之况。殊有见。但前说仍有两点可取：一、这两年成都尹更替频繁，现经爬梳，粗存梗概，有助于有关诗作的编年和理解。二、蜀地重逢，高、杜交谊甚挚，读这年高《人日寄杜二拾遗》与十年后杜《追酬故高蜀州人日见寄并序》等作可见，故"强将笑语"所供之"主人"中，以除去高适为宜。不然，于理于情，终觉不安。王筠《行路难》有"百忧俱集断肠人"，题或出此，所写亦《行路难》惯于嗟叹的世路艰难之意。这诗以"十五"与"五十"做对比，选取前后两个年纪中无论外貌还是内心都截然不同的细节，用稍带漫画笔触的手法加以勾勒，反差极大，恰好表达出诗人忆昔伤今、苦乐迥异的悲痛心情，给读者以强烈的感受。要是你拦住这个刚从树上下来，又将上树摘梨扑枣，像牛犊般健壮的十五岁的少年杜甫，对他预告说："你得小心！再过三十五年，你将成为一个插科打诨、给主人帮闲凑趣的清客。回得家来，家徒四壁，空空如也。你那衰老的妻子，跟你一样，面黄肌瘦。你的那些没受过好教育的傻孩子，不懂得对待父亲的礼貌，一见你回来，就叫着闹着，气鼓鼓地跟你要饭吃，都挤在厨房门口饿得直哭(30)。……"小杜甫听了，不骂你疯了才怪呢！因为当时他要么欢蹦乱跳，忙乎个不停，没功夫顾得

〈30〉仇注引《漫叟诗话》："《记》：庖厨之门在东。故曰'啼门东'，非强趁韵也。"

上去想未来的事,要么一厢情愿,把未来想得要多美就有多美。可是,现实是严酷的,不管他想与不想,他终于落到了这种地步,这是他的悲哀,也是时代的悲哀。杨伦评"健如黄犊走复来"说:"形容绝倒,正为衬出下文。"又评"痴儿不知父子礼"说:"亦带诙谐。"庶几得之。浦起龙认为此诗"起四,奇,追忆少时,若将索食于庭树者。结四,趣,偏值缺饭,偏群然向索"。这里所说的"奇",非诗固有的奇,是他的理解出奇;所说的"趣",非诗中真趣,是他故作解人凑趣。"追忆少时,若将索食于庭树者",是何言哉?匪夷所思!结四之情之景,难道能用"趣"之一言以蔽之么?如真以为有趣,就不免要被人怀疑他是否有心肝了。二田崇杜,断不如此,实解诗刻意求新求深之过。

"强将笑语供主人",是激愤语,亦是实录。如前所述,老杜"骑驴十三载,旅食京华春。朝扣富儿门,暮随肥马尘",早就当上清客了。而这一时期写的《徐卿二子歌》,就是一首最典型的清客诗:

"君不见徐卿二子生绝奇,感应吉梦相追随。孔子释氏亲抱送,并是天上麒麟儿。大儿九龄色清澈,秋水为神玉为骨。小儿五岁气食牛,满堂宾客皆回头。吾知徐公百不忧,积善衮衮生公侯。丈夫生儿有如此二雏者,异时名位岂肯卑微休!"去年春天,草堂落成,为了美化环境,老杜曾向这位住在石笋街果园坊的"徐卿"要过果树苗。石笋街又叫笋里,在西门外,是老杜入城必经之地。他既与主人熟识,顺路进屋小憩,想亦有之。这次当是诗人特赴徐府喜筵,见主人出二子拜客,故戏为赞颂之辞。黄鹤注以为:时徐知道为西川兵马使,"徐卿"或即其人,犹荆南兵马使太常赵卿之类(杜诗原题为《荆南兵马使太常卿赵公大食刀歌》,此微有变通)。这也有可能。徐知道明年(宝应元年,七六二)七月反,八月为其下所杀。老杜与"徐卿"只是一般交往，无论此人是徐知道与否，都无关宏旨。如此人确是徐知道，何以终篇无一言及其禄位？看"吾知徐公百不忧，积善衮衮生公侯"二句，与其说此公像军阀，不如说更像富豪。仇兆鳌说："首叙生子奇兆。'相追随'，连有吉梦也。'孔子释氏'，正述其梦。""吃人的嘴短，拿人的手短"，为了答谢一饮一啄之情，竟不惜委屈孔子、释迦，而采取此等荒唐庸俗的"老妈妈论儿"入诗，这虽说是逢场作戏，难以免俗，但事后思之，自会增加他"强将笑语供主人"的羞愧与愤慨。申涵光说："此等题，虽老杜亦不能佳。今人刻诗集，生子祝寿，套数满纸，岂不可厌？"要作，也得像《乐府指迷》所说的那样，"切宜戒'寿酒''寿香''老人星''千春百岁'之类。须打破旧曲规模，只形容当人事业才能，隐然有祝颂之意方好"。祝寿容或有些许"当人事业才能"可供"形容"，贺人得子，就只能虚描外貌，空致祝词了。李贺的《唐儿歌》以绚烂的辞藻描画杜黄裳之子唐儿的体态、神情，用力不为不勤，也有"一双瞳人剪秋水""东家娇娘求对值，浓笑书空作唐字"这样一些传神丽句，但又有什么意义呢？辛弃疾的《水龙吟·为韩南涧尚书寿》说："渡江天马南来，几人真是经纶手？长安父老，新亭风景，可怜依旧！夷甫诸人，神州沉陆，几曾回首。算平戎万里，功名本是，真儒事、君知否？况有文章山斗，对桐阴满庭清昼。当年堕地，而今试看，风云奔走。绿野风烟，平泉草木，东山歌酒。待他年、整顿乾坤事了，为先生寿！"祝人得子之作不可为，祝寿之作能如此方可为。总之，要有真情实感，要有内容。

老杜这一时期的社交应酬诗中，难能可贵、最值得称道的佳作，当推《戏作花卿歌》和《赠花卿》。前诗说：

"成都猛将有花卿，学语小儿知姓名。用如快鹘风火生，见贼惟多身始轻。绵州副使著柘黄,我卿扫除即日平。子璋髑髅血模糊,手提掷还崔大夫。李侯重有此节度,人道我卿绝世无。既称绝世无,天子何不唤取守东都。"前列本年大事纪中已提到,四月,壬午,梓州刺史段子璋反,袭东川节度使李奂于绵州,李奂战败,奔成都。子璋自称梁王,改元黄龙,以绵州为龙安府,置百官,又攻陷剑州。五月,乙未,西川节度使崔光远与李奂共攻绵州,庚子,拔之,斩段子璋。牙将花惊定等恃功大掠,妇女有金银臂钏,兵士皆断其腕以取之,乱杀数千人,光远不能禁。肃宗遣监军官使按其罪,光远忧愤成疾,十月卒。这诗当作于五月段子璋乱平李奂复镇以后、十月崔光远病卒之前。前叙平乱,主要在赞其骁勇善战。学语小儿即知其姓名,足见猛将声威。

《南史·桓康传》载齐桓康勇武善战,所过村邑,恣行暴害,江南人畏之,以其名怖小儿。这里如用其意,则寓刺于美,话中有话了。《南史·曹景宗传》载曹景宗曾对他亲近的人说:"我昔在乡里,骑快马如龙,拓弓弦作霹雳声,箭如饿鸱叫,平泽中逐獐,数肋射之,……觉耳后风生,鼻头火出,此乐使人忘死,不知老之将至。"述射猎的感受带强烈刺激性,殊佳。仇兆鳌引此以为"用如快鹘风火生"一语的辞章出处,似不当而至当。这里并非简单地径用原意而有所变化,但那种火辣辣的骏发鹰扬的气势和激情却是相近的。见贼越多,就越觉身轻手快,越能奋勇杀敌。张惕庵评:"至理奇情,他人说不出,久在行间方知。"话说得不错,只是老杜并未"久在行(伍)间",他何以也能说出呢?恐怕练达世情的人也有可能揣摩得出来。朱注:子璋,《新唐书》作节度兵马使,《旧书》《通鉴》作梓州刺史,此诗又云绵州副使,盖以梓州刺史领副使时据绵州反,遂称"绵州副使"。《唐六典》载:诸军各置节度使一人,五千人以上置副使一人。又:隋文帝著柘黄袍,巾带听朝。

"绵州"句谓段子璋据绵州自称梁王。仇兆鳌解末段颇透彻:"此见平贼之后,不当留蜀滋乱。梓州作乱者,段子璋也。绵州奔窜者,李奂也。成都举兵者,崔光远也。斩段授崔而安李者,花惊定也。一事而三善备,故曰'绝世无'。"又说:"蜀人之受(花惊定)毒甚矣。诗云'何不唤取守东都',此驭将之善术也。盖以东都之命见召,则惊定既不疑惧,而蜀中可免其患。且东方诸镇屯聚,花卿必不敢专行跋扈。朱注谓刺其一将之雄,不能扫除大寇,此语犹觉未尽。'子璋髑髅血模糊,手提掷还崔大夫。'写得壮气勃勃。明人沈明臣诗:'狭巷短兵相接处,杀人如草不闻声。'可与此诗并树旗鼓。"亦佳,可参看。《唐诗纪事》载:"诗话云:有病疟者,子美曰:吾诗可以疗之。病者曰:云何?曰:'夜阑更秉烛,相对如梦寐。'其人诵之,疟犹是也。杜曰:更诵吾诗云:'子璋髑髅血模糊,手提掷还崔大夫。'其人诵之,果愈。"此小说家言,虽不足征,但可视为赞其出语之壮的夸大语。一般而论,文艺作品最忌表现带生理刺激的情节和细节。老杜写花卿手提"血模糊"的"子璋髑髅""掷还崔大夫"而不觉可怖,恐怕是非此不足以显其壮气,壮气之甚,激发了读者的豪情,就不觉形象的可怖了。老杜有意突破传统的所谓"诗情画意",努力扩展审美范围和艺术表现力,这也可算是一个小而有趣的例证。如果说《戏作花卿歌》是歌行中的变体,那《赠花卿》倒是七绝中的正声:

"锦城丝管日纷纷,半入江风半入云。此曲只应天上有,人间能得几回闻?"老杜七绝多意生而声拗,此诗则确如仇兆鳌所说:"风华流丽,顿挫抑扬,虽太白、少伯,无以过之。其首句点题,而下作承转,乃绝句正法也。"杨慎说:"花卿在蜀,颇僭用天子礼乐,子美作此讽之而意在言外,最得诗人之旨。"黄生不同意此说,驳之甚详:"花卿以为妓女固非,以为花敬定而刺其僭用天子礼乐,亦煞傅会。史但言其大掠东蜀，未尝及僭拟朝廷。用修（杨慎）止据'天上'二字，遂漫为此说，元瑞（胡应麟）讥之⁽³¹⁾，是矣。予谓当时梨园弟子，流落人间者不少，如寄郑（审）李（之芳）百韵诗：'南内开元曲，当时弟子传。'自注云：'柏中丞筵，闻梨园弟子李仙奴歌。'所谓'天上有'者，亦即此类。盖赞其曲之妙，应是当时供奉所遗，非人间所得常闻耳。按顾况李供奉箜篌歌云：'除却天下化下来，若向人间实难得。'盖以天乐比之，杜甫正与此类。"摆事实讲道理，驳斥杨慎僭上说，甚是。但以为此诗"盖赞其曲之妙"则非。焦竑说："花卿恃功骄恣，杜公讥之而含蓄不露，有风人言之无罪闻者足戒之旨。"此说得之。从《戏作花卿歌》和《赠花卿》看，老杜当认识花惊定，甚至还曾赴过他成都府第中的歌舞宴会，而此二诗当是席间应酬之作。应酬之作能于谀词中寓讽意，这不止见其道德品质，更见其文章功力。

这年秋冬他还有一些应酬诗。这些诗，不好也不坏，却多少能窥其行踪、心绪之一斑。

唐代的唐兴县，即今四川蓬溪县。老杜曾为唐兴县宰王潜作《客馆记》，称赞王潜薄于自奉而崇修宾馆，方便来使，末识"辛丑岁秋分，大余二，小余二千一百八十八，杜氏之老记"。仇注引黄百家的话说："日法万分，每刻百分，每日百刻，总得万分。万分以上为大余，日数也。万分以下为小余，时刻数也。杜记，盖谓秋分后二日之二十余刻耳。"《记》述宾馆结构与庭院布置颇详，似

⟨31⟩ 胡应麟《诗薮》说："花卿盖歌伎之姓，'此曲只应天上有'，本自目前语。而用修以成都猛将当之，且谓僭用天子礼乐，真痴人说梦也。"杨慎僭上之说虽不足取，但以为花卿盖歌伎则大谬。王嗣奭说："胡元瑞指为歌妓，余谓此诗非一歌妓所能当，公原有《花卿歌》，今正相同，其为花敬定无疑。其人恃功骄恣，故诗含讽刺，玩之有味。"驳得在理。

非亲临目击者不办:"回廊南注,又为覆廊。……直左阶而东,封殖修竹茂树。挟右阶而南,环廊又注,亦可以行步风雨。"⁽³²⁾据此可知"辛丑岁"(即上元二年)秋分前后老杜曾在唐兴(今四川蓬溪)小作勾留,甚至就住在这个刚修建好的宾馆里。老杜离成都草堂去唐兴当在秋分(在阳历九月二十二、二十三或二十四日)之前。若容揣测,此行来龙去脉可勾勒如下:先是老杜偶然遇到他的一个在唐兴做主簿的亲友刘某(刘或因公来成都),作《逢唐兴刘主簿弟》说:"分手开元末,连年绝尺书。江山且相见,戎马未安居。剑外官人冷,关中驿骑疏。轻舟下吴会,主簿意何如?"见刘剑外为官颇冷落,复感中原未靖难归,便相商买舟东下吴会,作离蜀计。说走哪能就走?何况刘主簿还是官身。可能出于刘的邀请,唐兴离成都也不算太远(在成都东三百余里),就跟他到唐兴去了。浦起龙认为:"公未尝至唐兴,岂主簿为王宰来成都求作《客馆记》,公因赠以此诗,遂附简王宰,并寄馆记欤?"杨伦不同意,反驳说:"按:公未尝至唐兴,刘或有事来成。浦谓为王宰求记,太凿。"认为刘是偶逢,甚是;但谓公未尝至唐兴,则无据。如前所论,老杜未必未至唐兴。老杜至唐兴,适重建宾馆落成,因而为之作记,这也是很自然的事。愚意以为:唐时为人作碑作记当有报酬(杜此时所作"故人南郡去,去索作碑钱"就讲得很明白),老杜在唐兴盘桓数日,稍得润笔和周济,不久即回成都,而《敬简王明府》则是回成都后以诗代简,望王宰慷慨仗义,"破格加惠"(杨伦语),以济寓中匮乏:"叶县郎官宰,周南太史公。神仙才有数,流落意无穷。骥病思偏

⁽³²⁾ 这段稍通畅,其余更觉佶屈聱牙。所以仇兆鳌在注完这篇文章后就忍不住发议论说:"韩文多文从字顺,而作诗务为险奇。杜诗皆熔经铸史,而散文时有艰涩。岂专长者不能兼胜耶?皆当分别观之。"

秫，鹰秋怕苦笼。看君用高义，耻与万人同。"看诗，这王宰是新知而非旧识。所幸有过几天主客之谊和一段文字因缘，迫于眉急，只得硬着头皮写诗去诉苦求助。如果像浦起龙说的那样，这是老杜托刘主簿"寄馆记"时"附简王宰"，那未免太说不过去了。哪有一手交"文"，一手讨"高稿酬"的？看来王宰并未马上像老杜所希望的那样破格加惠："看君用高义，耻与万人同"，这年冬天他又寄诗王宰，重致前章骥病思秣之意："甲子西南异，冬来只薄寒。江云何夜尽，蜀雨几时干？行李须相问，穷愁岂有宽。君听鸿雁响，恐致稻粱难。"（《重简王明府》）杨伦说："想因寄前诗无济，故复促之。"又说："顾注：《左传》注：行李，行人也。欲王遣使相存问。"理解正确。末联以谋食艰难的鸿雁自况，这是哀词祷请，这是绝望的呼号，他当时的境况确乎是相当地严重了。他的《草堂即事》即作于这年十一月[33]，难得它摄取了草堂周遭荒村独树的凄凉景象，记录了诗人穷愁潦倒、无钱赊酒的苦况，给我们以直观、真切的感受：

"荒村建子月，独树老夫家。雪里江船渡，风前竹径斜。寒鱼依密藻，宿雁聚圆沙。蜀酒禁愁得，无钱何处赊？"诗人们好叹老嗟贫，不可尽信。这回，我倒相信老杜是真的穷得没钱打酒喝了。

正在这当口，一天成都徐九少尹带着厚礼来看望他，他喜出望外，作《徐九少尹见过》说：

"晚景孤村僻，行军数骑来。交新徒有喜，礼厚愧无才。赏静怜云竹，忘归步月台。何当看花蕊，欲发照江梅。"浦起龙说："少尹有周急之谊，故感而颂之。来在冬月，故期以花发再过也。"一个新知，又是来"雪里送炭"，初次上门，对老杜竟如此依恋，赏

---

[33]《杜臆》："肃宗上元二年九月，诏去上元号，以十一月为岁首。月以斗建命之，故诗云'荒村建子月'。《春秋》变古则书，盖史法也。"

竹步月，留连忘返，这怎教老杜不感动呢？在这以前不久一个"金天玉露"的秋日里，老杜结识了与他有通家之好、正在成都做官的虞十五司马，这虞司马请他尽情地喝了一整天酒，他高兴极了，就写了首情词恳切的五言排律致意说：

"远师虞秘监，今喜识玄孙。形象丹青逼，家声器宇存。凄凉怜笔势，浩荡问词源。爽气金天豁，清谈玉露繁。仵鸣南岳凤，欲化北溟鲲。交态知浮俗，儒流不异门。过逢连客位，日夜倒芳樽。沙岸风吹叶，云江月上轩。百年嗟已半，四座敢辞喧。书籍终相与，青山隔故园。"（《赠虞十五司马》）虞世南（五五八—六三八），字伯施，越州余姚（今浙江余姚）人。官至秘书监，封永兴县子。人称"虞永兴"。能文辞，工书法，亲承王羲之七代孙僧智永传授，继承了二王（羲之、献之）的书法传统，外柔内刚，笔致圆融遒丽，与欧阳询、褚遂良、薛稷并称为唐初四大书法家。正书碑刻有《孔子庙堂碑》。编有《北堂书钞》一百六十卷。世南在秘省，太宗重其博识，机务之暇，常同他谈论，共观经史。世南体弱，若不胜衣，而志性抗烈，每论及古先帝王为政得失，必存规讽，多所补益。太宗因此更加尊重他，称他有五绝：一是德行，二是忠直，三是博学，四是文辞，五是书翰。世南殁，太宗敕图其形于凌烟阁。老杜父系、母系与唐皇室都有姻亲瓜葛，与虞家有世谊也是可能的。不过他总爱拉关系，未免有点俗气。老杜"九龄书大字"，他的字想也写得不错，原来他还学过虞世南的书法。今天见到虞司马，觉得他的形象逼肖凌烟阁上画的他高祖的模样，不觉想起虞世南的笔势和词章功底来了。于是就勉励他继承祖先德业，乘时变化，重振家声。正当老杜慨叹人心不古、世态炎凉之际，虞司马念在同属儒门的世交情分，邀请他参加宴会，通宵达旦地痛饮美酒，又相约一同北归，这使他不胜感激，不胜伤感。徐九、虞十五这两个在成都公署供职的官人，一个送厚礼来，一个设盛筵把他邀请去，他当时生活的拮据，从这里也多少泄露出一点消息。

我读孟浩然的诗，觉得他总想占便宜叨扰别人几杯。比如他秋登万山想念好友张五，不说想请张五到他家来干几杯，而说"何当载酒来，共醉重阳节"（《秋登万山寄张五》），要他乘船来欢度重阳时可别忘了自带佳酿。又如他被邀到田家故人庄去做客，吃了鸡，喝了酒，临别时还特意宣称："待到重阳日，还来就菊花。"（《过故人庄》）赏菊哪能不饮酒，用意不是很清楚么？孟浩然有产业，人也很豁达，这不过是一时兴起，在诗中随便说说罢了，哪会像我想象的那么小气？老杜的情况又有所不同。他也不小气，只是阮囊羞涩，却想跟朋友们畅谈快饮，因此就真的希望有人带着酒来看望他。当时有个叫王抡的侍御(34)曾经应许带酒来草堂看望他，却不践约，他就迫不及待，写诗去催王抡，还要王抡邀请刚到成都暂代崔光远署理尹事的高适(35)一同来：

---

(34) 老杜《哭王彭州抡》题下仇注："王盖先以御史罢官，后在严武幕中，又迁彭州刺史而卒也。"

(35) 黄鹤以为上元二年冬蜀州刺史高适以摄尹事至成都。仇兆鳌说："考《旧书·高适传》：崔光远不能摄军，天子罢之，以适代为成都尹、西川节度。然此诗不曰'高尹'，而仍谓'高使君'。且是年十一月，光远卒，十二月旋以严武为成都尹，则适实未尝代光远也。"高代崔事两《唐书·高适传》均有记载。旧传原文为："西川牙将花惊定者恃勇，既诛子璋，大掠东蜀。天子怒光远不能戢军，乃罢之，以适代光远为成都尹、剑南西川节度使。"新传则只载"罢光远，以适代为西川节度使"，沿节使西川必尹成都惯例，不言代尹事，亦包括在内。两传记载实同，如无确证，不得臆改。想适之摄尹，只是奉诏暂来成都维持局面，并未罢蜀州刺史而任命为成都尹，故（一）老杜诗题中仍谓"高使君"而不称"高尹"。（二）待十一月崔光远卒，十二月任命严武为成都尹之后，高适就可以回蜀州去了。若如此理解黄鹤的所谓高适"以摄尹事至成都"，那很可能最接近事实。钱笺："唐制节度使阙，以行军司马摄知军事，未闻以刺史也。"（今本无，此据仇注引）战乱时事无常规，且千年前事，后人岂能一一尽知？至于宝应元年七月至广德元年十二月高适的为成都尹，那是另一回事，不得与此混为一谈。

第十三章 "暂止"的"飞鸟"

"老夫卧稳朝慵起，白屋寒多暖始开。江鹳巧当幽径浴，邻鸡还过短墙来。绣衣屡许携家酝，皂盖能忘折野梅？戏假霜威促山简，须成一醉习池回。"（《王十七侍御抡许携酒至草堂奉寄此诗便请邀高三十五使君同到》）老夫睡得很香，早上懒得起来。白茅盖的屋里面很寒冷，到天气暖和了才开大门。（言外之意是，如果你们要来，我定会像摩诘说的那样，"重门朝已启，起坐听车声"了。）江边的鹳鸟，恰巧对着幽径在扑水捋羽毛。邻家的鸡又飞过矮墙来了。——这就是我平日里索居草堂的景况。汉侍御有绣衣直指，出讨奸猾，治大狱。崔篆《御史箴》说："今鹰隼始击，以成严霜之威。"汉二千石（郡守的通称，以其俸禄为二千石之故）皂盖朱两幡。您这位当今的绣衣直指应许携带着家酿美酒来，可一直没来，可能官事鞅掌，一时无法分身。难道那位乘皂盖高轩的高使君也忘了来折野梅么？要是您能倚仗着侍御的霜威，敦促咱们这位征南将军山简命驾，那就该在我这权当习家池的草堂大醉一场，方可放你们回城。仇兆鳌说："今按：邻鸡过墙，语近浅易。绣衣、皂盖，又近拙钝。恐非少陵匠意之作也。"代简戏笔，无须惨淡经营。不过写得颇有情致，多少能见出诗人的风貌。王抡接到这首诗后，很快就携带着酒，邀了高适一同来草堂看望杜甫，他们把盏言欢、共韵赋诗，故人聚首之乐，那就可想而知了。王、高二诗不存，老杜之诗尚在：

"卧病荒郊远，通行小径难。故人能领客，携酒重相看。自愧无鲑菜，空烦卸马鞍。移樽劝山简，头白恐风寒。"（《王竟携酒高亦同过共用寒字》）从颔联看，高适是第一次来草堂，王抡在此以前已经携酒来访问过一次了。尾联附原注说："高每云：'汝（指杜甫）年几小，且不必小于我。'故此句戏之。"既然席间高适自诩比老杜年轻，老杜就故意对他开玩笑说："虽然比我小些，也不年轻了。我劝你还是多干几杯发散发散吧！白发老头儿就最怕受风寒了。"一句会心的调侃语,便把他们之间亲密的关系,和他们的言谈笑貌显示出来了。王抡带了酒来,高适短不了要送份厚礼。手头宽一点,就不愁"无鲑菜"待客,甚至一家大小还可赖以"卒岁"呢!高适卒于永泰元年(七六五),而他的生年由于诸家用以推算的依据和理解各有不同,则莫衷一是,主要有万岁通天元年(六九六)、长安二年(七〇二)、神龙二年(七〇六)、景龙元年(七〇七)等几种说法。案杜甫生于先天元年(七一二)。如果高适说的"汝年几小,且不必小于我"那句话,真像前面理解的那样,是高适自诩比老杜年轻,那么高适的生年当在先天元年(七一二)以后,这岂不可怪?

在王、高同来草堂欢聚前后,一天,范二员外邈和吴十侍御郁来拜谒老杜,正好碰上老杜到邻家串门去了,未能相见。老杜感到很遗憾,很抱歉,就写诗致意说:

"暂往比邻去,空闻二妙归。幽栖诚简略,衰白已光辉。野外贫家远,村中好客稀,论文或不愧,重肯款柴扉?"(《范二员外邈吴十侍御郁特枉驾阙展待聊寄此作》)范邈未详。吴郁曾在凤翔行在与老杜同列。老杜自秦州赴同谷县,途经两当县吴宅,时吴正在楚中贬所,曾作《两当县吴十侍御江上宅》,为吴的取忤朝贵而遭贬抱屈(详第十二章第一节)。这时吴必从楚中放还来游成都了。赵汸说:"前后诗中,每以无俗物、绝交游、门径榛塞为喜,独于范、吴之来,阙于展待,委曲尽情如此,则平日称懒者,果真懒乎?"

高适、王抡来了很高兴,没能见到吴郁、范邈很遗憾,殊不知老杜这时心中最惦念的还是李白:

"不见李生久,佯狂真可哀!世人皆欲杀,吾意独怜才。敏捷诗千首,飘零酒一杯。匡山读书处,头白好归来。"(《不见》)原注:"近无李白消息。"其实李白于乾元二年春遇赦后,即还至江夏、岳阳，复往浔阳、金陵等地游历。这年（上元二年）初冬，由越中取道宜兴往宣城度岁(详黄锡珪《李太白年谱》)。老杜因为不知道他的近况，就越发怀念他怜惜他："敏捷千篇，见才可怜。飘零纵酒，见狂可哀。归老匡山，盖悯其放逐而望其生还，始终是哀怜意"(仇兆鳌语)。杨伦说："杜田《补遗》：白之先客居蜀之彰明，太白……幼读书于大匡山，其读书堂尚存，宅在清廉乡，后为僧房，号陇西院。语出杨天惠《彰明逸事》。彰明，绵州属县，有大小匡山。按：太白蜀人，而公亦在蜀，自不当指浔阳之匡庐。杨升庵亦主此说。"(可参看吴曾《能改斋漫录》和洪迈《容斋续笔》中有关文字) 又说："结语抵一篇《大招》。""世人皆欲杀，吾意独怜才。"这肝胆相照的言辞，读之令人涕下。第二年（宝应元年，七六二）李白去世了，老杜再也没有寄赠或怀念李白的诗了，但李白却永远活在他心里，并一再在忆旧的诗篇中深情地提到他，提到他俩愉快相处的往事。

宴高怀李之后不久，老杜又去了一次蜀州。这次去蜀州，大概是应蜀州李七司马之邀去那儿观看在城边皂江（即今四川金马河）上造竹桥。竹桥即日完成，往来之人免冬寒涉水过江。老杜看了很高兴，便作诗庆贺说：

"伐竹为桥结构同，褰裳不涉往来通。天寒白鹤归华表，日落青龙见水中。顾我老非题柱客，知君才是济川功。合欢却笑千年事，驱石何时到海东？"(《陪李七司马皂江上观造竹桥即日成往来之人免冬寒入水聊题短作简李公》)《异苑》：晋太康二年冬大雪，南州人见二白鹤语于桥下说："今兹寒，不减尧崩年也。"于是飞去。《搜神后记》：丁令威本辽东人，后化鹤集城门华表柱，徘徊空中说道："去家千年今始归，城廓如故人民非。"这诗中的"华表"指桥柱而言。这里两典故合用。《朝野佥载》：赵州石桥甚工，望之如初日出云，长虹饮涧。天后时，默啜欲南过桥，马跪地不进，但见一青龙卧桥上，奋迅而怒，贼乃遁去。浦起龙以为"日落"句即杜牧《阿房宫赋》"长桥卧波，未云何龙"意。仇兆鳌以为"青龙"用费长房竹杖事，切竹桥。《华阳国志·蜀志》：城北十里有升仙桥、送客观。司马相如初入长安，题市门道："不乘赤车驷马，不过汝下也！"《太平御览》卷七三引作"题桥注"。《齐地记》：秦始皇作石桥，欲过海观日出处，有神人能驱石下海，石去不速，神辄鞭之，石皆流血。——这纯是应酬诗，不过是用些典故，说这竹桥跟木桥的结构差不多，建成后过往行人就不须褰裳涉水了。天寒大雪，野禽栖于桥柱，恍疑丁令威化鹤归来。日暮竹桥横架江上，犹如青龙偃卧水中。我现在老了，自知不是像司马相如那样对前途充满信心的题柱客。而您，才真正是成了济川的大功呢。今天我们在这里集合欢饮，庆祝竹桥建成，回想千年前秦始皇驱石作桥终于失败的事，就未免太可笑了。王阮亭说："诗近俗套，今人大半应酬仿此。"浦起龙说："诗似拙。"硬逼出来的必然笨拙，即使老杜精于此道亦不能免。到了夜晚，他们还把烛泛舟，继续饮酒欢庆：

"把烛桥成夜，回舟客坐时。天高云去尽，江迥月来迟。衰谢多扶病，招邀屡有期。异方成此兴，乐罢不无悲。"（《观作桥成月夜舟中有述还呈李司马》）桥成之夜，把烛泛舟游赏。云去月来，江景可览。只是衰年多病，又在异方，就悲不自胜了。杨伦于"招邀屡有期"句下加案语说："与前诗当另是一日。"老杜恐非当天才赶到蜀州，到后起码须设宴洗尘，"屡"字自有着落，不劳将桥成那天日邀饮夜招游的庆祝活动一分为二，并将夜招游展延到"另一日"。

正当桥成之日，高适已完成了暂时摄尹的任务从成都回蜀州来了，老杜就写了《李司马桥成承高使君自成都回》表示欢迎说：

"向来江上手纷纷,三日功成事出群[36]。已传童子骑青竹,总拟桥东待使君。"《后汉书·郭伋传》:郭伋为并州牧,始至行部,到河西美稷,有童儿数百,各骑竹马迎之,说:"闻使君到,喜,故来奉迎。"率尔成章,因竹桥而联想到竹马,又恰合迎使君情事,且甚含称美之意,"顺手牵羊",得来倒也现成。严武任成都尹在这年十二月,高适交卸后自成都回蜀州当在此时。看"江迥月来迟"所述,桥成和高适回蜀州当在这月十五日月圆以后。月夜泛舟时老杜既有如此深切的羁旅之悲,想不久就赶回草堂,与妻小过入蜀后的第三个团圆年去了。

十二　杜鹃咏叹调

最后将着重谈谈老杜今年写作的几首咏物诗。

老杜有两首《杜鹃行》。其中的一首这样写道:

"君不见昔日蜀天子,化为杜鹃似老乌。寄巢生子不自啄,群鸟至今为哺雏。虽同君臣有旧礼,骨肉满眼身羁孤。业工窜伏深树里,四月五月偏号呼。其声哀痛口流血,所诉何事常区区。尔岂摧残始发愤,羞带羽翮伤形愚。苍天变化谁料得,万事反覆何所无。万事反覆何所无,岂忆当殿群臣趋?"传说古代蜀国的国王叫杜宇。周朝末年,杜宇在蜀始称帝,号曰望帝。后归隐,让位于其相开明。时适二月,子鹃鸟鸣,蜀人怀之,因呼鹃为杜鹃。一说,杜宇通于其相之妻,惭而亡去,其魂化为鹃(见《蜀王本纪》《华阳国志·蜀志》)。后亦称杜鹃鸟为"杜宇"。《博物志》载:杜鹃生

---

[36] 前诗题云"陪李司马皂江上观造竹桥即日成",此云"三日功成",总之谓工程进展神速,不可拘看。

子，寄之他巢，群鸟为饲之。近代科学证明，杜鹃科部分种类不自营巢，产与其体型不相称的小型卵于多种雀形目鸟类巢中，或先产于地面再以嘴衔入，由巢主孵卵育雏。雏出壳后，推出巢主雏鸟而独受哺育。杜鹃科有大杜鹃。《华阳风俗录》载："杜鹃大如鹊而羽乌。"可信。黄鹤认为，上元元年七月，李辅国迁上皇于西内，高力士及旧宫人皆不得留，寻置如仙媛于归州，出玉真公主居玉真观。上皇不怿，成疾（详第十章第一节）。诗中"虽同君臣有旧礼，骨肉满眼身羁孤"二句，即谓此。卢元昌更进一步发挥说："蜀天子"，虽指望帝，实言明皇幸蜀。禅位以后，身等"寄巢"。劫迁之时，辅国执鞚，将士拜呼，虽存"君臣旧礼"，而如仙媛、玉真公主一时并斥，岂非"满眼""骨肉"俱散？移居西内，父子暌离，实如"羁孤""深树"。罢陈玄礼，流高力士，撤卫兵，此所谓"摧残""羽翮"。上皇不茹荤，致辟谷成疾，即"哀痛""发愤"所喻。"当殿群趋"，至此不可复见矣。以上两家的解释，总的看来是可信的。仇兆鳌以诗中有"四月五月"字样，而李辅国劫迁上皇乃上元元年七月事，认为此诗借物伤感，当属上元二年作。浦起龙不同意，认为"曰'四月五月'，为七月讳也"，此诗"当是闻信后伤之。仇本编入二年，非也"，遂改订为"上元元年，至成都以后诗"。杜鹃大多为夏候鸟，初夏时常昼夜不停地啼叫。此诗若作于头年七月以后（李辅国逼迁玄宗于西内一事传到成都当更迟），其时已无杜鹃啼叫，即使有所感慨，一般不会硬扯出"四月五月偏号呼"的杜鹃来借题发挥，大作文章。要是说第二年（上元二年）初夏闻杜鹃啼血，因杜宇的传说联想到玄宗的失位，有所感发而作此诗，那倒是比较合乎情理，合乎创作规律的。

他的另一首《杜鹃行》说："古时杜宇称望帝，魂作杜鹃何微细。跳枝窜叶树木中，抢佯瞥捩雌随雄。毛衣惨黑貌憔悴，众鸟安肯相尊崇？瘠形不敢栖华屋，短翻惟愿巢深丛。穿皮啄朽觜欲秃，苦饥始得食一虫。谁言养雏不自哺，此语亦足为愚蒙。声音咽咽如有谓，号啼略与婴儿同。口干垂血转迫促，似欲上诉于苍穹。蜀人闻之皆起立，至今相效传微风。乃知变化不可穷，岂思昔日居深宫，嫔嫱左右如花红。"仇兆鳌认为诗中有"蜀人闻之"之语，盖初至成都时泛咏杜鹃而作。《文苑英华》作司空曙诗，注云一见杜甫集。浦起龙说："于蜀既有前者，于夔又有五古一首。此篇必非杜作，题同而传讹也。"又说："笔亦高老，前幅似翻杜。"在我看来，这首诗与其说是司空曙的，不如说是老杜的：（一）既然前后能作两首，只要有兴趣，为什么不可以作三首呢？老杜的咏鹰咏马诗不是不止两首么？（二）司空曙是"大历十才子"之一。除这首外，其诗现存一百七十三首，大都情思冲淡，风格清丽。而这首诗，不止"高老"，亦复"沉郁"，酷似老杜手笔，置于司空曙集中很不协调。（三）这两首《杜鹃行》皆由杜宇传说而感发人君失位之苦，联系时事的紧密程度和个别提法虽有所不同，它们的主旨基本是一致的，甚至措辞造句也很相近，如"跳枝窜叶树木中"之与"业工窜伏深树里"、"毛衣惨黑貌憔悴"之与"羞带羽翮伤形愚"、"乃知变化不可穷"之与"万事反覆何所无"等等即是。这根本不是浦氏所说的"前幅似翻杜"。总之，我认为这两首诗是同时前后有感于同一时事而作。一叹不足而再叹之，后至云安复三叹之："我昔游锦城，结庐锦水边。有竹一顷余，乔木上参天。杜鹃暮春至，哀哀叫其间。我见常再拜，重是古帝魂。生子百鸟巢，百鸟不敢嗔。仍为喂其子，礼若奉至尊。鸿雁及羔羊，有礼太古前。行飞与跪乳，识序如知恩。圣贤古法则，付与后世传。君看禽鸟情，犹解事杜鹃。今忽暮春间，值我病经年。身病不能拜，泪下如迸泉。"（《杜鹃》）这是没有重大政治原因的偶合么？赵次公说："此（《杜鹃》)诗讥世之不修臣节者,曾禽鸟之不若耳,大意与《杜鹃行》相表里。"洪迈则径谓此诗伤肃宗的不能善遇玄宗,并将之与元结的《中兴颂》相提并论,大发议论说:"唐肃宗于干戈之际,夺父位而代之,然尚有可诿者,曰:欲收复两京,非居尊位,不足以制命诸将耳。至于上皇还居兴庆,恶其与外人交通,劫徙之西内,不复定省,竟以怏怏而终。其不孝之恶,上通于天。是时元次山作《中兴颂》,所书天子幸蜀,太子即位于灵武,直指其事,殆与《洪范》云武王胜殷杀受之辞同。其词曰:'事有至难,宗庙再安,二圣重欢。'既言'重欢',则知其不欢多矣。杜子美《杜鹃》诗:'我(君)看禽鸟情,犹解事杜鹃。'伤之至矣。……黄鲁直题《磨崖碑》尤为深切:'抚军监国太子事,何乃趣取大物为?事有至难天幸尔,上皇局脊还京师。南内凄凉几苟活,高将军去事尤危。臣结春秋二三策,臣甫杜鹃再拜诗。安知忠臣痛至骨,世上但赏琼琚词。'所以揭表肃宗之罪极矣。"(《容斋五笔》)考虑到老杜政治上属旧臣党,始终同情还京后受屈苟活的玄宗,不满昏庸无能的肃宗和以张良娣、李辅国为首的新贵党,再回过头来看洪迈的这段议论,看上述有关这三首杜鹃诗的解释,就会觉得可信多了。鲍照《拟行路难十八首》其七也咏杜鹃:"愁思忽而至,跨马出北门。举头四顾望,但见松柏园。荆棘郁蹲蹲,中有一鸟名杜鹃,言是古时蜀帝魂。声音哀苦鸣不息,羽毛憔悴似人髡。飞走树间啄虫蚁,岂忆往日天子尊?念此死生变化非常理,中心恻怆不能言。"其主旨是借杜鹃伤晋恭帝禅位于刘裕后的艰难境况和不得善终,可见老杜的三首杜鹃诗,无论命意还是构思,莫不由来有自了。玄宗晚年的遭遇有值得同情的地方,对肃宗和张良娣、李辅国有所不满也不是没有道理(详第十章第一、二、三节中有关论述),但这三首诗中所表露出来的有关君臣父子的强烈封建伦理观念,却是不足取的。

命意与三杜鹃诗相近的另二首咏物诗是《石笋行》和《石犀行》。《石笋行》说：

"君不见益州城西门，陌上石笋双高蹲。古来相传是海眼，苔藓蚀尽波涛痕。雨多往往得瑟瑟，此事恍惚难明论。恐是昔时卿相冢，立石为表今仍存。惜哉俗态好蒙蔽，亦如小臣媚至尊。政化错迕失大体，坐看倾危受厚恩。嗟尔石笋擅虚名，后来未识犹骏奔。安得壮士掷天外，使人不疑见本根。"成都为汉代益州旧治，西门外有两根石笋，一南一北，一高一低。这里因此就叫笋里或石笋街。蜀人古老相传："我州之西，有石笋焉，天地之堆，以镇海眼，动则波涛大滥。"（见《华阳风俗记》）又传距石笋二三尺，每夏六月大雨，往往陷作土穴，泓水湛然。以竹测之，深不可及。以绳系石而投其下，愈投而愈无穷。凡三五日，忽然不见，故有海眼之说。又传石笋之地，雨过必有小珠，或青黄如粟，亦有细孔，可以贯丝。这就是诗中"雨多往往得瑟瑟（碧珠）"所指。（详《成都记》）前面提到，老杜去年春天曾去石笋街果园坊向住在那里的徐卿要过果树苗。他进城出城也都得经过石笋街。这石笋当然是常见的。他想：这不过是前朝卿相墓门的石表罢了，哪里是什么海眼？接着就借题发挥，说俗好神奇，造为不经之说以蒙蔽人听，犹如小臣蛊惑君心，以致政舛国危，若掷去此石，使根底立见，则人心不疑了。明明是对时政有所感愤而发，这就难怪卢元昌要比照时政，做这样的解说了："辅国本飞龙厩小儿，官判元帅，朝廷呼尚父，如石笋擅虚名，忘本根也。决事银台，关白承旨，可谓乖迕失政体矣。宰相率子弟礼，节度皆门下士，可谓后生皆骏奔矣。与张良娣表里禁中，共媚至尊，直侍帷幄，专事蒙蔽也。自灵武给事银铛，叠膺宠秩，其受厚恩，适足摇动东宫，倾危社稷耳。"作诗不是作灯谜，不可能像卢氏比附的这么毫厘不爽地可着谜底作谜面。不过，所指出的种种情况当时确乎是实际存在的,也是老杜所熟悉的。既然他已表明自己因石笋而生发出"惜哉俗态好蒙蔽,亦如小臣媚至尊"的政治感慨,难道能说他作诗时丁点儿也没有想到朝中这些乌七八糟的事儿么?浦起龙认为《石笋》同《石犀》一样,是"为蜀郡淫雨江泛而作",反对"旧解都将本旨抛荒,纯以辅国蔽主之说支离比附",所见实谬。《石犀行》倒真是"为蜀郡淫雨江泛而作",但最后仍然归结到政论上:

"君不见秦时蜀太守,刻石立作五犀牛。自古虽有厌胜法,天生江水向东流。蜀人矜夸一千载,泛溢不近张仪楼。今日灌口损户口,此事或恐为神羞。修筑堤防出众力,高拥木石当清秋。先王作法皆正道,诡怪何得参人谋。嗟尔五犀不经济,缺讹只与长川逝。但见元气常调和,自免洪涛恣凋瘵。安得壮士提天纲,再平水土犀奔茫。"《华阳国志·蜀志》载,战国秦昭王时蜀郡守李冰作石犀五头以厌水精。《全蜀总志》载,李冰五石犀在成都府城南三十五里。又前书载,张仪筑成都城;城西南有楼百余尺,名张仪楼,临山瞰江。《旧唐书·肃宗本纪》载:"(上元二年八月,)七月霖雨,至是方止。墙宇多坏,漉鱼道中。"秦地如此,蜀中亦霖雨涨水(详前)。当时老杜听说大水冲走了灌口(在今灌县西北)的一些人家,想到蜀人千百年来,总夸口说有石犀镇压,水涨得再大也不会接近张仪楼,有感于迷信的误人,不如群策群力筑堤防范,于是就写了这首诗。此诗"结处亦伤庙堂无燮理阴阳之人"(杨伦语)。仇兆鳌说:"乾元元年九月,置道场于三殿,以宫人为佛菩萨,北门武士为金刚神王,召大臣膜拜围绕。当时黩礼不经甚矣,故有厌胜诡怪等语。且自李岘贬斥,朝无正人,故有调和元气之说。此诗寓言,亦确有所指矣。"我看这一诠释不无可取之处。即使不能简单地坐实此即针对上述事情而发,现在特意将当时朝廷所崇尚的,同老杜所反对的，两相对照，就会明显地见出这诗的进步政治倾向性和现实意义来。浦起龙斥之曰："说者必将两项搜剔根株，岂非呓语。"未免武断。陆游曾亲眼得见此石笋、石犀，于《老学庵笔记》中记述颇详："成都石笋，其状与笋不类，乃累叠数石成之。所谓海眼，亦非妄；瑟瑟，至今有得之者。蜀食井盐，如仙井大宁犹是大穴，若荣州则井绝小，仅容一竹筒，真海眼也。石犀在庙之东阶下，亦粗似一犀。正如陕之铁牛，但望之大概似牛耳。石犀一足不备，以他石续之，气象甚古。"可供参考。

其他如《病柏》："有柏生崇冈，童童状车盖。偃蹇龙虎姿，主当风云会。神明依正直，故老多再拜。岂知千年根，中路颜色坏。出非不得地，蟠据亦高大。岁寒忽无凭，日夜柯叶改。丹凤领九雏，哀鸣翔其外。鸱鸮志意满，养子穿穴内。客从何乡来？伫立久吁怪。静求元精理，浩荡难倚赖。"黄生认为是"喻宗社欹倾之时，贤人君子废斥在外，无所用其匡救，而宵小盘据于内，恣为奸私，国祚安得再振？天意如此，真不可问"。《枯楠》"楩楠枯峥嵘，乡党皆莫记。不知几百岁，惨惨无生意。上枝摩苍天，下根蟠厚地。巨围雷霆拆，万孔虫蚁萃。冻雨落流胶，冲风夺佳气。白鹄遂不来，天鸡为愁思。犹含栋梁具，无复霄汉志。良工古昔少，识者出涕泪。种榆水中央，成长何容易！截承金露盘，裊裊不自畏"，以枯楠比大材不见用，水榆比小材当重任。《病橘》"群橘少生意，虽多亦奚为？惜哉结实小，酸涩如棠梨。剖之尽蠹蚀，采掇爽所宜。纷然不适口，岂止存其皮。萧萧半死叶，未忍别故枝。玄冬霜雪积，况乃回风吹。尝闻蓬莱殿，罗列潇湘姿。此物岁不稔，玉食失光辉。寇盗尚凭陵，当君减膳时。汝病是天意，吾愁罪有司。忆昔南海使，奔腾献荔支。百马死山谷，到今耆旧悲"，伤贡献之劳民，借橘以慨时事：病橘不堪进贡，恰值国难当前、天子减膳之时，疑是天意使然；但恐玉食失色，责有司而疲民力，故引献荔支奉贵妃事为前车之鉴。《枯棕》伤民困于重敛（详本章第十节）。这些诗（包括前面几首），皆咏物寓言，忧愤深广，语意沉郁，不袭汉魏之迹，而能得其神髓，不管思想还是艺术，都有较高成就，并可从而见出诗人身处贫困之境、正当自顾不暇之时，仍不忘国运民瘼的广阔胸怀，因此应该受到应有的重视。

第十四章 转 蓬

一 一月死两个皇帝的年头

宝应元年（七六二），建卯月（二月），辛亥朔，赦天下；复以京兆为上都，河南为东都，凤翔为西都，江陵为南都，太原为北都。初，王思礼为河东节度使，资储丰富，军用之外，积米百万斛，奏请输五十万斛于京师。思礼卒，管崇嗣代之，政令松弛，信任左右，数月间，耗散殆尽，惟存陈腐米万斛。朝廷得知其情，以邓景山代之。景山到任，进行清查，将士辈多有隐没，皆惧。有裨将抵罪当死，诸将求情，不许；其弟请代兄死，亦不许；请入一马以赎死，乃许。诸将怒，说："我辈曾不及一马乎！"于是作乱。癸丑，杀景山。肃宗以景山抚御失所以致乱，不复推究作乱者，遣使慰谕以安定军心。诸将请以都知兵马使、代州刺史辛云京为河东节度使。又，绛州素无储蓄，民间闹饥荒，收不到赋税，将士口粮不足，朔方等诸道行营都统李国贞屡以状闻，朝廷不答复，军中咨怨。突将王元振将作乱，当众假传命令说："来日修都统宅，各具畚锸，待命于门。"士卒皆怒，说："朔方健儿岂修宅夫邪！"乙丑，元振率其徒作乱，烧牙城门。国贞逃到监狱里，元振将他抓住，将士卒的饭食放在他面前，说："食此而役其力，可乎？"国贞说："修宅则无之，军食则屡奏而未报，诸君所知也。"众欲退，元振说:"今日之事,何必更问!都统不死,则我辈死矣。"就拔刀杀了他。镇西、北庭行营兵屯于翼城,亦杀节度使荔非元礼,推裨将白孝德为节度使,朝廷居然认可。第十章第一节曾提到肃宗于乾元元年十二月承认平卢军裨将杀主将之子后所拥立的军使,司马光认为这是肃宗姑息养奸、肇藩镇祸乱之始。无穷后患现已渐露端倪了。绛州诸军剽掠不已,朝廷忧其与太原乱军合从连贼,非新进诸将所能镇服。辛未,以郭子仪为汾阳王,知朔方、河中、北庭、潞泽节度行营兼兴平、定国等军副元帅,发京师绢四万匹、布五万端、米六万石以给绛军。

建辰月(三月),庚寅,子仪将行,时肃宗身体不适,群臣都不得进见。子仪请求说:"老臣受命,将死于外,不见陛下,目不瞑矣。"皇上召入卧室,对他说:"河东之事,一以委卿。"肃宗召山南东道节度使来瑱赴京师;瑱乐在襄阳,其将士亦爱之,乃讽所部将吏上表留之;行至邓州,复令还镇。荆南节度使吕𬤇、淮西节度使王仲升及中使往来者言"瑱曲收众心,恐久难制"。上乃割商、金、均、房别置观察使,令瑱止领六州。会谢钦让围王仲升于申州数月,瑱怨之,按兵不救,仲升竟败没。行军司马裴茙谋夺瑱位,密表瑱倔强难制,请以兵袭取之,上以为然。癸巳,以瑱为淮西、河南十六州节度使,外示宠任,实欲图之。密敕以茙代瑱为襄、邓等州防御使。甲午,奴刺寇梁州,观察使李勉弃城走。以邠州刺史臧希让为山南西道节度使。丙申,党项寇奉天。李辅国因头年八月想当宰相不得而怀恨萧华。庚午,以户部侍郎元载为京兆尹。元载诣辅国固辞,辅国识其意;壬寅,以司农卿陶锐为京兆尹。辅国言萧华专权,请罢其相,皇上不许。辅国固请不已,乃从之,仍引元载代萧华。戊申,萧华罢为礼部尚书;以元载同平章事,领度支、转运使如故。

建巳（四月），庚戌朔，泽州刺史李抱玉破朝义兵于城下。壬子，楚州刺史崔侁表称，有尼姑真如，恍惚登天，见上帝，赐以宝玉十三枚，说："中国有灾，以此镇之。"群臣表贺。（头年老杜作《石犀行》，反对宗教迷信以所谓神物"厌胜"不祥的说法，这岂不与此大相径庭了？）甲寅，玄宗卒于神龙殿，享年七十八岁。肃宗从三月以来卧病，闻玄宗逝世，病加重，乃命太子监国。甲子，制改元宝应，复以建寅为正月，月数皆如其旧，赦天下。初，张后（张良娣）与李辅国里外勾结，专权用事，晚年有了矛盾。内射生使程元振党附李辅国。肃宗病危，张后召太子，对他说："李辅国久典禁兵，制敕皆从之出，擅逼迁圣皇，其罪甚大，所忌者吾与太子。今主上弥留，辅国阴与程元振谋作乱，不可不诛。"太子哭道："陛下疾甚危，二人皆陛下勋旧之臣，一旦不告而诛之，必致震惊，恐不能堪也。"张后说："然则太子姑归，吾更徐思之。"太子出，张后召越王李係，对他说："太子仁弱，不能诛贼臣，汝能之乎？"答道："能。"李係乃命内谒者监段恒俊选宦官有勇力者二百余人，授甲于长生殿后。乙丑，张后以皇上的名义召太子。程元振知其谋，密告李辅国，伏兵于陵霄门等待。太子至，程元振以难告。太子说："必无是事，主上疾亟召我，我岂可畏死而不赴乎？"元振说："社稷事大，太子必不可入。"乃以兵送太子于飞龙厩，且以甲卒守之。是夜，辅国、元振勒兵三殿，收捕越王李係、段恒俊及知内侍省事朱光辉等百余人，将他们捆绑起来。又以太子之命迁张后于别殿。时肃宗在长生殿，使者逼张后下殿，并左右数十人幽禁于后宫，宦官宫人皆惊骇逃散。丁卯，肃宗卒，享年五十二岁。辅国等杀张后并越王李係及兖王李侗。是日，辅国始引太子素服于九仙门与宰相相见，叙玄宗卒后宫中多故情事，拜哭，始行监国之令。戊辰，发肃宗丧于两仪殿，宣遗诏。己巳，太子即位，是为代宗。高力士遇赦还，至朗州，闻玄宗噩耗，号恸，呕血而卒。甲戌，以皇子奉节王李适为天下兵马元帅。李辅国恃功益横，公然对代宗说："大家但居禁中，外事听老奴处分。"代宗心里不满，以其方握禁兵，表面上很尊重他。乙亥，号辅国为尚父而不呼名，事无大小都问他，群臣出入都得先去见他，他也晏然处之。以内飞龙厩副使程元振为左监门卫将军。知内侍省事朱光辉等皆流黔中。初，李国贞治军严，朔方将士不乐，皆思郭子仪，故王元振因之作乱。子仪至军，元振自以为有功。子仪说："汝临贼境，辄害主将，若贼乘其衅，无绛州矣。吾为宰相，岂受一卒之私邪！"

五月，庚辰，收王元振及其同谋四十人，皆杀之。辛云京闻之，亦推按杀邓景山者数十人，诛之。由是河东诸镇皆守法。壬午，以李辅国为司空兼中书令。壬辰，贬礼部尚书萧华为峡州司马。这是元载希李辅国意，诬告萧华有罪。史朝义围宋州数月，城中食尽，将陷，刺史李岑不知所措。遂城果毅刘昌说："仓中犹有曲数千斤，请屑食之；不过二十日，李太尉（光弼）必救我。城东南隅最危，昌请守之。"李光弼至临淮，诸将以朝义兵尚强，请南保扬州。光弼说："朝廷倚我以为安危，我复退缩，朝廷何望！且吾出其不意，贼安知吾之众寡！"遂直奔徐州，使充郓节度使田神功进击朝义，大破之。光弼在徐州，惟军旅之事自决之，自余众务，悉委判官张傪。张傪吏事精敏，区处如流，诸将言事，光弼多令与张傪商议，诸将事张傪如光弼，由是军中肃然。先是，田神功起偏裨为节度使，留前使判官刘位等于幕府，神功皆平受其拜；及见光弼与张傪抗礼，乃大惊，遍拜刘位等说："神功出于行伍，不知礼仪，诸君亦胡为不言，成神功之过乎！"光弼能下士，不易；神功知过必改，尤难！来瑱闻徙淮西，大惧，上表说："淮西无粮，请俟收麦而行。"又讽将吏留己。朝廷欲姑息无事，壬寅，复以瑱为山南东道节度使。飞龙副使程元振谋夺李辅国权，密言于上，请稍加裁制。

六月，己未，解除李辅国行军司马及兵部尚书，余如故，以程元振代判州元帅行军司马，仍迁辅国出居外第。于是道路相贺。辅国始惧，上表逊位。辛酉，罢辅国兼中书令，进爵博陆王。辅国入谢，愤咽而言说："老奴事郎君不了，请归地下事先帝！"皇上犹慰谕而遣之。襄邓防御使裴茙屯兵谷城，既得密敕，即帅麾下二千人沿汉水往襄阳；己巳，阵于谷水北。来瑱以兵逆之，问其所以来。答道："尚书不受朝命，故来。若受代，谨当释兵。"来瑱说："吾已蒙恩，复留镇此，何受代之有！"因取敕及告身示之，裴茙惊惑。来瑱与副使薛南阳纵兵夹击，大破之，追擒裴茙于申口，送京师，赐死。是月，严武召还，高适为成都尹、西川节度使。

七月，癸巳，剑南兵马节度使徐知道反，以兵守要害，拒严武，严武不得进。

八月，己未，徐知道为其部将李忠厚所杀，剑南悉平。乙丑，山南东道节度使来瑱入朝谢罪，上优待之。己巳，郭子仪自河东入朝。时程元振用事，忌子仪功高任重，数谮之于上。子仪不自安，表请解副元帅、节度使。上慰抚之，子仪遂留京师。

九月，庚辰，以来瑱为兵部尚书、同平章事、知山南东道节度使。左仆射裴冕为山陵使，议事有与程元振相违者，丙申，贬裴冕为施州刺史。朝廷遣中使刘清潭出使回纥，修旧好，且征兵讨史朝义。清潭至其庭，回纥登里可汗已为史朝义所诱，说："唐室继有大丧，今中原无主，可汗宜速来共收其府库。"可汗信之。清潭致敕书说："先帝虽弃天下，今上继统，乃昔日广平王，与叶护共收两京者也。"回纥起兵至三受降城，见州县皆为丘墟，有轻唐之意，乃困辱清潭。清潭遣使向朝廷汇报情况，且说："回纥举国十万众至矣！"京师大骇。皇上遣殿中监药子昂前往慰劳于忻州南。初，毗伽阙可汗为登里求婚，肃宗以仆固怀恩女妻之，为登里可敦。可汗请与怀恩相见，怀恩时在汾州，上令往见之，怀恩对可汗说唐家恩信不可负，可汗悦，遣使上表，请求助讨朝义。

十月，以雍王李适（即唐德宗）为天下兵马元帅。辛酉，辞行，会诸道节度使及回纥于陕州，进讨史朝义。代宗本欲以郭子仪为李适的副帅，因程元振、鱼朝恩等阻挠而止。加朔方节度使仆固怀恩同平章事兼绛州刺史，领诸军节度行营以副李适。皇上在东宫时，以李辅国专横，心甚不平，及嗣位，以辅国有杀张后之功，不欲显诛之。壬戌夜，盗入其第，窃辅国之首及一臂而去。敕有司捕盗，遣中使慰问其家，为刻木首葬之，仍赠太傅[1]。时登里与怀恩之女俱来，丙寅，皇上命仆固怀恩与母、妻俱诣行营以亲结之。雍王李适至陕州，回纥可汗屯于河北，李适与僚属从数十骑往见之。可汗责李适不拜舞，药子昂对以礼不当然。回纥将军车鼻说："唐天子与可汗约为兄弟，可汗于雍王，叔父也，何得不拜舞？"子昂说："雍王，天子长子，今为元帅。安有中国储君向外国可汗拜舞乎！且两宫在殡，不应舞蹈。"力争许久，车鼻遂引药子昂、魏琚、韦少华、李进等各鞭一百，以李适年少未谙事，遣归营。魏琚、韦少华当晚就死了。戊辰，诸军发陕州，仆固怀恩与回纥左杀为前锋，陕西节度使郭英义、神策观军容使鱼朝恩为殿军，自渑池入；潞泽节度使李抱玉自河阳入；河南等道副元帅李光弼自陈留

---

[1] 司马光《资治通鉴考异》："《旧传》曰：'盗杀李辅国，携首臂而去。'《纪统》曰：'辅国悖于明皇，上在东宫，闻而颇怒。及践阼，辅国又立功，难于显戮，密令人刺之，断其首，弃之溷中，又断其右臂，驰祭泰陵，中外莫测。后杭州刺史杜济话于人曰：尝识一武人为牙门将，曰：某即害尚父者。'"

入；雍王留陕州。辛未，怀恩等军于同轨。史朝义闻官军将至，谋于诸将。阿史那承庆说："唐若独与汉兵来，宜悉众与战；若与回纥俱来，其锋不可当，宜退守河阳以避之。"朝义不从。壬申，官军至洛阳北郊，分兵取怀州；癸酉，拔之。乙亥，官军列阵于横水。敌众数万，立栅自固，怀恩列阵于西原以当之。遣骁骑及回纥并南山出栅东北，表里合击，大破之。朝义悉发其精兵十万救之，列阵于昭觉寺，官军骤击之，杀伤甚众，而贼阵不动；鱼朝恩遣射生五百人力战，敌虽多死者，阵亦如初。镇西节度使马璘见犯阵而不能陷，引退必败，说："事急矣！"遂单骑奋击，夺敌两盾牌，突入万众中。敌左右披靡，大军乘之而入，敌众大败；转战于石榴园、老君庙，敌又败；人马相蹂践，填满尚书谷。斩首六万级，捕虏二万人，朝义带领轻骑数百东走，怀恩进克东京及河阳城，获其中书令许叔冀、王伷等，承制释放了他们。怀恩留回纥可汗驻营于河阳，使其子右厢兵马使仆固玚及朔方兵马使高辅成率领步骑万余乘胜逐朝义，至郑州，再战皆捷。朝义至汴州，其陈留节度使张献诚闭门拒之，朝义奔濮州，献诚开门出降官军。回纥入东京，肆行杀略，死者万计，火累旬不灭。朔方、神策军亦以东京、郑州、汴州、汝州皆为敌境，所过虏掠，三月乃已。（《资治通鉴》胡三省注："使郭、李为帅，安有是祸邪！"）城中房屋荡然无存，士民都以纸遮体御寒。回纥将所掠宝货都存放在河阳，留其将安恪守护。

十一月，丁丑，露布至京师。史朝义自濮州北渡河，怀恩进攻滑州，拔之，追败朝义于卫州。叛方睢阳节度使田承嗣等带兵四万余人与朝义合，复来拒战；仆固玚击破之，长驱至昌乐东。朝义率领魏州兵来战，又败走。于是邺郡节度使薛嵩以相、卫、洺、邢四州降于陈郑、泽潞节度使李抱玉，恒阳节度使张忠志以赵、恒、深、定、易五州降于河东节度使辛云京。抱玉等已进军入其营，巡按其部伍，薛嵩等皆撤职；不久，仆固怀恩又令复职。由是抱玉、云京疑怀恩有贰心，各上表以闻，朝廷密为之备；怀恩亦上疏为自己辩护，皇上对他加以慰勉。辛巳，制："东京及河南、北受伪官者，一切不问。"己亥，以仆固怀恩为河北副元帅，加左仆射兼中书令、单于、镇北大都护、朔方节度使。史朝义走至贝州，与其大将薛忠义等两节度合，仆固玚追到临清。朝义自衡水引兵三万反攻，仆固玚设埋伏击退之。回纥又至，官军益振，遂逐之；大战于下博东南，叛军大败，积尸拥流而下。朝义奔莫州，各路官军围莫州。

二 未能绝俗的"幽栖"

宝应元年，是动荡的一年，是转关的一年。这一年，一月之内死了两个皇帝。经过错综复杂的殊死搏斗，总算结束了张良娣、李辅国专权用事的局面。引回纥，用仆固怀恩，收复了河南、河北，为明年正月最终平定安史之乱创造了条件，但也伏下了仆固怀恩勾结回纥等反叛的祸根。

对于老杜来说，这年开春后他在草堂的生活情况跟去年也差不多。有人离蜀或来草堂辞行，他多写诗相送，如《入奏行赠西山检察使窦侍御》《魏十四侍御就敝庐相别》《赠别郑炼赴襄阳》[2]《重赠郑炼绝句》。得远方来信，他就以诗代意，如《得广州张判官叔

---

[2] 此诗甚佳，特介绍如下："戎马交驰际，柴门老病身。把君诗过日，念此别惊神。地阔峨眉晚，天高岘首春。为耆旧内，试觅姓庞人。""把君诗""念此别"，三字一读。张惕庵说："一气如话，在王孟集中绝调，在公集中骊耳，即此可见身分。"

卿书使还以诗代意》[3]。有时心里不痛快，他还会即景抒怀、咏物寓意，写些小诗聊自排遣。他的《江头五咏》就是这样的作品。其一《丁香》自喻见弃远方，安分隐退，不复更怀末路之荣以贾祸：

"丁香体柔弱，乱结枝犹垫。细叶带浮毛，疏花披素艳。深栽小斋后，庶使幽人占。晚堕兰麝中，休怀粉身念。"其二《丽春》[4]叹竞进者多，而己独耿介自守，不移本性，怕为人所知：

"百草竞春华，丽春应最胜。少须颜色好，多漫枝条剩。纷纷桃李姿，处处总能移。如何此贵重，却怕有人知。"其三《栀子》自伤以有用之材而孤冷不合于时，甘终老于江湖：

"栀子比众木，人间诚未多。于身色有用，与道气伤和。红取风霜实，青看雨露柯。无情移得汝，贵在映江波。"谢朓《墙北栀子》："有美当阶树，霜露未能移。……还思照绿水，君阶无曲池。"浦起龙说："结正翻用谢诗，谢则期在见用也。公本传谓其性褊躁，至是亦饱经颠沛而自悔其初欤？"我看非自悔其初而是孤芳自赏。"气伤和"，"伤"一作"相"，仇注："比性不戾俗。"老杜同时前后

---

[3] 朱鹤龄以为张叔卿或即与李白、孔巢父等同隐于徂徕山的"竹溪六逸"之一张叔明。老杜游齐鲁时与张叔卿结交，他的《杂述》说："进贤为贤，则鲁之张叔卿、孔巢父二士者，聪明深察，博辩闳大，固必能伸于知己，令问不已，任重致远，速于风飙也。是何面目黧黑，常不得饱饭吃，曾未如富家奴，兹敢望缟衣乘轩乎？……嗟乎叔卿，遣辞工于猛健，放荡似不能安排者。以我为闻人而已，以我为益友而已。叔卿静而思之。嗟乎巢父，执雌守常，吾无所赠若矣。泰山冥冥，崒以高，泗水潾潾，泺以清。悠悠友生，复何时会于王镐之京，载饮我浊酒，载呼我为兄。"据"泰山""泗水""何时会于王镐之京"云云，《杂述》当作于天宝四载老杜将离东鲁欲入长安时。其时张叔卿正怀才不遇，生活贫困，岂料十七年后，他还只在广州幕府谋到个判官的职务。又，《杂述》中提到："虽岑子、薛子，引知名之士，月数十百，填尔逆旅，请诵诗，浮名耳。勉之哉，勉之哉！"仇兆鳌以为指岑参、薛据。如果真是这样，则老杜的结识岑参、薛据当在天宝四载以前。此诗"却寄双愁眼，相思泪点悬"，构思与李白《金乡送韦八之西京》"狂风吹我心，西挂咸阳树"相同，而风格各异。

[4] 《图经本草》：丽春草，一名仙女蒿。《群芳谱》：丽春，罂粟别种，根苗一类而数色咸具，即今虞美人花。

所作《畏人》说："褊性合幽栖。"自认性褊躁只宜退隐。此作"气伤和"而用浦说为是。其四《鸂鶒》自况失位于外，无心求进，有留滞之叹，但当安于义命：

"故使笼宽织，须知动损毛。看云莫怅望，失水任呼号。六翮曾经剪，孤飞卒未高。且无鹰隼虑，留滞莫辞劳。"《花鸭》自伤以直言救琯外斥，惟恐招世忌而欲有心韬晦[5]：

"花鸭无泥滓，阶前每缓行。羽毛知独立，黑白太分明。不觉群心妒，休牵众眼惊。稻粱沾汝在，作意莫先鸣。"

顾宸说："《丁香》，立晚节也。《丽春》，守坚操也。《栀子》，适幽性也。《鸂鶒》，遭留滞也。《花鸭》，戒多言也。此虽咏物，实自咏耳。"咏物须肖物，不肖则离题；肖而无深意，不过灯谜。"于身色有用，与道气伤和""羽毛知独立，黑白太分明"，确是栀子、花鸭，而感愤殊深，此所以绝妙。这组诗很有意思，既见其心志，又见其情趣。原来浣花草堂种了丁香、虞美人、栀子，还养着鸂鶒、花鸭呢。

与去年同时期那种幽雅潇洒、浪漫"颠狂"的心理状态相比，老杜今春的情绪就低落得多了。春天来了，他也到江边去踏青，回头瞥见旌旗招展，又闻鼓角悲鸣，想起西山有吐蕃之警、伤乱之情，便不能自已了：

"江边踏青罢，回首见旌旗。风起春城暮，高楼鼓角悲。"(《绝句》)他刚到这里时作诗说："锦里烟尘外，江村八九家。……卜宅从兹老，为农去国赊。"(《为农》)虽嫌离故乡太远，所幸远隔战区。岂料如今这里也边警频传，真教人走投无路！这种思家之念、忧国之愁更集中地表现在《野望》中：

---

[5] 以上《江头五咏》各首题解，均采张上若说。

"西山白雪三城戍，南浦清江万里桥。海内风尘诸弟隔，天涯涕泪一身遥。惟将迟暮供多病，未有涓埃答圣朝。跨马出郊时极目，不堪人事日萧条。"西山在成都西，一名雪岭。三城就是松（今四川松潘县）、维（故城在今四川理县西）、保（故城在今四川理县新保关西北）三城。时列戍三城，以防吐蕃侵扰。见雪岭而忧边警，临南浦但望东归。诸弟阻隔，独自飘零。惟恨年老多病，未有涓埃报国。跨马出郊，本拟极目以散心，谁知却招来了如许揪心的痛苦。朱瀚说："国步多艰，皆由人事所致，结句感慨深长。"[6]有选本定此诗作于是年冬，或以诗中有"白雪""萧条"字样之故。其实"萧条"状"人事"非状景物，"西山白雪"系指雪岭终年不化之雪："两个黄鹂鸣翠柳，一行白鹭上青天。窗含西岭千秋雪，门泊东吴万里船"（《绝句四首》其三），即使是暮春时节，乃至盛夏，"西山白雪"仍然可见。《世说新语·捷悟》载，王东亭尝春月乘马出郊，时彦同游者连镳俱进。姑定此诗作于春时，想亦无不可。

曹丕的《杂诗》其三说："西北有浮云，亭亭如车盖。惜哉时不遇，适与飘风会。吹我东南行，行行至吴会。吴会非我乡，安得久留滞？弃置勿复陈，客子常畏人。""天涯涕泪一身遥"的老杜，处于彼时彼地彼境，确乎深切地体会到那"适与飘风会"的"浮云"的悲哀，和那"客子常畏人"的苦衷了。他的《畏人》即拈前诗末句中此二字为题，抒写羁旅寂寥：

"早花随处发，春鸟异方啼。万里清江上，三年落日低。畏人成小筑，褊性合幽栖。门径从榛草，无心待马蹄。"春天来了，哪里都有花开，都有鸟啼。异方无赖的花鸟却挑逗起我的乡情依依。

---

[6] 朱鹤龄则认为，是时分剑南为两节度，而西山三城列戍，百姓疲于调役，高适尝上疏论之，不纳。公诗当为此作，故有人事萧条之叹。

我经常徘徊在万里桥边凝视着万里清江，日复一日，如今已是三年。我性子褊躁只宜退隐幽栖，我这常畏人的客子就在这里盖了个小小的茅庐。让门前小径长满了杂树和野草吧，我无心等待那枉驾的马蹄。意犹未尽，诗人接着又写了《屏迹三首》，着重描述他屏迹江村、幽栖草堂的情况和感受。其一说：

"衰年甘屏迹，幽事供高卧。鸟下竹根行，龟开萍叶过。年荒酒价乏，日并园蔬课。独酌甘泉歌，歌长击樽破。"鸟行龟过，幽事差可娱情。惜年荒酒贵，罄连日卖菜所得，犹不足酤值。无酒且独酌甘泉而歌，唱得兴起，就不觉击破酒杯了。《世说新语·豪爽》："王处仲每酒后，辄咏'老骥伏枥，志在千里；烈士暮年，壮心不已'。以如意打唾壶，壶口尽缺。"末句暗用此事。其二说：

"用拙存吾道，幽居近物情。桑麻深雨露，燕雀半生成。村鼓时时急，渔舟个个轻。杖藜从白首，心迹喜双清。"仇兆鳌串讲此首颇佳："拙者心静，故能存道。幽居身暇，故近物情。桑麻、燕雀，动植对言。村鼓、渔舟，耕渔对言，皆物情之相近者。对此而心迹两清，吾道得以常存矣。"又说："'心迹'二字，乃三首之眼。公在草堂，地僻可以屏迹，而性懒亦宜于屏迹也。""半生成"，杨伦以为是说"一半方生，一半已成也"。张耒《夏日》"檐牙燕雀已生成"，以"已"易"半"，时序就晚了许多。其三说：

"晚起家何事，无营地转幽。竹光团野色，舍影漾江流。失学从儿懒，长贫任妇愁。百年浑得醉，一月不梳头。"其实，老杜对自己的"从儿""失学""任妇""长贫"是深感内疚的（详第十一章第八节）。这么说，不过故作旷达聊自排遣罢了。由此可见他的屏迹幽栖，并非出于本心；他的疏懒颓放亦非生性使然。

老杜屏迹幽栖，本来"无心待马蹄"，偏偏马蹄给他送来了不速之客，而且是个毫无教养的纨绔子弟。这人骑马直到阶前，下得马来,一屁股坐在胡床之上,不通报自己的姓名,便大不咧咧地指点着银瓶问主人要酒喝。这样一个粗豪无礼的家伙,究竟是怎样把他对付过去的呢?不得而知。顶多只能揣知老杜当时一定感到又可气又好笑,于是就给这家伙勾勒出一张速写像:

"马上谁家白面郎,临阶下马坐人床。不通姓氏粗豪甚,指点银瓶索酒尝。"(《少年行》)这像端的画得好,你看他多神气活现啊!胡夏客说:"此盖贵介子弟,恃其家世,而恣情放荡者。既非才流,又非侠士,徒供少陵诗料,留千古一噱耳。"仇兆鳌说:"此辈少年意气,色色逼真。下马坐床,指瓶索酒,有旁若无人之状,其写生之妙,尤在'不通姓氏'一句。"又说:"此说少年意态神情,跃跃欲动。王维诗云:'新丰美酒斗十千,咸阳游侠多少年。相逢意气为君饮,系马高楼垂柳边。'吴象之云:'承恩借猎小平津,使气常游中贵人。一掷千金浑是胆,家无四壁不知贫。'皆善于写生者。"另有《少年行》二首,其一说:

"莫笑田家老瓦盆,自从盛酒长儿孙。倾银注玉惊人眼,共醉终同卧竹根。"其二说:

"巢燕引雏浑去尽,江花结子也无多。黄衫年少来宜数,不见堂前东逝波。"杨伦认为前一首乃实指少年,此二首皆及时行乐之意,因次首有"年少"句,即用为题,借以自鼓衰兴,与寻常《少年行》有别。所见甚是。

"无心待马蹄"而待来了"马上谁家白面郎",未免晦气。要是待来了像严武这样的"厚禄故人",那又当别论了。

头年十二月,严武来成都任成都尹。这年开春后,严武写了首诗给杜甫,邀请杜甫进城去他那儿玩:

"漫向江头把钓竿,懒眠沙草爱风湍。莫倚善题《鹦鹉赋》,何须不著鵔鸃冠。腹中书籍幽时晒,肘后医方静处看。兴发会能驰骏马,终当直到使君滩。"《寄题杜二锦江野亭》）大意是说：你经常在江边钓鱼,还爱懒洋洋地躺在草地上欣赏流水。你切莫仗着自己有祢衡即席作《鹦鹉赋》那样敏捷的文才,就不去朝廷做官。⟨7⟩《世说新语·排调》记载郝隆七月七日仰卧在正午的太阳下面,别人问他干什么,他答道："我晒（腹中）书。"你幽闲时大概也晒你那满腹的书籍吧？葛洪曾经抄过《肘后急要方》四卷,你一定常在僻静处看这些医方了。你要是一时兴起,能骑着飞快的骏马到我这儿来那才好呢。⟨8⟩

　　老杜接到这首诗,当然高兴,就写了《奉酬严公寄题野亭之作》,——酬答来诗之意,并转而邀请严武出城来草堂相聚：

⟨7⟩ 仇注："《鹦鹉赋》,以祢衡之才比少陵,非刺其恃才傲物。旧注误解。曹操送祢衡于江夏太守黄祖。祖长子射为章陵太守,大会宾客。人有献鹦鹉者,衡揽笔而作（《鹦鹉赋》）,词采甚丽。"洪迈《容斋续笔》："《新唐书·严武传》云：房琯以故宰相为巡内刺史,武慢倨不为礼。最厚杜甫,然欲杀甫数矣。李白为《蜀道难》者,为房与杜危之也。《(杜)甫传》云：武以世旧待甫,甫见之,或时不巾,尝醉登武床,瞪视曰：严挺之乃有此儿！武衔之。一日,欲杀甫,冠钩于帘三。左右白其母奔救,得止。旧史但云甫性褊躁,尝凭醉登武床,斥其父名,武不以为忤。初无所谓欲杀之说,盖唐小说所载,而新书以为然。予按李白《蜀道难》本以讥章仇兼琼,前人尝论之矣。甫集中诗凡为武作者,几三十篇,送其朝者曰：'江村独归处,寂寞养残生。'喜其再镇蜀,曰：'得归茅屋赴成都,直为文翁再剖符。'此犹是武在时语。至哭其归榇及《八哀》诗：'记室俯何逊,韬钤延子荆。'盖以自况；'空余老宾客,身上愧簪缨。'又以自伤。若果有欲杀之怨,必不应眷眷如此！好事者但以武诗有'莫倚善题《鹦鹉赋》'之句,故用证前说,引黄祖杀祢衡为喻,殆是痴人面前不得说梦也。武肯以黄祖自比乎？"虽说唐人用典少禁忌,而以"莫倚"句证严武欲杀杜甫之说尤谬,但严武此诗中用此典,易令人念及黄祖杀祢衡事,殊不妥。见严武于诗不很擅场。"鵔鸃",古籍中鸟名。《汉书·司马相如传上》："掩翡翠,射鵔鸃。"颜师古注："鵔鸃,鷩鸟也,似山鸡而小,冠背毛黄,腹下赤,项绿色,其尾毛红赤,光采鲜明。"鷩,即"赤雉"。按所指为锦鸡。《汉书·佞幸传序》："故孝惠时,郎、侍中皆冠鵔鸃。"颜师古注："以鵔鸃毛羽饰冠,海贝饰带。"汉以后为近臣所著。杜甫曾为近臣,故严武此诗有"何须不著鵔鸃冠"之句。

⟨8⟩ 《九域志》载：使君滩在万州（治所在今四川万县市）。盛弘之《荆州记》载：鱼复县（治所在今四川奉节东白帝城）界有羊肠虎臂滩,杨亮为益州,至此舟覆,至今名为使君滩。王嗣奭认为此诗中的使君滩必非鱼复县者,或因使君字而借用之。

"拾遗曾奏数行书，懒性从来水竹居。奉引滥骑沙苑马，幽栖真钓锦江鱼。谢安不倦登临费，阮籍焉知礼法疏。枉沐旌麾出城府，草茅无径欲教锄。"严武说："何须不著鵕鸃冠"，还是出来做官吧！老杜答：我当拾遗时忝掌供奉，曾经骑着沙苑坊监良马奉引御驾，后因疏救房琯遭贬，从此甘心隐居于水竹之间，早已无复出仕之兴了。严武说："漫把钓竿，懒眠沙草"，你真不该就这样退隐啊！老杜答：我生性从来疏懒，跟阮籍一样，为礼法之士所不容，如今幽栖草堂，真的是在钓那锦江里的鱼，这种生活已经过习惯了，安之若素，我也就不想再有什么改变了。严武说：你一时兴起，就骑马到我衙门里来玩吧！老杜答：你像谢安一样最爱登山临水⁽⁹⁾，要是你能在旌麾仪仗的簇拥下从城中公府出来，枉驾草堂，那我马上就去教人在茅草丛生、无径可通的门前锄出条路，恭候你的到来。仇兆鳌说："在严诗固款曲而殷勤，在公诗亦和平而委婉。解者指严为语多刺讥，指公为始终傲岸，两失作者之意。"孔毅父《续世说》："武过草堂，公有时不冠，故严诗云：'何须不著鵕鸃冠。'而公答曰：'阮籍焉知礼法疏。'以解嘲也。"《杜臆》："后人误读此语，遂有不冠之说，而欲杀之诬，从此起矣。"到目前为止，严武尚未来过草堂，哪会有"武过草堂，公有时不冠，故严诗云……公答曰……"之事呢？纯是拉扯诗句编小说，不可信。

过不了几天，严武终于接受老杜的邀请，带着小队随从，到草堂做客来了。当时情景，从老杜的《严中丞枉驾见过》中可见一斑："元戎小队出郊坰，问柳寻花到野亭。川合东西瞻使节，地分南北任流萍。扁舟不独如张翰，皂帽还应似管宁。寂寞江天云雾

⁽⁹⁾《晋书·谢安传》载：谢安于土山营别墅，楼馆林竹甚盛，每携中外子侄往来游集，肴膳亦屡费百金。

里,何人道有少微星。"单就诗而论,这诗写得实在不怎么样。但多少有点意义的是,其中个别句子和自注,引起了注家们的注意,并从而对东西川的分合和严武的任免做出如下的论断,可补史料之不足:"赵云:公自注云:'严自东川除西川,敕令都节制。'则是未合为一道时,故称为中丞[10],当是宝应元年权令两川都节制时作。若广德二年武再尹成都时,公已入幕府,不应有张翰、管宁之语。卢注:至德二载,上皇还京,分剑南东、西两川,各置节度,是两川始分也。宝应元年,严就为东川节度,更除西川,权摄东川,此诗所谓'川合东西'也。是年,公《说旱》云:'请管内东西,各遣一使。'其时尚分而未合,故各遣耳。六月,严武被召还朝,西川节度高适代之,东川节度虚悬,以章彝为留后。至广德二年正月,东西两川始合为一道,以黄门侍郎严武为节度。赵注应为可据"(仇注)。案《旧唐书·严武传》载:"上皇(玄宗)诰以剑两川合为一道,拜武成都尹兼御史大夫,充剑南节度使。"《新唐书》本传同。而《资治通鉴》则谓:"(代宗广德二年,正月,)癸卯,合剑南东、西川为一道,以黄门侍郎严武为节度使。"《考异》说:"此年始合东、西川为一道,岂上皇诰所合?《新》《旧》传皆误。"可见前面诸注家的推测最接近事实。

自从这次严武来草堂欢聚之后,老杜跟严武的交往密切了,同严武唱和或写到严武的诗也多起来了。如《奉和严中丞西城晚眺十韵》称赞严武的文才武略,希望他安边报国,建立功勋:

"汲黯匡君切,廉颇出将频。直词才不世,雄略动如神。……

---

[10]《旧唐书·严武传》载:"既收长安,以武为京兆少尹兼御史中丞,时年三十二。……迁剑南东川节度使;入为太子宾客兼御史中丞。"此时既为权令都节制而未实任,故以一直兼任的"中丞"称之。

辞第输高义，观图忆古人。征南多兴绪，事业暗相亲。"《中丞严公雨中垂寄见忆一绝奉答二绝》盼望严武再次枉过草堂，说雨霁路净，最好骑马，自己虽然老病无力，来后一定陪他去钓鱼：

"雨映行宫辱赠诗，元戎肯赴野人期？江边老病虽无力，强拟晴天理钓丝。"（其一）"何日雨晴云出溪，白沙青石洗无泥。只须伐竹开荒径，倚杖穿花听马嘶。"（其二）有时严武送点小礼物来，老杜也写诗作答：

"山瓶乳酒下青云，气味浓香幸见分。鸣鞭走送怜渔父，洗盏开尝对马军。"（《谢严中丞送青城山道士乳酒一瓶》。案：《北京晚报》一九八三年一月三十日载："一种传世一千二百多年的'道家酒'已在成都等地上市。道家酒产于道教第五洞天的四川著名风景区青城山，以当地盛产的中华猕猴桃为原料酿制，……杜甫曾在一首诗中对它赞道：山瓶乳酒下青云，……"录以备考）这些诗不甚佳，却能见二人交谊。其中写得较好较有意义的是《遭田父泥饮美严中丞》：

"步屟随春风，村村自花柳。田翁逼社日，邀我尝春酒。酒酣夸新尹：'畜眼未见有。'回头指大男：'渠是弓弩手。名在飞骑籍，长番岁时久。前日放营农，辛苦救衰朽。差科死则已，誓不举家走。今年大作社，拾遗能住否？'叫妇开大瓶，盆中为吾取。感此气扬扬，须知风化首。语多虽杂乱，说尹终在口。朝来偶然出，自卯将及酉。久客惜人情，如何拒邻叟？高声索果栗，欲起时被肘。指挥过无礼，未觉村野丑。月出遮我留，仍嗔问升斗。"古时春、秋两次祭祀土神的日子叫社日，一般在立春、立秋后第五个戊日。《荆楚岁时记》："社日，四邻并结综会社牲醪，为屋于树下，先祭神，然后飨其胙。"这年春社日，老杜在村子里闲逛，被一位农民老大爷缠着去喝酒。老头喝得兴起，就夸严武是他有生以来从未见过的好官。回头指着他的大儿子说："他是严中丞麾下飞骑军的弓弩手，当兵很久，从未轮番更换。没想到前些日子他竟被放归务农，主要是为了从辛苦的劳动中解救我这老朽。这使我太感激了，我死也愿承担一切徭役赋税，决不带着家口逃走。今年我们大办春社，拾遗您能留下来跟大伙一块儿乐乐么？"说罢就大叫老伴开大瓶的，拿瓦盆给老杜取了酒来。老杜见老头儿这么意气扬扬，深深地感到爱民犹如春风化雨，确乎是为政的首要任务。早上老杜偶然出来走走，谁知在这里从上午卯时一直喝到下午酉时。这倒不是他好酒贪杯，实在是盛情难却，他没法拒绝邻翁的挽留。老头儿又高声喊着拿果子板栗来下酒，老杜几次想起身告辞，总是给拽着胳膊肘按下来了。他指手画脚、动手动脚似乎太不讲礼貌，其实这都出于真情实意，老杜一点儿也不觉得他村野、丑恶。月亮出来了他还不让老杜走，老杜问他今天喝了几升几斗酒，他还生气了，心想酒有的是，你不用问。——你看这人物刻画得多活灵活现，性格多鲜明！有趣的是，稍加点染，便别饶春社江村风味。仇注引刘会孟说："杜诗'问事竞挽须，谁能却嗔喝''欲起时被肘，仍嗔问升斗'此等语，并声音笑貌，仿佛尽之。"又引郝敬说："此诗情景意象，妙解入神。口所不能传者，宛转笔端，如虚谷答响，字字停匀。野老留客，与田家朴直之致，无不生活。昔人称其为诗史，正使班马记事，未必如此亲切。千百世下，读者无不绝倒。"无不赞叹他描摹人物极尽艺术之能事。至于这诗的思想内容，扬之者赞其对待劳动人民的平等态度，抑之者责其为封疆大吏涂脂抹粉。其实这两种见解各有所偏，而且看问题都很表面。为了了解这诗写作的时地背景和作者当时的思想状况，有必要先对老杜作于同年二月的《说旱》这一短文稍加研究："《周礼·司巫》：'若国大旱，则率巫而舞雩。'《传》曰：'龙见而雩。'谓建巳之月，苍龙宿之体，昏见东方，万物待雨盛大，故祭天，远为百谷祈膏雨也。今蜀自十月不雨，抵建卯非雩之时，奈久旱何？得非狱吏只知禁系，不知疏决，怨气积，冤气盛，亦能致旱？是何川泽之干也，尘雾之塞也，行路皆菜色也，田家其愁痛也？自中丞下车之初，军郡之政，罢（音疲）弊之俗，已下手开济矣。百事冗长者，又已革削矣。独狱囚未闻处分，岂次第未到，为狱无滥系者乎？谷者，百姓之本，百役是出。况冬麦黄枯，春种不入。公诚能暂辍诸务，亲问囚徒，除合死者之外，下笔尽放，使囹圄一空，必甘雨大降。但怨气消，则和气应矣。躬自疏决，请以两县（成都、华阳）及府系为始，管内东西两川各遣一使，兼委刺史、县令，对巡使同疏决。如两县及府等因例处分，众人之望也，随时之义也。昔贞观中，岁大旱，文皇帝亲临长安、万年二赤县决狱，膏雨滂足。即岳镇方面岁荒札，皆连帅大臣之务也，不可忽。凡今征求无名数。又耆老合侍者，两川侍丁，得异常丁乎？不殊常丁赋敛，是老男及老女死日短促也。国有养老，公遽遣吏存问其疾苦，亦和气合应之义也，时雨可降之征也。愚以为至仁之人，常以正道应物，天道远，去人不远。"原注："初，中丞严公节制剑南日，奉此说。"头年（上元二年）十月称"十月"，十一月称"建子月"以为岁首。《说》谓"今蜀自十月不雨，抵建卯非雩之时，奈久旱何"，注谓《说》作于严武节制剑南之初，可知：（一）上元十月到建卯（十二月）一直旱了两三月未下雨；（二）严武确是建卯（十二月）来成都任成都尹，权令两川节制，而《说旱》即作于上元二年建卯月（十二月）[11]。老杜见蜀中冬旱严重，就趁严武下车伊始、有意改革敝政之际，写了这篇短文，对他陈述自己的几点看法和建议。他首先引经据典，指出天旱

---

〔11〕《资治通鉴》仍以建寅月为宝应元年岁首，因是年四月制复月数皆如其旧。如此，则朱注订《说旱》作于宝应元年似嫌根据不足。《说》谓至建卯仍旱，故建议决狱求雨，且称"今"，可见订《说》作于上年二年建卯月较当。至于"况冬麦黄枯，春种不入"云云，非谓作《说》已入宝应元年春了。

亟须求雨多在建巳（四月），今冬旱如此严重，或因狱有滥系、冤气郁积所致，于是建议严武带头决狱疏怨以求雨。接着肯定严公上任之初，对军政劳民之事已在着手改革："军郡之政，罢弊之俗，已下手开济矣。百事冗长者，又已革削矣。"惟独未闻决狱疏怨，应立即着手进行。最后又补充了两点请予注意。一是苛捐杂税太多："凡今征求无名数"；一是在东西两川军中服役的兵丁有老父、老母须侍奉的，其家赋税不得同于常丁，应有所减免，不然只会加速其父母的死亡，同时还应遣吏慰问老人："耆老合侍者，两川侍丁，得异常丁乎？不殊常丁赋敛，是老男及老女死日短促也。国有养老，公遽遣吏存问其疾苦。"老杜笃信天人感应之说（《石犀行》"但见元气常调和，自免洪涛恣凋瘵"也表露出这种观念），虽系儒生陋见，但在当时，即使英明如《说》中提到的"文皇帝"（李世民）也未能免俗，那就不必深责老杜了。不过，他因冬旱而引起的对民生疾苦的无限关怀，及其所做决狱、轻赋、敬老三点建议，却难能可贵，应该加以充分肯定。

　　了解到这些情况，现在再回过头来探讨《遭田父泥饮美严中丞》的思想意义，自会得出一些新看法：（一）田父为何如此高兴，对严武又如此赞不绝口？原来他那在西川飞骑军中当"长番""侍丁"、当"弓弩手"的大儿子已经被严武遣归务农，侍奉老亲了。这在当时是连想也不敢想的，如今一旦成为事实，这又怎教他不喜出望外，不赞美中丞呢！这田父的喜悦和赞美确乎是发自肺腑的，是自然流露的，不能认为这田父老于世故，有意让拾遗传话，取悦于中丞。（二）老杜在此前不久，曾郑重其事地写了《说旱》，对严武提了上述几点建议，总的精神是希望他为政要合乎天理，不违人情。今天偶遇田父，从田父大儿遣归一事得知严武居然很快地解决了他建议中提到的"两川侍丁"难于养亲纳赋的问题，而且从田父的表现中亲眼见到这一问题的妥善解决竟如此深得人心，这当然会使老杜很受感动。于是写了这首诗，反映严武初步"革削""军郡之政""罢弊之俗"所产生的良好影响，勉励继续为善，这么做，无论就主观动机还是客观效果来说，不仅不可厚非，更应充分肯定。也许有人会说，《新唐书·严武传》载，"武在蜀颇放肆，用度无艺，或一言之悦，赏至百万。蜀虽号富饶，而峻掊亟敛，闾里为空"，他哪会像田父，实际上是杜甫说的那么好！我看，上面这段记载大体上是可信的，但也不能从而认为他刚来成都时在政治上没做过任何改革。俗话说得好："新官上任三把火。"即使是出于收买人心、建立个人威信的自私打算，他"下车之初"，也总会有所举动的。卢元昌说："蜀自上皇还京后，分剑南为两节度，百姓疲于调遣。西山三城，又列戍焉，蜀民籍为军者，无宁岁矣。上元二年，段子璋反，将士大掠，蜀民甚苦寇，又苦兵。读公《枯棕》等诗曰：'伤时苦军乏，一物官尽取。嗟尔江汉人，生成亦何有。'蜀民长番不已，差科不息，安得营农而作社乎。严武镇蜀，两川兼摄，蜀民始稍苏息。公是年《说旱》云：'自中丞下车，军郡之政，罢弊之俗，已下手开济矣。'合之此诗，严吏治精能，蜀民休息，大略可见。"这议论持之有故，言之成理。可见严武起码在兼摄两川之初还是起过好作用的，不可一概抹杀。（三）老杜见严武"已下手开济"便加以肯定，尚有所忽略便郑重指出，其后送其入朝又以"公若登台辅，临危莫爱身"相勉，助成其政，赞其为善，勉其报国，这不止见老杜对待友人的真诚，更见他对待人民对待国家的无限热爱和强烈责任感。能说这样的人写的这样的诗，其意义只不过显示出诗人"好与田畯野老相狎荡"的平等待人的精神，或者更糟的是在为封疆大吏涂脂抹粉？不要看屏迹草堂的这个"野老"有时似乎很消沉很冷漠，其实他的心始终是热的，他无时无刻不在想着国家，念着人民，关怀着现实，并设法抓住任何一个机会施展影响，企图于时政有所裨益。而《说旱》与《遭田父泥饮美严中丞》，就恰好是这种精神最生动最具体的体现。

当因天旱忧农，民劳虑政，老杜今春的兴致就远远不如去春，那种表现幽闲心境和浪漫情怀的小诗也不大作了，惟《三绝句》尚能见其春时清兴。其一说：

"楸树馨香倚钓矶，斩新花蕊未应飞。不如醉里风吹尽，可忍醒时雨打稀。"钓矶边这株楸树，花开得多香啊！崭新的花朵，不应该这么早就飘飞。花总是要凋谢的，那我宁愿在醉中让风把它们通通吹尽，可不忍心当我清醒的时候任凭雨把它们打稀。这就是俗话所谓"长痛不如短痛"。要落就落，但望一在"醉里"二要"尽"；如果一在"醒时"二只"稀"而不"尽"，岂非不打麻药动手术，而且留病养身么？这是诗人痴语，老人情语。其二说：

"门外鸬鹚去不来，沙头忽见眼相猜。自今已后知人意，一日须来一百回。"鸬鹚即鱼鹰，这当是野鸬鹚。我曾在江陵乡下见到一群野鸬鹚，约八九只，栖息于湖滨枯树之上，群飞亦能排"一"字、"人"字。这种鸟又贪婪，又聒噪，又腥膻，并不那么高雅那么可爱。老杜居然对这种鸟如此多情，足见他的寂寞了。仇兆鳌说："物本异类，视若同群，有《列子》海翁狎鸥意。"这是往高里讲。其三说：

"无数春笋满林生，柴门密掩断人行。会须上番看成竹，客至从嗔不出迎。"王嗣奭说："种竹家（云：）前番出者壮大，养之成竹；后番出者渐小，则取食。'上番'乃前番者。"胡夏客说："因王子猷看竹不问主，遂翻为主不迎客，用意亦巧。"⁽¹²⁾ 望新竹成林隔

⟨12⟩ 王嗣奭则认为用张鹰入竹避王右军事。两说仅供参考，此等处不必拘泥。

绝尘俗,厌世之甚,可想而知。

杨慎说:"楸树三绝句,格调既高,风致又韵,真可一空唐人。"诗诚格高韵雅,惟"一空唐人"一语过当。杨伦说:"三首一片无赖意思,有托而言,字字令人心醉。"又说:"亦开宋元诗派。"甚是。但所谓"有托而言",只能理解为诗中流露出来的情绪有着更深刻的思想内容,决不能像王嗣奭这样穿凿附会:"其一将楸树比反复小人。倾盖如故,而转盼成仇。如楸树花开,馨香可挹,与吾钓矶相倚;乃花蕊斩新,忽已凋落,风吹雨打随之。醉时不觉,犹之不动声色而携交,醒则明知,是绝交而出恶声矣。楸似松柏而有花无子,故以比交之鲜终者。"是何言哉!痴人说梦耳。

老杜的厌世避俗,主要是他在政治上不得志而愤世嫉俗所致。其实,如前所论,当时他不但未能忘怀人世,反倒因天灾人祸而更关怀人世。

三 感时和惜别

转眼到了夏初。一天,当地老乡送了他一竹篮子樱桃。没想到这应时佳果却勾引起他的无限感慨:

"西蜀樱桃也自红,野人相赠满筠笼。数回细写愁仍破,万颗匀圆讶许同。忆昨赐沾门下省,退朝擎出大明宫。金盘玉箸无消息,此日尝新任转蓬。"(《野人送朱樱》)唐李绰《岁时记》:"四月一日,内园荐樱桃寝庙;荐讫,颁赐各有差。""写",移置,从此一容器倒进另一容器。仇注:"'门下省',在宣政殿东,乃左拾遗所隶。'大明宫',在禁苑之东,即会朝所经之地。'无消息',长安遥隔。'任转蓬',蜀地漂流也。……此诗作于肃宗晏驾之后,故云'金盘玉箸无消息'。"在西蜀尝了点樱桃,便想起了当年同叨朝赐的荣幸，不禁感慨系之。像这样一个"身在江海之上，心居乎魏阙之下"、封建思想感情如此严重的人，能相信他真会高蹈出世吗？今天看来，这首诗的思想感情似乎没什么好肯定的，但其艺术成就颇高，可资借鉴。范温《诗眼》说："此诗如禅家所谓信手拈来，头头是道者。直书目前所见，平易委曲，得人心所同然。但他人艰难，不能发耳。至于……（后半）其感兴皆出于自然，故终篇遒丽。韩退之有《赐樱桃》诗云：'汉家旧种明光殿，炎帝还书《本草经》。岂是满朝承雨露？共看转赐出青冥。香随翠笼擎偏重，色照银盘写未停。食罢自知无补报，空然惭汗仰皇扃。'盖学老杜前诗；然搜求事迹，排比对偶，其言出于勉强，所以相去甚远。若非老杜在前，人亦安敢轻议？"（《苕溪渔隐丛话》引）通过比较，指出"平易委曲""自然""遒丽"是其艺术特点，可谓知言。韩亦学杜，然舍本逐末，难望成功。杜可借鉴，韩之学杜亦可为前车之鉴。

老杜说"客至从嗔不出迎"，不过是发泄一种情绪而已，哪能真是这样怠慢人？到了五月，上番新笋想已成林。这时严武自备酒筵来访，我看他不仅要出竹相迎，甚至还会实践他写诗相约时许下的诺言，"只须伐竹开荒径，倚杖穿花听马嘶"呢。——闲话叙过，且看当天草堂雅集盛况：

"竹里行厨洗玉盘，花边立马簇金鞍。非关使者征求急，自识将军礼数宽。百年地僻柴门迥，五月江深草阁寒。看弄渔舟移白日，老农何有罄交欢。"（《严公仲夏枉驾草堂兼携酒馔得寒字》）带来的厨子们，在竹林里洗盘作馔。花边站立着许多待卸鞍辔的马匹，只见簇簇金鞍。一再枉驾，非关使君急着要征辟我；这不过是将军太讲礼数的表现。我这个想住一辈子的偏远的地方，五月里阴森的江边草堂还很寒冷。幸好您看弄渔舟看了大半天，要不然野老农家又拿什么来尽交欢之情呢。[13] 黄生说:"极喧闹事,叙来转极幽适。非止笔妙,亦由襟旷。"又说:"仲夏得寒字,殊难为押。意中必先成此句,而以上句凑之。一有迹,一无痕,入口自知。其上联失粘[14]之故,想亦由此。"经验之谈,解作近体诗者多有此体会。

严武初来成都,便写诗邀老杜赴使府相聚,当时老杜没去。现在严武既已两访草堂,老杜哪能不回拜,所以就去了:

"日临公馆静,画满地图雄。剑阁星桥北,松州雪岭东。华夷山不断,吴蜀水相通。兴与烟霞会,清樽幸不空。"(《严公厅宴同咏蜀道画图得空字》)《华阳国志》载李冰沿水造桥,上应七宿。世祖对吴汉说:"安军宜在七星连桥间。"唐松州,治所在嘉诚(今四川松潘)。贞观二年置都督府于此,统辖羌族部落的崌、懿、嵯等二十五羁縻州,后增至一百零四州。广德以后地属吐蕃。《元和郡县志》载雪山在松州嘉诚县东八十里,即西山。日映厅堂,把酒披图。"剑阁在星桥之北,松州则雪岭居东。山自西南而来,水从东方而去。全蜀地形,如在指掌"(仇兆鳌语)。饮宴而不废观图,见戎马倥偬气氛,见主将萦怀防务、运筹帷幄神情。老杜当然也很关心战局,也曾勉励严武勤览地图、留心边事,并以自家远祖杜预的事

---

[13] 此采黄生说:"七八暗藏一转,言因看弄渔舟遂移白日耳,不然,老农家无一有,何以罄交欢之情耶?"

[14] 刘连说:"律诗自有定体,不可失粘。然盛唐诸家,出奇变化,往往不缚于律,非但杜诗为然。如李颀《题璿公山池》,前二联俱失粘。如崔颢《黄鹤楼》,前三联俱失粘。如李白《别中都明府》与《凤凰台》,颔联失粘。如王维《积雨辋川庄》、高适《送李寀少府》,颈联失粘。如王维《和温泉寓目》、岑参《送李司马归扶风》,后二联失粘。如王维、贾至《早朝》,起结俱失粘。如杜审言《春日京中有怀》、王维《访吕逸人》,四联俱失粘。如李白《题东溪隐居》、王维《酌酒与裴迪》、岑参《送严河南》,虽失粘,而不害为好诗。后学竭力避之,则拘;有心必效之,亦过矣。"仇兆鳌案:"刘氏作'失粘',谓上下二句平仄不相粘合。陶开虞作'失严',谓声调平仄,失其谨严也。"

业相期许:"辞第输高义,观图忆古人。征南多兴绪,事业暗相亲"(《奉和严中丞西城晚眺十韵》),及见华夷山峦不断,吴蜀江水相通,又不觉动了烟霞之兴,就更加盼望时平而思东游了。

当时他在成都社交场中认识了一个姓焦的校书,一个姓王的司直。焦校书自夸能骑没经训练的生马驹,一次从马上摔下来,把嘴唇碰破了把门牙也磕掉了。王司直不怕冒险,一次冲雨骑着匹驽马出门,马惊而坠,折断左臂。这两件事发生在这年四月,老杜觉得可笑可叹,就戏赠一人一首诗:"元年建巳月,郎有焦校书。自夸足膂力,能骑生马驹。一朝被马踏,唇裂板齿无。壮心不肯已,欲得东擒胡。""元年建巳月,官有王司直。马惊折左臂,骨折面如墨。驽骀漫深泥,何不避雨色?劝君休叹恨,未必不为福。"(《戏赠友二首》)上元二年九月,制去年号,但称元年;以十一月建子为岁首。至建巳月,肃宗寝疾,诏太子监国。甲子,改元年为宝应元年,复以建寅为正月,月数皆如其旧。诗仍称建巳月,当作于未改元时。《北征》一上来就标明"皇帝二载秋,闰八月初吉",是为了表示郑重和严肃。焦、王二公落马摔伤,不过小事一桩。可是老杜竟如此郑重其事,在两诗发端分别大书特书"元年建巳月",这岂不是所以"戏"之么?老杜少时好为"戏题剧论"(详上卷四六、四七页),现集中尚存其后"戏题""戏为""戏作"之诗不少。这二诗逢场作戏,见一时兴致而已,不必固求深解。胡夏客说:"焦校书、王司直,一为乘生驹而堕,一为乘驽骀而堕,天下事之难料如此。公于此有深感焉,非仅戏笔而已也。"哪有这许多奥妙,未免拔高了。唇裂齿无,左臂骨折,友人遭此,岂可嘲弄?读此二诗,令人不快;不得因作者的一贯忠厚,袒护他一时的轻薄。

说"元年建巳(四)月"王司直因"不避雨色"致令"马惊折左臂"一点儿不假。这月确乎下了场大雨,总算结束了打头年入冬

以来持续数月的严重干旱。当时老杜欣喜异常,作《大雨》诗记事抒情说:

"西蜀冬不雪,春农尚嗷嗷。上天回哀眷,朱夏云郁陶。执热乃沸鼎,纤绤成缊袍。风雷飒万里,霈泽施蓬蒿。敢辞茅苇漏,已喜黍豆高。三日无行人,二江声怒号。流恶邑里清,矧兹远江皋。荒庭步鹳鹤,隐几望波涛。沉疴聚药饵,顿忘所进劳。则知润物功,可以贷不毛。阴色静垄亩,劝耕自官曹。四邻未耜出(一作'出未耜'),何必吾家操!"《说旱》记去冬旱情甚详,说河道池塘都干涸了,尘土飞扬充塞空中,道路行人面黄肌瘦,农民愁苦异常,雨雪全无,冬麦枯黄,真担心再旱下去连春耕春种也会给耽误了。没想到不幸而言中,"春农尚嗷嗷",惨况可想。好容易熬到今天,难得老天垂怜,居然夏云密布,刚才还热得像泡在汤锅里,突然感到单衣抵挡不住冷空气便换成了絮袍。风雷从万里之外飒然而至,大雨滂沱,泽及蓬蒿。我为庄稼的猛长乐坏了,哪管它茅屋漏雨。一连下了三天无人在外面行走,外江内江水声怒号。涤荡了秽恶境内清爽了,况且这里是僻远的江边。鹳鹤闲步在荒芜的庭前,我伏在靠几上眺望着汹涌的波涛。我向来因患肺病聚积不少药饵,今雨凉神爽,就不烦进饮之劳了。可知造化润物,连不毛之地也有了生意。阴雨后田野上静悄悄的,劝耕自是官曹的事。四邻都扛着耜耕出工了,虽然我无地可种也同样感到很庆幸。这诗写得好,久旱大雨之景与喜雨之情俱见。王嗣奭说:"旱逢甘雨,不止言'黍豆高',而云'霈泽施蓬蒿','润物''贷不毛';末云'四邻出未耜,何必吾家操',知此公襟抱复越流俗。"

从这次大雨以后,就经常下雨了。一次老杜从市里回草堂,碰上浣花溪涨水,马不敢涉,就作《溪涨》说:

"当时浣花桥,溪水才尺余。白石明可把,水中有行车。秋夏忽泛溢，岂惟入吾庐。蛟龙亦狼狈，况是鳖与鱼。兹晨已半落，归路跬步疏。马嘶未敢动，前有深填淤。青青屋东麻，散乱床上书。不知远山雨，夜来复何如。我游都市间，晚憩必村墟。乃知久行客，终日思其居。"浣花桥即万里桥。《华阳风俗录》载，浣花亭在州西南，江流至清，其浅可涉。故中有行车。这诗首叙平日溪水清浅可涉，境地幽美，很吸引人。中记忽然涨水，水深泥淤，马不敢涉。末写屋东青麻、床上乱书，隔溪可望而不能归的感叹。老杜进城与严武等应酬，多早出晚归。这次归家走到半路上过不了浣花溪，可能又折回城去了。仇兆鳌说："若山雨夜至，则更阻归途矣。因思向者朝游夕返，行客思居，不能自已，今如咫尺暌隔何！"诗云："秋夏忽泛溢，岂惟入吾庐。"又云："不知远山雨，夜来复何如。"忧草屋被淹，更增添迫切思归之情。屋外室内，巨细皆历历在目，就是隔着这条涨水的小溪硬是回不去，这真教人着急教人难堪。"青青屋东麻，散乱床上书"云云，生活中实有所感，平直写来就好。作诗者、说诗者须讲构思，但不顾生活实感，只片面地去追求或妄语所谓构思的巧妙，则难免被舍本逐末之讥。试看此诗末段写咫尺暌隔之景之情，有此弊病否？

　　大旱之后，终于盼来了麦秋。谁知胡羌又来边境抢粮，真是"一波未平，一波又起"，受苦的总是老百姓。老杜忧边寇而作《大麦行》说：

　　"大麦干枯小麦黄，妇女行泣夫走藏。东至集壁西梁洋，问谁腰镰胡与羌。岂无蜀兵三千人，簿领辛苦江山长。安得如鸟有羽翅，托身白云归故乡！""集壁梁洋"，皆唐代州名。"集"，今四川南江县。"壁"，今四川通江县。"梁"，今陕西褒城镇。"洋"，今陕西洋县。朱鹤龄说：《旧书·肃宗纪》：宝应元年建辰月（三月），党项、奴剌寇梁州，观察使李勉弃城走。《新书·党项传》：

上元二年，党项羌与浑、奴剌连和，寇凤州。明年，又攻梁州，进寇奉天。此诗"胡与羌"，正指奴剌、党项。"大麦枯""小麦黄"亦是初夏事。又按《代宗纪》：宝应元年，吐蕃陷秦、成、渭等州。成州与集、壁、梁、洋接壤，疑吐蕃是年入寇成州等地亦在春夏之交，史不详书，故无考。诗云"蜀兵三千"，应是蜀兵调发，策应山南者。仇兆鳌以为后半意谓"蜀兵三千，鞭长不及，故思东归以避之"。浦起龙说："《大麦行》，大麦谣也。曷言乎谣也？代为遭调者之言也。汉桓时童谣曰：'小麦青青大麦枯，谁当获者妇与姑，丈夫何在西击胡。'今借蜀兵之口，反其意而歌之。谓梁州之民，被寇流亡，诸羌因粮于野，客兵难与争锋，思去而归耳。刺寇横，伤兵疲，言外无穷恺切。仇氏误认'托身归乡'为自欲避之，了无意味。且公在蜀中，与梁州风马牛不相及。"后说得之。湖南一老红军残废战士所作《故乡行》："谷撒地，禾叶枯，青壮炼铁去，收禾童与姑。来年日子怎么过，我与人民鼓与呼！"（详《人民日报》一九八〇年十一月十三日第八版《〈故乡行〉一诗的作者是谁》）与《大麦行》一样，无论口吻、精神，俱酷似桓帝初小麦童谣："小麦青青大麦枯，谁当获者妇与姑，丈夫何在西击胡。吏置马，君具车，请为诸君鼓咙胡！"效古知变，古为今用，能如此，效古何伤！

实际上当时老杜并未"东归以避之"，反而到比成都更接近"集壁梁洋"的绵州（治所在今四川绵阳东）去送严武入朝。

这年六月严武召还，高适为成都尹、西川节度使。在严武奉诏之后离任之前，老杜作《奉送严公入朝十韵》，首段"鼎湖瞻望远，象阙宪章新。四海犹多难，中原忆旧臣"，叙严武入朝之由："'鼎湖'，肃宗晏驾。'象阙'，代宗即位。'多难'，朝义未平。'忆旧臣'，言诏书特召，而中原共忆也。"（仇注，下同）中段

"与时安反侧，自昔有经纶。感激张天步，从容静塞尘。南图回羽翮，北极捧星辰。漏鼓还思昼，宫莺罢啭春"，记严武平日功劳，及想象还朝后情事："'经纶'能'安反侧'，指灵武扈从时。'张天步'，谓复京。'静塞尘'，谓镇蜀。'回羽翮'，自蜀而还。'捧星辰'，旧京在望。'漏鼓思昼'，侍朝之久。'宫莺罢啭'，夏时入觐。"末段"空留玉帐术，愁杀锦城人。阁道通丹地，江潭隐白𬞟。此生那老蜀，不死会归秦。公若登台辅，临危莫爱身"，写送别之情和对严武的期望："兵威尚在，'留玉帐'也。都尹远去，愁蜀人矣。'丹地'，严将赴朝。'江潭'，公尚在蜀。'此生'二句，见江潭不堪久居。'台辅'二句，见丹地宜思报称。数句宾主兼收。"卢世㴶说："此诗十韵，气象规模，与题雅称。末复嘱之曰：'公若登台辅，临危莫爱身。'法言忠告，令人肃然。夫奉送府主，谁敢作此语，亦谁肯作此语？子美真古人也。"老杜有大志，思竭诚报国而未得，故寄厚望于世交挚友如严武者。当一个人的思想感情处于崇高境界时，就不大会有"府主"、州民之类世俗考虑了。但这也只有胸怀大志、终身不渝的古道热肠人能如此。《新唐书·严武传》载，严武这次还朝后曾"求宰相不遂"，可见严武确有入相的可能，老杜"公若登台辅"云云并非一般祝愿语。

　　随即严武首途，老杜深情相送，直到绵州。途中严武作《酬别杜二》，一一酬答前诗：首自谦未能靖乱，独蒙新主召见，深感惭愧；次记临别情景和不忍别杜之情；末望杜留蜀、寄书，其中"但令心事在，未肯鬓毛衰"二句述己志以答"临危莫爱身"意。严武、杜甫当日都坐房琯党遭贬，今严武重得还朝，二人一嘱一答之间不无政治上的默契。

　　一行人众不久到达绵州，刺史杜某即于江楼设宴款待。老杜作

《送严侍郎⁽¹⁵⁾到绵州同登杜使君江楼宴得心字》记事抒情说：

"野兴每难尽，江楼延赏心。归朝送使节，落景惜登临。稍稍烟集渚，微微风动襟。重船依浅濑，轻鸟度曾阴。槛峻背幽谷，窗虚交茂林。灯光散远近，月彩静高深。城拥朝来客，天横醉后参。穷途衰谢意，苦调短长吟。此会共能几，诸孙贤至今。不劳朱户闭，自待白河沉。"在江楼饮宴观赏最是惬意。今朝来的这位大员要回朝廷上去，地方官哪能不热烈欢迎、盛情款待呢？所以一席酒就从日落吃到月出参横，吃到银河西沉、东方发白。跟杜使君叙叙家世，原来是老杜的孙子辈，末后就不免要夸他一下。从楼头望见那沉甸甸的大船靠在滩边，原来他们就是坐着那艘大船，在涪水上走了一段水路到此登陆，然后准备在此分手的⁽¹⁶⁾，黄生说："'灯光散远近'与'城拥朝来客'，极见幕府驻节、倾城奔奉之状。"这两句确乎写得好，很有表现力。虽是正面写，不含贬意，却见官场趋炎附势丑态。

"送君千里，必有一别。"老杜依依不舍，又送出绵州三十里，

〈15〉黄鹤云："严武时赴召，未为黄门侍郎。其再以黄门传郎尹成都，又薨于官。此云'严侍郎'，似误。或后来所题也。"朱注："据《通鉴》宝应元年六月壬戌，以兵部侍郎严武为西川节度使。今据公诗，盖以侍郎召也。又《新书》于封郑国公时，云迁黄门侍郎。《旧书》于罢兼御史大夫时，云改兼吏部侍郎，寻迁黄门侍郎。皆不云为兵部，与《通鉴》不合。"朱注据此诗以为"宝应元年六月壬戌，以兵部侍郎严武为西川节度使"系"以侍郎召"之误，可信。

〈16〉此采黄生说："'重船'句，见从水路至绵也。又《奉济驿重送四韵》，则舍舟登陆，故分手于此。"严武途中所作《酬别杜二》："斗城怜旧路，涪水惜归期。峰树还相伴，江云更对谁？试回沧海棹，莫妒敬亭诗"诸句，可作为他们曾在涪水上坐过一段船的旁证。"涪"一作"涡"。钱笺："《元和郡国志》：涡水，在谯县西四十八里。魏文帝以舟师自谯循涡入淮。非二公送别之地。诗云'斗城怜旧路'，按《元和郡国志》：绵州城理汉涪县，去成都三百五十里，依山作州，东据天池，西临涪水，形如北斗，卧龙伏焉。则'斗城'指绵州之城，非谓长安也。所临之水，应在绵州，无容远指涡水。'涡水'断是'涪水'，盖传写之误耳。"

终于在奉济驿[17]与严武分手,作《奉济驿重送严公四韵》赠别说:

"远送从此别,青山空复情。几时杯重把?昨夜月同行。列郡讴歌惜,三朝出入荣。江村独归处,寂寞养残生。""列郡",指东、西两川。"讴歌",谓蜀人思慕。"三朝",指玄宗、肃宗、代宗。"出入",谓出将入相。黄生串讲此诗颇佳:"远送至此,前途再难复进矣,从此遂一别矣。此时离杯在手,'几时'再得'杯重把'?'昨夜'皓月当头,几时再得'月同行'?分袂之后,青山空在,岂能知我此情之郁结耶?在公则思留于列郡,位望冠于三朝,荣亦极矣。特已别公之后,残生寂寞,依藉无人,不堪回想耳。"又说:"发端已觉声嘶喉哽,结处回思严去之后,穷老无依,真欲放声大哭。虽无'泪'字,尔时语景已可想见矣。送别诗至此,使人不忍再读。"贫老多病,流落异乡,像严武这样一个可倚靠的世交挚友如今又走了,怎教他不伤感呢?

就在这时(七月),剑南兵马使徐知道反,以兵守要害。严武与杜甫分别后即遭兵阻,滞留巴山,不得出境。八月,徐知道为其将李忠厚所杀,但严武直到九月九日重阳节还留在蜀中,老杜的《九日奉寄严大夫》和严武的《巴岭答杜二见忆》就是明证。前诗"九日应愁思,经时冒险艰。不眠持汉节,何路出巴山?小驿香醪嫩,重岩细菊斑。遥知簇鞍马,回首白云间",想象严武被阻于巴山小驿,九日借酒浇愁,并簇马远眺,怀念老杜情景,虽不写己之念严,而情备见。"不眠"句见大臣忧劳经略神情。尾联不仅探过一步,从对方见己方,构思巧妙,而且写得很形象,很有气派:"'簇鞍马'妙,盖念我则回首,回首则驻马,而从人之马亦驻,簇于一处也"(王嗣奭语)。钱谦益说:"宝应元年四月,代宗即位。召

---

[17] 郭知达编注本:"驿去绵州三十里。"

武入朝。是年徐知道反，武阻兵，九月尚未出巴。《通鉴》载六月以武为西川节度使，徐知道守要害拒武，武不得进。误也，当以此诗正之。"严武的《巴岭答杜二见忆》："卧向巴山落月时，两乡千里梦相思。可但步兵偏爱酒，也知光禄最能诗。江头赤叶枫愁客，篱外黄花菊对谁？跂马望君非一度，冷猿秋雁不胜悲"，"'江头'想公之所寓，而'篱外'想公之所居，念公欲还成都而不得也。'赤叶枫''黄花菊'一联句法妙。'跂马望'正答'回首'之句。读此二诗，见二公交情之厚，形骸不隔，故知欲杀之诬也"（王嗣奭语）。——杜、严寄诗互道相思，本是稍后的事，只是为了行文的方便，就提前一并论到了。

四　难中逃难

且说老杜送走严武，不久徐知道乱起，不得回成都，便暂留绵州游览遣兴。

绵州城外西北有一座百尺高台，上有楼，下瞰州城，唐高宗显庆中太宗子越王李贞为绵州刺史时所建。一天老杜来此登临，作《越王楼歌》，慨叹前王不能长享此楼而留与后人观赏。仇兆鳌认为"此章体格仿王子安《滕王阁》，而风致稍逊"，甚是。只"楼下长江百丈清，山头落日半轮明"二句，略见眺望情景。当时老杜住在涪水东津的公馆（官府招待所）里。公馆旁涪江边有一株海棕树[18]，他因物起兴，作《海棕行》自叹抱经济之才而不见重当时：

---

[18] 黄鹤说：唐子西《游治平院》诗："江边胜事略寻遍，不见海棕高入云。"注云："即老杜所谓东津者。"据此，则馆与棕，皆在涪江之东津。

"左绵[19]公馆清江濆,海棕一株高入云。龙鳞犀甲相错落,苍棱白皮十抱文。自是众木乱纷纷,海棕焉知身出群。移栽北辰不可得,时有西域胡僧识。"宋祁《益部方物略记》载,海棕大抵棕类,然不皮而干叶丛于杪,至秋乃实,似楝子。今城中有四株,理致干坚,风雨不能撼。刘恂《岭表录》载,广中有一种波斯枣木,无旁枝,直耸三四丈,至颠四向,共生十余枝,叶如棕榈,彼土人呼为海棕木。三五年一著子,类北方青枣。舶商亦有携至中国者,色类砂糖,味极甘。陶九成《辍耕录》载,成都有金果树,顶上叶如棕榈,皮如龙鳞,实如枣而大,番人名为苦鲁麻枣,一名万年枣。据以上诸书所述,此即海枣,别称"椰枣""波斯枣""伊拉克蜜枣"。棕榈科,常绿大乔木。羽状复叶丛生茎端。浆果长椭圆形,形似枣子,味甘美,可鲜食或作蜜饯。产于非洲北部和亚洲西南部,为伊拉克的重要果树之一。老杜竟把自己比伊拉克蜜枣树,还说只有"西域胡僧"才识货,真有意思!古人素以松柏比节士,以梅兰竹菊比君子。老杜敢于弃绝陈熟而用新喻,难能可贵。陆游《老学庵笔记》载:"老杜《海棕》诗在左绵,所赋今已不存。成都有一株,在文明厅东廊前,正与制置司签厅门相直。签厅乃故锦官阁。闻潼川尤多,予未见也。"唐宋时蜀中有海枣树,但不知现今尚有否。老杜此诗和上引有关记载,不止可资谈助,亦可供研究我国植物分布情况者参考。

老杜寓居的那个公馆,靠近东津,常见渔人们涪水中划船拉大网截江捕鱼,一网可得几百尾,不觉动了恻隐之心,作《观打鱼歌》说:

---

[19] 左思《蜀都赋》:"于东则左绵巴中,百濮所充。"旧注:绵州,涪水所经。涪居其右;绵居其左,故曰左绵。

"绵州江水之东津,鲂鱼鲅鲅色胜银。渔人漾舟沉大网,截江一拥数百鳞。众鱼常才尽却弃,赤鲤腾出如有神。潜龙无声老蛟怒,回风飒飒吹沙尘。饔子左右挥霜刀,鲙飞金盘白雪高。徐州秃尾不足忆,汉阴槎头远遁逃。鲂鱼肥美知第一,既饱欢娱亦萧瑟。君不见朝来割素鬐,咫尺波涛永相失。"过了两天,他又到东津去看打鱼,作《又观打鱼》说:

"苍江渔子清晨集,设网提纲万鱼急。能者操舟疾若风,撑突波涛挺叉入。小鱼脱漏不可记,半死半生犹戢戢。大鱼伤损皆垂头,屈强泥沙有时立。东津观鱼已再来,主人罢鲙还倾杯。日暮蛟龙改窟穴,山根鳣鲔随云雷。干戈格斗尚未已,凤凰麒麟安在哉?吾徒胡为纵此乐,暴殄天物圣所哀。"杨伦说:"二诗体物既精,命意复远,一饱之后,仍归萧瑟,数语可当一篇戒杀文。"谓二诗之义止于戒杀,不尽然。孟子讲仁术,认为"恻隐之心,仁之端也"(《孟子·公孙丑上》)。他认为齐宣王不忍见牛之觳觫而以羊易之"是乃仁术也,见牛未见羊也。君子之于禽兽也,见其生,不忍见其死;闻其声,不忍食其肉。是以君子远庖厨也"(《孟子·梁惠王上》)。且不管"仁术"应如何评价,这种"闻其声,不忍食其肉"的"恻隐之心"确乎是生活中人们常有的心理现象。老杜不是和尚,当然吃鱼。今见东津这么大规模截江拉网捕鱼,一网就是几百尾,不觉动了恻隐之心,望"江"兴叹。何况这大规模的捕捞,自会令他联想起当时"干戈格斗尚未已"的大规模杀戮,这就更加深他的喟叹了。因此,在我看来,这两首诗与其说是劝人积善的"戒杀文",不如说是诗人恻隐之心和乱战时期悲天悯人心理的表露。这两首诗想象丰富,描写精彩,艺术上尤有特色。"大鱼伤损皆垂头,屈强泥沙有时立",真如杨伦所说"奇句入神"。李贺《罗浮山与葛篇》"毒蛇浓吁洞堂湿,江鱼不食衔沙立",意近亦奇,微伤怪诞。故宫博物院藏五代董源《潇湘图卷》（刊《艺苑掇英》一九七九年第一期）中绘十人拖大网捕鱼，可见唐五代时期渔业捕捞技术已很发达。此图可与此二诗参看。

这时，他有幸见到了姜皎画的角鹰图，作《姜楚公画角鹰歌》，甚赞画鹰的风骨甚至真鹰亦不如："此鹰写真在左绵，却嗟真骨遂虚传。"姜皎，玄宗时累官至太常卿，封楚国公。善画鹰鸟。头顶有羽毛直竖如角的鹰鹍叫角鹰。钱注："陆务观云：画鹰在绵州录参厅。"但未详出自陆游何书。他陪严武刚到绵州时[20]，遇李使君去梓州（今四川三台县）上任。他作诗相送，末段嘱李使君来日行部至州东南六十里的属县射洪时，为他洒泪凭吊遇害瘐死狱中的陈子昂："遇害陈公殒，于今蜀道怜。君行射洪县，为我一潸然。"（《送梓州李使君之任》）题下原注："故陈拾遗，射洪人也。篇末有云。"《旧唐书·陈子昂传》："子昂父在乡，为县令段简所辱。子昂闻之，遽还乡里，简乃因事收系狱中，忧愤而卒。时年四十余。"对陈子昂的死，不止是杜甫，当时蜀中人民也都很同情啊。之后不久，老杜又在绵州送走了韦讽去阆州（治今四川阆中县）摄录事。《白帖》载录事参军即古郡督邮之职。又，萧统《陶渊明传》载："岁终，会郡遣督邮至，县吏请曰：'应束带见之。'渊明叹曰：'我岂能为五斗米，折腰向乡里小儿！'即日解绶去职，赋《归去来》。"所以老杜的《东津送韦讽摄阆州录事》尾联说："他时如按县，不得慢陶潜。"用事切而雅；嘱其毋慢属员，语带调侃。

前年美化草堂环境时老杜曾向何十一少府要过桤木苗。注家以

---

[20]《奉送严公入朝十韵》"宫莺罢啭春"仇注："宫莺罢啭"，夏时入觐。黄鹤说：李梓州赴任，在宝应元年之夏，故诗云："火云挥汗日，山驿醒心泉。"尔时公在绵州。谓杜甫陪严武离成都、至绵州在夏末秋初，差近。

为此人即绵谷（今四川广元）尉何邕。这次老杜来绵州遇见了何邕。何邕是长安人，正要回长安去。这触动了老杜的恋阙之情，作《赠别何邕》说：

"生死论交地，何由见一人？悲君随燕雀，薄宦走风尘。绵谷元通汉，沱江不向秦。五陵花满眼，传语故乡春。"这诗格调高雅，一往情深，洛诵回环，便知其妙。

蜀乱一时难平，绵州不可久留，得知与之有旧的汉中王李瑀时在梓州（今三台），而梓州离成都又近，于是老杜就决定离绵州去梓州。未去之前，他先写了《戏题寄上汉中王三首》去拉关系。杨伦说："按三诗皆索饮意，或未会面而先寄以此诗也。"闻一多亦采此说。该诗题下原注说："时王在梓州，初至断酒不饮，篇有戏述。"故首章因王断酒而讽之：

"西汉亲王子，成都老客星。百年双白鬓，一别五秋萤。忍断杯中物，只看座右铭。不能随皂盖，自醉逐流萍。"玄宗兄让皇帝李宪第六子李瑀，早有才望，仪表出众，封陇西郡公。安禄山乱起，从玄宗入蜀，至汉中（今陕西汉中），封汉中王。仍加银青光禄大夫、汉中郡太守。《新唐书》本传载，肃宗诏收群臣马助战，李瑀与魏少游坚持不肯。帝怒，李瑀贬蓬州（治所在今四川仪陇县南）长史。黄鹤说，据此诗云，"不能随皂盖"，又《奉汉中王手札》诗云"剖符来蜀道"，皆是太守事。且少游以卫尉卿贬渠州长史，而瑀以亲王，不应亦贬长史。当是"刺史"，而《新唐书》误为"长史"。李瑀乃汝阳王李琎之弟。老杜安史乱前在长安时，跟李琎、李瑀等都很要好（详上卷一三七、二六七页）。严光与汉光武同宿，史占客星犯帝座，此老杜以客星自喻。这年老杜五十一岁，汉中王当亦在五十左右，两人合计，所以说"百年双白鬓"。杨伦说："用宾主对说起便带戏意。"——您汉中王是让皇帝嫡亲的王子("西汉"有二解：一、以汉喻唐；二、借汉中西北的西汉水指汉中王的封地)，我是成都的老客星。咱俩都两鬓苍苍，年龄加起来已满百岁，如今经过了五年阔别[21]，即将聚会，正好杯酒言欢，谁知您偏偏忍心断了酒，只是老盯着那戒酒的座右铭。不能追随您那朱幡皂盖的太守车驾去赴没酒的宴会，那就让我在萍梗漂流的客旅中自饮自醉去吧！——如果说这首是用反笔激将，那么，其二就是以正笔诱王开禁招饮：

"策杖时能出，王门异昔游。已知嗟不起，未许醉相留。蜀酒浓无敌，江鱼美可求。终思一酩酊，净扫雁池头。"《西京杂记》载梁孝王筑兔园，有雁池，池间有鹤洲、凫渚。卢元昌以为"不起"者，谓王病酒不能起，本枚乘《七发》篇中连用"起"字：于音，曰："太子能强起听之乎？"于味，曰："太子能强起尝之乎？"于马，曰："太子能强起乘之乎？"太子连曰："予病未能。"此以楚太子比汉中王。仇兆鳌谓此劝王无忘燕好，下四属戏词：策杖而出，已兴犹存。王门异昔，不复宴客。"嗟不起"，述王自叹之词。"未许留"，惜王断酒之禁。"蜀酒""江鱼"，尽堪适口，何不净扫池头，留我一醉。其三亦有戏词，却稍见战乱时局和人生感叹：

"群盗无归路，衰颜会远方。尚怜诗警策，犹记酒颠狂。鲁卫弥尊重，徐陈略丧亡。空余枚叟在，应念早升堂。"傅亮《封诸皇弟皇子奏》："地均鲁卫，德兼庸贤。"钱笺："开元十四年十一月己丑，幸宁王(李)宪宅，与诸王宴，探韵赋诗曰：'鲁卫情先重，亲贤尚转多。'瑀为宁王之子，故曰'鲁卫弥尊重'，用明皇诗语也。"史朝义未平，边患迭起，今蜀中又有徐知道作乱，这使得我回不了故乡，也回不了成都草堂。没想到我们都已衰老，却将在这

---

[21] 黄鹤说：公自乾元元年出华州时与王别，至宝应元年为五年。

远离长安的梓州相会。您当初最喜欢我的一些精彩的诗句，一定还记得我酒后狂放的神情。您的爵位是极其尊贵的，可叹的是，您旧时的宾客大都故去了，正像曹丕在《与吴质书》中悲悼"徐（幹）、陈（琳）、应（玚）、刘（桢），一时俱逝"一样。汉朝的梁孝王最后只剩下个枚乘，您如今也只剩下个我。我往昔早已登堂陪宴，现在该不会谢绝我吧！

仇兆鳌说："三首俱带索饮意，故曰'戏题'。"这理解固然不错，却是皮毛之见。可以倚靠的严武刚走，境内就发生了兵变。正当进退维谷、走投无路之际，哪能尽开玩笑，只顾缠着汉中王要酒喝？其实，不管"索饮"也好，"戏题"也好，只不过是一种较为风雅的表现方式，便于引起对方念旧之情，便于试探对方是否愿在这兵荒马乱的时候接待自己。老杜前在秦州、同谷，没有得力的靠山都待不长。以后，严武再次镇蜀病故，即离成都下峡依夔州都督柏茂琳；入潭州欲往郴州，亦有所投。可见这次投诗汉中王，确乎是"醉翁之意不在酒"，而想借酒为由头找个避难的靠山；不久他果真携家来此暂住，无论政治上的保护还是经济上的资助（这两条，对于远客他乡、身当乱世的人来说都是头等重要的。尤其是前者，有了它，即使作为靠山的大力者本人不花多少钱，他下面的人也会来接济的），当得汉中王之力不少。从这三首诗中，固然可以看出老杜过去跟汉中王的关系很亲密，常在一起吃喝玩乐。不过，我总觉得这种关系貌似平等其实并不平等，仍然是贵族与清客之间的关系。要知道，皇帝也容许弄臣狎客同他在一起吃喝玩乐，甚至对他开玩笑，何况李瑀只是个诸侯王。以诗酒、滑稽娱主，这难道不是清客的本分么？

大概得到了汉中王的慨诺，不久老杜便离开绵州到梓州去了。他的《光禄坂行》即写自绵赴梓途中情景和乱世行旅之忧：

"山行落日下绝壁，南望千山万山赤。树枝有鸟乱鸣时，暝色无人独归客。马惊不忧深谷坠，草动只怕长弓射。安得更似开元中，道路即今多拥隔。"蔡梦弼说光禄坂在梓州铜山县（故治在今四川中江县南九十里）。《旧唐书·崔宁传》载："宝应初，蜀中乱，山贼拥绝县道。"所述与诗相符。日落时分，我走在山间绝壁之下。纵目南望，千山万岭给照得一片通红。树枝上的鸟儿唧唧喳喳乱叫，暮色苍茫，山野无人，只有我这个归客在赶路。（梓州离成都很近，从绵州往梓州，是走在回家的路上。）马受惊我倒不怕掉进深谷，风吹草动我只怕遭到长弓手的射击。（蔡梦弼说："白日贼多，翻是长弓子弟也。"徐知道的乱军已经变成山贼了。）哪能再像开元年间那样"行者虽万里不持寸兵"，如今道路多阻隔不通啊！——他后来所作《忆昔》其二说："忆昔开元全盛日，小邑犹藏万家室。……九州道路无豺虎，远行不劳吉日出。"所发皆同一浩叹。王嗣奭说："'暝色无人独归客'，读之凛然。钟云：'妙在"暝色无人"下径接"独归客"；"老身古寺风泠泠"，妙在"老身"下径接"古寺风泠泠"。奥甚幻甚。'笔力所至，只忧贼，不暇忧坠，巧于形容。"孟浩然句"日暮马行疾，城荒人住稀"略有恐怖感反见孤清高致。贾岛句"怪禽啼旷野，落日恐行人"固然恐怖而道路辛苦、羁愁旅思见于言外，别饶意趣。老杜此诗所写，不止是一种值得玩味的感觉，而是随时可能遇险的担心，所以就真恐怖煞人。

当时诗人因徐知道乱而忆及去年平段子璋乱不幸阵亡的马将军，作《苦战行》追悼：

"苦战身死马将军，自云伏波之子孙。干戈未定失壮士，使我叹恨伤精魂。去年南行讨狂贼，临江把臂难再得。别时孤云今不飞，时独看云泪横臆。"又为战士丧败作《去秋行》：

"去秋涪江木落时,臂枪走马谁家儿。到今不知白骨处,部曲有去皆无归。遂州城中汉节在,遂州城外巴人稀。战场冤魂每夜哭,空令野营猛士悲。"遂州治所在今四川遂宁县。朱鹤龄认为段子璋反在上元二年四月,五月伏诛,而此诗云"去秋涪江木落时",则非子璋反时事。仇兆鳌按:"唐史出于传闻,未可尽信。杜诗出于目击,不必致疑。史谓子璋平于五月,而诗云'去秋涪江木落时',盖至秋末而寇始削平也。且子璋反东川,陷遂州,地与诗合。其时月不符者,必属史传之误。此时舍子璋之外,别无叛东川者。黄、鲍二注(谓二诗皆写段子璋反时事),恐未可尽非也。"此二诗不止可正史料之失,且见叛乱带给蜀人灾难的深重。

他只身寄旅梓州,深叹战乱频仍,亲人阻隔,便思携眷出峡还京。一次,他还托人寄书草堂,表示此意:

"凉风动万里,群盗尚纵横。家远传书日,秋来为客情。愁窥高鸟过,老逐众人行。始欲投三峡,何由见两京。"(《悲秋》)黄生说:"时蜀有徐知道之乱,公久客梓[22],盖谋为下峡之计。三、四,与'老妻书数纸,应悉未归情'一意。此首尚似初寄书。……后半似亦书中语。然下峡之计,终不果,后竟携家客梓州。"悲秋思家,去留莫决,老杜往往因之而终宵失眠:

"客睡何曾著,秋天不肯明。入帘残月影,高枕远江声。计拙无衣食,途穷仗友生。老妻书数纸,应悉未归情。"(《客夜》)浦起龙说:"此因得家书后有感不寐而作。家书中定有催归之语,今所云云,皆'未归情',也。故结言客情若此,老妻亦应悉之,何书中云尔乎?黯然神伤。旧以'数纸'为寄妻之书,恐非。"浦解为优。杨氏夫人或者尚未接到前诗中提到的那封捎回家去的信,所

---

[22] 浦起龙认为此诗是"至梓未久"所作。是。

以不"悉未归情"啊。葛立方《韵语阳秋》说："杜甫《客夜》诗云：'客睡何曾著，秋天不肯明。'《陪王使君泛江》诗云：'山豁何时断，江平不肯流。''不肯'二字，含蓄甚佳，故杜两言之，与渊明所谓'日月不肯迟，四时相催迫'同意。""肯"与"不肯"，是表示人的主观意愿之词。"不肯"用于陶、杜上引诗句中，则"秋天""江""日月"均有意志了。这是拟人法，用得恰当，往往可得较佳艺术效果。

虽不一定是作完《客夜》接着于天亮后作《客亭》[23]，而此二诗却像接力赛跑似的描写了日以继夜客中孤清之景和愁苦之情：

"秋窗犹曙色，落木更高风。日出寒山外，江流宿雾中。圣朝无弃物，衰病已成翁。多少残生事，飘零任转蓬。"颔联写景如画。颈联话虽讲得比孟浩然"不才明主弃，多病故人疏"委婉蕴藉，而孤忿之深并无二致。邵子湘评："（此联）怨而不怒，见诗人忠厚。"这不过是老生常谈罢了。杨伦从尾联看出"时将欲迎家至梓"的意思。

老杜是在何时迎家至梓的呢？这是个需要探讨的问题。他有一首《九日登梓州城》。黄鹤注："宝应元年及广德元年，公皆在梓州。据后诗云'去年登高郪县北'，知此诗乃宝应元年所作。"此诗后半"弟妹悲歌里，乾坤醉眼中。兵戈与关塞，此日意无穷。"仇注："'悲歌'，家不忍言。'醉眼'，国不忍见也。兵戈阻于关塞，此家国所以两愁也。"可见这年重九老杜在梓州城登高时家属尚未来梓。这天又作《九日奉寄严大夫》诗（见前）。他的《秋尽》中有"篱边老却陶潜菊"句，可见这诗当作于重九后不久。诗说："秋尽东行且未回，茅斋寄在少城隈。篱边老却陶潜菊，江上徒逢

〈23〉虽说"不一定"，也可能真是起身后接着哦成的。

袁绍杯。雪岭独看西日落，剑门犹阻北人来。不辞万里长为客，怀抱何时得好开？"梓州在成都之东，故曰"东行"。少城在成都大城之西。首联谓己滞梓未归而家在成都草堂。《后汉书·郑玄传》：袁绍总兵冀州，遣使要玄，大会宾客，玄最后至，乃延升上坐。身长八尺，饮酒一斛，秀眉明目，容仪温伟。此老杜以为儒而遭世乱的郑玄自况，以"袁绍杯"喻当地官府酒筵。颔联谓辜负草堂九日黄花，徒在梓州刺史筵上做客。"雪岭独看"，心忧西陲不靖。"剑门犹阻"，时徐知道虽已为其下所杀而其兵尚阻剑阁。故末叹客愁难以排遣。王嗣奭说："注谓是年秋公自梓归成都迎家，冬再往梓州。然据诗似作于未迎妻子之前，其迎妻子不见于诗，不知果在何时。且九日有寄严大夫诗，去秋尽无几矣。何得复有迎妻子之日耶？"承成都田世彬先生代为打听，梓州离成都，走老路约二百六十里，来往一趟并不需要很长时间，何得谓无迎妻子之日？闻一多论此甚辩，特摘录如下："多按，《寄题江外草堂》，黄鹤编在广德元年。李泰伯云公在梓州，怀思草堂而作是诗。诗曰'偶携[24]老妻去，惨淡凌风烟'，似指徐知道乱后，携家出成都事。然则公实尝回成都取家矣。仇又据《舍弟占归草堂检校》诗'熟知江路近，频为草堂回'之句，以为迎家至梓，必弟占代任其事。不知'频为草堂回'，乃公嘱弟之语，意甚明，与迎家至梓事何涉？"当时徐知道已死，但仍须迎家至梓，可见蜀乱一时并未平靖。同时也可能与老杜"始欲投三峡"的打算有关。梓州傍涪水，由此下峡甚便。

---

[24] "偶携"，《闻一多全集》初版丙集八二页此处引文误为"偶弃"，则与闻先生所作"携家出成都"判断适反。一字之误，令我茫然久之，待检阅原诗后始得其解，校对能不慎乎？

五　旅梓游踪

迎家来梓前后，老杜的客旅游踪，尚可从现存诗作中窥见一斑。

老杜来梓州后不久，汉中王即离梓归任所蓬州（治所在今四川仪陇县南）。他曾作《玩月呈汉中王》送行："夜深露气清，江月满江城。浮客转危坐，归舟应独行。关山同一照，乌鹊自多惊。欲得淮王术，风吹晕已生。""江"，谓涪江。"浮客"，自谓。"归舟独行"，谓汉中王自梓归蓬（朱注）。蓬州在嘉陵江东不远，自梓州乘船顺涪江而下，至合川溯嘉陵江而上，至南部舍舟登陆，即可抵达。也可起旱经盐亭、南部直达。仇谓杜独行，无据。《淮南子》："画芦灰而月晕阙。"许慎注："有军士相围守则月晕；以芦灰环月，阙其一面，则月晕亦阙于上。"适见月晕而联想到"有军士相围守"致令关山阻隔，故欲得淮王术以破之。结尾恰切亲王，固是雅谑，但也表露出诗人深沉的忧时之情。黄生说："'浮客'，犹行客，言己本当行之客，'转'对月'危坐'，因思王'归舟应'在月中'独行'。可见今夜关山皆'同一照'，独己如'乌鹊'不能安栖。其困厄有同'月晕'，能如'淮王'一试画灰之'术'，庶其有济乎？前诗欲投三峡，此时已不果行，更欲冀王垂念耳。如此寓意，如此用事，真是镜花水月，无质可求。"

当时梓州有个姓严行二的别驾，本地人，性格豪爽，曾设盛筵热情招待老杜。老杜不胜感激，作《从事行赠严二别驾》相报："我行入东川，十步一回首。成都乱罢气萧索，浣花草堂亦何有！梓中豪俊大者谁？本州从事知名久。把臂开樽饮我酒，酒酣击剑蛟龙吼。乌帽拂尘青骡粟，紫衣将炙绯衣走。铜盘烧蜡光吐日，夜如何其初促膝。黄昏始扣主人门，谁谓俄顷胶在漆。万事尽付形骸外，百年未见欢娱毕。神倾意豁真佳士，久客多忧今愈疾。高视乾坤又可愁，一体交态同悠悠。垂老遇君未恨晚，似君须向古人求。"诸注家多叹老杜迎家至梓不见于诗。其实，除前引闻一多所举一例外，此诗首四句可作为他曾回草堂接家眷的佐证。梓州在成都东。"我行入东川，十步一回首"，其所恋恋不舍者，草堂也。而"成都乱罢气萧索，浣花草堂亦何有"，则追述回草堂所见乱后萧索景象。仇兆鳌以为是"从东川回想草堂，恐遭乱焚毁（意谓非实录）"，恐非确解。果真如此，这诗当作于这年秋冬之际回成都接家眷重来梓州之后。王嗣奭说："别驾乃州刺史佐贰，故称从事。题云《相从行》，无谓，似应作《从事行》。"老杜早知严二是梓中最大的豪杰，今日傍晚初次登门拜访，不意受到这么热烈的欢迎和盛情的款待，不要多久便成了坚胜胶漆的忘形之交。这时，他万事俱忘，百年不计，只管开怀畅饮，倾倒之至，不觉久病顿愈了。末段慨叹乾坤之大，而交态同属悠悠，惟严二意气能不愧于古人。这诗感情奔放，逸兴遄飞，而又忧愤深长，差近前之篇什《苏端薛复筵简薛华醉歌》《冬末以事之东都湖城东遇孟云卿复归刘颢宅宿宴饮散因为醉歌》，自从流离道路以来，久不复闻此高唱了。"把臂开樽饮我酒，酒酣击剑蛟龙吼。乌帽拂尘青骡粟，紫衣将炙绯衣走。"这几句写得很精彩，不仅见严府宴客的奢华场面，也见主人的豪爽性格：按着我的胳膊腕儿敬酒，他喝得兴起就即席舞剑。传说晋代张华见北斗、牵牛二星之间常常有紫气，听说这是宝剑的精气上冲于天，就派人在丰城狱中挖出干将、莫邪二剑；最后这两把宝剑都跃入延平津中，随即打捞，只见两条龙蟠在水底。严二舞动双剑，不时相击，铿然作响，就像延平津这两条蛟龙怒吼一般。我一登堂，就有人来为我掸掉乌帽上的灰尘，他们还拿粟米喂我的青骡子。（我年初作《入奏行》，对窦侍御说，如果他入奏还成都后来草堂看望我,我一定去打酒招待他,请他的跟班吃白米饭,拿青饲料喂他的马:"为君酤酒满眼酤,与奴白饭马青刍。"没想到严府的人竟拿粟米喂我那匹青骡子,真大方啊!)在整个饮宴的过程中,那些穿红着紫的仆人,有的负责上菜,有的奔走侍奉,显得又殷勤又有排场。——看起来,这严别驾不止是"梓中豪俊",还是当地的大阔佬。杨伦说:"想公于潦倒中,严能极致周旋,不觉感激如此,前所云'途穷仗友生',岂即此人耶?"李长吉《开愁歌》"临岐击剑生铜吼"甚似"酒酣击剑蛟龙吼",但一险怪一雄健,于此可悟二人在艺术构思和表现上的微妙差异。老杜是长吉的表叔(杜有《公安送李二十九弟晋肃入蜀余下沔鄂》,晋肃即李贺之父,详后),长吉对他这位表叔的诗作想是熟习的。

前年(上元元年)老杜在成都,趁一位姓段的朋友去桂林就任州参军之便,写了首题为《寄杨五桂州谭》的诗,托他带给该州刺史杨谭,表示思念之意。没想到如今在梓州又遇到这位段功曹参军,看到杨谭托段捎来的信(段因公入蜀,可能先已去成都草堂访杜,得知杜在梓州,就特意到这里来的),知道杨谭已从桂州调到广州任长史,就写诗作复,仍请段回去时带给他:

"卫青开幕府,杨仆将楼船。汉节梅花外,春城海水边。铜梁书远及,珠浦使将旋。贫病他乡老,烦君万里传。"(《广州段功曹到得杨五长史谭书功曹却归聊寄此诗》)又作诗送段归广州说:

"南海春天外,功曹几月程。峡云笼树小,湖日荡船明。交趾丹砂重,韶州白葛轻。幸君因旅客,时寄锦官城。"(《送段功曹归广州》)梓州有铜梁山,知重遇段功曹参军在梓州。桂州下都督府[25],下州刺史正四品下。广州中都督府,中都督府长史正五品。长史

〈25〉此据《旧唐书·地理志》。《新唐书·地理志》作"中都督府"。

辅佐太守掌一郡兵马，职任亦甚重。杨谭由桂州刺史调广州长史官阶是降了，但地位重要，所以前诗以大克匈奴后武帝拜之为大将军于幕中的卫青和出豫章下横浦的楼船将军杨仆相称许，期望杨谭为国立功，并告已贫病交加、或将老死他乡的窘况。后诗首联意谓功曹归去，几月之后才能到达广州，那时必然过了明年春天。王嗣奭说："数月之程，不能以春到，故云'南海春天外'。"三峡山高，云笼树小；洞庭湖阔，日荡船明：颔联写沿途经过之景。"丹砂""白葛"，交广土产，老杜望段托人多寄些来，藉以延年而却暑。老杜可算得是"老江湖"了，动不动就写诗向人家要东西，一点也不在乎。"未就丹砂愧葛洪"，老杜到老还没忘记他的丹砂呢！二诗"汉节"联、"峡云"联，写景小有情致。

这年秋天，他还就近到梓州所辖玄武县（今四川中江县）城东二里玄武山上的玄武庙去游览，作《题玄武禅师屋壁》说：

"何年顾虎头，满壁画沧洲。赤日石林气，青天江海流。锡飞常近鹤，杯渡不惊鸥。似得庐山路，真随惠远游。"虎头，是东晋著名画家顾恺之的小字。杜甫二十岁漫游金陵，曾去瓦棺寺观看过顾恺之所作维摩诘壁画图像，印象极其深刻。二十七年后，他在忆旧诗中谈到当初观画时的心情说："看画曾饥渴，追踪恨淼茫。"可见他对顾恺之及其作品是何等地倾折了（详上卷四三、四四页）。未闻顾虎头曾入蜀，玄武禅师屋壁画"非必出顾手"（顾宸语），只是诗人最倾折虎头，如此云云，不过表示"画之佳，非名手不能"（同上）而已。《高僧传》载：舒州潜山最奇绝，山麓龙胜。志公与白鹤道人欲得之，同白武帝。帝使各以物识其地，得者居之。道人以鹤，志公以锡杖。已而鹤先飞去，至麓将止，忽闻空中锡飞声，志公之锡即插于山麓。道人不悦，但以前言不可食，遂各于所识处筑室以居。又载：刘宋时杯渡者，不知姓名。常乘木杯渡水，无假风棹，轻疾如飞。庾信《秦州天水郡麦积崖佛龛铭》："飞锡遥来，度杯远至。"《高僧传》又载：惠远住庐山，彭城刘遗民、豫章雷次宗等，并弃世遗荣，依惠远游止。仇注："不惊鸥"参用《列子》海鸥事。这诗先记壁画。石林红日，云气氤氲；江海春天，水空辽阔：好一幅沧洲远趣图。大概画上山前有鹤，水际有鸥，因而想到锡飞、杯渡故事，便从赞画转到赞禅师，并致己欲追随游止之意以结束全篇。虽是小品，却写得浑融遒劲，足见功力之深。胡应麟《诗薮》说："'荒庭垂橘柚，古屋画龙蛇''锡飞常近鹤，杯渡不惊鸥'，杜用事入化处。然不作用事看，则古庙之荒凉，画壁之飞动，亦更无人可著语。此老杜千古绝技，未易追也。"浦起龙说："通首总就题画命意。……盖睹此沧洲远趣，忽如身与禅师一齐度世。既使此画此师，双超绝顶，而于己羁栖之愁，亦片时消释。"可谓有得。王勃《圣泉宴诗序》记玄武山圣泉景物甚详："玄武山有圣泉焉，浸淫历数百千年。乘岩泌涌，接磴分流，下瞰长江（指中江），沙堤石岸，咸古人遗迹也。兹乃青蘋绿芰，紫苔苍藓，遂使江湖思远，寤寐寄托。既而崇峦左崿，石壑前萦，丹嶂万寻，碧潭千顷，松风唱响，竹露薰空，潇潇乎人间之难遇也。"诗说："披襟乘石磴，列籍俯春泉。兰气熏山酌，松声韵野弦。影飘垂叶外，香度落花前。兴洽林塘晚，重岩起夕烟。"老杜既来此山游览，圣泉这一带的景致，想是赏玩过了的。惜未发诸吟咏，以飨后人。

时将岁暮，仍滞梓州，老杜内心的无限感伤，在《赠韦赞善别》中得到了尽情的宣泄：

"扶病送君发，自怜犹不归。只应尽客泪，复作掩荆扉。江汉故人少，音书从此稀。往还二十载，岁晚寸心违。"不止不得归故乡，即草堂亦不得归，明乎此，方知"寸心违"三字下得沉痛。

严武召还，高适代为成都尹。随即徐知道叛乱，军政旁午，老杜一时不便去打搅高适。今见首恶毙命，叛乱渐平，他因久厌客梓，思归草堂，就写诗寄高，婉辞试探近期他若携家回成都是否相宜：

"楚隔乾坤远，难招病客魂。诗名惟我共，世事与谁论。北阙更新主，南星落故园。定知相见日，烂漫倒芳樽。"（《寄高适》）"宋玉赋《招魂》者，楚人也"（《杜臆》），可是楚与蜀相隔很远，宋玉也难招我这病客的魂啊！[26] 只有我能同你共享诗名，眼下却无人与谈世事。如今新主初立，你被擢任成都尹，待我回来后，望你降临草堂。我知道，到了相见的那天，我们准会无所拘束地干了一杯又一杯。——浦起龙说："是诗疑团在'故园'二字，或指高适沧州之故园，或指公京师之故园，辗转不合。不知公入蜀后，三年而成一草堂，身虽频出，家口寄焉，草堂固可云故园也。严武再镇成都，公寄诗云：'故园犹得见残春'，是显证也。诸家何遂忘之？解此，则诗意豁然，而编次亦属一定。"所论甚是。

六 "激烈伤雄才"

高适和诗不存。不知是高适回信说暂时不宜回成都还是因为别的什么原因，这年冬天老杜却往陈子昂的故乡射洪（旧治在今四川射洪县金华镇）游览凭吊去了。射洪在梓州东六十里。境内有金华山。金华山在县城之北二里，县城又在涪水之西一百步。老杜初来射洪时在城边野望，作《野望》说：

"金华山北涪水西，仲冬风日始凄凄。山连越嶲蟠三蜀，水散

---

[26] 仇注："考七国时，蜀本属楚，前《送李校书》诗亦云'已见楚山碧'，则高在成都，亦何不可言楚乎？"虽然，梓州离成都很近，终不得谓"隔乾坤远"。此解不可取。

巴渝下五溪。独鹤不知何事舞？饥乌似欲向人啼。射洪春酒寒仍绿，极目伤神谁为携？"唐隽州越隽郡治所在今四川越西县。常璩《蜀志》载：秦置蜀郡，汉高祖置广汉郡，武帝又分置犍为郡，后人谓之三蜀。十一月风日惨淡的一天，我站在涪水之西眺望，北边就是金华山。那金华山，山连着山，蟠曲在三蜀境内。这涪水，流到巴县、渝州（州治在巴县，即今四川重庆市），再下又有武陵五溪（雄溪、樠溪、酉溪、沅溪、辰溪，在今湖南西部）流入。独鹤多像个孤单的客子，不知它为什么却在跳舞？饥乌聒噪，似乎想向人乞食。射洪的春酒，到天寒时仍然碧绿。我触目伤神，可又有谁携酒来同我遣闷销愁？——据此可知他来射洪在这年十一月（"仲冬"），当时他的心情是不好的。

大概在城边眺望写作前诗后不久，老杜登上金华山，参观了山上的金华观，找到了陈子昂的学堂的遗迹，很有感触，作《冬到金华山观因得故拾遗陈公学堂遗迹》说：

"涪右众山内，金华紫崔嵬。上有蔚蓝天，垂光抱琼台。系舟接绝壁，杖策穷萦回。四顾俯层巅，淡然川谷开。雪岭日光色，霜鸿有余哀。焚香玉女跪，雾里仙人来。陈公读书堂，石柱仄青苔。悲风为我起，激烈伤雄才。"陈子昂读书堂，在射洪县北金华山。大历中，东川节度使李叔明为立旌德碑于读书堂[27]，堂在玉京观

---

[27]《陈子昂集》徐鹏校本附录《大唐剑南东川节度观察处置等使户部尚书兼御史大夫梓州刺史鲜于公为故右拾遗陈公建旌德之碑》，署"前监察御史赵儋撰"，末题"唐大历六年，岁次辛亥，十月癸丑朔日建"。碑文后又录重刻题记："延谓权典是州，……至独坐山前，过有唐故右拾遗陈公之坟（碑文亦谓葬于射洪独坐山）。……故节度使鲜于公所立旌德之碑，苔藓侵剥，文字磨灭，因征旧本，命良工重勒于石。……开宝戊辰岁，十二月十五日，……（静江军节度观察留后知梓州军事）郭延谓。"据此，知大历年间前后为陈子昂建两旌德碑：一在金华山读书堂，李叔明立；一在独坐山坟前，鲜于某立。

（本名金华观，宋改名玉京）后。金华山上拂云霄，下瞰涪江。相传东晋陈勋学道山中，白日飞升。梁天监中建观。有老君像，唐明皇所铸（见《舆地纪胜》《新修潼川府志》等）。陈子昂有《春日登金华观》云："白玉仙台古，丹丘别望遥。山川乱云石，楼榭入烟霄。鹤舞千年树，虹飞百尺桥。还疑赤松子，天路坐相邀。"可见当时此间建筑与景物的一斑。彭庆生《陈子昂诗注》："本集卷七《晖上人房饯齐少府使入京府序》云：'永淳二年（六八三）四月孟夏云云。朝廷子入，期富贵于崇朝；林岭吾栖，学神仙而未毕。'可证子昂进士及第之后，曾居家学仙，诗当作于此时。"据诗中所述，老杜这天来游时天气很好。他在船上远远地望见涪水西岸众山之中就数那紫色的金华山最高。从冬日蔚蓝色的天空中垂下的阳光，拥抱着山上道观的琼楼玉宇。把船靠在绝壑下面，就拄着拐棍儿在盘旋往复的山路上攀登。登上山顶四下观望，那川流那山谷隐隐约约地展现在眼前。西边那雪岭在阳光照射下泛出苍白的死色[28]，霜天传来了鸿雁的哀鸣。道观里跪着烧香的信女犹如玉女，访道的善男来了仿佛是雾里降临的仙人。[29]陈公读书堂柱仄苔青，悲风似乎为他而起，他情怀激烈，为雄才的含冤殒命而深深伤悼。

老杜前在绵州，遇李使君去梓州上任，曾作诗嘱李来日行部至射洪为他洒泪凭吊陈子昂："君行射洪县，为我一潸然。"如今他亲来射洪，自然要寻陈子昂的遗迹，深致悼念之意了。接着他又参观了陈的故居，作《陈拾遗故宅》说：

"拾遗平昔居，大屋尚修椽。悠扬荒山日，惨澹故园烟。位下

---

[28] 杨伦注："《寰宇记》：悬岩在射洪县南十五里，远望悬岩，皎如白雪。"果如此解，那么"雪岭"就不指长年积雪的川西岷山了。
[29] 仇注："'玉女'，谓烧香者。'仙人'，谓访道者。"

曷足伤？所贵者圣贤。有才继骚雅，哲匠不比肩。公生扬马后，名与日月悬。同游英俊人，多秉辅佐权。彦昭超玉价，郭震起通泉。到今素壁滑，洒翰银钩连。盛事会一时，此堂岂千年？终古立忠义，《感遇》有遗篇。"陈子昂故宅在射洪县北里许的东武山下。⁽³⁰⁾陈子昂《梓州射洪县武东山故居士陈君碑》："君讳嗣（子昂叔祖），……其先陈国人也。汉末沦丧，八代祖（陈）祗（子昂十世祖），自汝南仕蜀为尚书令。其后蜀为晋所灭，子孙避晋不仕，居涪南武东山。与唐、胡、白、赵五姓置立新城郡，部制二县，而四姓宗之，世为郡长。"又《我府君有周居士文林郎陈公墓志文》："公讳元敬（子昂父），……五世祖太乐（子昂六世祖），梁大同中为新城郡司马。生高祖方庆（子昂五世祖）。方庆好道，得《墨子》《五行秘书》《白虎七变法》，遂隐于郡武东山。……青龙癸未，唐历云微。公（子昂父元敬）乃山（当是武东山）栖绝谷，放息人事。"据此可知：（一）自晋初以来，陈氏即聚族居于武东山（后世方志作东武山），世代为当地豪族。（二）子昂五世祖陈方庆与其父陈元敬都隐居于武东山学道。子昂的山栖学仙，"林岭吾栖，学神仙而未毕"，显然也受到家族的影响。这诗先记子昂故居，大屋修橡，现尚完整如昔，以及荒山寒日、故里风烟景象。次赞其位下才高，上薄风骚，下与扬雄、司马相如接踵，名垂千古。卢藏用《陈氏别传》："经史百家，罔不该览，尤善属文，雅有相如、子云之风骨。"扬、马都是蜀人，故用以相比。复志其交游遗迹。诗人因见壁上题字，知赵彦昭与郭元振曾来此宅，与之同游。

⁽³⁰⁾ 此据仇注引杨德周说。《杜诗镜铨》从《一统志》：陈子昂宅在射洪县东七里东武山下。按《元和郡县志》载涪水在射洪县东一百步。如《记》与《志》所载均属实，则东武山及其下陈子昂故宅当在涪水之东七里左右。未知孰是，待考。

赵彦昭，字奂然，甘州张掖（今甘肃张掖）人。少豪迈，风骨秀爽。及进士第，调为南部尉。与郭元振、薛稷、萧至忠相友善。中宗景龙中，累迁中书侍郎，同中书门下平章事。睿宗立，出为宋州刺史。入为吏部侍郎。萧至忠、薛稷等依附太平公主反对玄宗。先天二年（即开元元年）七月，太平公主及其党羽谋反，玄宗与兵部尚书同中书门下三品郭元振等定计先下手。执萧至忠等于朝堂斩之。薛稷赐死于万年狱。太平公主赐死于家。萧至忠等被诛后，郭元振、张说等称赵彦昭曾参预平乱密谋，以功迁刑部尚书，封耿国公。赵彦昭本以权幸得进。中宗时有巫赵五娘，以左道出入宫禁。赵彦昭以姑事之，曾着妇人衣，乘车与其妻前往拜谒，以表侄子之情。他得为宰相，全仗赵五娘之力。于是殿中侍御史郭震（此人与郭元振同名）弹劾他的旧恶。时姚崇执政，恶其为人，贬为江州别驾，卒。《全唐诗》录存其诗二十一首，多应制之作，无甚可观。

郭震，字元振，以字显。魏州贵乡（今河北大名东南）人。少有大志。十六岁，与薛稷、赵彦昭同为太学生，家中刚送来四十万钱，恰好有个着丧服的人叩门，自言："五世未葬，愿假以治丧。"郭元振毫不吝惜，竟将钱全部给了他，也不问他的姓名，薛稷等都很惊叹。十八岁举进士，为通泉尉。任侠使气，不拘小节，曾盗铸并掠卖部中口千余，以饷遗宾客，百姓厌苦。武后得知，把他召去诘问，一同他交谈，便感到很惊奇，索所为文章，上《宝剑篇》，武后看了很夸奖，即授右武卫铠曹参军。大足元年任凉州都督、陇右诸军州大使，筑要垒，开屯田，在职五年，军粮充足。神龙中迁安西大都护。睿宗立，召为太仆卿。景云二年，进同中书门下三品，迁吏部尚书。玄宗诛太平公主，郭元振立大功，进封代国公。玄宗讲武骊山，他坐军容不整流新州。旋起为饶州司马，病死途中。《全唐诗》录存其诗二十三首。《宝剑篇》《塞上》均有风骨。小诗学南朝乐府民歌，如：《春江曲》"江水春沉沉，上有双竹林。竹叶坏水色，郎亦坏人心"，清丽可诵；《惜花》"艳拂衣襟蕊拂杯，绕枝闲共蝶徘徊。春风满目还惆怅，半欲离披半未开"，亦别饶情趣。唐南部县即今四川南部。唐通泉县今并入射洪。赵、郭与陈子昂同游，并登府题壁，当在二人分别为此二县县尉时。《碑目》载陈子昂故宅有赵、郭题壁。这题壁据老杜的描绘"洒翰银钩连"，知是草书。末叹盛事已往，堂宇终将湮灭，但诗留忠义，自足千古。王嗣奭说："会止一时，堂不千年，独《感遇》之遗编尚存，此立言而垂不朽者也。称文章而归之'忠义'，才是真本领，亦公自道。'位下曷足伤'二语，亦自道。'终古立忠义'，观集中所上书疏及本传可见，非谓《感遇》诗。若《感遇》诗当世推为文宗，人皆知之。而公复推于忠义，特阐其幽，亦见所重自有在也。"

陈子昂（六六一—七〇二），字伯玉，出身豪富之家，任侠使气，到十七八岁尚不知书。曾随博徒入乡学，慨然立志，谢断门客，专心读书，数年之间，学问精进。武后光宅元年（六八四），二十四岁，游东都，举进士对策高第，擢麟台正字。垂拱二年（六八六），从乔知之北征金徽州都督仆固始。永昌元年（六八九），补右卫胄曹参军。天授元年（六九〇），九月，武后改国号为周。他上表进《大周受命颂》四章并序表示拥护。次年春，以继母丧解官返里。长寿二年（六九三）回东都，擢右拾遗。延载元年（六九四）坐逆党入狱。天册万岁元年（六九五），出狱，官复原职。九月，建安王武攸宜讨契丹，子昂以本官参谋。神功元年（六九七），在军幕。武攸宜轻易无将略，子昂谏以严立法制，以长攻短，不纳，降为军曹，因登蓟北楼，感昔乐生、燕昭之事，泫然涕流，作《登幽州台歌》说："前不见古人，后不见来者。念天地之悠悠，独怆然而涕下。"七月凯旋，仍守原官。圣历元年

(六九八），以父老上表解官归侍，诏听带官而归。次年七月七日，其父陈元敬卒。长安二年（七〇二），卧病家中。本县令段简闻其家富有，乃附会法律，欲害子昂，家人纳钱二十万，段简嫌少，系狱而卒(以上事迹均据罗庸《陈子昂年谱》)。中唐沈亚之《上九江郑使君书》曾论及乔知之与陈子昂的死："乔死于谗，陈死于枉，皆由武三思嫉怒于一时之情，致力克害。一则夺其妓妾以加憾；一则疑其摈排以为累，阴令桑梓之宰拉辱之；皆死于非命。"胡震亨《唐音癸签》说："尝怪陈射洪以拾遗归里，何至为县令所杀。后读沈亚之《上郑使君书》，始悟有大力人主使在，故至此。"录以备考。

　　葛晓音《关于陈子昂的死因》(载《学术月刊》一九八三年二月号)说："我认为陈子昂之死的原因更可能是段简根据陈子昂所写府君墓志铭一文，'附会文法'，以子昂诋毁武后、'指斥乘舆'、'无人臣之礼'为名，勒逼财物，陷其下狱，致使本来就哀毁羸疾的陈子昂不堪折磨而死。"论证颇详，所见近实，较他说可信。陈子昂是有卓识有胆略的政治家，也是唐代诗歌革新运动的旗手。作为政治家，他敢于通过谏疏陈述并坚持自己进步的政见：一、关注民瘼，改革吏治；二、揭露酷吏，反对淫刑；三、重视边防，反对黩武；四、主张任用贤能，用人不疑。作为文学家，他在《修竹篇序》中大声疾呼，反对齐梁以来的华靡诗风，在倡导复古的旗帜下实现诗歌内容的革新："文章道弊，五百年矣。汉魏风骨，晋宋莫传，然而文献有可征者。仆尝暇时观齐梁间诗，彩丽竞繁，而兴寄都绝，每以永叹。思古人常恐逶迤颓靡，风雅不作，以耿耿也。一昨于解三处见明公《咏孤桐篇》，骨气端翔，音情顿挫，光英朗练，有金石声。遂用洗心饰视，发挥幽郁。不图正始之音，复睹于兹；可使建安作者，相视而笑。"而他多年创作的《感遇》三十八首及其他名篇，或讽刺现实、批判时政，或感伤身世、抒发豪情，无不有强烈的时代色彩和鲜明的政治倾向性。他的理论和实践，犹如动地狂飙，尽扫弥漫唐初诗坛的浮靡余风，为其后盛唐诗歌的发展清除了道路，功绩不小，影响深远。韩愈的《荐士》说："齐梁及陈隋，众作等蝉噪。搜春摘花卉，沿袭伤剽盗。国朝盛文章，子昂始高蹈。勃兴得李杜，万类困陵暴。后来相继者，亦各臻阃奥。"元好问的《论诗三十首》其八说："沈宋横驰翰墨场，风流初不废齐梁。论功若准平吴例，合著黄金铸子昂。"以诗论诗难免夸大，而其基本评价却不为大谬。大体说来，自古至今，论者对陈子昂在唐诗发展上的开山地位多无异议。至于谈到他对待武后的态度问题，前人的看法就截然不同，分成肯定和否定的两派。最早宋朝的晁公武在《郡斋读书志》中显斥陈子昂"无风节"。此派看法，愈演愈烈，到了清代，王士禛说："（子昂）《上大周受命颂表》一篇、《大周受命颂》四章，其辞诡诞不经。又有《请追上太原王帝号表》，太原王者，士蒦也，此与扬雄《剧秦美新》无异，殆又过之，其下笔时不知世有节义廉耻事矣，子昂真无忌惮之小人哉！诗虽美，吾不欲观之矣。"（《带经堂诗话》）潘德舆甚至将陈子昂连同阮籍一并加以斥责，且对老杜《陈拾遗故宅》"有才继骚雅""终古立忠义"云云表示不满："人与诗，有宜分别观者。人品小小缪戾，诗固不妨节取耳。若其人犯天下之大恶，则并诗不得恕之。……以人而论，则籍之党司马昭而作劝晋王笺，子昂谄武曌而上书请立武氏九庙，皆小人也。……杜公尊子昂诗，至以'骚雅''忠义'目之，子乌得异议？曰：子昂之忠义，忠义于武氏者也，其为唐之小人无疑也。"（《养一斋诗话》）那么，肯定陈子昂人品的一派，尤其是老杜给予他"终古立忠义"的崇高评价，是不是就错了呢？对待这样一个问题，我们也可以这样回答：武则天在历史上起过进步作用，指责陈子昂忠于武家而不忠于李家，这看法本身就很封建，对于今天的读者来说，不仅毫无意义，甚至是可笑的。这答复当然是对的。可是武后执政时确有不少希宠干禄的小人，从陈子昂积极拥护武后建周称帝的表现看，也并不是毫无可非议之处，所以对于陈子昂的人品，仍须做进一步的研究。

关于这一问题，评论得最早也最具体的是《新唐书·陈子昂传赞》："子昂说武后兴明堂太学，其言甚高，殊可怪笑。后窃威柄，诛大臣、宗室；胁逼长君而夺之权。子昂乃以王者之术勉之，卒为妇人讪侮不用，可谓荐圭璧于房闼，以脂泽污漫之也。瞽者不见泰山，聋者不闻震霆，子昂之于言，其瞢瞢欤？"认为武后很坏，未免带有偏见。认为陈子昂"以王者之术勉之，卒为妇人讪侮不用"，政治上真是又聋又瞎，教人可怪可笑，这指责虽然极其严厉，却并未怀疑他的人品，把他看成无耻小人。比较起来，王夫之对陈子昂人品和政治表现的评价最全面也最中肯："陈子昂以诗名于唐，非但文士之选也，使得明君以尽其才，驾马周而颉颃姚崇，以为大臣可矣！其论开间道击吐蕃，既经国之远猷；且当武氏戕杀诸王、凶威方烈之日，请抚慰宗室，各使自安，撄其虩怒而不畏；抑陈酷吏滥杀之恶，求为伸理，言天下之不敢言，而贼臣凶党，弗能加害，固有以服其心而夺其魄者，岂冒昧无择而以身试虎吻哉？故曰：以为大臣任社稷而可也。载观武氏之世，人不保其首领宗族者，蔑不岌岌也。而子昂与苏安恒、朱敬则、韦安石，皆犯群凶，持正论而不挠；李昭德、魏元忠、李日知，虽贬窜而终不与傅游艺、王庆之、侯思止、来俊臣等同受显戮。由是言之，则武氏虽怀滔天之恶，抑何尝不可秉正以抑其妄哉？而高宗方没、中宗初立之际，举国之臣，缩项容头，以乐推武氏，废夺其君，无异议者。向令有子昂等林立于廷，裴炎、傅游艺其能仇匿以移九鼎乎？"（《读通鉴论》）所举陈子昂的种种政治表现都是事实，王夫之从中看出：一、陈子昂不仅有远见卓识，而且有勇有谋，善于在险恶的政治情况下进行斗争，充分显示出大政治家的才具和品质；二、要是朝廷上像陈子昂这样的人多了，即使武后不好，还是可以"秉正以抑其妄"的。私意以为，仅就对陈子昂而论，这两点看法基本是正确的。

前两年，我读《陈子昂集》，发现《我府君有周居士文林郎陈公墓志文》如下的一些记述，对研究陈子昂的思想和政治倾向很有帮助："公讳元敬，……二十二，乡贡明经擢第，拜文林郎。属忧艰不仕，潜道育德，穆其清风，邦人驯致，如众鸟之从凤也。时有决讼，不取州郡之命，而信公之言。四方豪杰，望风景附，朝廷闻名。或以君为西南大豪，不知深慈恭懿，敬让以德也。州将县长，时或陈议。青龙癸未，唐历云微。公乃山栖绝谷，放息人事，饵云母以怡其神，居十八年，玄图天象，无所不达。尝宴坐，谓其嗣子子昂曰：'吾幽观大运，贤圣生有萌芽，时发乃茂，不可以智力图也。气同万里，而遇合不同，造膝而悖，古之合者，百无一焉。鸣呼，昔尧与舜合，舜与禹合，天下得之四百余年。汤与伊尹合，天下归之五百年。文王与太公合，天下顺之四百年。幽历板荡，天纪乱也。贤圣不相逢，老聃、仲尼，沦溺溷世，不能自昌。故有国者享年不永，弥四百余年，战国如麋，至于赤龙。赤龙之兴四百年，天纪复乱，夷胡奔突，贤圣沦亡，至于今四百年矣。天意其将周复乎？於戏，吾老矣，汝其志之。'太岁己亥，享年七十有四；七月七日己未，隐化于私馆。……是岁十月己酉，遂开拭旧茔，奉宁神于此山石佛谷之中冈也，铭曰……"陈子昂父陈元敬卒于圣历二年己亥（六九九），时年七十四岁，则"二十二，乡贡明经擢第"当在贞观二十一年（六四七）。随即拜文林郎，后因丁忧不仕。但真正决心归隐却在"青龙癸未"弘道元年（六八三）高宗逝世、"唐历云微"之际。由此可见陈元敬是坚决反对武后擅权的。既然陈元敬反对武后的政治态度是这样地坚决，后来又对陈子昂讲过当时正值天纪复乱、贤圣不相逢、不可以智力图之的大道理，而且要陈子昂记在心里，那么，当圣历二年十月作此墓志文之时，亦即陈子昂积极从政多年而终告失败之后，他竟不惮时议，提起这段往事，并在铭中给他父亲以极高的评价，甚至以孔子、商山四皓与之相比："贤者避地，邈其往兮。凤兮凤兮，谁能象兮！呜呼我君，怀宝不试，孰知其深广兮！悠悠白云，自怡养兮。大运不齐，贤圣罔象兮。南山四君，不遭汉天子，固亦商丘之遗壤兮。"肯定父亲的见机识时，就是承认自己不顾天运欲以智力图之的无知和劳而无功。这岂不表明陈子昂开初的竭诚"以王者之术勉"武后，确乎如王夫之所说，是有意识地在"秉正以抑其妄"么？这样看来，讥笑"子昂之于言，其聋瞽欤！"，骂他是"真无忌惮之小人"，都未免太冤枉他；而老杜说他"终古立忠义"，倒是最知其用心良苦的了。或者说，《陈子昂集》有《送吉州杜司户审言序》，对杜审言的文才推崇备至："杜司户炳灵翰林，研几策府；有重名于天下，而独秀于朝端。徐陈应刘，不得劘其垒；何王沈谢，适足靡其旗。"老杜的《壮游》"气劘屈贾垒，目短曹刘墙"显系受序中"徐陈应刘，不得劘其垒"的影响，可见他对这序很熟习，对陈子昂同他祖父的关系很清楚。老杜的封建感情颇强烈，因此他对其世交前辈陈子昂的评价难免过当，不足为凭。这话不无道理，比如他祖父杜审言的友人宋之问，倾心媚附武后的宠幸张易之，"至为易之奉溺器"，"天下丑其行"（《新唐书·宋之问传》），但他在《过宋员外之问旧庄》诗中，还对宋之问，表示通家晚辈深深的凭吊、感叹之意。虽然如此，每当涉及重大政治问题时，他还是很谨慎的。第一章第二节中曾经谈到，他祖父杜审言交接张易之、张昌宗兄弟，人品比沈佺期、宋之问他们稍微好一些，也不算很高尚。老杜很敬佩他祖父的文学成就，常以他家有他祖父所开创的诗歌传统而自豪。可是，当他认真评论历史时，却直言不讳地指出："往者武后朝，引用多宠嬖。"（《八哀诗·赠秘书监江夏李公邕》）这"宠嬖"即指二张之流。他对他祖父的政治表现，不可能也不敢有任何微辞，心里还是有看法的，起码会感到与这些"宠嬖"有牵连未免窝囊。又说开元二十九年老杜漫游齐鲁之后归洛阳，筑陆浑庄于首阳山下。这年寒食，他为文祭远祖杜预而不祭祖父杜审言，可见远祖和祖父在他心中所占的地位是不同的。对自己的祖父尚且如此，要是他心里真认为陈子昂在"往者武后朝，引用多宠嬖"时德行有亏，今来故宅游览，即使要作诗，他尽可像《过宋员外之问旧庄》那样，深致通家晚辈凭吊、感叹之意即可，又何必发违心之论呢？要知道，老杜是忠于李唐王室而明确表示不满武后的。站在他的立场，哪会轻易以"忠义"许人？要是我前面所作关于陈子昂人品和政治表现的探索差可成立，那么老杜可算是最早的最理解陈子昂的了。陈子昂曾为右卫胄曹参军、右拾遗，老杜曾为右卫率府兵曹参军、左拾遗，这偶然的近似，可资谈助。

在射洪他还写作了《谒文公上方》和《奉赠射洪李四丈》二诗。前者首记上方景象，次赞文公道行，末叙来谒欲皈依佛法之意。此诗不甚佳，苏轼却称道其中"王侯与蝼蚁，同尽随丘墟。原闻第一义，回向心地初"，及其他诗句，以为据此"知子美诗外尚有事在"（见《东坡题跋》）。王嗣奭说："王侯与蚁同尽，不过袭《庄》《列》语；'愿闻第一义'，亦禅门常谈。东坡以此四句卜得其道，此窥公之浅者。余读公诗，见道语不一而足，而公亦不自知也，非以学佛得之。平生饥饿穷愁，无所不有，天若有意煅炼之；而动心忍性，天机自露，如铁以百炼而成钢，所存者铁之筋也，千年不磨矣。"强调老杜对哲理的领悟主要得力于人生历练而不是学佛，这是很有见地的。《奉赠射洪李四丈》说：

"丈人屋上乌，人好乌亦好。人生意气豁，不在相逢早。南京乱初定，所向色枯槁。游子无根株，茅斋付秋草。东征下月峡，挂席穷海岛。万里须十金，妻孥未相保。苍茫风尘际，蹭蹬骐骥老。志士怀感伤，心胸已倾倒。"诗题下自注李四字"明甫"。这诗首四句如谣谚，叙二人相见虽晚却甚相得。次叹成都经乱，草堂不可复居；欲出三峡，又苦无川资。末以骐骥自喻，志士谓李；一蹭蹬，一感伤，遭遇相同，意气故相投。

这两首诗，略见老杜在射洪的行踪、交往和思想情况。老杜前在梓州作《悲秋》说"始欲投三峡"，今又说"东征下月峡"，可见他当时携眷出峡的念头很强烈，只因无钱未能成行。

七 "此行叠壮观"

为了排遣客愁，当他在射洪稍作勾留之后，并未马上返回梓州，又继续只身到通泉游览去了。

唐通泉县（元并入射洪县）故治在梓州东南一百三十里。有通泉山，东临涪江，绝壁二十余丈，水从山顶涌出，下注于江，风景幽美。老杜离射洪赴通泉游览当在这年十一月。他的《早发射洪县南途中作》记沿途旅行情况甚详：

"将老忧贫窭，筋力岂能及？征途乃侵星，得使诸病入。鄙人寡道气，在困无独立。俶装逐徒旅，达曙凌险涩。寒日出雾迟，清江转山急。仆夫行不进，驽马若维絷。汀洲稍疏散，风景开怏悒。空慰所尚怀，终非曩游集。衰颜偶一破，胜事难屡挹。茫然阮籍途，更洒杨朱泣。"申涵光于首段颇有得："少时谋生颇易，然正尔负气，岂屑及此？至老方忧，已无可奈何矣。起语怅然。'鄙人寡道气，在困无独立。'他人不肯自言，然正是高处。"穷难自立，饥馁依人，只好整理行装，搭伴赶路。正如鲍照在《上浔阳还都道中》说的那样，我"侵星赴早路"，到天亮，已经走了好一段险阻的路程。雾大寒日出得迟，清江拐过山根激起了急流。仆夫走不动，驽马像给绳索绊住似的，这路真难走！来到汀洲这边，风景疏散，开豁了我郁悒的胸襟。此处差堪慰怀，可惜已无曩日游兴。何况衰颜暂破，前面恐无胜境，终不免阮籍穷途之哭、杨朱歧路之悲了。——这诗抒情真挚，叙事亲切，非徒"寒日出雾迟，清江转山急"写景入妙。

途中他又作《通泉驿南去通泉县十五里山水作》：

"溪行衣自湿，亭午气始散。冬温蚊蚋集，人远凫鸭乱。登顿生曾阴，欹倾出高岸。驿楼衰柳侧，县郭轻烟畔。一川何绮丽，尽日穷壮观。山色远寂寞，江光夕滋漫。伤时愧孔父，去国同王粲。我生苦飘零，所历有嗟叹。"所发感慨虽是实情，惜流于一般，不见精彩，而写溪行所见却别饶意趣。今天好大的雾，到中午才散，一路之上在雾中行走，连衣服都潮湿了。这里地气很暖和，杂草中还集聚着蚊蚋。这里远离人境，野鸭子到处乱飞。雾收了，一会儿晴一会儿阴。山路崎岖，爬上爬下。到了通泉驿，驿楼就在那株衰柳旁边；从这里，可以隐隐约约地望见那轻烟缭绕的江畔城郭了。远处的山色显得很寂寞，涪江江水在夕阳下闪闪发光，这景色多美多壮观啊！——王维《山中》"山路元无雨，空翠湿人衣"与此诗"溪行衣自湿"意近，但前者空灵有韵致，后者质朴而与行旅风尘之感协调。

当时通泉县城里还保存着郭元振在此做县尉时住过的故宅，老杜去凭吊了，作诗甚赞郭元振当机立断、佐玄宗扑灭太平公主一党的丰功伟绩："定策神龙后，宫中翕清廓。俄顷辩尊亲，指挥存顾托。群公有惭色，王室无削弱。迥出名臣上，丹青照台阁。我行得遗迹，池馆皆疏凿。壮公临事断，顾步涕横落。"(《过郭代公故宅》)指出"临事断"是郭元振得以成功的主要性格特点，这是很有见地的。

老杜来通泉县的另一收获是得以观赏薛稷书画真迹。薛稷（六四九—七一三），字嗣通，蒲州汾阴（今山西万荣西）人。隋代著名诗人薛道衡的曾孙。官至太子少保、礼部尚书，人称"薛少保"。曾从外祖魏征家见虞世南、褚遂良法书，精勤临仿，遂以擅书名世。其书法得于褚为多，故当时有"买褚得薛，不失其节"之说。后人把他与欧阳询、虞世南、褚遂良并称为唐初四大书家。兼画人物、佛像、鸟兽、树石，画鹤尤为生动，时称一绝。碑刻有《升仙太子碑》碑阴题名及《信行禅师碑》。老杜在通泉县见到的是薛稷为这里的慧普寺写的一块匾额和画的一面壁画。他观看后有所感触，作《观薛稷少保书画壁》[31]说：

"少保有古风，得之《陕郊篇》。惜哉功名忤，但见书画传。我游梓州东，遗迹涪水边。画藏青莲界，书入金榜悬。仰看垂露姿，不崩亦不骞。郁郁三大字，蛟龙岌相缠。[32]又挥西方变，发地扶屋椽。惨澹壁飞动，到今色未填。此行叠壮观，郭薛俱才贤。不知百载后，谁复来通泉？"薛稷诗《全唐诗》存十四首，其中《早春鱼亭山》"白云自高妙，裴回空山曲。阳林花已红，寒涧苔未绿"，《春日登楼野望》"野外烟初合，楼前花正飞"云云，清新可诵。而

---

[31]"书画壁"，指书和画壁。
[32]米芾《海岳名言》："薛稷书'慧普寺'，老杜以为'蛟龙岌相缠'。今见其本，乃如奈重儿握蒸饼势，信老杜不能书也。"又说："老杜作薛稷'慧普寺'诗云：'郁郁三大字，蛟龙岌相缠。'今有石本，得视之，乃是勾勒，倒攲笔锋，笔笔如蒸饼。'普'字如人握两拳，伸臂而立，丑怪难状。"且无论老杜能书与否，薛书不当恶劣如是。"米颠"狂言，难以尽信。

老杜所称道的"陕郊篇"即《秋日还京陕西十里作》,确乎很有古风:"驱车越陕郊,北顾临大河。隔河望乡邑,秋风水增波。西登咸阳途,日暮忧思多。傅岩既纡郁,首山亦嵯峨。操筑无昔老,采薇有遗歌。客游节回换,人生知几何?"老杜见此诗颇含政治隐忧,想到他终坐太平公主事赐死于万年狱,就不觉叹惜他功名幻灭,仅有书画传世了。"西方变",指这面从墙根高达屋椽的大壁画中所描绘的佛教神变故事。《舆地纪胜》载:薛稷书"慧普寺"三字,径三尺许,在通泉县庆善寺聚古堂。仇注:"赵曰:稷书'慧普寺'三字,乃真书,傍有蚴虬缠捧,此其'蛟龙岌相缠'也。稷所画西方变相则亡。"据老杜所述,稷书寺名三字已制成金匾;变相是粉壁墨绘,未着色。老杜前不久在射洪陈子昂故居见到郭元振的题壁,现在又见到了薛稷的书画,他真为"此行叠壮观"而深感庆幸。他想:百年之后,又有谁来通泉观赏这些书画神品呢?那时,这些书画还有吗?……他不胜迷惘。

《历代名画记》载:薛稷尤善花鸟人物杂画,画鹤知名。屏风六扇鹤样,自稷始。《名画录》载:今秘书省有稷画鹤,时号一绝(另有落星石、贺知章草书、郎余令画凤,合此相传号省内四绝,见《南部新书》)。又蜀郡亦有鹤,并佛像、菩萨、青牛等传于世,并居神品。《封氏闻见记》载:今尚书省考功员外郎厅有稷画鹤,宋之问为赞。工部尚书厅有稷画树石。东京尚书坊岐王宅亦有稷画鹤,皆称精绝。通泉县署屋壁也有薛稷画的鹤。可惜华堂倾覆,壁画曝落,任凭风吹雨打,老杜见了,有感而作《通泉县署壁后薛少保画鹤》:

"薛公十一鹤,皆写青田真。画色久欲尽,苍然犹出尘。低昂各有意,磊落如长人。佳此志气远,岂惟粉墨新。万里不以力,群游森会神。威迟白凤态,非是仓鹒邻。高堂未倾覆,常得慰嘉宾。曝露墙壁外，终嗟风雨频。赤霄有真骨，耻饮洿池津。冥冥任所往，脱略谁能驯。"《晋永嘉郡记》：沐溪野去青田九里，此中有双白鹤，年年生子，长大便去，只余父母一双在原地，精白可爱，多云神仙所养。"仓鹒"，亦作仓庚，即黄莺。此诗甚佳。仇兆鳌说："此从画壁生慨。壁经风雨，在画鹤终当灭迹。然看赤霄冥举，即真鹤有时遁形。凡物皆当旷观矣。"杨伦说："言此地既无人知赏，鹤亦将破壁而飞去矣。兼带自寓意。"日晒雨淋，画鹤终将泯灭，作如是观，既能排遣抱憾之情，复有寄托，意故深厚。如果仅说这些曝露于外的画鹤终当破壁飞去，口吻近谑，意义也就浅了。老杜这次射洪、通泉之行，非止为览江山之胜，亦为凭吊前贤、观赏真迹而来。蒋弱六说："'高堂未倾覆'，不顾署中人忌耶！明是恶其曝露，不胜感愤耳。"古往今来，珍贵文物不知毁坏多少！官场中人，所见惟利禄，哪将名画放在眼里？老杜的感愤是可以理解的。

虽然如此，他跟这个县的县令姚某依然很要好。当时县里来了个贵客王侍御，想他已受到姚令的多次盛情款待，就在涪江边的东山最高顶设宴作为答谢。晚上，接着又携酒请原班人马乘船泛江作乐。老杜也出席作陪，作《陪王侍御同登东山最高顶宴姚通泉晚携酒泛江》说：

"姚公美政谁与俦？不减昔时陈太丘。邑中上客有柱史，多暇日陪骢马游。东山高顶罗珍羞，下顾城郭销我忧。清江白日落欲尽，复携美人登彩舟。笛声愤怨哀中流，妙舞逶迤夜未休。灯前往往大鱼出，听曲低昂如有求。三更风起寒浪涌，取乐喧呼觉船重。满空星河光破碎，四座宾客色不动。请公临深莫相违，回船罢酒上马归。人生欢会岂有极，无使霜露沾人衣。"后汉陈寔为太丘长，修德清静，百姓以安。以陈太丘称誉姚通泉，老杜吹捧起人来，也是蛮厉害的。这几天老杜在通泉做客，承姚令接待，无力设宴答谢，只好美言几句；未能免俗，不必深责。这诗很写实，可见当时官场应酬的一斑。《旧唐书·职官志》载："侍御史四员（从六品下），掌纠举百寮，推鞫狱讼。"侍御史既然有纠举百寮的职责，如今来到郡县，却和接受考核的地方官夜以继日地携妓饮宴，乐而忘返，这真是对封建政治和职官设置的莫大讽刺！老杜还有首《陪王侍御宴通泉东山野亭》诗，颔联云："异方同宴赏，何处是京华？"这王侍御当是老杜在长安的旧相识，所以显得比旁人亲近些。

老杜在通泉盘桓了一些日子，眼看又将岁暮，想必就返回梓州，与家人团聚过年去了。

八 "转益多师是汝师"

老杜《戏为六绝句》的写作年代不详；从说话的口气看，当是晚年之作。杜集编年诸本，多置于上元二年，《读杜心解》及冯至编选，浦江清、吴天五合注的《杜甫诗选》则置于宝应元年，这时老杜年已五十，大致不差。姑从后说，赘于这年诗作之末，稍加介绍。

郭绍虞先生撰《杜甫戏为六绝句集解》，征引繁富，剖析细致，案断中肯。发端于分类加评罗列概论《六绝》诸说之后，自作小结说："此《六绝》主旨，昔贤均谓为论诗，惟黄鹤以为论文，宗廷辅以为第一首论赋，第二首论文，第三首始论诗，以下诸首则汇而论文。其说与诸家异。案：第二首与第三首均论初唐四杰，两首意思本属一贯，必欲离而为二，似亦有所未安。且元好问《论诗三十首》之论潘岳，谓'心画心声总失真，文章宁复见为人。高情千古

《闲居赋》，争信安仁拜路尘。'其论陆机亦有'斗靡夸多费览观，陆文犹恨冗于潘'之语。使以宗说绳之，得勿谓此三十首不尽论诗耶？须知杜甫《六绝》意在针砭后生，庾信、四子不过借以发意，无论论诗论文，正不必拘泥求之。且即使杜甫本意以第一第二两首为分指赋与文而言，亦未尝不可窥其论诗宗旨与诗学所诣。盖论体虽别，究理则通也。故解此《六绝》，与其着眼于所论之体，无宁注意于其作之之动机。由其所以作此《六绝》之动机言，要不外上述三说：其谓为寓言自况者，以为嫌于自许，故曰戏。其谓为告诫后生者，以为语多讽刺，故曰戏，亦有以为'戏'字仅指第一首言者。其谓为自述论诗宗旨者，则又以为诗忌议论，故曰戏；或以为此辈不足论文，故曰戏。实则上述诸说皆有可通。杜甫作此《六绝》之动机，或诚不免因于蚍蜉撼树之辈好为谤伤，有所激发，遂托于庾信、四子以寓其意，则对于后生之轻侮老成，自不禁有深恶痛绝之辞。因指斥而又告诫之，教诲之，则于指点之中，而论诗宗旨亦自然流露矣。论诗宗旨既已全盘托出，则此即杜甫一生学诗蕲向所在。谓为自况，亦未为非。"所论甚是。《六绝》的写作动机及其主旨既已有了较全面较正确的了解，现在就好逐一加以评议了。

其一说：

"庾信文章老更成，凌云健笔意纵横。今人嗤点流传赋，不觉前贤畏后生。"庾信（五一三—五八一），字子山，南阳新野（今河南新野县）人，梁代著名宫体诗人庾肩吾之子。庾肩吾任梁太子中庶子，掌管记。东海徐摛任右卫率。徐摛子徐陵，与庾信同为抄撰学士。两家父子俱供职东宫，出入禁闼，礼遇之隆，无人可比。他们的文辞都很绮艳，世号"徐庾体"。庾信累迁通直散骑常侍，出使东魏，文章辞令，盛为邺下所称。还朝为东宫学士，领建康令。太清二年（五四八），侯景作乱，梁简文帝命庾信率宫中文武千余人，驻守朱雀航。侯景一来，他就率众先退。台城陷后，他逃江陵。承圣元年（五五二）梁元帝即位于江陵，庾信任右卫将军，封武康县侯，加散骑侍郎，出使西魏。值西魏灭梁，被留。历仕西魏、北周，官至骠骑大将军、开府仪同三司，世称"庾开府"。陈朝与北周通好，南北流寓之士，并许还其旧国。陈朝请北周遣返王褒、庾信等十余人，北周武帝只放还几个不很出色的人，因看重庾信、王褒的才学不让他们走。北周明帝、武帝都很爱好文学，庾信特受重视；赵王、滕王也同他很要好。庾信善诗赋、骈文。在梁时作品如《春赋》《七夕赋》《灯赋》《对烛赋》《鸳鸯赋》《荡子赋》《咏舞》《奉和示内人》等，多写色情，绮艳轻靡，趣味庸俗。后入北朝，虽位望通显，常有乡关之思，作《哀江南赋》《小园赋》《枯树赋》《伤心赋》《拟咏怀》等，感伤遭遇，并对当时社会动乱有所反映，风格也转为萧瑟苍凉。倪璠撰《庾子山集注》，详博可用。对于庾信的生平遭遇及其前后期创作特色有了粗略的了解，就便于研讨"庾信文章老更成"这首绝句了。那么，老杜写作这首诗、这组诗的针对性又是什么呢？周篆《杜工部诗集集解》说："此六首盖为当时之人轻视六朝、初唐，妄以风骚、汉、魏自命而作。此举庾信以例其余，非止谓信也。下'杨王卢骆'亦然。"江田《杜园说杜》说："'流传赋'，谓《哀江南赋》也。文嗤子山，诗谓四杰，当时必有绮丽为嫌而唱为骚雅之制者。元微之谓'好古者遗近'，正是此人；又谓杜陵'直道当时语'，正是如此等作也。"前者认为，这首诗，乃至这组诗，是为时人轻视六朝、初唐，妄以风骚汉魏自命而作；后者认为这种人即元稹所谓"好古者遗近"之流，当时确乎是有的：这都很对。齐、梁浮靡余风，像阴霾一样，笼罩唐初文坛达数十年之久。号称"初唐四杰"的王、杨、卢、骆，虽在诗文所采用的题材和所反映的思想感情上显示了革新的趋势,但所受齐、梁浮靡余风的影响仍很严重。陈子昂高挑文学革新的大旗,反对"彩丽竞繁,而兴寄都绝"的齐、梁诗风,鼓吹恢复风雅和建安文学所代表的现实主义传统,而且通过自己的创作实践,显示了诗文革新运动的实绩,为盛唐诗歌的高涨扫清了道路。但矫枉难免过正,他的作品大多质胜于文,稍嫌枯燥。李白在《古风》其一中,批评了汉赋以来每况愈下的文学颓风,不恰当地将《诗经》的《大雅》当作最高的标准倡导复古。其实,他想要恢复的只是风骚所代表的我国古代的优良文学传统。当他具体评价作家作品时,仍然很推崇鲍照、二谢,并且接受了他们的良好影响。而他自身在诗歌创作上的辉煌成就,就更能雄辩地说明他打着的是复古旗帜,取得的却是最有时代现实意义的创新。

与老杜一同应天宝六载制举失利的元结,提倡风雅,反对淫靡诗风,于乾元三年(即上元元年)结《箧中集》,选沈千运等七人诗二十四首,以资标榜,并作《箧中集序》说:"风雅不兴,几及千岁。……近世作者,更相沿袭,拘限声病,喜尚形似,且以流易为词,不知丧于雅正然哉!彼则指咏时物,会谐丝竹,与歌儿舞女,生污惑之声于私室可矣;若今方直之士,大雅君子,听而诵之,则未见其可矣。吴兴沈千运,独挺于流俗之中,强攘于已溺之后,穷老不惑,五十余年,凡所为文,皆与时异。故朋友后生,稍见师效,能侣类者,有五六人。"这一派诗人,有志振兴诗道,固然可嘉,但因见偏才弱,建树无多。——回顾了从初唐到老杜写作《戏为六绝句》时几位有代表性的诗人的文学见解及其创作实践,可见重风雅轻六朝是当时文坛颇有影响的思潮。如此说来,我是不是想从而论证老杜的《六绝》是针对陈子昂到元结重风雅轻六朝的这一思潮而发呢?完全不是。老杜对他的前辈陈子昂很敬重,评价很高:"有才继骚雅,哲匠不比肩。"(《陈拾遗故宅》)他对他的好友李白更是佩服之至,说他"笔落惊风雨,诗成泣鬼神"(《寄李十二白二十韵》),简直好得无以复加。此后他看到了元结的《舂陵行》和《贼退示官吏》二诗,深为感动,便写了《同元使君舂陵行》并序,对之大加赞扬:"不意复见比兴体制,微婉顿挫之词,感而有诗,增诸卷轴,简知我者,不必寄元。"又说:"道州忧黎庶,词气浩纵横。两章对秋月,一字偕华星。"他既然真心实意地对陈子昂、李白、元结他们的那些体现风骚优良传统的诗篇大加肯定,就绝不会对他们有所非议。那么,我的用意何在?不过想借以说明:(一)既然重风雅轻六朝是这一历史时期内文坛上的进步思潮,影响所及,难免会在一部分并无真知灼见、只是一味趋时的"轻薄""后生"中间产生盲目复古、全面否定六朝文学的错误倾向。因此,老杜不满于这些"轻薄""后生",并针对这种错误倾向进行批驳,不仅是可以理解的,也是十分必要的。(二)这种重风雅轻六朝的思潮,从总体上看是正确的,对推动唐诗走上反映社会现实、体现时代精神的康庄大道,所起作用极大。但是作为理论,它本身也确乎存在不小的缺陷。

如前所述,陈子昂在诗歌创作中基本上实践了他的理论,却稍嫌枯燥;李白的作品倒是"文质相炳焕",思想性艺术性大多结合得很好,却丝毫不像他所标榜的"大雅",而所受六朝文学的影响又十分明显:这都是这一思潮在理论上存在着缺陷的表现。这一思潮,发展到中唐白居易等人所提倡的新乐府运动,理论大备,而缺陷也随之大显。白居易认为,从古到唐,在我国无数的诗人和诗歌中,无与伦比的只是"六义"俱备的《国风》,然后用"六义"这把唯一的尺子去衡量,从而得出每况愈下、一代不如一代的结论:"《国风》变为骚辞,五言始于苏、李,……河梁之句,止于伤别;

泽畔之吟，归于怨思；彷徨抑郁，不暇及他耳。然去《诗》未远，梗概尚存，……犹得风人之什二三焉，于时六义始缺〔缺〕矣。晋、宋以还，得者益寡，以康乐之奥博，多溺于山水；以渊明之高古，偏放于田园。江、鲍之流，又狭于此。……于时六义浸微矣，陵夷矣。至于梁、陈间，率不过嘲风雪、弄花草而已。……于时六义尽去矣。"（《与元九书》）就是论及唐代，他也毫不通融："唐兴二百年，其间诗人不可胜数，所可举者，陈子昂有《感遇》诗二十首，鲍鲂有《感兴》诗十五首。又诗之豪者，世称李、杜。李之作，才矣奇矣，人不逮矣，索其风雅比兴，十无一焉。杜诗最多，可传者，千余篇。至于贯穿今古，觑缕格律，尽工尽善，又过于李。然撮其《新安》《石壕》《潼关吏》《塞芦子》《留花门》之章，'朱门酒肉臭，路有冻死骨'之句，亦不过三四十，杜尚如此，况不逮杜者乎！"（同上）在这样的理论思想指导下，白居易、元稹等人，在元和头五年（八〇六—八一〇）掀起了新乐府运动，写作了一批揭露现实的讽喻诗，在我国诗歌史上所起的作用是显著的。但由于他们过于强调诗歌的讽喻作用，把诗歌仅仅当作他们政见的"单纯的传声筒"，当作进谏的一种补充手段，忽视了从文艺的唯一源泉——生活中去汲取生动丰富的素材和感受，因此他们的讽喻诗（也可说是"谏官的诗"），往往缺乏深切的生活体验和激情，影响了思想的广度和深度。另外，根据这样的理论去评价诗歌史上的作家作品，问题就更大。在白居易眼里，六朝的作品几乎都要否定。杜甫的千多首诗，合格的只有"三四十"。连屈原"泽畔之吟"也只得"风人之什二三"，而李白之作"才矣奇矣，人不逮矣，索其风雅比兴，十无一焉"。这不仅表明他用来衡量诗歌的标准过于窄狭，还进一步显示出他对最能反映时代精神、同样富于重大社会意义的积极浪漫主义诗歌流派缺乏应有的理解（详拙著《唐诗论丛·从元白和韩孟两大诗派略论中晚唐诗歌的发展》)。了解了其前其后几家有继承性的进步文学主张，然后再来比较《六绝》同这些主张的异同得失，就方便得多。比如诸家都轻六朝，老杜却在其一中为"集六朝之大成，而导四杰之先路"(《四库全书总目提要》庾开府集笺注语)的庾信鸣不平，用前几年常用的话说，这很有点"反潮流的精神"。现在的问题，不是他敢不敢为庾信鸣不平，而是庾信究竟有什么地方令他如此折服？还是杨慎回答得好："庾信之诗为梁之冠冕，启唐之先鞭。史评其诗曰'绮艳'；杜子美称之曰'清新'，又曰'老成'(33)。绮艳清新，人皆知之；而其老成，独子美能发其妙。余尝合而衍之曰：绮多伤质，艳多无骨，清易近薄，新易近尖。子山之诗绮而有质，艳而有骨，清而不薄，新而不尖，所以为老成也。若元人之诗非不绮艳，非不清新，而乏老成。宋人诗强作老成态度，而绮艳清新概未之有。若子山者，可谓兼之矣。不然，则子美何以服之如此。"(《丹铅总录》)郭绍虞先生盛赞"其说入妙，颇得杜甫论诗之旨"，并进一步做了极其透辟的发挥："杜老诗风，即在能兼'清新''老成'二者，故其推尊庾信，亦即在此。杜之称严武云：'诗清立意新。'(《奉和严中丞西城晚眺》)称孟浩然云：'清诗句句尽堪传。'(《解闷》)此清新之说。至其《敬赠郑谏议十韵》诗所谓'毫发无遗憾，波澜独老成'者，则又老成之义。是亦杜甫论诗兼主'清新''老成'二者之证。此即求之《六绝句》中亦可得其解。清新之意，所谓'清词丽句必为邻'也；老成之说，又所谓'或看翡翠兰苕上，未掣鲸

---

(33) 郭绍虞先生说："或乃病杨慎之解'老更成'为老成，为未明杜甫诗意；……殊不知'老更成'三字，至为明显，卢元昌、吴见思、仇兆鳌、浦起龙诸人亦均解为'老而弥健'。杨慎通识，其智岂出此诸人下？且证诸杜甫他诗，更有'自笑狂夫老更狂'(《狂夫》)，'阶面青苔老更生'(《院中晚晴怀西郊茅舍》)，'交情老更亲'(《奉简高三十五使君》)诸句，句法正同。又其《咏怀古迹》诗亦有'庾信生平最萧瑟，暮年诗赋动江关'之句，亦正与'庾信文章老更成'一语相互发明。"

鱼碧海中'也。盖'清新''老成'二者相反而适以相成。而其所以相成，所以能兼之之故，要又在'不薄今人爱古人'一语。……'不薄今人'，则齐、梁以来悉在可师之列；'爱古人'，则汉、魏以上更为渊源所自。师齐、梁，所以取其清新；亲风雅，又所以法其老成。萧子显云：'若无新变，不能代雄。'（《南齐书·文学传论》）此齐、梁间诗之所以趋于清新。陈子昂云：'窃思古人，常恐逶迤颓废，风雅不作。'（《与东方左史虬修竹篇序》）此唐诗之所以返于老成。此所以清新而又老成之境界，正须从'不薄今人爱古人'中来也。不明此意，则杜氏论诗宗旨不得而知，而此《六绝句》亦无从获解。"此外，我们还应注意到"庾信文章老更成，凌云健笔意纵横"二句，还有吴见思《杜诗论文》所说的这一层意思："庾信之才老而更成，其高峻则笔势凌云，其阔大则意思纵横也。""老成"，字本相连，插一'更'字，便见少作固佳，晚作益进。"（黄生语）何以能如此？答案仍可从老杜的《咏怀古迹》其一中找到："庾信平生最萧瑟，暮年诗赋动江关。"庾信早年在文学创作上已经成熟，后来亲身经历了战乱和梁亡的大变故，对社会现实有较清醒较深刻的认识，又屈仕北朝，虽位望通显，却常有乡关之思，这就使得他晚年写的诗赋既有较高的艺术性，又有较充实的内容和真情实感。可见老杜说"庾信文章老更成，凌云健笔意纵横"，是看到了他"平生最萧瑟"的生活经历对其文学成就的重大决定作用。这种重视生活体验、重视思想性与艺术性结合的看法，从创作理论的高度看，无疑是十分正确的。我们今天充分肯定：（一）庾信在其"暮年诗赋"，如《哀江南赋》《伤心赋》《小园赋》《枯树赋》和《拟咏怀》等作品中，以精湛圆熟的艺术，揭露了梁统治集团的腐败，反映了人民的苦难，表现了他那不无爱国因素的"乡关之思"；（二）由于他特殊的经历，在他后期的作品中，将偏于"文"的南朝文风和偏于"质"的北朝文风结合起来，最先体现了南北文风的交流，为唐诗的健康发展开了先河。因此，从评价作家作品和研究文学史的角度看，老杜以笔势高峻"凌云"、意思阔大"纵横"的评语高度评价庾信及其"老更成"的"文章"，讽刺那些"嗤点流传赋"的"后生"未必能令"前贤"折服，同样是十分正确的。其二说：

"王杨卢骆当时体，轻薄为文哂未休。尔曹身与名俱灭，不废江河万古流。"王勃、卢照邻、骆宾王三人简介详第十一章第十三节。杨炯（六五〇—？），华阴（今陕西华阴县）人，"初唐四杰"之一。显庆六年（六六一）举神童，授校书郎。永隆二年（六八一），皇太子释奠，表豪俊充崇文馆学士，有司荐杨炯及崔融等出任。迁詹事司直。则天初，坐从父弟神让从徐敬业反，出为梓州司法参军。秩满迁盈川令，卒于官。中宗时赠著作郎。杨炯恃才傲物，每耻朝士矫饰，呼为"麒麟楦"，或问之，答道："今假弄麒麟戏者，必刻画其形覆驴上，宛然异物；及去其皮，还是驴耳！"为时所忌。初赴盈川任，张说曾作《别盈川箴》赠别，戒其勿骄勿苛说："才勿骄吝，政勿苛烦，明神是福，而小人是冤。"到官，果以严酷称，吏稍不如意，即杖杀之。当时已有"四杰"之称。他曾向人表示："吾愧在卢前，耻居王后。"张说很赞赏杨炯的文才，说："杨盈川文思如悬河注水，酌之不竭。既优于卢亦不减王。'耻居王后'，信然；然'愧在卢前'，谦也。"有《杨盈川集》。老杜在《寄彭州高三十五使君适虢州岑二十七长史参三十韵》中只提到"四杰"中的三杰而以富嘉谟替代杨炯："举天悲富骆，近代惜卢王"，其所以如此，私意以为实出于其他考虑，并无轻视杨炯文学成就之意（详第十一章第十三节）。除了这首论诗绝句，老杜还在晚年作的《八哀诗·赠秘书监江夏李公邕》中提到了杨炯："论文到崔（融）苏（味道），指尽流水逝。近伏盈川（指杨炯）雄，未甘特进（指李峤）丽。……例及吾家诗，旷怀扫氛翳。"老杜当年在齐州与李邕重逢，李邕曾跟他纵论了前辈名家诗文，赞扬杨炯诗文雄健，不满意李峤的华丽，尤其称赞他祖父杜审言的诗作。他"于表扬先世处尤致低徊"（杨伦语），既然杨炯和杜审言都得到李邕的好评，他无疑也赞同李邕对杨炯的评价。可见他在寄高、岑的那首诗中不提杨炯，确乎并无看轻其文学成就的意思。李邕说他"近伏盈川雄"，是就杨炯诗文二者而言（甚至还可以说着眼点在文而不在诗）。不过，若从杨炯现存不多的诗作中拈出这首《从军行》来，也多少能见作者风格的雄健："烽火照西京，心中自不平。牙璋辞凤阙，铁骑绕龙城。雪暗凋旗画，风多杂鼓声。宁为百夫长，胜作一书生。"林庚先生甚赏其《骢马》中"秋风铸马鞭"这句诗。这是五律颈联的对句，上联是"夜玉妆车轴"，"秋风"一作"秋金"。光从对仗的妥帖着眼，"金"对"玉"似切。但论其艺术效果，仍以"秋风"为优。秋风又叫金风，在古人的观念中，是一种肃杀之气。以秋风铸马鞭，对马对人都会是莫大的警策，构思亦巧，殊觉可喜。又，五排《送刘校书从军》："天将下三宫，星门召五戎。坐谋资庙略，飞檄伫文雄。赤土流星剑，乌号明月弓。秋阴生蜀道，杀气绕湟中。风雨何年别，琴尊此日同。离亭不可望，沟水自西东。"五绝《夜送赵纵》："赵氏连城璧，由来天下传。送君还旧府，明月满前川。"也很雄健。虽然如此，他传下来脍炙人口的佳作远较其余三杰少，成就也较小。

《闻一多全集·四杰》颇多创见：（一）四杰虽都在唐诗开创期中负起了时代使命，但并非一个单纯的统一的宗派，而是一个大宗派中包孕着两个小宗，而两个小宗之间，异多于同。（二）就年纪而论，卢、骆比王、杨平均约大十岁，他们简直可算作两辈子人。就性格而论，前二人真"浮躁"，后二人较"沉静"。（三）

两派成就亦异。"卢、骆的歌行是用铺张扬厉的赋法膨胀过了的乐府新曲,而乐府新曲又是宫体诗的一种新发展,所以卢、骆实际上是宫体诗的改造者。他们都曾经是两京和成都市中的轻薄子,他们的使命是以市井的放纵改造宫廷的堕落,以大胆代替羞怯,以自由代替局缩,所以他们的歌声需要大开大阖的节奏,他们必须以赋为诗。……王、杨的时代是从台阁移至江山与塞漠。台阁上只有仪式的应制,有'绮句绘章,揣合低卬'。到了江山与塞漠,才有低徊与怅惘,严肃与激昂,例如王的《别薛升华》《送杜少府之任蜀州》和杨的《从军行》《紫骝马》一类的抒情诗。……五言八句的五律,到王、杨才正式成为定型,同时完整的真正唐音的抒情诗也是这时才出现的。"闻先生以诗人的敏感和学者的严谨仔细考察卢、骆和王、杨及其文学成就的不同,见解新颖而正确。但是,以为应该仿"前七子""后七子"的例,称卢、骆为"前二杰",王、杨为"后二杰",则大可不必。因为把他们四人放在文学史的历史长河中看,约莫十年的年龄上的差异,和创作路数的不同,就会相应地变得不很显眼,而他们从不同方面,从形式到内容,开始改变初唐浮靡诗风所取得的实绩和所产生的巨大影响,却是相同的。此外,他们在诗文理论上都有所建树,这也不容忽视。虽然他们之中有的对六朝的一些代表作家往往肯定过当,有的错误地要求文章宣扬"周公、孔氏之教",但是他们确也看出六朝和初唐文风的不良倾向,主张有所改革。卢照邻说:"潘、陆、颜、谢,蹈迷途而不归;任、沈、江、刘,来乱辙而弥远。"(《幽忧子集·乐府杂诗序》)王勃说:"虽沈、谢争骛,适先兆齐、梁之危;徐、庾并驰,不能免周、陈之祸。……天下之文,靡不坏矣。"(《王子安集·上吏部裴侍郎启》)而后者,正如杨炯在《王子安集序》中所说,更是在自觉地为改革初唐绮靡文风而努力:"尝以龙朔初载,文场变体，争构纤微，竞为雕刻。糅之金玉龙凤，乱之朱紫青黄，影带以徇其功，假对以称其美，气骨都尽，刚气不闻。思革其弊，用光志业。"

（敏泽《中国文学理论批评史》第八章第一节论之甚详，可参看）——以上种种对四杰的肯定，是我们今天的看法，杜甫那个时代的人未必作如是观，甚至还有讥哂四杰的，如郭知达《九家集注杜诗》赵次公引唐人《玉泉子》说："王、杨、卢、骆有文名，人议其疵曰：'杨好用古人姓名，谓之点鬼簿；骆好用数对，谓之算博士。'"即是。这只是小疵，并非大病。要是当时有人指斥、讥笑卢、骆那些"以市井的放纵改造宫廷的堕落"的诗篇，如骆的《艳情代郭氏答卢照邻》《代女道士王灵妃赠道士李荣》等，就不能说一点儿也没触到痛处了。可是，老杜却不因一叶障目，而能从文学发展史的高度，批驳了种种谬论，正确评价了四杰的创作成就和深远影响，这是难能可贵的。四杰的作品是他们当时的一种体裁，轻薄后生[34]写文章没完没了地讥笑他们很不应该；要知道你们这班人眼看即将身名俱灭，而四杰诗文却如无法废弃的江河万古流传：其二这首论诗绝句写得稍嫌辛辣些，但对于那些自命不凡、目空一切的浅薄之徒来说，不啻当头棒喝。郭绍虞先生说："老杜《偶题》诗云：'后贤兼旧制，历代各清规。'所谓'历代各清规'者，正是'当时体'之绝妙解释。"可见老杜很懂得文章流变与时代的密切关系，很懂得评价作家作品时应充分考虑到这些因素。李商隐最早仿老杜作论诗绝句《漫成五章》，其一

---

[34]"轻薄为文"诸家理解各异（详《杜甫戏为六绝句集解》），洪迈《容斋四笔》："'身名俱灭'，以责轻薄子。"卢世㴶《读杜私言》："若王、杨、卢、骆为轻薄所哂，几无完肤，而子美直骂轻薄身名俱灭，仍以'万古江河'还诸四杰，匪惟公道，抑见刚肠。"张燮承《杜诗百篇》："'轻薄''尔曹'，皆指后生。"良是。

说："沈宋裁辞矜变律，王杨落笔得良朋。当时自谓宗师妙，今日惟观对属能。"义山以为王杨诸人的"当时"体仅止于"对属能"，未免偏颇。但老杜所肯定的四杰的"当时体"究竟何所指？周振甫先生在《略说杜甫〈戏为六绝句〉》(载《文学遗产》一九八〇年第三期)中解答说："王士禛在《戏仿元遗山论诗绝句》里说：'接迹风人《明月篇》，何郎妙悟本从天。王杨卢骆当时体，莫逐刀圭误后贤。'明代何大复作《明月篇》(焕案：卢照邻有《明月引》写游子思妇之情，景明仿此，而铺排过之)，认为初唐四杰的歌行，音节流美可歌，是继承国风的。杜甫的歌行'陈言切实，布词沉着''致兼雅颂，而风人之义或缺'。王士禛认为这种认识是正确的。他在《选古诗凡例》里说：大复《明月篇序》谓初唐四子之作，往往可歌，其调反在少陵之上，韪矣。然遂以概七言之正变，则非也。二十年来，学诗者但取王、杨、卢、骆数篇转相仿效，肤词剩语，一倡百和，是岂何氏之旨哉！'那么所谓'当时体'，就是指初唐四子音节流美的歌行体，它同杜甫的即事命篇、无复依傍、布词沉著的乐府诗不同。"可参看。洪迈以为"当时体"系专指四子之文而言："王勃等四子之文皆精切有本原，其用骈俪做记序碑碣，盖一时体格如此"(《容斋四笔》)，恐非。若以为论诗而兼及文体，就比较全面了。老杜为四杰辩护，斥责后生，意犹未尽，复作其三说：

"纵使卢王操翰墨，劣于汉魏近风骚。龙文虎脊皆君驭，历块过都见尔曹。"《宋书·谢灵运传论》："自汉至魏，文体三变，莫不同祖风骚。"诸家多主其三第二句"劣于"二字另读，"汉魏近风骚"连读。《汉书·西域传赞》："蒲梢、龙文、鱼目、汗血之马充于黄门。"又《汉书·礼乐志》引《天马歌》："虎脊两，化若鬼。"注引应劭曰："马毛色如虎脊（者）有两也。"师古曰："言其变化

第十四章 转蓬 | 891

若鬼神。"龙文、虎脊,皆骏马名。王褒《圣主得贤臣颂》:"过都越国,蹳如历块。"陈玤《读杜随笔》:"(过都二句)形容马之神骏。蹳乃腾骧之状,所过都国,只如超越土块,非《孟子》'蹳者趋者'之蹳也。《史记》'尉佗蹳然起坐',亦跳跃之义。"现在姑且于众说纷纭的注解中采以上几条,串讲这诗于下:即使说卢、王四杰的创作不及汉魏诗歌那样接近国风和楚骚,可他们都是英才,就像为君王所驭[35]、越过国都犹如越过小土块那样容易的骏马,驰骋于文场,相形之下,便可见出你们这帮子是怎件地蹩脚了。郭绍虞先生说:"陈子昂云:'汉、魏风骨,晋、宋样传。'……推尊汉、魏,自是唐初复古者之论调。大抵当时后生拾其唾余,侈谈往昔,诋琪并时,故杜甫以是为言耳。"接着老杜又总括前三首,作其四以议论他当时文坛状况:

"才力应难跨数公,凡今谁是出群雄?或看翡翠兰苕上,未掣鲸鱼碧海中。"庾信、"四杰"数公才力很大难以跨越,当今文坛上不知谁是最出群的人物?像翡翠集于兰苕那样的清丽之作倒也间或能看到,可惜这样一些作家无掣鲸鱼于碧海中的神力,写不出气势磅礴的鸿裁巨制来。钱谦益《读杜二笺》说:"鲸鱼碧海,则所谓'浑涵汪洋,千汇万状',兼古人而有之者也。亦退之所谓横空盘硬、妥帖排奡、垠崖崩豁、乾坤雷硠者也。论至于此,非李、杜谁足以当之!"严格地说,盛唐诸家,不止李白、杜甫,即王维、孟浩然、高适、岑参、王昌龄等等,亦皆"当时体",且其成就大多又高出庾信、"四杰"。老杜对自己的文学创作颇自信,对盛唐诸公评价也很高,多见于诗。可见此诗"凡今谁是出群雄?……未掣鲸鱼碧海中"云云,主要是老杜针对那些讥哂前贤的轻薄后生所发的

---

[35] 仇兆鳌说:"龙虎之骏,皆见重于汉庭,故曰'君驭'。"

愤激之论，因此既不能认为"'群'字亦指数公；而'出群雄'，则盖自负矣"<small>(赵次公语)</small>，也不能认为老杜有意贬低他同时代的一批大诗人。老杜再四批评轻薄后生过后，怒气渐消，就转而对之进行正面教导。其五说：

"不薄今人爱古人，清词丽句必为邻。窃攀屈宋宜方驾，恐与齐梁作后尘。"此诗还是郭绍虞先生讲得最好："若以'今人'指后生，则与首章所言之'今人'相同，又应以'今人爱古人'五字相连，始合文义。……而所谓清词丽句云者，不必指今人，亦不必指古人，只是杜甫论诗宗旨而已。其意盖言今人以爱古人之故，嗤点庾信之赋，讥哂四子之文，矫正一时风气，其意原不可薄。但建安以来清词丽句，自有不废江河者在，并非侈言宗古，便可卑视齐、梁也。大抵时人论诗，自陈子昂始言'齐、梁间诗，采丽竞繁，而兴寄都绝'<small>（《与东方左史虬修竹篇序》）</small>，李白继之，亦言'自从建安来，绮丽不足珍'<small>（《古风》）</small>。于是后生从风，发为狂言，附远谩近，是古非今，故杜甫作此箴之耳。然又恐后生辈随人脚跟，本无主见，误会杜甫之意，以为古不足慕，故其下语极有分寸。且又正告之曰：所谓清词丽句云者，只宜如初写《黄庭》，恰到好处。屈、宋之文惊采绝艳，足以衣被词人，故欲攀与方驾，固不欲其如涂涂附，愈趋愈下，以作齐、梁后尘也。"借鉴前人，既要有眼力，善于选择，又要心中有数，不带偏见，掌握分寸，分清主次，这确乎是老杜经验之谈，很可宝贵。接着他又在其六中进一步对后生指示学诗的不二法门说：

"未及前贤更勿疑，递相祖述复先谁？别裁伪体亲风雅，转益多师是汝师。""汝"即前所谓"尔曹"，这仍是对那帮侈谈复古的后生说的。浦起龙说："'前贤'所包者广，跻近代作家于风雅之班，而统谓之'前贤'也。'风雅'亦非专指《三百》，凡往近作者皆是。'递相祖述'，前贤各有师承，如宗支代嬗也。'祖述'字本《曲台记》，是好字眼；钱氏解为沿流而失源，误矣。以齐、梁以下为沿流，正是后生附远谩近之张本，不且自相矛盾耶！'复先谁'者，诘其轻嗤轻哂，妄分先后也。"这理解基本上是正确的。这诗大意是说：你们这班附远谩近的轻薄后生，赶不上从屈、宋到庾信、四杰的历代前贤，那更是无可怀疑的。古今诸家递相祖述，都做出了各自不同的贡献，这就不劳你们妄分先后了。你们要是真能区别并裁汰文学遗产中那些假玩意儿而亲近以风雅为代表的优良传统，那么，古往今来一切有成就的作家都值得你们去学习，他们都是你们最好的老师。元稹在《杜工部墓系铭》中高度评价了杜诗，说它"上薄风骚，下该沈、宋，言夺苏、李，气吞曹、刘，掩颜、谢之孤高，杂徐、庾之流丽，尽得古今之体势，而兼昔人之所独专"。一句话，就是说杜诗集古今诗歌艺术的大成。确乎如此。老杜之所以能成为我国的伟大诗人，当然主要取决于他的人生道路和创作道路，但也跟他的不限门户、自觉广泛学习前贤，并善于批判地借鉴文学遗产、锲而不舍、精益求精地追求艺术创新有不可或缺的密切关系。

"鸳鸯绣出从教看，莫把金针度与人。"（元好问《论诗》句）对轻薄后生痛下针砭，又不惜度金针与人，此老嫉恶刚肠可见，古道热肠可见。

继老杜《戏为六绝句》之后，"义山《漫成五章》（非尽论诗），东坡《次韵孔毅父》五首，又《读孟郊诗二首》，遗山'汉谣魏什'云云三十首，又《济南杂诗十首》（同上），议论阐发，皆有妙理"（田雯《古欢堂杂著》）；"王贻上（亦）仿其体，一时争效之。厥后宋牧仲、朱锡鬯之论画，厉太鸿论词论印，递相祖述，而七绝中又别启一户牖矣"（钱大昕《十驾斋养新录》）。今人夏承焘先生更有《瞿髯论词绝句》一百首。以诗论诗,不便说理;易生歧说,索解为难[36]。而诸家往往有辞理俱妙者,令人爱不忍释。于诗论中聊备此一格,供大雅君子偶一为之,既飨人以清词,复喻人以妙理,亦大好事,有何不可?

---

[36] 从一九八二年开始,四川大学历史系缪钺教授,与加拿大不列颠哥伦比亚大学亚洲学系叶嘉莹教授合作,分别执笔撰写《灵溪词说》。此书内容是纵论唐宋至明清历代词人,评其得失,述其流变;其体例则是每立一说,先以七言绝句撮述要旨,其后附以较详细之说明。此体例就可免索解为难之憾了。

第十五章 "蛟龙无定窟"

一 一波又起

广德元年(七六三),正月,以国子祭酒刘晏为吏部尚书、同平章事,度支等使如故。初,山南东道节度使来瑱在襄阳,权宦程元振有所请托,不从;去年来瑱入朝,加同平章事,元振谮瑱言涉不顺。壬寅,来瑱坐削官爵,流播州,赐死于路,由是藩镇皆恨程元振。史朝义屡出战,皆败,田承嗣劝他亲往幽州发兵,还救莫州;朝义去后,承嗣即以莫州城降,送朝义母、妻、子于官军。官军追击,朝义败走。时朝义所任命的范阳节度使李怀仙已请降,遣兵马使李抱忠镇守范阳县。朝义至范阳,不得入。官军将至,朝义遣人谕抱忠以大军留莫州、轻骑来发兵救援之意,因责以君臣之义。抱忠答道:"天不祚燕,唐室复兴,今既归唐矣,岂可更为反覆,独不愧三军邪!大丈夫耻以诡计相图,愿早择去就以谋自全。且田承嗣必已叛矣,不然,官军何以得至此!"朝义大惧,说:"吾朝来未食,独不能以一餐相饷乎?"抱忠乃令人设食于城东。于是范阳人在朝义麾下者,都拜辞而去,朝义涕泣而已,独与胡骑数百,食毕东奔广阳,广阳不受;欲北入奚、契丹,至温泉栅,李怀仙遣兵来追;朝义走投无路,自缢于林中,怀仙取其首级以献。仆固怀恩与诸军皆还。甲辰,史朝义首级送到京师。

闰一月，癸亥，以史朝义降将薛嵩为相、卫、邢、洛、贝、磁六州节度使，田承嗣为魏、博、德、沧、瀛五州都防御使，李怀仙仍在原地为幽州、卢龙节度使。此前，河北诸州皆降，薛嵩等迎仆固怀恩，拜于马前，乞行间自效。怀恩亦恐贼平宠衰，故奏留薛嵩等及李宝臣分帅河北，自为党援。朝廷亦厌兵，但求无事，因而授之。回纥登里可汗归国，其部众所过抄掠，动辄杀人，无所忌惮。陈郑、泽潞节度使李抱玉欲派遣官属安置过境部众，无人敢于应承，惟独赵城尉马燧请行。待回纥将至，马燧先遣人贿赂其渠帅，约勿暴掠，帅给他一面旗子说："有犯令者，君自戮之。"马燧取死囚冒充左右随从，小有违令，立即斩首。回纥相顾失色，过境皆拱手遵守约束。抱玉奇之，马燧趁机劝抱玉说："燧与回纥言，颇得其情。仆固怀恩恃功骄蹇，其子玚好勇而轻，今内树四帅，外交回纥，必有窥河东、泽潞之志，宜深备之。"抱玉以为然。

四月，庚辰，李光弼奏擒袁晁，镇压了浙东农民起义。头年袁晁聚众近二十万起义，转攻州县，李光弼派部将张伯仪领兵前往镇压。郭子仪数上言："吐蕃、党项不可忽，宜早为之备。"辛丑，遣兼御史大夫李之芳等出使吐蕃，被扣留，到第二年才放回。

六月，癸酉，礼部侍郎华阴杨绾上疏，极言贡举之弊，请求改革。杨绾为老杜旧识，杜有《路逢襄阳杨少府入城戏呈杨四员外绾》诗（详上卷四六九、四七〇页）。庚寅，以魏博都防御使田承嗣为节度使。承嗣将管内壮丁皆抽去当兵，只让老弱种庄稼，数年间有兵众十万；又挑选骁健者万人自卫，谓之牙兵。后大历十年（七七五）兼有贝、博、魏、相、卫、磁、洛七州。曾两度叛乱。

七月，壬寅，群臣上代宗尊号。壬子，赦天下，改元广德，封赏讨史朝义有功诸将与回纥可汗。以仆固玚为朔方行营节度使。吐蕃入大震关，陷兰、廓、河、鄯、洮、岷、秦、成、渭等州，尽取河西、陇右之地。（老杜四年前在秦州所写的诗歌中早已虑及此，他之所以急于离秦、成入蜀，除了为饥寒所迫，也不是没有避乱的考虑。）当初仆固怀恩受诏与回纥可汗相见于太原；河东节度使辛云京因可汗是怀恩的女婿，怕他们合谋袭击军府，就闭城自守，也不劳军。等到平定史朝义以后，诏怀恩送可汗出塞，往来经过太原，云京亦闭城不与相闻。怀恩怒，具表其状，不报。怀恩率领朔方军数万屯汾州，派其子御史大夫仆固玚率领万人屯榆次，裨将李光逸等屯祁县，李怀光等屯晋州，张维岳等屯沁州。中使骆奉仙至太原，云京厚结之，为言怀恩与回纥合谋，反状已露。奉仙还，过访怀恩，怀恩陪他在其母之前饮宴，其母几次责问奉仙道："汝与吾儿约为兄弟，今又亲云京，何两面也？"酒酣，怀恩起舞，奉仙赠以缠头彩。怀恩欲酬之，说："来日端午，当更乐饮一日。"奉仙坚持要走，怀恩藏匿其马，奉仙对左右说："朝来责我，又匿我马，将杀我也。"夜晚逾墙而走；怀恩惊，追上去将马送还他。

八月，癸未，奉仙回到长安，奏怀恩谋反；怀恩亦具奏其状，请诛云京、奉仙；皇上两无所问，优诏和解之。

九月，壬戌，皇上派遣裴遵庆去向怀恩宣谕圣旨，且观察他的动向。怀恩见到遵庆，就抱着他的脚哭号诉冤，遵庆说圣恩优厚，劝他入朝，他也答应了。副将范志诚以为不可，说："公信其甘言，入则为来瑱，不复还矣！"次日，怀恩见遵庆，以惧死为辞，请令一子入朝，志诚又以为不可，遵庆乃还。御史大夫王翊出使回纥归；怀恩先与可汗往来，恐王翊泄漏其事，就把他留下了。吐蕃入寇，边将告急，程元振皆压住不上报。

十月，吐蕃寇泾州，刺史高晖以城降敌，并为之向导，引吐蕃深入；过邠州，皇上才得知。辛未，进犯奉天、武功，京师震骇。诏以雍王李适为关内元帅，郭子仪为副元帅，出镇咸阳以御之。郭子仪闲废日久，部曲离散，临时召募，得二十骑而行，至咸阳，吐蕃率领吐谷浑、党项、氐、羌二十余万众，弥漫数十里，已从司竹园渡渭，循山而东。郭子仪派人入奏，请增兵，遭程元振阻止，未得召见。乙亥，吐蕃进犯盩厔，渭北行营兵马使吕月将出战，兵尽被擒。朝廷至此方治兵，而吐蕃已渡便桥，仓猝不知所为。丙子，皇上奔陕州，官吏藏窜，六军逃散。郭子仪赶回长安，车驾已去。戊寅，吐蕃入长安，高晖与吐蕃大将马重英等立故邠王李守礼之孙广武王李承宏为帝，改元，置百官，以前翰林学士于可封等为相。吐蕃剽掠府库市里，焚烧闾舍，长安城中荡然一空。六军散兵游勇也到处抢劫，士民避乱，皆入山谷。辛巳，皇上到达陕州，百官稍有至者。郭子仪引三十骑从御宿川循山而东，收得兵将四五千人，谋取长安。子仪请太子宾客第五琦为粮料使，供给军食。节度判官段秀实劝说节度使白孝德引兵赴难，孝德即日举兵，南下京畿，与蒲、陕、商、华诸州合兵进击。吐蕃既立李承宏，欲掠夺城中士女、百工，整众归国。子仪派遣左羽林大将军长孙全绪率领二百骑出蓝田观敌势，至韩公堆，昼则击鼓张旗帜，夜则多举火，用以迷惑吐蕃。前光禄卿殷仲卿聚众近千人，保蓝田，与全绪里外相应，率领二百余骑直渡浐水。吐蕃惧，百姓又吓唬他们说："郭令公自商州将大军不知其数至矣！"敌人信以为真，稍稍引军去。全绪又派射生将王甫入城暗中联络少年数百，夜晚在朱雀街击鼓大呼，吐蕃惶骇，庚寅，全部遁逃。高晖得知，率领麾下三百余骑东走，至潼关，守将李日越将他捉住杀了。壬辰，诏以元载判元帅行军司马，以第五琦为京兆尹。癸巳，以郭子仪为西京留守。甲午，子仪发商州。骠骑大将军、判元帅行军司马程元振专权自恣，人畏之甚于李辅国。诸将有大功者，元振都想加害他们。吐蕃入寇之初，元振不及时进奏，致令皇上狼狈出逃。当时朝廷发诏征诸道兵，李光弼等皆忌元振居禁中，不来勤王。朝廷内外都切齿痛恨程元振，却不敢发言。太常博士柳伉上疏，以为："犬戎犯关度陇，不血刃而入京师，劫宫闱，焚陵寝，武士无一人力战者，此将帅叛陛下也。陛下疏元功，委近习，日引月长，以成大祸，群臣在廷，无一人犯颜回虑者，此公卿叛陛下也。陛下始出都，百姓填然，夺府库，相杀戮，此三辅叛陛下也。自十月朔召诸道兵，尽四十日，无只轮入关，此四方叛陛下也。内外离叛，陛下以今日之势为安邪，危邪？若以为危，岂得高枕，不为天下讨罪人乎？臣闻良医疗疾，当病饮药，药不当疾，犹无益也。陛下视今日之病，何繇至此乎？必欲荐宗庙社稷，独斩元振首，驰告天下，悉出内使隶诸州（言悉出诸宦官隶诸州羁管），持神策兵付大臣（时鱼朝恩领神策军），然后削尊号，下诏引咎，曰：'天下其许朕自新改过，宜即募士西赴朝廷；若以朕恶不悛，则帝王大器，敢妨圣贤，其听天下所往。'如此，而兵不至，人不感，天下不服，臣请阖门寸斩以谢陛下。"

十一月，辛丑，皇上以元振曾有保护之功，仅削其官爵，放归田里。王甫自称京兆尹，聚众二千余人，署置官属，暴横长安中。壬寅，郭子仪至浐水西，王甫按兵不出。有人对子仪说城不可入，子仪不听，引三十骑徐进，使人传呼召王甫；王甫失据，出迎拜伏，子仪将他斩首，其兵尽散。白孝德与邠宁节度使张蕴琦将兵屯畿县，子仪召之入城，京畿遂安。吐蕃退兵至凤翔，节度使孙志直闭城拒守，吐蕃围城数日。镇西节度使马璘闻皇上逃奔陕州，即率领精骑千余自河西入赴国难；转战至凤翔，值吐蕃围城，马璘率众突入城中，不解甲，背城出战，身先士卒奋击，俘斩千计而归。次日，敌复逼城请战，马璘开悬门以待之。敌引退，说："此将军不惜死，宜避之。"于是就退居于原州、会州、成州（同谷）等地。

十二月，丁亥，代宗离陕州；甲午，至长安。以鱼朝恩为天下观军容宣慰处置使，总领禁兵，权宠无比。乙未，以苗晋卿为太保，裴遵庆为太子少傅，并罢政事；以宗正卿李岘为黄门侍郎、同平章事。遵庆既去，元载权益盛，以财货结内侍董秀，使主书卓英倩潜与往来，上意所属，元载必先得知，承意探微，言无不合；皇上因此更看重他。吐蕃既去，广武王李承宏逃匿草野，上赦不诛，丙申，将他流放到华州。程元振既得罪，归三原，闻上还宫，着妇人衣服，私入长安，将图复用，京兆府擒之以闻。吐蕃陷松、维、保三州及云山新筑二城，西川节度使高适不能救，于是剑南西山诸州亦为吐蕃所占领。

大乱刚平，长安又再一次失而复得，另一个皇帝又再一次逃而复归。一个新的叛变正在酝酿，宦官专权、藩镇割据、外患频仍的局面正在形成……对于唐王朝来说，广德元年不是个胜利年，而是个很凶险的年头。

二　狂喜过后

这一年，老杜主要是在梓州度过的。

开春，老杜一听到史朝义自缢、官军收复河南河北的喜讯，真是欢喜欲狂，作《闻官军收河南河北》说：

"剑外忽传收蓟北，初闻涕泪满衣裳。却看妻子愁何在？漫卷诗书喜欲狂。白日放歌须纵酒，青春作伴好还乡。即从巴峡穿巫峡，便下襄阳向洛阳。"头年（宝应元年）十月，以雍王李适为天下兵马元帅，会诸道节度使及回纥于陕州，统兵十余万，进讨史朝义，收复洛阳。老杜当时在梓州闻讯，曾作《渔阳》一诗，讽叛党归顺，慰燕人向化说："渔阳突骑犹精锐，赫赫雍王都节制。猛将翻然恐后时，本朝不入非高计。禄山北筑雄武城，旧防败走归其营。系书请问燕耆旧,今日何须十万兵!"渔阳的突击轻骑虽还精锐[1],可是怎敌得住由威名赫赫的雍王(即德宗)统领的大军。河北诸将翻然来降犹恐后时,你们若再不归附本朝那真是失策。当初安禄山筑雄武城(在范阳北),以防战败有所退守。我想捎个信请问燕地父老:如今这样的形势不须十万兵马来收拾那些负隅顽抗之敌人吧!——可见老杜虽远在剑外,对中原战局还是很了解(他经常与当地官员交往,消息当然比较灵通),对直捣叛军巢穴也是很有信心的。而且年初史朝义战败北走之事他也偶有所闻,曾志之于诗:"贼子何人记,迷方着处家。竹风连野色,江沫拥春沙。种药扶衰病,吟诗解叹嗟。似闻胡骑走,失喜问京华。"(《远游》)虽然如此,一旦得知多年梦寐以求的愿望终于变成了事实时,他仍然会感到喜出望外,会惊喜若狂的。开心就笑伤心就哭,这是人之常情。但在特殊情况下,哭也能倾泻人们内心的巨大惊喜。当人们忽然遭到巨大惊喜的袭击时,往往是不会笑的;如果大笑,倒是反常现象。这时只有那倾盆大雨似的滚滚热泪直流,才能发泄得出这种强烈的感情。何况诗人这滚滚热泪中,还饱含着往日因战乱而忧国忧民的痛苦,和流离失所、辗转道路的辛酸。随着激情得到尽情宣泄,他稍为平静些了,他定了定神,原来他的妻子儿女都在身边,个个喜形于色,往日那满布在他们脸上的愁云早已消失得干干净净了。这时一个多年积压在内心深处的念头突然涌现了出来:"余田园在东京"(篇末原注),我真想马上结束这长期痛苦的流浪生活,回

---

[1] 仇注:"(首二句谓)官军精锐,节制得人。……《后汉书》:吴汉亡命在渔阳,说太守彭宠曰:'渔阳突骑,天下所闻也。'"渔阳,古县名,治所在今北京市密云县西南。秦置,西晋废。后复,北齐又废。晋以前为渔阳郡治所。又是唐代郡名,属范阳节度使管辖,在今天津市蓟县一带。安禄山反于范阳,"渔阳突骑"谓指安史叛军较当,仇氏串讲可商榷。诗文中的辞藻固然允许不尽同于出处而有所变化,仇说亦可通;只是采用此说,就讲不通首句中的"犹"字。

老家去安居乐业啊！在这样一个强烈念头的冲击下，他又沉入了兴奋状态中。当他看到房里到处散乱地放着打开的书卷，就把它卷起来，收拾好，准备要走。想走当然不是一下子就能走得了的，无须马上急着收拾东西，这不过是他"喜欲狂"时的一种下意识动作而已。所以说是"漫卷"，就是不经意的意思。这样写真好，不仅生动地传出了他当时那种乐不可支的神情，巧妙地表达出他内心的无限喜悦，而且还反衬出刚才听到喜讯之前他客居无聊、以诗书吟咏遣愁的生活环境和精神状态。

庾信《拟咏怀》其十八有这样两句诗："琴声遍屋里，书卷满床头。"也是借满屋的琴声、满床的书卷来衬托作者"中夜忽然愁"的无穷愁思，可参看。诗人越想越兴奋，不禁放声高唱起来，还要借酒来表达他满怀的欢乐。想到现在严冬已经过去，春光明媚，正好和难友们结伴回乡，就更加心旷神怡了。黄生说："'青春作伴'四字尤妙，盖言一路花明柳媚，还乡之际更不寂寞。四字人演作一联，未必能佳也。""白日""青春"，这是多么富于展望的字眼！诗人一直生活在苦难的战乱年代，就像生活在阴沉的严冬季节一样。今天获得最后胜利的喜讯，正如一声春雷惊破了漫天的云雾而重现出春日的阳光。在这春天灿烂阳光的普照下，万物欣欣向荣，长期心情抑郁的人们也顿时感到胸襟豁然开朗，重新燃烧起心中久已熄灭的希望的火花，在具体地做还乡的打算了。"放歌""纵酒"都是语气很重的字眼，"须"字也一样。用这样些明快而果断的语言来写当时那种极端喜悦而豪迈的心情，是再恰当不过了。在阳光普照的"白日"，他"放歌"他"纵酒"，这可说是他长期苦闷抑郁心情的一次大解放。感情充沛，表现得也很有力量。想到在这美丽的青春季节，与人结伴回各自的长期阔别、梦魂萦绕的家乡，不觉一往情深，语气就显得格外亲切了。长江自巫山入巴东为巴峡，在湖北巴东县西二十里。三峡中最长的是巫峡。巫峡首尾一百六十里，因巫山得名，在四川巫山县东。老杜自蜀还洛，顺长江而下，理应先经巫峡而后经巴峡。注家见"即从巴峡穿巫峡"悖于常识，就认为这"巴峡"指的是巴县（今四川重庆市）一带江峡的总称（有的更引《华阳国志·巴志》所载巴县以东也有明月峡等三峡为证），非巴东县西的那个巴峡。这样，解释起来就顺理成章了。林庚先生考之最确："'巴峡'，四川东北部巴江中的峡。《太平御览》卷六五引《三巴记》曰：'阆、白二水合流，自汉中至始宁城下，入涪陵，曲折三曲，有如巴字，亦曰巴江。经峻峡中谓之巴峡。'"（《中国历代诗歌选》上编采此说）廖仲安先生则认为："渝州以下之川东峡江地带，均可称'巴峡'。观戎昱《云安阻雨》诗'日长巴峡雨濛濛'，称云安为巴峡；白居易在忠州有诗题云《木莲树生巴峡山谷间……忠州西北十里有鸣玉溪生者秾茂尤异……因题三绝句云》，则称忠州为巴峡；杜甫《八哀诗》（李光弼）云：'疲苶竟何人，洒涕巴东峡。'则夔州亦可称'巴峡'。"说亦有据。不过，我倒觉得这"巴峡"还是理解为指巴东县西的那个巴峡为好。（一）巴县以东明月峡等并无作为总称的"巴峡"这个地名。固然老杜也可以将"巴东明月诸峡"简化成"巴峡"，但尾联"巫峡""襄阳""洛阳"都是实有的专用地名，怎好在前面加一个自拟的泛指地名呢？（二）虽说诗人这几年来早就琢磨过这条自蜀还洛的最佳路线，对沿途埠头也应有所了解，但处在闻捷狂喜的激动之中，他只想到过了这四个地方就可到家，即兴吟诗，一时把沿途必经的两个地点前后弄颠倒了，也是完全可能的。老杜事后之所以不改（要改也很容易，"巴""巫"皆平声，只需将此二字易位即得），兴许认为这个偶然的疏忽，恰好最能表现当时那种"喜欲狂"的神情呢？郦道元《水经注·江水》："至于夏水襄陵，沿溯阻绝。或王命急宣，有时朝发白帝，暮到江陵,其间千二百里,虽乘奔御风,不以疾也。"李白《早发白帝城》:"朝辞白帝彩云间,千里江陵一日还。两岸猿声啼不尽,轻舟已过万重山。"从白帝城到江陵,走的就是"从巴峡穿巫峡"的水路。在长江上游顺水行舟确乎神速,但水流之速、舟行之速终赶不上诗人归心之速。"巴峡""巫峡""襄阳""洛阳"是沿途相距不近的四个地点。诗人标出它们,然后用"即从""穿""便下""向"这样一些表示快速的字眼将它们串联起来,就不仅从意思上,也从急促的节奏上将行旅的神速和渴望还乡心情的急迫表现出来了。可叹的是,他的这个叶落归根的心愿是永远不能实现了。这是他的悲哀,这是时代的悲哀!顾宸说:"杜诗之妙,有以命意胜者,有以篇法胜者,有以俚质胜者,有以仓卒造状胜者。此诗之'忽传''初闻''却看''漫卷''即从''便下',于仓卒间写出欲歌欲哭之状,使人千载如见。"王嗣奭说:"此诗句句有喜跃意,一气流注,而曲折尽情,绝无妆点,愈朴愈真,他人决不能道。"(此据仇注引,今本《杜臆》文字有异)黄生说:"杜诗强半言愁,其言喜者仅寄弟数作及此作而已[2]。言愁者真使人对之欲哭,言喜者真使人读之欲笑,盖能以其性情达之纸墨,而后人之性情类,为之感动故也。学杜者不此之求,而区区讨论其格调,剽拟其字句,以是为杜,抑末矣!"各有所见,俱佳。

还乡梦终于成了场白日梦。春天,老杜回不了洛阳,也回不了成都,仍在梓州淹留。他到处登临游览,偶尔参加些饮宴、送迎等社交活动,写了些记事、抒怀的诗篇,从中可窥诗人行止、心境之一斑。

《春日梓州登楼二首》当作于闻官军收河南河北喜讯后不久。其一说:

---

[2] 浦起龙谓此诗"其疾如飞",为老杜"生平第一首快诗也"。

"行路难如此，登楼望欲迷。身无却少壮，迹有但羁栖。江水流城郭，春风入鼓鼙。双双新燕子，依旧已衔泥。"新燕又来城楼筑巢定居了，而旅人仍浪迹羁栖，徒伤老大。风送鼓鼙，时犹未靖；水流城郭，江路遭回。王粲《登楼赋》说："登兹楼以四望兮，聊暇日以销忧。"谁知四望凄迷，反惹出闲愁如许！仇兆鳌说："杜律首句，有语似承上，却是突起者。如'杖锡何来此？秋风已飒然''故人亦流落，高义动乾坤''行路难如此，登楼望欲迷'，既飘忽，又陡健，此皆化境语也。"这诗中的"迹有但羁栖"即《远游》中"迷方著处家"之意。梓州客居情况不详，但走到哪里就在哪里"种药扶衰病"（亦《远游》中句，该诗作于梓州）如故。想到老杜流落他乡，贫病交加，靠采药种药供自己和家人保健，或换钱补贴家用，这也是够惨的了。其二说：

"天畔登楼眼，随春入故园。战场今始定，移柳更能存？厌蜀交游冷，思吴胜事繁。应须理舟楫，长啸下荆门。"李白《寄东鲁二稚子》："南风吹归心，飞堕酒楼前。"又《金乡送韦八之西京》："狂风吹我心，西挂咸阳树。"质言之，这都不过是说想念之极，不胜神往。如果换种说法，说我的心给风刮到我所思念的人的身边，或我所向往的地方，那岂不令人目瞪口呆，惊讶他构思的奇特和表现力的强烈吗？懂得了李白那两首诗中的那颗"心"，就懂得这诗中老杜的这双"眼"了。"心之所至，目亦随之，故登楼一望，而天畔之眼，遥入故园。因思战场始定，而故园之柳更存否也？"（王嗣奭语）真是诗人打发他的双眼遥入故园吊刚刚平定的今战场去了。转思北归暂恐未能，便又作东游之想。吴越胜事本繁，何况时平年少，回想更增向往。蜀中交游实冷，加之世乱身衰，现状能不厌烦？设身处地，将心比心，老杜的厌蜀思吴完全可以理解，值得同情。老杜入蜀以来，常想重游吴越。去岁来梓州，一直在筹划此事，今见时机成熟，去志更坚了。"长啸下荆门"，感情色彩强烈，长长地呼出了一口恶气！

《春日戏题恼郝使君兄》，是首颇有资料价值的作品：

"使君意气凌青霄，忆昨欢娱常见招。细马时鸣金鞚衺，佳人屡出董娇饶。东流江水西飞燕，可惜春光不相见。愿携王赵两红颜，再骋肌肤如素练。通泉百里近梓州，请公一来开我愁。舞处重看花满面，樽前还有锦缠头。"仇兆鳌于《答杨梓州》题下案："据前有李梓州，后有章梓州，此又有杨梓州，一岁而有三梓州，何更代之速耶！"通泉是梓州属县，不当设刺史；此"郝使君"亦不当为梓州刺史（若然，依前诗例当称郝梓州；且一年四梓州，似无此理），或是辞官或休沐还乡居于通泉的他州刺史。据诗中所述，此人当是当地富豪，犹如《从事行》中的严二别驾一样。去冬老杜在通泉时，常被郝某邀去参加宴会；席间，郝出其王、赵二姬以歌舞侑酒。今年春暖花开，老杜在梓州偶然忆及当时欢娱情景，因戏题此诗，望郝携妓来梓州为他开愁解闷。仇兆鳌说："百里携妓，势所不能，亦空想花容而已。故曰'戏'、曰'恼'也。""细马时鸣金鞚衺，佳人屡出董娇饶""再骋肌肤如素练""舞处重看花满面"……得美而艳，见老杜生活和心理未能免俗的一面。同时所作《数陪李梓州泛江有女乐在诸舫戏为艳曲二首赠李》，也是这样一类作品。其一说："上客回空骑，佳人满近船。江清歌扇底，野旷舞衣前。玉袖凌风并，金壶隐浪偏。竟将明媚色，偷眼艳阳天。"其二说："白日移歌袖，青霄近笛床。翠眉萦度曲，云鬟俨成行。立马千山暮，回舟一水香。使君自有妇，莫学野鸳鸯。"仇兆鳌说："唐人《五日观妓》诗：'眉黛夺将萱草色，红裙妒杀石榴花。谁道五丝能续命，却令今日死君家。'此纵情徇欲，少年无赖之谈，岂可列于风雅中乎？杜公《陪李梓州泛江》咏诸舫女乐云：'翠眉萦度曲,云鬟俨成行。'结语则云:'使君自有妇,莫学野鸳鸯。'《姚通泉携酒泛江》咏彩舟美人云:'笛声愤怨哀中流,妙舞逶迤夜未休。'结语则云:'人生欢会岂有极,无使霜露沾人衣。'观此二诗,能发乎情,止乎礼义,乐而有节,可以见公之所养矣。"老杜的这一类诗,至多能见出旧日官僚生活的奢华腐化,和老杜当时交游之一斑,不可曲为辩解,任意抬高。

这年春天,不知怎的,经梓州或回成都、或归朝、或下峡的亲友也特别多。可能他已动了去蜀之念而未及成行,因此每遇离筵,倍觉伤神:"二月频送客,东津[3]江欲平。烟花山际重,舟楫浪前轻。泪逐劝杯下,愁连吹笛生。离筵不隔日,那得易为情。"(《泛江送客》)

梓州治郪县。一天,他在郪城西原饯送李判官、武判官去成都,作《郪城西原送李判官兄武判官弟赴成都府》说:

"凭高送所亲,久坐惜芳辰。远水非无浪,他山自有春。野花随处发,官柳著行新。天际伤愁别,离筵何太频!"客中送客,情何以堪?这诗写得倒也真挚,只是太感伤了。当然这还要看对什么人,他的《惠义寺送王少尹赴成都得峰字》就不是这样:"苒苒谷中寺,娟娟林表峰。阑干上处远,结构坐来重。骑马行春径,衣冠起暮钟。云门青寂寂,此别惜相从。"前老杜作《赴青城县出成都寄陶王二少尹》,惠义寺所送当是那位王少尹。王或因公来梓州,今事毕复返成都。这是官场应酬、即席分韵赋诗之作,无甚可观,末句微露相偕回成都之意。兜率寺在郪县城南二里,详后。

---

[3] 黄鹤注:此是广德元年暂游左绵时作。东津在绵州,《打鱼歌》云"绵州江水之东津"是也。钱笺:《舆地纪胜》:东津在郪县东四里,渡涪江水。这年老杜曾因送辛员外暂至绵州,但在春末夏初(详正文《惠义寺园送辛员外》《又送》二诗有关评论)。诗云"二月",此当指郪县东津。

最易触动老杜心弦的，是送人还京。他的《泛舟送魏十八仓曹还京因寄岑中允参范郎中季明》说：

"迟日深江水，轻舟送别筵。帝乡愁绪外，春色泪痕边。见酒须相忆，将诗莫浪传。若逢岑与范，为报各衰年。"黄鹤以为玄、肃二宗是年三月葬，故有"帝乡愁绪""春色泪痕"之句。理解过于狭窄；老杜此时必然感慨万千，非止于哀悼故君。仇兆鳌说："公时多伤时语，故嘱其莫浪传以取忌。"甚是。范季明不详。岑参，上元二年在虢州。宝应元年春，改太子中允，兼殿中侍御史，充关西节度判官。十月，天下兵马元帅雍王适会诸道节度使于陕州，进讨史朝义，以岑为掌书记。广德元年，正月入京，在御史台供职。秋，任祠部员外郎（详《岑参集校注·岑参年谱》）。这年春，太子中允仍为岑的本职，故称"中允"。"为报各衰年"，是说请魏将自己年老体弱的情况逐个地告诉岑与范。老杜任左拾遗时，曾与人联名保荐岑参为右补阙。如今岑参在朝地位已不低，老杜固然会为老友的际遇高兴，但相形之下，更显出自己的蹇剥，这就无怪他要感慨系之了。这种天涯迟暮、伤春惜别的情怀，也同样强烈地表露在《涪江泛舟送韦班归京得山字》诗中："追饯同舟日，伤春一水间。飘零为客久，衰老羡君还。花杂重重树，云轻处处山。天涯故人少，更益鬓毛斑。"另一首《送路六侍御入朝》，因为送的是童年老友，情真意挚，写得就更好："童稚情亲四十年，中间消息两茫然。更为后会知何地，忽漫相逢是别筵。不分桃花红似锦，生憎柳絮白于绵。剑南春色还无赖，触忤愁人到酒边。""不分"，不料。春意愈浓就愈能触动离人愁思，甚至连酒也排遣不了，于是泄愤于桃花柳絮了。前两年春天，他写诗表示怕春怪春恼花（《江畔独步寻花七绝句》"江上被花恼不彻""行步欹危实怕春"，《绝句漫兴九首》"无赖春色到江亭""便教莺语太丁宁"），也是这意思。李子德说："一气滚注，只如说话，而浑成不可及。"此等诗，只须稍加吟咏，自知其妙。又有《送何侍御归朝》，题下原注："李梓州泛舟筵上作。"这只是一般应酬，诗也平常："舟楫诸侯饯，车舆使者归。山花相映发，水鸟自孤飞。春日垂霜鬓，天隅把绣衣。故人从此去，寥落寸心违。"仇兆鳌以为山花映发，起下绣衣故人，见侍御归朝之乐；水鸟孤飞，起下霜鬓寸心，见异方作客之穷：兴中有比，杜诗善用此法。此解颇佳，见作者针线之密，或有助于初学揣摩技法。

他的《奉送崔都水翁下峡》写得较有意思："无数涪江筏[4]，鸣桡总发时。别离终不久，宗族忍相遗？白狗黄牛峡，朝云暮雨祠。所过凭问讯，到日自题诗。"《新唐书·百官志》："都水监，使者二人，正五品上。掌川泽、津梁、渠堰、陂池之政，总河渠、诸津监署。"仇兆鳌说："崔为都水使，与公为甥舅，故称曰翁。下峡，将归洛阳也。旧注谓归长安，反纡途矣。公诗'即从巴峡穿巫峡，便下襄阳向洛阳'，此可证也。"若首联确如仇注所解，谓"筏多桡响，从行者众"，则崔系因公顺流而下巡视沿途水利，因此就不存在"归长安反纡途"的问题。当然，他也很可能由长江转汉水至襄阳起旱归洛阳，但总得回长安销差。不可拘看。《十道志》载白狗峡在归州（今湖北秭归），两崖如削，白石隐起，其状如狗；黄牛峡在夷陵州（今湖北宜昌市），石色如人牵牛之状，人黑牛黄。宋玉《高唐赋序》："旦为朝云，暮为行雨。"古时或有巫山神女祠。前引《送何侍御归朝》首联"舟楫诸侯饯，车舆使者归"，写刺史泛舟设宴饯送侍御归朝场面，很有气派。这诗首联写都水使率众"鸣桡总发时"情景，就显得更加神气了。颔联上句得到下句的补

---

[4] 胡夏客说："出峡之舟，多以竹木之筏附于两旁，至今犹然。"未知否，录以备考。

充，意思才完全，这仍然是流水对：咱们离别不久终会再见的，因为我有亲族在京，不忍遗弃，我很快也要下峡还乡了。《杜臆》："五、六，纪一路所经。所过有相知，凭翁问讯，云'到日自题诗'以赠也。"顾注："将来欲凭此以问安信，何不按日题诗留存手迹乎？"卢注："张籍《送远曲》：'愿君到处自题名，他日知君从此去。'即末二句意。"仇兆鳌以为后二说太曲，还从《杜臆》为当。顾串讲，卢印证，实是一说。此说确太曲，若照此理解，语句则不如张籍二句流畅，有损诗意。前说虽顺，惜与本有内在联系的颈联脱节，而另设所谓"相知"作为"问讯"对象，似亦非作者本意。私意《闻官军收河南河北》尾联连用"巴峡""巫峡""襄阳""洛阳"四地名以见归心之急，而本诗颈联"白狗黄牛峡，朝云暮雨祠"，指的其实只是白狗峡、黄牛峡、巫山神女祠三处，在诗中所起作用也有所不同。老杜入蜀以来，尤其梓州以后，常思下峡，而沿途胜迹他所心向往之、渴望在不久的将来顺道一游的，当是这样一些地方。（"一自《高唐赋》成后"，巫山神女峰于我国古代文士印象之深就不须说了。盛弘之《荆州记》载古歌说："朝发黄牛，暮宿黄牛。三朝三暮，黄牛如故。"李白《上三峡》也说："三朝上黄牛，三暮行太迟；三朝又三暮，不觉鬓成丝。"黄牛峡也很引人注意。白狗峡与黄牛峡相对成趣，故及之。）于是，他就托下峡的崔翁经过这些胜迹时先代问讯，等他不久到来时再一一题诗。或问：岂得向白狗、黄牛、神女问讯？谁说不能！老杜不是在《重过何氏五首》其一中就曾"问讯东桥竹"（详第七章第一节），在《送韦郎司直归成都》中也托韦郎"为问南溪竹"么？既可问竹，当然更可问山川灵异了。这不过是修辞中常用的拟人手法。从这首诗中可以看出，当时老杜去蜀之计已定，一旦准备就绪，即可成行了。神往之情一如《闻官军收河南河北》，但一强烈，一隽永，风味因情境不同而小有差异。颈联是宽对，又各是句中对；妙手偶得，别饶风致，不觉纤巧。

此外还有《送元二适江左》，但不知是王维《送元二使安西》中的那位元二否。

三 "随喜给孤园"

这年春天，老杜也常去梓州城边登临游赏。

《太平寰宇记》载：牛头山，在梓州郪县西南二里，形似牛头，四面孤绝，俯临州郭，下有长乐寺，楼阁烟花，为一方胜概。老杜《上牛头寺》后四句"花浓春寺静，竹细野池幽。何处啼莺切，移时独未休"，即写此寺"楼阁烟花"胜概，颇清丽。又，《登牛头山亭子》：

"路出双林外，亭窥万井中。江城孤照日，春谷远含风。兵革身将老，关河信不通。犹残数行泪，忍对百花丛。"亭子最高，出寺登亭，"凭高道望，故城照日而见其孤，谷含风而觉其远。世乱无家，止余数行之泪，忍对此百花丛中乎？伤心甚矣"（仇兆鳌语）。"江城"二句雄健。浦起龙说："由'孤'字影出'身'字，由'远'字影出'信'字。要是由身孤信远，才于写景处，落得此两字下也。盖景情相生，篇法乃融。"又，《望牛头寺》：

"牛头见鹤林，梯径绕幽深。春色浮山外，天河宿殿阴。传灯无白日，布地有黄金。休作狂歌老，回看不住心。"《涅槃后分》载：佛入涅槃已，东西二双合为一树，南北二双亦合为一，皆垂覆如来，其树惨然变白。经云树色如鹤之白，故名鹤林。《释迦成道记》：一灯而灭而一灯续。释书有《传灯录》，以灯喻法，谓能破暗。此借指长明灯。《大唐西域记》载：昔有善施长者，拯乏济贫，哀孤恤老，时号给孤独。愿建精舍，请佛降临，惟太子逝多（亦译祇陀）园地爽垲，具以情告。太子戏言，金遍乃卖。善施即出藏金，随言布地，建立精舍（参看第十二章第四节）。对于这首诗的理解各有不同[5]，我认为讲得最好的是《读杜心解》："解者认题不清，又误看首句，遂引地志州南鹤林寺为证，大非也。愚意此诗傍晚出寺，回望而得耳。'鹤林'，即寺旁之林，乃佛门林木通称也。林深则寺藏，但望鹤林矣。三、四，景愈阔。'天河'，春夜初昏见西隅，故曰'宿殿阴'。五、六，由望而忆及寺中所见，即长明之灯，宝胜之地，而喜其法轮昭焕，境界清华，遂猛然自悔曰：吾何戚戚狂歌为也？回看禅心，何其毫无系著如此也！回望之义了然矣。要惟心恋安禅，故尔回望。下四实是上四之根。"平空增添个鹤林寺来解诗是不可靠的。注引地志所载鹤林寺未详创建于何时，那么此寺也可能建于后代，甚至即因"牛头见鹤林"而命名，犹如扬州以往的竹西亭因杜牧的"谁知竹西路，歌吹是扬州"而命名一样。老杜从上寺到登山顶亭子到下寺回望，各成五律一章，次序井然，此三诗当作于同一天。

人民文学出版社一九八二年出版的《访古学诗万里行》载："牛头山在西门外不足半里的地方，我们特意去看了，……此山据说是因山的形状似牛头而得名。现在无论人们怎么指点，我们也看

---

[5]《杜臆》："诗是登牛头而望，非望牛头，题不可晓。志云：'州南七里有鹤林寺。'"仇注："而牛头山在州西南二里，正与相望。"又引《杜臆》："题必有误，'望'字当在'寺'下。"（今本无）《读杜诗说》："据注引地志：牛头寺在梓州西南二里牛头山上，鹤林寺在梓州西（当作南）七里。则牛头寺在山上，鹤林寺在平地。云'见鹤林'者，言牛头寺望见于鹤林寺中也。下云'梯径绕幽深'，乃登牛头山之梯径，亦于鹤林寺中望见者；'春色'句，言望见春色浮满于牛头山也。'天河'句，言望见牛头山高，寺在山上，若与天河近也，如从《杜臆》作'牛头寺望'，则皆不合矣，仍从元题为是。"

不出像牛头的样子。山并不高大,是高六七十米的小山。据杜甫的描写,当年的牛头寺是'花浓春寺静,竹细野池幽',何等令人向往。现在连寺庙的痕迹也看不出来了,只有些菜地果园。靠近县城的一面山势几同壁立,站在上面可以俯视全城,这倒还可以印证杜诗所描写的'路出双林外,亭窥万井中'的真实性。"人世沧桑,千载之后小山古寺的变化自然很大,更不要说其间树木花鸟的荣枯集散了。钱谦益说:"图经云:山上无禽鸟栖集,而杜诗有'营啼'之句,则图经误也。"除非二者皆作于同时,不然,一见有莺啼,一见无鸟集,又有什么不可以的呢?此胶柱鼓瑟之论,无足取。

牛头寺附近有兜率寺[6]。《太平寰宇记》载:前瞰郡城,拱揖如画。侯圭《东山观音寺记》云:梓州浮图大小十二,慧义居其北,兜率当其南,牛头据其西,观音距其东。《方舆胜览》载:兜率寺在南山,一名长寿寺,隋开皇中建,即苏轼诗所谓"牛头与兜率,云木郁堆垄"者。王勃《梓州郪县兜率寺浮图碑》载:其林泉纠合之势,山川表里之形,抽紫岩而四绝,叠丹崖而万变。连溪拒壑,所以控引太虚;蒸云驾雨,所以荡泄元气。老杜当时也曾去兜率寺游览,作《上兜率寺》说:

"兜率知名寺,真如会法堂。江山有巴蜀,栋宇自齐梁。庾信哀虽久,周颙好不忘。白牛车远近,且欲上慈航。""真如",佛教名词。佛教认为用语言、思维等表达事物的真相,总不免有所增减,不能恰到好处。要表示其真实,只能用"照那样子"的"如"字来作形容。《成唯识论》:"真,谓真实,显非虚妄;如,谓如常,表无变易。谓此真如,于一切位,常如其性,故曰真如。"中国佛教学者,大都将它作为宇宙万有的本体之称,与实相、法界等同

---

〔6〕 仇注引钱笺:"图经:兜率寺在梓州郪县南二里。"(今本无)

义。朱注：王勃《梓州郪县兜率寺浮图碑》："兜率寺者，隋开皇中之所建也。"此云"自齐梁"，疑未详考。南齐周颙，音词辩丽，长于佛理，于钟山西立精舍，清贫寡欲，长年吃素，虽有妻子，独处山舍。孔稚珪的《北山移文》却尖锐地指责他是个沽名钓誉的伪君子。《法华经》中载有肥重多力、能驾宝车的大白牛。"慈航"，佛教名词。佛教认为佛、菩萨以大慈悲救度众生出生死苦海，有如舟航，故名。这首诗写得不算好，但可看出老杜当时的思想情况：他像庾信一样常有乡关之思，也不是没有周颙那种奉佛归隐之想；今来此寺，更欲借佛力以脱离苦海了。唐时儒、释、道并重，士人一般多受释、道思想的影响。老杜年轻时曾与学问僧有过交往，多少也懂得点佛学（详第三章第五节）。如今他身处乱世，日暮途远，偶生奉佛归隐之想，也是很自然的事。因此，既无须深责，也不劳褒奖他佛学造诣之深。又，《望兜率寺》写上寺而眺望的所见所感：

"树密当山径，江深隔寺门。霏霏云气动，闪闪浪花翻。不复知天大，空余见佛尊。时应清盥罢，随喜给孤园。"山路两旁树林茂密，寺门前江水深深。霏霏云气浮动，闪闪浪花翻滚。树稠叶密，在这里不再感到天的大，剩下就只见佛陀为尊了。朱注引阚泽的话说："孔、老二教，法天制用，不敢违天。佛之设教，诸天奉行，不敢违佛，故佛号人天师。"仇兆鳌说："到此禅林妙境，不复知天之大，而惟见佛为尊矣，因欲盥手而行，随处览胜也。"串讲虽通，实未得其旨。又说："此诗云'不复知天大，空余见佛尊'，非推尊释道之大，正言其所见之小耳。"又未免头巾气太重。其实这是即景生情的幽默话。老杜来到佛寺，见林木葱茏，遮蔽天日，一时兴起，不觉因释之视天与儒、道适反而得此妙语，非徒于咏佛寺甚切，且能见出此禅林幽深恬静境界，别饶意趣。于此等处，我见到的只是诗人，既非腐儒，又非信士。

第十五章　"蛟龙无定窟"

一天，梓州李刺史，邀请附近几州的刺史去惠义寺登临游览。老杜也去了，作《陪李梓州王阆州苏遂州李果州四使君登惠义寺》说：

"春日无人境，虚空不住天。莺花随世界，楼阁倚山巅。迟暮身何得，登临意惘然。谁能解金印，潇洒共安禅？"春日偕行，来此无人之境、空旷之地，见大千世界莺花正盛，山顶岩峣楼阁迥倚，顾念暮年身世无凭，登山临水反添愁思；但不知诸位使君，又有谁能舍富贵而同我来此安禅？[7]这正足以说明他的想出家，不过是企图借此非非之想以排遣他因身世不幸而生出的无穷烦恼，哪能信以为真？这种他明知不可能实现的非非之想，从情绪上看也许可以说是真实的，但从理智上、从行动上看，那就完全是另一回事了。要知道，他当时心中经常盘算并积极筹划的，决不是出家而是出峡啊！仇注引《杜臆》说："公以作客之穷，真有学佛之想，故后诗屡及之。"（今本无）指出"穷"与"想"的关系甚是，惜犹未知其"真"中有不真。浦起龙说："'谁能解印'，非笑之，亦非劝之，正见世网难脱。借四君以解己，仍自叹不能洒然相就也。"庶几得之。同时所作《甘（柑）园》说："结子偏边使，开笼近至尊。后于桃李熟，终得献金门。"你看，他不是还在妄想自己有朝一日得近"天颜"、大器晚成么？

四　旅游频繁的春天

这年春夏间，老杜曾间离梓州，暂住阆州、盐亭、绵州、汉

---

[7]《杜臆》："'身何得'，言未闻道。'谁能解金印'，通问四使君，而'共安禅'谓与己共也。"

州、涪城等地。因记载不详，聊据旧编，参以己意，赘述于后。

阆州治所在今四川阆中县，在梓州东北。从梓州去阆州，虽可乘船顺涪江而下至今合川，转嘉陵江溯流而上，但较远，若乘船顺涪江至今射洪金华镇，转涪江支流梓潼河溯流而上到盐亭县起早而往则甚近。《九域志》载：阆州西至梓州二百二十里。这当纯以旱路计算。走段水路可能稍远一些。案老杜《倚杖》题下原注："盐亭县作。"中有"山县早休市，江桥春聚船"，知梓潼河起码从盐亭以下一段可通航。姑从顾注订《题郪原郭三十二明府茅屋壁》为"广德元年从梓州往阆州时作"⁽⁸⁾，知行前曾与郪县郭令于其所居西原⁽⁹⁾茅屋话别，并作此诗题壁，而此行系取水道往巴东，时在春季："江头且系船，为尔独相怜。……春青彭泽田。……别后巴东路，逢人问几贤？"前述老杜曾陪李梓州、王阆州等四使君登临惠义寺，因而得以结识王阆州。王不久当回本州。老杜去阆州，当应王邀请。

路过盐亭县（今四川盐亭），老杜以诗代简寄该县官绅严氏诸兄弟说："马首见盐亭，高山拥县青。云溪花淡淡，春郭水泠泠。全蜀多名士，严家聚德星。长歌意无极，好为老夫听。"（《行次盐亭县聊题四韵奉简严遂州蓬州两使君咨议诸昆季》）遂州（今四川遂宁县）、蓬州（故治在今四川仪陇县东南六十里）两位严刺史不详。据《陪李梓州王阆州苏遂州李果州四使君登惠义寺》，知遂州当时的刺史姓苏。此严遂州刺史现在老家，也不可能是刚上任的，当是致仕还乡的前"遂州"。顾注以为"咨议诸昆季盖严震及砺也"。严震（七二四—七九九），字遐闻，梓州盐亭人。世为田家，以财雄于乡里。至德、乾元年间，他屡出家财资助边防军，授州长史、王府咨议参军。后得东川节度判官

〈8〉 闻一多《少陵先生年谱会笺》亦采此说。
〈9〉 "郪原"当即《郪城西原送李判官兄武判官弟赴成都府》中的"郪城西原"。

韦收推荐，节度使严武任命他为合川长史。及严武移西川，署为押衙，改恒王府司马。严武卒，乃罢归。山南西道节度使表为凤州刺史，以母丧解职。起复本官，仍充兴、凤两州团练使，好兴利除害，有政绩，封郧国公。治风十四年，迁山南西道节度使。朱泚反，迎德宗退避梁州（今陕西汉中），护驾有功，加检校户部尚书、冯翊郡王，实封二百户。帝将还京，加检校尚书左仆射。诏改梁州为兴元府，即用严震为尹，如实封二百户。久之，进同中书门下平章事。严砺是严震族人，性轻躁，多奸谋，累官至山南西道节度使，在位贪残，士民不堪其苦。元和四年（八〇九）卒。卒后御史元稹奉使两川，弹劾他在任期间赃罪数十万。严砺曾经受到严震的提拔和推荐，但他们的为人和结局则迥异。这都是后话。当老杜过盐亭投诗时，严震虚岁四十，严砺的年纪可能还要小一些。诗中"咨议"指严震无疑，如严砺包括在"诸昆季"之内，则二人当是族兄弟。论齿爵题中宜置二人于末尾。无论老杜同严震以前熟识与否，考虑到他们都跟严武有旧，因此在此诗所投赠的诸严中，老杜对严震的情谊自会有所不同。严震无诗作流传，仅《全唐诗·谐谑二》收录他与其中表《闻鹿鸣互谑》四语。据说他家靠近釜戴山，只要听到有鹿叫，严家必定要死一口人。一日忽闻鹿鸣，适有中表在座，他们就互相开玩笑说："釜戴山中鹿又鸣（中表），此际多应到表兄（震）。表兄不是严家子，合是三兄与四兄（中表）。"《太平寰宇记》载，严震及弟砺墓在负（釜）戴山下，去县西一里。可知：负戴山系其祖茔所在地，故尔生出闻负戴山鹿鸣严家即有人死的迷信说法；负戴山去县西一里，严氏本宅既在山边，亦当在县西不远。《太平寰宇记》又载：盐亭县，因井为名。负戴山在县西一里，高二里，自剑门南来，过剑州，入当县，龙盘虎踞，起伏四百余里，至此却蹲。山有飞龙泉，喷下南流，入梓潼江。水色清泠，其味甘美，时以为琼浆水。"马首见盐亭，高山拥县青。

云溪花淡淡,春郭水泠泠",即写此溪山春日、水清花淡景色。邵子湘评:"起手轩豁。"《异苑》载:陈仲弓与诸子侄造荀季和父子,于时德星聚,太史奏五百里内有贤人聚。"严家聚德星"即用此典称颂严氏诸叔侄与前来赴会者。后四句意谓:蜀中地灵人杰,名士众多,若贵府星聚一堂,容我厕身其间,则请听老夫为诸公反复长吟此诗,以表无限景慕之意。不过是要当地豪绅设宴作会接待自己,却有这么多穷讲究!老杜长年在外打秋风,门槛越来越精了。这也是书读得多、会写诗的好处。谁说"万言不值一杯水"呢?可笑亦复可怜!

还有首《倚杖》诗,也是在"盐亭县作"(题下原注):"看花虽郭内,倚杖即溪边。山县早休市,江桥春聚船。狎鸥轻白浪,归雁喜青天。物色兼生意,凄凉忆去年。"据首联,老杜行次盐亭时当暂寓城中。郭内看花,溪边漫步。山县民风淳朴,店铺很早就打烊了;春江水涨,桥边聚集着不少船只。嬉水的沙鸥不怕白浪,北归的大雁最喜青天。满眼物色生意盎然,不知怎的我却回忆起去年因避乱来此州⁽¹⁰⁾的凄凉情景。——淡淡的旅愁同春天里的喜悦交织在一起,状山县风光而见民俗,犹如一幅成功的水彩画,轻描淡写,却能给人以明丽的印象,很感动人。

到了阆州,他作《双燕》说:"旅食惊双燕,衔泥入此堂。应同避燥湿,且复过炎凉。养子风尘际,来时道路长。今秋天地在,吾亦离殊方。"怜燕实自怜。"句句说燕,却句句自慨,皆与'旅食'二字相关。"(仇兆鳌语)诗人在弃官离华州赴秦州前夕所作《立秋后题》中,叹息秋燕亦如客子,不久将离此而去:"秋燕已如客"。如今既已决计离蜀,满以为不久即可成行,所以又借燕表去志:"今秋天地在,吾亦离殊方。"谁知事与愿违,不但"今秋",

---

⟨10⟩ 盐亭属梓州。

甚至这几年老杜一家仍在巴山蜀水间继续漂泊呢!

一天,他在阆州江亭[11]饯送眉州别驾辛升之,作《江亭送眉州辛别驾昇之得芜字》说:"柳影含云幕,江波近酒壶。异方惊会面,终宴惜征途。沙晚低风蝶,天晴喜浴凫。别离伤老大,意绪日荒芜。"送往迎来的一般应酬,不一定能写出好诗来;写不出好诗,推说是老大伤别、意绪荒芜所致,搜索枯肠,居然翻出丁点儿诗意,真难为了老杜。"终宴惜征途",小有意思,但逊王维"劝君更尽一杯酒,西出阳关无故人"远甚。

老杜在阆州没待多久就回梓州去了。接着,他因为送辛员外又去了趟绵州(治所在今四川绵阳东)。据其《惠义寺园送辛员外》:"朱樱此日垂朱实,郭外谁家负郭田。万里相逢贪握手,高才仰望足离筵",《又送》:"双峰寂寂对春台,万竹青青照客杯。细草留连侵坐软,残花怅望近人开。同舟昨日何由得?并马今朝未拟回。直到绵州始分首,江边树里共谁来",知:(一)辛员外从涪江下游乘船来梓州,稍事应酬之后,即骑马由陆路去绵州,时在春末[12]。(二)辛是老杜知交,中原分手,暌隔多年,不意相逢于"万里"之外的梓州,不忍遽别,就不辞劳苦,"并马"相伴,一直把他送到绵州[13]。"同

---

[11] 黄鹤注:"公有《江亭王阆州筵饯萧遂州》诗,则江亭在阆州,此当是广德二年春在阆州作。"既采广德元年春老杜曾暂游阆州一说,则谓此诗作于元年春亦无不可。

[12] 仇注:"樱桃结子在春,而熟在四月,今云垂实,盖在春末矣。"又:"云'细草''残花',盖春候也。""朱樱""垂朱实",犹"郭外""负郭田",只是一种修辞说法,非谓"此日"樱桃已经红熟了。

[13] 王嗣奭认为真要送到绵州去:"今朝将并马送行,未拟遽回,'直到绵州始分手(一作首)'耳。但去则同去,回须自回,此情难堪耳!此在寺园,而预拟送别情景如此。归路沿江,江上有树,故云'江边树里'。"浦起龙却说:"此非复惠义寺中作,乃中途临分口赠也。'送(一作照)客杯'三字全领。'未拟回',非真不回。'直到绵州',非真送到,言若果到,则归路谁同?不如就此作别耳。须活看。"后说虽亦可通,但杜集中确有这年春末作于绵州的诗,可见他还是去了的(说详正文有关《巴西驿亭观江涨呈窦十五使君二首》《又呈窦使君》的论说)。

舟"一联是说：昨日你从水路来，可惜未能同你一起坐船；今朝我将伴你并马而行，不想回去了。《杜臆》说："前日曾与员外为泛舟之游，今不可得矣。"似非作者原意。此诗亦小有情致。

到绵州值宿雨江涨，作《巴西驿亭观江涨呈窦十五使君二首》，其一说：

"宿雨南江涨，波涛乱远峰。孤亭凌喷薄，万井逼春容。霄汉愁高鸟，泥沙困老龙。天边同客舍，携我豁心胸。"绵州、阆州皆称巴西（详仇注）。杨德周说："绵州地志：巴字水在绵州治西四里，涪水自北经城西，析而为二，安水自东迤逦绕城东南，汇于芙溪。每江涨，登山望之，点画天然，甚肖也。芙蓉溪，即杜东津观打鱼处。"老杜去年来绵州是住在涪水东津的驿馆里。"驿亭"即驿馆。看起来，这次又住进这个老地方了（详第十四章第四节）。仇兆鳌说："按首章曰'天边同客舍'，末章曰'同是一浮萍'，窦使君盖寄迹于绵州者。黄鹤疑为绵州刺史继杜使君之任者，误矣。《杜臆》因'关心小剡县'句，谓窦必官于剡，亦凿矣。"两个寓公，闲来无事，见东津水涨，就置酒于亭台观赏。连宵大雨，南江水涨了。洪峰与远峰相混，往往不易分辨。孤亭凌驾于喷薄的激流之上，所有的城镇村庄都遭到波涛冲击之声的威胁。霄汉高飞的鸟也在发愁，泥沙翻腾连老龙都困顿不堪。您这位天边同住一个客舍的先生，领我来此观赏，使我的心胸豁然开朗了。其二说：

"转惊波作恶，即恐岸随流。赖有杯中物，还同海上鸥。关心小郯县，傍眼见扬州。为接情人饮，朝来减片愁。"见波浪这么险恶，真怕两岸也随洪流而去。幸亏喝了酒忘了沦溺之忧，心情不觉轻松得像不畏汪洋水势的海鸥一样。我早年去过吴越，剡县（今浙江嵊县）近海，扬州南边浩瀚的扬子江连海，如今对此江涨奇观，我仿佛又回到那些地方了。正由于有您这样的知心人在一起喝酒，今儿个我的愁已减了一些。仇兆鳌说："公咏江涨诗，前后三见。初云'细动迎风燕，轻摇濯浪鸥'，此状江流平满之景。继云'大声吹地转，高浪蹴天浮'，此状江水汹涌之势。两者工力悉敌。其云'鱼鳖为人得，蛟龙不自谋'，语稍近直，不如'霄汉愁高鸟，泥沙困老龙'，尤为警拔。"老杜咏江涨（仇用以指蜀中之水）、水涨之作前后不止三见，而且都写得浑成有力，当赏其全豹，不宜摘句（参阅第八章第四节，第十三章第二节、第八节等）。傍晚雨停水退，恐惧消除，旅愁复起，老杜又作诗赠窦说：

"向晚波微绿，连空岸却青。日兼春有暮，愁与醉无醒。漂泊犹杯酒，踟蹰此驿亭。相看万里外，同是一浮萍。"（《又呈窦使君》）傍晚浑浊的水微微变清，连空的大水下退，堤岸重新又露出一痕绿色。白日和春天都有暮啊，愁和醉可没有醒的时候。漂泊在外总离不开这杯酒，待要离开这驿亭时心里又有点迟疑。你我流浪在万里之外，同是那水上漂荡的浮萍！

绵州离成都不到二百里，汉州（今四川广汉县）在二者之间而偏近于成都，绵州到汉州不到两日的路程。从这三首观江涨诗看，老杜这次重来绵州意有不适，想不久即像浮萍一样漂到汉州去了。

汉州是房琯不久前的任所。《旧唐书·房琯传》载：乾元元年六月房琯贬邠州刺史。二年六月拜太子宾客，上元元年四月，改礼部尚书，寻出为晋州刺史；八月改汉州刺史。宝应二年（即广德元年）四月拜特进刑部尚书。老杜来汉州后作《陪王汉州留杜绵州泛房公西湖》说：

"旧相恩追后，春池赏不稀。阙庭分未到，舟楫有光辉。豉化莼丝熟，刀鸣鲙缕飞。使君双皂盖，滩浅正相依。"据第二句，知老杜来汉州未出春季。仇兆鳌说："今按《唐书》谓召琯在宝应二年之夏，是即广德元年也。其云夏召，恐误。据此诗，春末盖已赴召矣。"甚是。方志载房公湖又名西湖，上元元年八月房琯初来此地做刺史时就开始凿湖。房琯现仅存诗一首，即《题汉州西湖》："高流缠峻隅，城下缅丘墟。决渠信浩荡，潭岛成江湖。结宇依回渚，水中信可居。三伏气不蒸，四达暑自徂。同人千里驾，邻国五马车。月出共登舟，风生随所如。举麾指极浦，欲极更盘纡。缭绕各殊致，夜尽情有余。遭乱意不开，即理还暂祛。安得长晤语，使我忧更除。"诗不甚佳，却多少可见西湖风貌和房琯当时在这里的生活侧面。这湖是凿城下丘墟、开渠引入高处溪水而成。四周堤岸迂回曲折，中堆小岛筑室供休憩登临，甚至三伏天也很凉爽。要是有朋友从远方来，有官员从邻州来，主人往往在明月之夜伴客登舟，随风飘荡，尽兴遨游。看起来这倒是个消夏的好去处！史载房琯少好学，风仪沉整，性好隐遁，曾居陆浑伊阳山，读书十余年，不涉世事。开元中任虢州卢氏令，王维曾作诗相赠说："达人无不可，忘己爱苍生。岂复小千室，弦歌在两楹。……秋山一何净，苍翠临寒城。视事兼偃卧，对书不簪缨。萧条人吏疏，鸟雀下空庭。"（《赠房卢氏琯》）"琯有远器"而"性好隐遁"的风神可见。他初入仕途时尚且如此潇洒闲适，那么，当遭到重大政治打击之后，心情抑郁之时（他说"遭乱意不开"，话中是有潜台词的。"遭乱"固然使他"意不开"，但他之所以"意不开"，尚另有更重大的原因在。《新唐书·房琯传赞》："夫名盛则责望备，实不副则訾咎深。使琯遭时承平，从容帷幄，不失为名宰。而仓卒济难，事败隙生，陷于浮虚比周之罪，名之为累也，戒哉！"这大概多少接近那潜台词的意思吧？），就无怪他会设法开辟这样一处湖山胜境，供他游赏，正如他自己所说，"使我忧更除"了。房琯来汉州到离去的这段时期，老杜正在离汉州不远的成都、梓州和绵州。他曾坐房党贬官，也许出于政治上的考虑，为了避嫌疑，当房琯再次从朝中出为晋州改汉州刺史后,他始终没去看望过他。如今他来了,而房琯又去了。因此,当他陪新任汉州王刺史留绵州杜刺史泛房琯在这里开辟并常来游赏的西湖时,就不能没有感触了。浦起龙说:"湖为房公旧迹,而房又公之知己,篇中自宜首及。然现在同泛者,新使君也,此中却分宾主。看其落笔斟酌,言言得体。首提'旧相',遥为房贺也,却是递下语。次句,则归美使君,能增辉前政矣。三、四分顶,著到自身,言随朝则无分,而陪宴实有光。两边气谊俱见,笔复侧注。五、六,又即以房湖物产作王宴铺排,更能融洽入化。结联恰好就宴上收合使君,而曰'双皂盖',则不漏绵州,曰'正相依',则仍琯陪泛,洵是规重矩叠。"(14)应酬之作,须面面俱到,何况主客都是地位不低的州刺史,岂可冷落他们?浦起龙指出这诗"落笔斟酌,言言得体",并加以具体解释,可谓得其用心。但是,我们读了这诗,还是会清楚地感到诗人的感情是偏在房琯一边的。所以李子德说:"感慨流连,当得之言外。"要是房琯还在这里,能同他一起乘船游湖该有多好!如今他已登程赴召,要是能有幸相伴还京,那更是连做梦也不敢想的啊!两俱不能,感伤何似!转念"旧相"终得"恩追",又不觉转悲为喜了!仇兆鳌说:"或将上四句全主房湖说者,曰'恩追',曰'未到',曰'光辉',为知己之感,故三致意焉。但此诗本为王、杜泛湖而作,不应多叙房事也。""上四句全主房湖"之说其实不错,仇氏所论未免过迂。

老杜在汉州没住几天,却写了好几首与房公湖有关的诗。难道

〈14〉仇兆鳌说:"此诗旧有两说:一指房公应召时,则'恩追'乃恩命追赴,所谓'分未到'者,房在中途也。一指房公既殁后,则'恩追'乃恩赐追赠,所谓'分未到'者,房卒中途也。今按房琯见召,属广德元年事,其卒在夏。(燃案:《旧唐书》本传谓琯在路遇疾,广德元年八月四日卒于阆州僧舍。此云其卒在夏,误。)此时房复起用,故泛湖而有喜词,观下章云'为报鹅随王右军',以琯在途次故也。若二年之春,公不复至汉州,焉得复有西湖之泛乎?"前一种说法和仇兆鳌的论证是正确的。

这湖真那么美，真把他迷住了么？我看并不是这样（因为在这些诗中很少有赞美房湖景物的描写），而主要是爱屋及乌的缘故。

一天，主人把房琯在这里时养着的一群鹅送给了他，他很高兴，作《得房公池鹅》说：

"房相西池鹅一群，眠沙泛浦白于云。凤凰池上应回首，为报笼随王右军。"《法书要录》载：王羲之性好鹅，山阴昙礦村有道士养好鹅十余，王往求市易。道士说："府君若能自屈书《道德经》各两章，便合群以奉。"羲之住半日，为写毕，笼鹅而归。老杜从小练字："九龄书大字"，善书法，故自比"王右军"。房曾在中书，故用"凤凰池"。房相在西池养的这群鹅，眠沙泛浦，比白云还白，真美啊！他赴召还京后又该回到凤凰池上去了，他还是会想到这群白鹅的，那么请您代为报告他：那群鹅已被王右军藏在笼子里带走了，就请放心吧！——主人（当然只能是现任汉州王刺史）奉送群鹅，客人写诗答谢，无论老杜笼鹅而归与否，他爱"房"及"鹅"之情仍可从这一戏作中窥见。他还有首《舟前小鹅儿》说：

"鹅儿黄似酒，对酒爱新鹅。引颈嗔船逼，无行乱眼多。翅开遭宿雨，力小困沧波。客散层城暮，狐狸奈若何！"题下原注："汉州城西北角官池作。"官池，即房公池，也就是房公湖。杨伦说："末二亦寓爱屋及乌意。"可见老杜对房琯感情之深。《方舆胜览》载鹅黄乃汉州酒名，蜀中无能及者。"引颈"二句写鹅雏稚态传神。南方春末已有鹅雏了。

又有《官池春雁二首》："自古稻粱多不足，至今鸂鶒乱为群。且休怅望看春水，更恐归飞隔暮云。""青春欲尽急还乡，紫塞宁论尚有霜？翅在云天终不远，力微缯缴绝须防。"杨伦说："二诗旧解作自比，详其语意似是为房公，言欲其早退以为善全之计，盖救时虽急，正惟恐复遭谗妒也。"私意其一当从旧解，其二宜采杨说。

《杜臆》:"《月令》,孟春之月,候雁北矣。'青春欲尽'必有误;且春尽安得'有霜'?恐是'易尽'。"老杜初春从未来过汉州,既曰"官池",当为此次春末来汉州游官池有感而作。春末岂有候雁仍留此间而未北翔?王氏疑有误,不为无因;但改字则可不必。唯一合理的解释是,这是一群剪掉翅翎养在官池中供观赏的大雁。诗人见其春末犹未北归,便从而引出这许多感慨来了:自古以来,稻粱多是不足的,何况如今还有成群结队乱哄哄的鹓鹏之类来争食呢!你们且别怅然若失地凝视着春水出神了,就算你们眼下真走得成,只恐怕暮云遥隔最后也到不了家。——这雁岂不是诗人的自我写照?他为雁,其实也是为自己的下峡还乡在担心啊!"更恐归飞隔暮云",这担心,对他自己来说,终于不可避免地成为了事实,这真是莫大的不幸,莫大的悲哀!自己是官池羁雁,那么,赴召在途的房琯该是"急还乡"的归飞之雁了。《古今注》:"秦所筑长城,土色皆紫,汉亦然,故云紫塞焉。"又:"雁自河北渡江南,瘦瘠能高飞,不畏矰缴。江南沃饶,每至还河北,体肥不能高飞,恐为虞人所获,尝衔长芦可数寸,以防矰缴。"紫塞天寒,此时恐尚有霜;既然急于北归,也就不管这许多了。只要翅膀在,云天再远总是能到达的;怕就怕气力微弱,可千万要提防矰缴啊!——谓此"是为房公"而发,似较"自比"说近实。

一次老杜在这房公西湖乘船游赏,新署梓州刺史杨某经此往东川上任,听说他在这里,来找他,没找到,后来老杜就作《答杨梓州》[15]说:

---

[15] 仇注:"据前有李梓州,后有章梓州,此又有杨梓州,一岁而有三梓州,何更代之速耶?"动乱时期连宰相也更代频繁,何况地方官。这杨某可能还没上任,或者刚上任不久朝廷就派章彝接替他了。

"闷到房公池水头，坐逢杨子镇东州。却向青溪不相见，回船应载阿戎游。"据房琯《题汉州西湖》："高流缠峻隅，城下缅丘墟。决渠信浩荡，潭岛成江湖。……举麾指极浦，欲极更盘纡"，知此湖堤岸迂回曲折，经"浩荡"的引水渠，还可与"高流"相通。"高流"，地势较高的溪流，当即《答杨梓州》中所说的"青溪"。老杜闷来游湖，原来已顺着弯弯曲曲的堤岸转向湖外的青溪中去了，难怪杨梓州怎么也找不到他。仇注："阿戎指梓州之侄。《晋书》：阮籍谓王浑曰：'与卿语，不如与阿戎谈。'阿戎，浑子戎也。""阿戎"怎么是"指梓州之侄"？当指其子才对。作此诗时既已得知杨某来了，那么，为什么"回船应载阿戎游"，而不把他也载去游游呢？是不是杨刺史见找不到老杜，就急着先去梓州上任，只留下儿子向老杜致意呢？"此只如一首短札耳"(仇兆鳌语)，短札叙事简约，往往只通讯双方彼此明白，局外人则不尽了然；短札而兼韵语，索解尤难。关于这首诗，我倒有另外一种想法，姑妄言之。案：晋宋间人多谓从弟为阿戎，至唐犹然。杜位是老杜族弟，他的《杜位宅守岁》就称杜位为阿戎："守岁阿戎家"(详第六章注〈8〉)，但不知能称妻从弟为"阿戎"否？若然，此杨梓州或为杨氏夫人的从弟，而末二句解释起来就不须拐弯了：刚才你来找我，我恰好划船到青溪去了，所以没碰见；现在见到了，那么就让回转船头载着你老弟再去游游吧！这样一来，这就不再是一首答"杨当有来汉相约同游之说"(杨伦语)的短札，而是当面的即兴之作了。

他有首《汉川王大录事宅作》，旧注以为"汉川"或"汉州"之讹，当作于这次来汉州时。诗说：

"南溪老病客，相见下肩舆。近发看乌帽，催莼煮白鱼。宅中平岸水，身外满床书。忆尔才名叔，含凄意有余。"一天，老杜坐着轿子去王录事家做客。主人戴着乌帽出来迎接，又催促下面赶快烧了莼菜白鱼盛情款待。宅中可望见外边春水平岸,书卷堆满床头,委实是个幽静、高雅的去处。老杜与主人那位颇著才名的叔父有旧,想其人已故[16],思之不禁含凄悲悼。

老杜出来这几天,一直没得到梓州幕府诸位郎官的音讯,就以诗代简,责怪他们说:

"幕下郎官安稳无?从来不奉一行书。固知贫病人须弃,能使韦郎迹也疏。"(《投简梓州幕府兼简韦十郎官》)诸位郎官近来可好?自从分别以来,我还没接到你们的一行书信呢。我本来知道,像我这样既贫且病,人们都会嫌弃的,这就使得韦郎官你也对我生疏起来了。——我猜想,"投简"之后,韦十和诸郎官必然回信表示欢迎,诗人不久当离汉州回梓州去了。

归途经涪城县,登览了城边的香积寺,作《涪城县香积寺官阁》说:

"寺下春江深不流,山腰官阁迥添愁。含风翠壁孤云细,背日丹枫万木稠。小院回廊春寂寂,浴凫飞鹭晚悠悠。诸天合在藤萝外,昏黑应须到上头。"涪城县,南朝梁置,唐属绵州[17],治所在今四川三台西北五十五里,元朝并入郪县。香积山在涪城县东南三里,北枕涪江,寺当在其上。仇注:"长安亦有香积寺,题故加涪城县以别之。"这诗也可能作于前不久送辛员外去绵州途经此地时。但考虑到当时辛行色匆匆,不遑登览,且诗写独游情景,姑且订为回程之作。春江之水哪会不流?只是这一段是潭不是滩,水流缓慢不觉其流而已。这样,不仅见"春江"之"深",且能烘托山寺幽

---

[16] 杨伦说:"王当有叔已没。"施鸿保说:"公诗见王姓最多,惟摩诘当时有才名,且公旧友。录事或其犹子耶?"这时王维已故去两年多,于"含凄"意倒也切合,只是所谓"才名"有大有小,很难说除了王维别人就不配当此。

[17]《新唐书·地理志》载涪城本隶绵州,大历十三年改属梓州。

深险阻之境。官阁在山腰,旁临深渊,而山顶佛寺又相隔很远,走在这里就难免发愁。青翠的峭壁上轻风将孤云吹散成细细的一缕一缕,成千上万株稠密的枫树背着夕阳给映得通红[18]。官阁中小院回廊春光寂寂;江面上野鸭子戏水,白鹭鸶飞翔,傍晚景色悠悠。佛书有三界诸天,自欲界以上皆曰诸天。那山顶佛寺,不,那就是诸天啊,该在藤萝以外吧?我想天黑时我一定能爬到上头的。——如果老杜这次真是一人独游,天这么晚,恐怕不一定上去了。

五 客中杂感

回到梓州,老杜又重新打点起他携眷下峡的事来了。当时他新结识的一位朋友——合州祁录事要回合州去,他想合州(治所在今四川合川县)是涪江和嘉陵江合流处,正是他下峡必经之地,就写了首诗为祁录事送行,并借此向该州苏刺史打个招呼,告诉他不久东下过境时将趋前拜会:

"前者途中一相见,人事经年记君面。后生相劝何寂寥,君有长才不贫贱。君今起舵春江流,余亦沙边具小舟。幸为达书贤府主,江花未尽会江楼。"(《短歌行送祁录事归合州因寄苏使君》)申涵光说:"此老固记一不记十者,得令经年记面,亦非易事。"祁君能得老杜如此垂青,想殊不俗。祁将起舵,己亦具舟;与府主预定相会时地,他离蜀的准备想已做得差不多了。然而终未成行,未知何故?

未能东下,往往西忆草堂。他的《送韦郎司直归成都》,就流露出这深深的情意。

---

[18] 仇兆鳌说:"轻风散云则渐细,落日映枫则更稠,从此一淡一浓对说。"杨伦说:"春无丹枫,以反照映之故赤。"

"窜身来蜀地,同病得韦郎。天下兵戈满,江边岁月长。别筵花欲暮,春日鬓俱苍。为问南溪竹,抽梢合过墙。"意犹未尽,又加注于尾联之后说:"余草堂在成都西郭。"足见思念的殷切。稍后所作《送窦九归成都》"我有浣花竹,题诗须一行",亦此意。洪迈说:"陶渊明《问来使》诗云:'尔从山中来,早晚发天目。我屋南窗下,今生几丛菊?蔷薇叶已抽,秋兰气当馥。归去来山中,山中酒应熟。'诸集中皆不载,惟晁文元家本有之。盖天目疑非陶居处,然李太白云:'陶令归去来,田家酒应熟。'乃用此尔。王摩诘诗云:'君自故乡来,应知故乡事。来日绮窗前,寒梅著花未?'杜公《送韦郎司直归成都》云:'为问南溪竹,抽梢合过墙。'……王介甫云:'道人北山来,问松我东冈。举手指屋脊,云今如许长。'古今诗人怀想故居,形之篇咏,必以松竹梅菊为比兴,诸此句皆是也。"（《容斋五笔》）

郁积的感情犹如地底的"承压水",只要冒出了一罅清水,何愁不涌现一口喷泉?老杜因韦郎归成都而勾引起怀想故居的一缕柔情,在《寄题江外草堂》中已形成一股充沛的感情"喷泉"了:

"我生性放诞,雅欲逃自然。嗜酒爱风竹,卜居必林泉。遭乱到蜀江,卧痾遭所便。诛茅初一亩,广地方连延。经营上元始,断手宝应年。敢谋土木丽,自觉面势坚。台亭随高下,敞豁当清川。惟有会心侣,数能同钓船。干戈未偃息,安得酣歌眠?蛟龙无定窟,黄鹄摩苍天。古来贤达士,宁受外物牵?顾惟鲁钝姿,岂识悔吝先?偶携老妻去,惨澹凌风烟。事迹无固必,幽贞愧双全。此念四小松,蔓草易拘缠。霜骨不甚长,永为邻里怜。"据题下原注"梓州作,寄成都故居",知此诗是客寓梓州时思念浣花草堂之作。老杜想结茅归隐已非一日:他旅食京华,初访何园,见东邻僻静,曾转过卖书买屋、来此隐居的念头;重游时又提到"沾微禄""买薄田"、归山退隐的打算;此外在《渼陂西南台》中再一次表露出隐遁江湖之志。虽然当时由于主客观条件都不成熟，他的归隐并未成为事实，但也不能认为这不过是随便说说、自命风雅的清淡话（详第七章第一节、第三节）。至于他后来往西枝村寻置草堂地不得，以及拟卜居西谷，那就不再是空谈而是见诸行动的事了。边境不平靖，生计无着落，老杜想在秦州、同谷求田问舍的打算虽然落了空，但随后来到成都，相形之下，天时、地利、人和各方面条件较以往任何时期都好，他卜居筑室之役就势在必行了。对老杜"非无江海志，萧洒送日月"一面前后发展情况稍做回顾，再来看《寄题江外草堂》首四句所述卜筑草堂之由："我生性放诞，雅欲逃自然。嗜酒爱风竹，卜居必林泉"，就会觉得这倒是他的真心话，不仅"可想名士风流"，也可见其夙愿终酬的莫大喜悦。"经营上元始（七六〇）"，季春便落成，"频来语燕定新巢"（《堂成》），必然是一开年就动工，正屋落成即迁入。"断手宝应年（七六二）"，也就是说草堂的营建，从动工三年来，时断时续，一直到去年七月他离此外出时才中止。王嗣奭说："'台亭随高下，敞豁当清川'，结构殊不草草，至今可想。"结构殊不草草，房子盖得坚固而朴实，见诗人胸次，是"野老"本色。今日重建的草堂，布局精巧，土木富丽，自成名园；可惜同有关杜诗所谈到和读者所想象的故居风貌相去较远，是为美中不足。老杜好容易惨淡经营了这样一个"殊不草草"的栖身处，其奈干戈不息，无处可得安居，不久徐知道叛乱，他只得又携眷避地梓州。想到古来贤达之士，不受外物牵制而高蹈出世，他真后悔"未能先几引去"，并为自己的辗转道路、难保幽贞而深感愧怍。羁旅愁苦，倍思草堂，却陡然借念四小松以收束全篇，不仅具体、真切、感人至深，且富寓意，见诗人心境。彼四小松受蔓草拘缠而"霜骨不甚长"，这岂不是诗人受外物牵而"幽贞愧双全"的形象写照么？洪迈谓此诗末四句可见一时之怀抱，甚是。老杜入蜀以来咏江涨多借鱼龙描状，如"竟日蛟龙喜，盘涡与岸回"(《梅雨》)、"鱼鳖为人得，蛟龙不自谋"(《江涨》)、"霄汉愁高鸟，泥沙困老龙"(《巴西驿亭观江涨呈窦十五使君二首》其一)等。此诗"蛟龙无定窟，黄鹄摩苍天"的字面意思亦如"霄汉"二句，所不同的是后者为赋，而前者为比兴，即非径咏江涨，不过以江涨时的蛟龙、黄鹄自况蜀乱中的流离失所而已。出语颇豪迈，实极悲凉，有英雄末路之叹。浦起龙以为"蛟龙"四句言"贤达"之高超，虽亦可通，但考虑到龙无定窟、黄鹄盘空终非达士幽栖之象，且"古来"二句与"顾惟"二句对举，意自完备，而"干戈"二句若无"蛟龙"二句作为补充则嫌太秃，因此仍以仇兆鳌的如下解释为是："各四句转意。言避乱播迁，如蛟龙黄鹄之纵游。"

这年春天，以梓州为中心，辗转各地，够老杜折腾的了。自从春末回到梓州，整个夏天他似乎没再到别处去。他写过一首《陪章留后侍御宴南楼得风字》诗，黄鹤认为：宝应元年及广德元年春，守梓州者乃李使君。是年夏，守梓州乃章侍御。此当是广德元年夏作。诗说：

"绝域长夏晚，兹楼清宴同。朝廷烧栈北，鼓角漏天东。屡食将军第，仍骑御史骢。本无丹灶术，那免白头翁？寇盗狂歌外，形骸痛饮中。野云低度水，檐雨细随风。出号江城黑，题诗蜡炬红。此身醒复醉，不拟哭途穷。"章侍御是章彝。章彝事迹不详，《旧唐书·严武传》载："(武)前后在蜀累年，肆志逞欲，恣行猛政。梓州刺史章彝，初为武判官；及是，小不副意，赴成都，杖杀之。由是威震一方。"章彝的遭杖杀，在明年(广德二年，七六四)二月严武再镇蜀时。章彝"初为武判官"，当是严武前为东川节度使时事。杜集诸注家多认为：前年(上元二年，七六一)年底，严武权令两川都节制。去年(宝应元年，七六二)六月，严武被召还朝，西川节度高适代之，东川节度虚悬，以章彝为留后。至广德二年（七六四）正月，东西两川始合为一道，以严武为节度（详第十四章第二节）。这些看法基本上是正确的。东川节度使府驻梓州。据诗中"屡食将军第，仍骑御史骢"二句，可见老杜这两年在梓州与章彝早就有来往，而且还受到章彝的优待。今年入夏以来集中涉及章彝的诗甚多，或称之为"留后侍御"，或"留后"，或"梓州"，或"使君"，总之不外乎《冬狩行》原注"时梓州刺史章彝兼侍御史留后东川"所记章彝的本兼各职。留后、侍御的职位当在他出任梓州刺史之前已经有了，只是一为留守官，一为虚衔，在州里地位不算最显要，因此，当实授刺史后，他才正式出面开展起各种盛大的官场应酬活动来了。这也许是此前老杜诗中之所以没写到他的一个小小理由吧。这次章彝宴客，时间是一个夏天的傍晚，地点在梓州南门城楼之上，席上还分韵赋诗，老杜得"风"字，写了这首五言排律，抒发世乱途穷之恨。《汉书·张良传》载：张良说高祖烧绝栈道。《太平寰宇记》载：邛都县漏天，秋夏长雨。《资治通鉴》载：上元二年二月，奴剌、党项寇宝鸡，烧大散关。仇兆鳌说发端"绝域"四句是登楼而感世乱：朝廷在烧栈之北，叹长安未平；鼓角在漏天之东，恐梓州多事。《资治通鉴》载：广德元年七月，吐蕃入大震关，陷兰、廓、河、鄯、洮、岷、秦、成、渭等州，尽取河西、陇右之地。这就是写作这诗一个多月以后发生的事。可见写诗时蜀地备蕃方急，故有"鼓角漏天东"之句。接着就进一步自写牢骚：我屡次承将军您邀请去府上参加宴会，又备受优待让我骑着您御史的骢马回家。可叹我衰朽无能，哪里真有什么不老仙丹能免生白发？且将寇盗付诸狂歌以外，任形骸寄寓在痛饮之中。看那野云低飞度水，檐雨细洒随风，这楼前景色不是也可娱情么。军中发出口令江城已经天黑了，宾主分韵题诗蜡烛光照得满堂红。我身托醉乡醒了又醉，我不打算学那个阮籍痛哭途穷。

杨伦说:"诗之豪放不必言,通首格律甚细。"李义山《杜工部蜀中离席》"座中醉客延醒客"也在"醉""醒"二字上作文章,而与"此身醒复醉"意趣各别,参读颇觉有味。

入夜雨止月出,主人又命移席于楼外城头瞭望台之上继续饮酒赋诗,老杜作《台上得凉字》说:

"改席台能迥,留门月复光。云霄遗暑湿,山谷进风凉。老去一杯足,谁怜屡舞长。何须把官烛,似恼鬓毛苍。"将酒席移到瞭望台上看得更远,留着灯火辉煌的城楼的门不关,又有月光,外面也还亮堂。云霄消除潮湿的暑气,山谷那边吹来凉风。年老易醉只要一杯就足够了,谁还有兴致去欣赏那接二连三的歌舞表演。这里就不须再点蜡烛了,我嫌它照见我两鬓苍苍。"前首借酒自遣,此首仍不免伤老"(杨伦语),今夜老杜的心境委实不佳。

这年夏秋间老杜所写与章彝等人的应酬诗多无可观,惟《章梓州水亭》原注"时汉中王兼道士席谦在会,同用荷字韵",又诗云"秋水席边多",见秋时汉中王李瑀曾来梓州,老杜又一次得以相会。不久李瑀想又回他的贬所蓬州,老杜听说他新得一子,就寄了两首七绝去表示祝贺:

"云里不闻双雁过,掌中贪看一珠新。秋风袅袅吹江汉,只在他乡何处人。""谢安舟楫风还起,梁苑池台雪欲飞。杳杳东山携妓去,泠泠修竹待王归。(《戏作寄上汉中王二首》。原注:"王新诞明珠。")掌中珠亦称掌上明珠或掌珠,称极钟爱的人。傅玄《短歌行》:"昔君视我,如掌中珠;何意一朝,弃我沟渠。"亦称爱儿。江淹《伤爱子赋》:"痛掌珠之爱子。"白居易《哭崔儿》:"掌珠一颗儿三岁。"后多用为爱女之称。《牡丹亭·训女》:"娇养他掌上明珠。"这里当指爱儿。这两首虽说贺王得子,而一怜己之漂泊,一怜王之远谪,感伤意味还是很浓的。

这一时期写得较有意义的诗篇是《喜雨》《述古三首》和《棕拂子》等。《喜雨》说：

"春旱天地昏，日色赤如血。农事都已休，兵戎况骚屑。巴人困军须，恸哭厚土热。沧江夜来雨，真宰罪一雪。谷根小苏息，㐱气终不灭。何由见宁岁，解我忧思结？峥嵘群山云，交会未断绝。安得鞭雷公，滂沱洗吴越！"篇末原注："时闻浙右多盗贼。"朱注谓：《旧唐书》宝应元年八月，台州人袁晁反，陷浙东州郡。广德元年四月，李光弼讨之。此诗末自注语，正指袁晁。此事韩国磐《隋唐五代史纲》记述颇详，现撮要介绍于后。这是唐中叶最大规模的一次农民起义，始末大致如上引旧史所载。究其起因，实为唐王朝对人民剥削压榨过甚、官逼民反所致。就在起义的这年年初，"租庸使元载以江、淮虽经兵荒，其民比诸道犹有资产，乃按籍举八年租调之违负及逋逃者，计其大数而征之；择豪吏为县令而督之，不问负之有无，资之高下，察民有粟帛者发徒围之，籍其所有而中分之，甚者什取八九，谓之白著。有不服者，严刑以威之。民有蓄谷十斛者，则重足以待命，或相聚山泽为群盗，州县不能制。"（《资治通鉴》卷二二二）当时曾流行一首歌谣说："上元官吏务剥削，江淮之人多白著。"这充分反映了人民反对官府残酷剥削的强烈情绪，可见袁晁所领导的农民起义的爆发决非偶然。袁晁原是小吏胥，官府强迫他去捕捉反抗横征暴敛的农民，由于他同情农民受到鞭背的刑罚，于是不得不进行武装斗争："袁晁本一鞭背吏，禽贼有负，聚其类以反。"（《新唐书·韩滉传》）起义军发难于浙东海上的翁山县，随即攻克台州，赶走刺史史叙，并在这里建立政权，建元宝胜，以建丑为正月，设置公卿数十人，用的都是农民。起义爆发后，"民疲于赋敛者多归之"（《资治通鉴》卷二二二），很快聚集到数万人，力量最盛时达到二十万余人，完全占有浙东地方："袁晁乱台州，连结郡县，积众二十万余,尽有浙东之外。"(《册府元龟·立功》)正由于起义的规模很大,又占领了唐王朝赖以搜括财粮的浙东诸州,朝廷就命李光弼分兵遣将,竭尽全力将起义镇压下去了。杜甫《喜雨》"安得鞭雷公,滂沱洗吴越"二句,就是表示希望平定袁晁所领导的农民起义,这是毫无疑义的。那么,我们今天应该怎样对待这两句诗呢?我看既不能像有的注本那样只说"滂沱"句就是天雨洗兵的意思,甚至引了原注也不挑明,企图回避这个颇为棘手的问题;也不能抓住这一点不放,攻其一点,不计其余;而应该实事求是地做具体分析。

关于杜甫对待人民的态度,第十三章第十节中已稍加探讨,总的看法是:虽然他不可能从根本上反对剥削和剥削制度,对农民起义也必然抱敌视态度,但由于他久经战乱、沦落下层,他深谙民生疾苦,同情劳苦大众,认识到天下动乱、盗贼丛生的本源在于统治者的骄奢淫逸:"不过行俭德,盗贼本王臣!"并在作品中广泛而深刻揭露了当时那种"朱门酒肉臭,路有冻死骨"、贫富悬殊、苦乐迥异的畸形社会和种种黑暗现实,真心实意、忧愤深广地为人民呼吁。因此,在评价《喜雨》这样一类作品时,既不能有意掩饰作者固有的阶级局限性,又要看到他在思想感情上难能可贵的突破和作品主要倾向所在。就拿这篇《喜雨》来说,诗人因喜雨而起岁旱兵兴之叹,所忧仍在巴人的为天灾人祸所困:"巴人困军须,恸哭厚土热。"在他看来,"巴人"(其实何止"巴人"?只是就他当时耳目所接,"巴人"对他最现成最具体而已。这犹如《枯棕》"嗟尔江汉人,生成复何有"中有"江汉人"一样。"汉"指西汉水,即嘉陵江。"江汉人"即"巴人"。)之所以"困"于"军须",实源于连年用兵。今见安史之乱才平,外患正紧,而袁晁起义之事又起,于是就生出"安得鞭雷公,滂沱洗吴越"的愿望。老杜虽然也认识到"盗贼本王臣"是官逼民反,但一旦见农民起义真正威胁他所隶属的阶级的统治时,他当然希望"鞭雷公""洗吴越",也就是镇压农民起义了。这是他阶级感情的自然流露,显露了他鲜明的阶级烙印,也标志出他同情人民所不能逾越的极度。但是,我们却不能从而认为他同情人民,为人民呼吁,在本篇就是哀巴人为天灾人祸所困的思想感情竟是虚伪的。同情人民是真,希望平定农民起义也不假,这岂不矛盾吗?是的,这是矛盾,而且这矛盾还大得不仅杜甫,也是绝大多数历史上最进步的封建士大夫所不能解决,那么,我们能因他一旦碰到这一矛盾,就一笔勾销他在思想感情上难能可贵的突破,无视他具体作品中的主要倾向么?孙季昭说:"杜诗结语,每用'安得'二字,皆切望之词。'安得广厦千万间,大庇天下寒士俱欢颜''安得壮士挽天河,净洗甲兵长不用',皆是一片济世苦心。"就中"洗甲兵"与"洗吴越"语意最近,而一盼平安史之乱,一望平袁晁起义,二者之间却存在义与不义之别。不过,就全篇而论,《喜雨》的"一片济世苦心"仍然是真切感人的。

《述古三首》多言君臣际会之事。黄鹤认为当是广德元年代宗即位后作于梓州,不为无因。但须补充的是:代宗即位在宝应元年四月;广德元年七月,群臣上代宗尊号曰宝应元圣文武孝皇帝,改元,赦天下,封赏讨史朝义有功诸将等,这时有所感愤而赋诗,最有可能。其一说:

"赤骥顿长缨,非无万里姿。悲鸣泪至地,为问驭者谁?凤凰从东来,何意复高飞。竹花不结实,念子忍朝饥。古来君臣合,可以物理推。贤人识定分,进退固其宜。"所谓"述古",就是借古讽今。《战国策·楚策》:骥服盐车上太行,蹄申膝折,漉汗洒地。中阪迁延,负辕而不能上。伯乐遭之,下车攀而哭之,解纻衣以幂之。骥于是俯而喷、仰而鸣者,何也?彼见伯乐之知己也。《韩诗外传》:黄帝即位,凤凰蔽日而至,止帝东园,集帝梧桐,食帝竹食。旧注多以为此首喻肃宗初立，任用李泌、张镐、房琯诸贤，其后或罢或斥或归隐，君臣之分不终，故言骥非善驭则顿缨，凤无竹实则飞去，君臣遇合其难如此，贤者不可不明于进退之义。这解释倒也切当。只是第二章第三节着重谈过"凤凰——诗人的图腾"，又多次讲到他好以鹰马自况，因此当读了这未逢善驭而顿缨悲鸣的赤骥、这因竹花不实而忍饥高飞的凤凰，就不禁令人想起遭贬华州、漂泊西南的诗人本身来。其二说：

"市人日中集，于利竞锥刀。置膏烈火上，哀哀自煎熬。农人望岁稔，相率除蓬蒿。所务谷为本，邪嬴无乃劳。舜举十六相，身尊道何高。秦时任商鞅，法令如牛毛。"儒者多重农轻商，以农艺谷为本、市争利为末。诗中借前者以喻舜相"八元""八恺"十六才子而致治为知本计，借后者以喻秦任商鞅苛法敛民为趋末，主旨在讽当时的理财者。朱注：是时第五琦、刘晏皆以宰相领度支盐铁使，榷税四出，利悉锥刀，故言为治之道，在乎敦本而抑末。卢注：宝应间，元载代刘晏，专判财利，按籍举八年租调之逋负者，计其大数，籍其所有，谓之白著。故商鞅不专指刘晏、第五琦。后说补充前说，均可参考。其三说：

"汉光得天下，祚永固有开。岂惟高祖圣，功自萧曹来。经纶中兴业，何代无长才。吾慕寇邓勋，济时信良哉！耿贾亦宗臣，羽翼共徘徊。休运终四百，图画在云台。"东汉明帝永平三年（六〇），帝思中兴功臣，乃图画二十八将于南宫云台，以邓禹为首，寇、耿、贾均在其内（见《资治通鉴》）。《杜臆》："其三：言图中兴者，以德泽收人心，而佐以武功。如汉高祖恃有萧（何）、曹（参），萧则养民以致贤；而曹任战，至后为相，亦遵何约束。至光武中兴，有寇（恂）、邓（禹）以当萧何，而耿（弇）、贾（复）以战功羽翼之，犹曹参也。若徒尚干戈，未有能济者。唐有郭（子仪）、李（光弼）可当耿、贾；而运筹帷幄无其人，何以成中兴之业哉！"仇注："今则功臣疑忌，忠如李、郭，尚忧谗畏讥，故借汉事以讽唐。"

这三首诗都只取古人古事相似的一端以讽喻时事，并非全面评价历史，有的观点难免不甚全面，但所议时事中的诸多弊端都深中肯綮。于落拓中仍见伏枥之志及其对朝政的无限关注，殊不易。诗古拙而雄健，其三稍逊。

这种时局之忧、爱民之心、身世之叹在《送陵州路使君之任》中也有所表露："战伐乾坤破，疮痍府库贫。众寮宜洁白，万役但平均。霄汉瞻佳士，泥涂任此身。秋天正摇落，回首大江滨。"《棕拂子》写爱惜为己曾效微力的细物之情，曲折地反衬出他政治上遭遗弃的屈辱心绪："棕拂且薄陋，岂知身效能？不堪代白羽，有足除苍蝇。……吾老抱疾病，家贫卧炎蒸。咂肤倦扑灭，赖尔甘服膺。物微世竞弃，义在谁肯征？三岁清秋至，未敢阙缄縢。"这都是些政治性很强的作品。

六　忧乱筹边

去年重阳节，老杜避乱来梓州，曾作《九日登梓州城》《九日奉寄严大夫》二诗。转眼又是一年，他仍未离开梓州，今日重在涪江之滨高旷处登览，不禁感慨万千，作《九日》说：

"去年登高郪县北，今日重在涪江滨。苦遭白发不相放，羞见黄花无数新。世乱郁郁久为客，路难悠悠常傍人。酒阑却忆十年事，肠断骊山清路尘。"此诗语浅而意深，纯是真情流露。去年在这里登高，今年又在这里登高。满头白发，老不饶人；新放黄花，无颜相赏。世乱久为客，路难常傍人，个中悲辛，难以言喻。酒阑人静，回想起十年前在骊山下面赶路情事，真令我感伤肠断！——

天宝十四载十一月，老杜自京赴奉先县探家，途经骊山，作《咏怀五百字》，距此时仅九个年头，计其成数曰十年。《五百字》中沉痛地慨叹了君臣耽乐之失，流露出担心世乱的隐忧。不久果真爆发安禄山叛乱，至今仍兵戈不息，所以忆之而断肠了。

这年重阳节后不久，老杜又离梓赴阆。[19]"世乱郁郁久为客，路难悠悠常傍人。"一个地方住久了易惹主人生厌，经常换换地方，多少会显得新鲜些。这是寄人篱下者的窍门和悲哀。这也许就是老杜年来萍踪不定的一个原因吧！

黄鹤订《对雨》是老杜将从梓州赴阆州时所作：

"莽莽天涯雨，江边独立时。不愁巴道路，恐湿汉旌旗。雪岭防秋急，绳桥战胜迟。西戎甥舅礼，未敢背恩私。"诗人独自站在江边，凝视着无边的秋雨出神。他马上就要起程倒不愁巴路崎岖泥泞，担心的只是征人逢雨旗湿难行。想到那雪岭防秋正十万火急，绳桥御敌而

---

[19]《少陵先生年谱会笺》："（广德元年）初秋，复别梓赴阆。……秋尽，得家书知女病，因急归梓。《客旧馆》旧次在广德元年梓州诗内，诗有'初秋别此亭'及'寒砧昨夜声'之句。仇曰：'《年谱》谓秋往阆州，冬晚复回梓州。据此诗，则是初秋别梓，秋尽复回也'。多按仇说是矣。《发阆州》曰：'女病要忧归意急，秋花锦石谁能数？别家三月一书来，避地何时免愁苦！'别家三月，与初秋别梓，秋尽复回，时期正合。"所谓"初秋"应指阴历七月，"秋尽"应指九月底。而《九日》明说重阳日在梓州，若以为是刚归自阆州，则（一）不得谓此时为"秋尽"；（二）《九日》"世乱郁郁久为客，路难悠悠常傍人"，不像刚归，倒像将去口吻。更可注意的是这年秋冬之交乃至十一月老杜仍在阆州："是时秋冬交，节ં物颜色昏。天寒鸟兽伏，霜露在草根。"（《阆州东楼筵奉送十一舅往青城得昏字》）"巴山遇中使，云自陕城来。盗贼还奔突，乘舆恐未回。"（《巴山》。此咏十月丙子代宗奔陕州避吐蕃事。十二月丁亥代宗奔陕州，甲午至长安。黄鹤注：此是广德元年十一月在阆州作。阆居巴子之国，故曰"巴山"。）老杜此年阆州之作不少，多写深秋或初冬景色，如"万壑树声满，千崖秋气高"（《王阆州筵奉酬十一舅惜别之作》）、"送客苍溪县，山寒雨不开。……青惜峰峦过，黄知橘柚来"（《放船》）、"遥空秋雁灭，……寒花只暂香"（《薄游》），等等，若采仇说，则不易编次（因为即使订《九日》为刚自阆归梓之作，则此前在阆州时不大可能看到这些诗句中所描绘的景色）。仇兆鳌虽提出异议（并非没有道理，待考），而这一段时期内的作品编次仍一如其旧，并未有所更动，可能他已发现上述这种种问题。这是他慎重的地方。

获胜无期，这形势真令人焦虑。或许吐蕃尚念甥舅之礼（详第十一章第五节《秦州杂诗》其十八有关笺注），未敢背我国恩，到底吉凶如何，谁也难以预料！《秦州杂诗》其十八斥责外甥不该打舅舅："西戎外甥国，何得迕天威？"如今吐蕃已尽取河西、陇右（包括秦州、成州在内）之地，马上就要打到长安，把皇帝赶跑了，老杜还念念不忘昔日舅甥之国的礼与情，并寄希望于万一，这种妄自尊大的心理，这种书生之见，真是够可以的了。这诗前半甚佳，不止"起句苍凉雄浑"（杨伦评），颔联亦见此老忧时急难之情。仇兆鳌按："宋僧惠崇诗'剑戟明山雪，旌旗湿海云'，正用杜湿旌旗语也。"

到了阆州，一天薄暮，老杜在城边嘉陵江边漫步，见江水长流，山云遮目，又引起下峡还乡之念。想到至今仍羁留未去，到处傍人门户、混迹公府，犹如寒花隐草、归鸟择枝一般[20]，他就不觉沉浸在悲秋叹老的痛苦之中了：

"江水长流地，山云薄暮时。寒花隐乱草，宿鸟择深枝。故国见何日？高秋心苦悲。人生不再好，鬓发自成丝。"（《薄暮》）

老杜在阆州的居停主人，还是那位今年春天在李梓州酒筵上结识、随即邀老杜去阆州做客的阆州王刺史（详本章第三节、第四节）。这时老杜的崔氏二十四舅奉使还京后随即又诏除青城（今四川灌县）县令，打阆州经过，老杜作《阆州奉送二十四舅使自京赴任青城》，为他以京官而外授深感惋惜。虽未明言，崔令过境王使君当为东道主。不久，老杜的十一舅又经此往青城去探望二十四舅，即由王使君设筵款待。十一舅席间赋诗惜别，老杜的和章《王阆州筵奉酬十一舅惜别之作》颇佳：

"万壑树声满，千崖秋气高。浮舟出郡郭，别酒寄江涛。良会不

---

[20] 仇注："晚花隐色，喻己之混迹；夕鸟归林，方己之避乱。此虽写景，兼属寓言。"

复久，此生何太劳！穷愁但有骨，群盗尚如毛。吾舅惜分手，使君寒赠袍。沙头暮黄鹤，失侣亦哀号。"这诗起得陡健悲凉，中亦苍老遒劲，以沙头失侣黄鹤暮景收束，情景交融，感人至深。"吾舅"二句有歧解。施鸿保说："（仇）注：舅有分手之诗，王有寒袍之赠，两感其意。又云：赠袍是言赠己，非是赠舅，赠舅不烦公代谢矣。今按下云'沙头暮黄鹤，失侣亦哀号'，明以黄鹤自比，云'亦'，是谓王与舅赋诗赠袍，恋恋相别，而自顾独身留寓，若黄鹤之亦失侣也。若以赋诗赠袍，就自己说，则下句'亦'字解不去矣，且诗但叙王与舅之交情，并未有代谢意。"施说较佳。陈师道说："世称杜牧'南山与秋色，气势两相高'为警绝，而子美才用一句，语益工，曰'千崖秋气高'也。"（《后山诗话》）接着又在阆州城东门楼上设宴为崔十一饯行（主人当仍为王刺史），老杜作《阆州东楼筵奉送十一舅往青城得昏字》一再表示哀时惜别之意。崔十一得知其弟崔二十四去青城赴任，随即前往探视，可见崔十一当在东川一带宦游。前年（上元二年）春天，老杜作《客至》，题下原注："喜崔明府相过。"邵宝说："公母崔氏，明府，其舅氏也。"未知崔十一即此崔明府否。

不久，老杜送客去了趟在阆州以北四十里的苍溪县（今四川苍溪）。去是骑马，回因下雨路滑改为坐船，作《放船》说：

"送客苍溪县，山寒雨不开。直愁骑马滑，故作放舟回。青惜峰峦过，黄知橘柚来[21]。江流大自在，坐稳兴悠哉！"苍溪县因县

---

[21] 楼钥说："尝与蜀黄文叔裳食花椑，因问蜀中有此乎？曰：'此物甚多，正出阆州。杜诗所云"黄知橘柚来"，误矣。曾亲到苍溪县。顺流而下，两岸黄色照耀，直似橘柚，其实乃此椑也。问之土人，云：工部既误，有好事者欲为解嘲，于其处大种橘柚，终非土宜，无一活者。'"（仇注引）或果真如此，但这是作诗，在诗人印象中是橘柚，便是橘柚了。椑即椑柿。实似柿而青，汁可制漆，常用于制雨伞，也叫漆柿。椑柿不黄，何由错误？或谓此处之"椑"实指黄柿，不必死抠字眼。那么，对诗人的印象也不宜死抠。因为这是写诗，并不是在作植物地理学考察。如果老杜当时查清此黄者乃椑柿而非橘柚，改为"黄知椑柿来"，又有何意味？

界苍溪谷得名，城在嘉陵江边，乘船顺流而下直达阆州。青的是峰峦，黄的是橘柚，没看清楚，更来不及欣赏，船就一闪而过，可见川江湍急、下水行船的迅疾，可见诗人稳坐船头顾盼自若、应接不暇的神情和暂忘愁苦、胸襟顿开的逸兴。

这一时期写的《薄游》淡而有味，复寓深愁："淅淅风生砌，团团日隐墙。遥空秋雁灭，半岭暮云长。病叶多先坠，寒花只暂香[22]。巴城添泪眼，今夕复清光。"出之于"偶然率笔"的《严氏溪放歌行》，则愤然见其按捺不住的满腹牢骚和旅阆生活之一斑：

"天下兵马未尽销，岂免沟壑常漂漂？剑南岁月不可度，边头公卿仍独骄。费心姑息是一役，肥肉大酒徒相要。呜呼古人已粪土，独觉志士甘渔樵。况我飘蓬无定所，终日戚戚忍羁旅。秋宿霜溪素月高，喜得与子长夜语。东游西还力实倦，从此将身更何许？知子松根长茯苓，迟暮有意来同煮。"严氏是阆州大姓，溪因其族为名（详仇注）。一天，老杜去严氏溪看一位隐者，在他家住了一夜，谈了一夜的话，意犹未尽，临别就写诗相赠说：战争未全平息，仍不免流离失所、死填沟壑之忧。入蜀以来的日子真不好过，边远地区的公卿又是何等地骄矜！别瞧他们对你很尽心很体贴。其实骨子里还不是把你看作供役使的一名清客，只不过拿大块肉大碗酒邀请你去吃呀喝呀的，满足你口腹之欲而已。可叹那些真正爱惜人才的古人早已化为粪土，有志之士没别的路好走，就心甘情愿归隐渔樵了。何况我漂流不定，整天郁郁不乐地在忍受着羁旅的愁苦。秋天明月高照的夜晚住宿在霜溪旁您的隐居，真高兴得以同您谈了半宿话。我前不久从西边来转眼又将回到西边去，老是这样在梓、阆之间转游，折腾得我精疲力倦了，今后

---

[22] 杨伦说："李商隐《属疾》诗'秋蝶无端艳，寒花只暂香'，全用杜语。"

此身更将何处去？得知您这儿松根生长茯苓，我真想留在这儿同您煮食这"能断谷不饥"（《本草》）的灵药了此余生。——倾吐心曲，率真感人，这是这诗成功的地方。"费心姑息是一役"，句晦难解。旧注谓以一役夫待人，仇氏非之。[23] 案《汉书·张耳陈馀传赞》："其宾客厮役，皆天下俊桀。"即以"宾客""厮役"同列。老杜游于州邑守令之门，居于清客地位，出言愤激，谓"是一（厮）役"，亦无不可。旧注不可非。

这年十月，吐蕃进犯奉天、武功，京师震骇。诏以雍王李适为关内元帅，郭子仪为副元帅，治军以御之。西川节度使高适"练兵于蜀，临吐蕃南境以牵制之"（《旧唐书·高适传》）。老杜这时正为边患焦心，忽闻"高公适领西川节度"（《警急》题下原注），很是振奋，作《警急》说：

"才名旧楚将，妙略拥兵机。玉垒虽传檄，松州会解围。和亲知计拙，公主漫无归。青海今谁得？西戎实饱飞。"高适曾为扬州大都督府长史、淮南节度使，讨永王李璘有功。扬州和淮南古为楚地，故称之为"旧楚将"。玉垒山有二，一在四川理县东南新保关，一在四川灌县西北。此指前者，为蜀中通往吐蕃的要道。这诗上半寄厚望于高适，下半忧吐蕃的入侵：高公旧是楚中名将，才略自足控制边疆。虽然玉垒山那边军情紧急、羽檄频传，我相信被敌军围困的松州（今四川松潘县）定能解围。当年将金城公主嫁到吐蕃，竟不能免其入侵，可见和亲的计策也太拙劣了。青海如今已落到了他们的手中，这吐蕃犹如吃饱了的老鹰再也无法羁绊。"西戎甥舅

---

[23]《杜臆》："'费心姑息'二句，正见公卿之骄，言公卿费心，不过如小人爱人以姑息。肥肉大酒，用以相要，徒以此一役了事而已。盖有虚礼，无真情能爱人以德也。"通释大意，颇佳，惟解"一役"似不甚切，仇氏引此，以为确解，仍可商榷。

礼，未敢背恩私。"老杜的这个妄望终于在现实面前幻灭了。

不久蜀军失利，松州吃紧，老杜连作《王命》《征夫》《西山三首》，评议战局，宣泄忧伤。《王命》说：

"汉北豺狼满，巴西道路难。血埋诸将甲，骨断使臣鞍。牢落新烧栈，苍茫旧筑坛。深怀喻蜀意，恸哭望王官。"《诗经》有"王命南仲""王命召伯""王命申伯"等语，谓王朝命将、命臣。题名"王命"，表示盼望命将以镇抚西蜀。这两年吐蕃尽有陇西之地，并继续东侵。陇西在汉水上游之北，故称"汉北"。"巴西"，古郡名，治所在阆中（今阆中）。辖境相当今四川阆中、武胜以东，广安、渠县以北，万源、开江以西地区。案《征夫》"漂梗无安地，衔枚有荷戈"，意谓节节失利，征夫疲于东奔西走。据此则知"巴西道路难。"当指东川路远，从此间调兵增援，恐难及时赶到。"血埋"句，谓诸将浴血战斗。"骨断"句，极言使臣劳顿，当指今年四月出使吐蕃被扣留的李之芳等。郭子仪闲废日久，部曲离散，到今年十月代宗命为副元帅，出镇咸阳以御敌，始召募士卒，得二十骑而行。旧注一说以为"苍茫"句即指此而言。"苍茫"犹苍黄（同仓皇），表示怀念旧帅郭子仪之意。一说可能是怀念严武，因为自从去年他奉诏还朝后蜀中即多变乱。汉武帝时，唐蒙奉命通夜郎，征发巴蜀吏卒，并诛杀当地官民，巴蜀人大为惊恐。于是武帝派司马相如谴责唐蒙，并且告喻巴蜀人，说唐蒙的所作所为，非朝廷本意。朱注："王官"当指严武。吐蕃围松州，高适不能制，故蜀人思得武以代之。这诗着重叙时事，末望朝廷派员来蜀安边：汉水上游以北到处都是敌人，巴西道路崎岖援兵开拔艰难。不管是和还是战都不成功，血浸透了诸将的铠甲，使臣们的骨头几乎给马鞍子颠簸折了。为了阻敌被官军烧断的栈道零乱参差，听说旧日的元戎在仓猝中又筑坛挂帅了。我多么怀念武帝当年派司马相如来喻蜀的深意，如今这儿的人民正恸哭着盼望王官的到来。《征夫》则专伤征人的丧败：

"十室几人在？千山空自多。路衢唯见哭，城市不闻歌。漂梗无安地，衔枚有荷戈。官军未通蜀，吾道竟如何！""枚"，形如箸，两端有带，可系于颈上，古代进军袭击敌人时，常令士兵衔在口中，以防喧哗。《周礼·夏官·大司马》："徒衔枚而进。"《汉书·高帝纪上》："章邯夜衔枚击项梁定陶，大破之。"都当兵去了，十家到底留下来几个人呢？人少了山就显得更多。道路上、城市里到处只听见哭声，听不见歌声。征夫们东奔西走，衔枚荷戈，但敌强我弱，难以招架。如果官军再不打通道路前来救援，那么巴蜀的前途就不堪设想了。——发端触目惊心，通篇咏叹沉痛。五句、八句一说是老杜自叹流寓，有走投无路之感。《西山三首》叙松州被围时事和诗人的深忧。其一说：

"夷界荒山顶，蕃州积雪边。筑城依白帝，转粟上青天。蜀将分旗鼓，羌兵助铠铤。西南背和好，杀气日相缠。""西山"，这里泛指岷山。《元和郡县志》：岷山即汶山，南去青城山百里，天色晴明，望见成都。山顶停雪，常深百丈，夏日融泮，江川为之洪溢，即陇之南首。《图经》岷山巉绝崛立，实撑阻羌夷，全蜀倚为巨屏。西山既如此重要，故借作诗题，表现诗人对西山战事的极端关注。那荒山顶就是双方的分界，蕃州就在这个长年积雪的山的那一边。依傍着白帝所管辖的西方筑起军城，运给养来，真如太白所说，"蜀道之难难于上青天"。蜀将分出军队来增防，友好的羌兵也来助战。他们既然背弃了和平友好，就毫不奇怪西山一带日夜为杀气相缠了。三城指西山松、维、保三州军城（详第十四章第二节）。明年（广德二年，七六四）老杜在严武幕中作《东西两川说》："闻西山汉兵，食粮者四千人，皆关辅山东劲卒，多经河陇幽朔教习，惯于战守，人人可用。兼羌[24]堪战子弟向二万人，实足以备边守险，脱南蛮侵掠，邛、雅子弟不能独制，但分汉劲卒助之，不足扑灭，是吐蕃凭陵，本自足支也。……顷三城失守，罪在职司，非兵之过也，粮不足故也。"据此知：（一）守备西山的骨干力量是来自关辅、山东的职业汉兵，而那近二万的羌族子弟也有一定战斗力，但须分配一些职业汉兵去协同作战；（二）依靠这二万四千汉羌兵卒，本可固守西山，而其后三城之失，主要是官府失职，给养供应不足的缘故。老杜虽在诗中说筑城西山，运粮不易，但不仅不反对在此筑城备防，后来还谴责官府供粮不足而导致三城之失。与之恰相反，高适则以无人之乡无军事价值，和山路崎岖运粮不易为由，力主减削三城戍兵："平戎以西数城，邈若穷山之巅，蹊隧险绝，运粮于束马之路，坐甲于无人之乡。"（《请减三城戍兵疏》）当时高适是蜀中最高军政长官，因此，对于三城之失，他既要负军事上的责任："吐蕃陷陇西，渐逼京畿，适练兵于蜀，临吐蕃南境以牵制之，师出无功，而松、维等州，寻为蕃兵所陷"（《旧唐书·高适传》），又要负忽视边防、支前不力的政治责任。《杜臆》："'筑城''转粟'，见谋国者之失算。高适谏之不听，则有分其过者矣。"（仇注引，今本无）高适之谏正确与否当作别论，但以为老杜和高适，在"筑城""转粟"的问题上见解一致，则显然与事实不符。其二记松州之围：

"辛苦三城戍，长防万里秋。烟尘侵火井，雨雪闭松州。风动将军幕，天寒使者裘。漫山贼营垒，回首得无忧？""匈奴草黄马正肥"（岑参句），古代西北和北方游牧民族的贵族武装多在秋季发

---

[24]"羌"，一作"羗"。仇兆鳌以为作"羗"误。据后"窃恐备吐蕃在羌，汉兵小昵，而衅隙随之矣。……明其号令，一其刑罚，申其哀恤，致其欢欣，宜先自子弟始"云云，知"羌子弟"即前之"羌堪战子弟"，当以"羌"字为正（"羌""羗"形近而误）。

动进攻，对之加以防守，谓之"防秋"。《唐国史补》："浑瑊太师，年十一岁，随父释之防秋。朔方节度使张齐邱戏问曰：'将乳母来否？'其年立跳荡功。后二年，拔石堡城，收龙驹岛，皆有奇功。"高适《九曲词》："青海只今将饮马，黄河不用更防秋。"老杜《对雨》："雪岭防秋急，绳桥战胜迟。"又《寄董卿嘉荣十韵》："闻道君牙帐，防秋近赤霄。下临千仞雪，却背五绳桥。"知"防秋"是当时边防上的专用名词。"辛苦三城戍，长防万里秋"，见老杜对"三城戍"在西北漫长防线上重大战略价值的肯定，可为前论他与高适对有关问题看法不同的补充例证。"三城戍"既如此重要，现今吐蕃已侵入维州、保州以东的火井县[25]，围住了松州，战不胜，和不成，只见敌营满山，这形势怎教人不担忧呢？于是其三即专忧松州的将陷：

"子弟犹深入，关城未解围。蚕崖铁马瘦，灌口米船稀。辩士安边策，元戎决胜威。今朝乌鹊喜，欲报凯歌归。"浦起龙说："公《两川说》有邛、雅子弟，羌子弟，皆以备蕃者。"《太平寰宇记》载：蚕崖关在导江县（故治在今四川灌县东二十里）西北四十七里，灌口镇在县西六十里。《方舆胜览》：淳熙五年，胡元质奏：唐之季年，吐蕃入寇，必入黎、文。南诏入寇，必入沈、黎。吐蕃、南诏合入寇，必出灌口。沈、黎两州，去成都尚千里，关隘险阻，足以限隔。惟灌口一路，去成都止百里，又皆平陆，朝发夕至。威、茂两州，即灌口之蔽障。三句言兵疲，四句言粮尽。这诗前半甚忧战局的危急；后半强作自宽之词，希冀或和或战，必有一得，不妨静待灵鹊报凯旋喜讯。

杜甫有《为阆州王使君进论巴蜀安危表》，甚有参考价值，现

---

[25] 火井县，故治在今四川邛崃县西南八十里。县有火井。

摘录于下：

"惟独剑南，自用兵以来，税敛则殷，部领不绝，琼林诸库，仰给最多。……近者贼臣恶子，频有乱常，巴蜀之人，横被烦费。……吐蕃今下松、维等州，成都已不安矣。……况臣本州，山南所管，初置节度，庶事草创，岂暇力及东西两川矣？伏愿陛下……度长计大，速以亲贤出镇，哀罢人以安反仄。犬戎侵轶，群盗窥伺，庶可遏矣。……必以亲王委之节钺，此古之维城磐石之义，明矣。陛下何疑哉？在选择亲贤，加以醇厚明哲之老，为之师傅，则万无覆败之迹，又何疑焉。其次付重臣旧德、智略经久、举事允惬、不陨获于苍黄之际、临危制变之明者，观其树勋庸于当时，扶泥涂于已坠，整顿理体，竭露臣节，必见方面小康也。今梁州既置节度，与成都足以久远相应矣。东川更分管数州于内，幕府取给，破弊滋甚。若兵马悉付西川，梁州益坦为声援，是重敛之下，免出多门，西南之人，有活望矣。必以战伐未息，势资多军，应须遣朝廷任使旧人，授之使节；留后之寄，绵历岁时，非所以塞众望也。臣于所守封界，连接梓州，正可为成都东鄙，其中别作法度，亦不足成要害哉，徒扰人矣。伏惟明主裁之。敕天下征收赦文，减省军用外，诸色杂赋名目，伏愿省之又省之，剑南诸州，亦困而复振矣。将相之任，内外交迁，西川分阃，以仗贤俊。愚臣特望以亲王总戎者，意在根固流长，国家万代之利也，敢轻易而言。次请慎择重臣，亦愿任使旧人，镇抚不缺。借如犬戎俶扰，臣素知之。臣之兄承训，自没蕃以来，长望生还，伪亲信于赞普，探其深意，意者报复摩弥青海之役决矣。同谋誓众，与前后没落之徒，曲成翻动，阴合应接，积有岁时。每汉使回，蕃使至，帛书隐语，累尝悬论。臣皆封进上闻，屡达臣兄承训忧国家缘边之急，愿亦勤矣。况臣本随兄在蜀，向二十年。兄既辱身蛮夷，相见无日，臣比未忍离蜀者，望兄消息时通。……昨窃闻诸道路云：吐蕃已来，草窃岐陇，逼近咸阳。"老杜不善为文，往往语助词使用不当，又意重字涩，读起来颇感困难。但若细加琢磨，主要论点还是清楚的。

杜甫在这篇表章中，代阆州王刺史向代宗提出了四点建议：（一）无论从军事上还是从财政收入上看，巴蜀的地位都很重要。今吐蕃已攻下松、维等州，成都受到威胁，形势极其严重，朝廷应赶快选派贤明的亲王，由老成持重、明达事理的师傅辅助，前来坐镇，御敌安民。这是上策。（二）如果不能选派亲王，退而求其次，也应派德高望重、遇事沉着、经验丰富的大臣来扭转颓局，整顿政治。这也有可能出现小康局面。（三）既然新近在梁州设置了山南西道节度使府作为成都的接应，那么，就可撤销东川节度使府的建制，将东川所领兵马通通交付西川统辖，这样既可加强西部边防力量，又可减轻多一"幕府取给"所加给巴蜀人民的负担。（四）即使出于军事需要东川暂时不能撤销，那就应该派遣有经验的人来做节度使。像现在这样将东川交付给留后，拖延一年多还不见派人来，这是有失众望的。（五）下诏减省天下除军用外诸色杂赋。——既然为王刺史代拟论事表章，当然其中有王刺史本人的意见，起码所有论点都得到王刺史的同意。但这种深沉的忧国忧民的思想感情，和重视"三城戍""深怀喻蜀意，恸哭望王官"，以及呼吁解除"巴人困军须"之苦等具体看法，却是杜甫一再在他诗中表现出来的。因此上述五个基本论点，也可同时看成是杜甫的。安禄山反，房琯为玄宗制置天下，乃以永王为江南节度，颍王为剑南节度，盛王为淮南节度。后贺兰进明以此向肃宗进谗，房琯乃得罪遭贬（详第十章第一节）。杨伦于"必以亲王委之节钺"下加按语说："与房琯所建正同。"老杜见肃宗已卒，代宗初立，加之西蜀垂危，就不失时机地假王刺史之表章，又重弹他们房琯一派"此古之维城磐石之义""根固流长，国家万代之利"的旧调，还提出"加以醇厚明哲之老，为之师傅"的建议，这种企图恢复分封制度的想法，无疑是落后的也是行不通的，但可从而看出他对政见的执着和对自己的政治前途尚存幻想。这就难怪他始终存伏枥之志，不满意他所投奔的州县长官徒以酒肉相待了。今年（广德元年）十月，戊寅，吐蕃入长安。表末段说："昨窃闻诸道路云：吐蕃……逼近咸阳。"音讯传到阆州稍需时日，此表当作于十月长安失守前后，而此时西山三城已为吐蕃所陷，直接威胁到成都了。史传只载高适"练兵于蜀，临吐蕃南境以牵制之，师出无功，而松、维等州寻为蕃兵所陷"，前已指出吐蕃逼京畿和高适练兵于蜀均在这年十月，现在则可进一步明确松、维等州之围、之陷亦当在十月。《资治通鉴》载："（广德元年，十二月）吐蕃陷松、维、保三州及云山新筑二城，西川节度使高适不能救，于是剑南西山诸州亦入于吐蕃矣。"新筑二城当陷于十二月。此或就西山诸州最后通通陷落的日期而言。老杜之于高适，此前此后都是很友好很有感情的。但秉公而论，他对高的忽视"三城戍"，以及临阵磨枪、仓猝出战而丢失松、维等州，却是很不满意的。他在表中先叙述了"吐蕃今下松、维等州，成都已不安矣"的危急局势，然后在退而求其次的建议中请求皇上以剑南节度使之任，"付重臣旧德、智略经久、举事允惬、不陨获于苍黄之际、临危制变之明者"。这里他并没点名批评高适，只是正面提出将来的剑南节度使应该具备哪些条件，那么，岂不等于说当前的这位弃城败绩的节度使，恰恰相反，是个"举事（不）允惬""陨获于苍黄之际""临危（无）制变之明"的人么？他认为除了贤明的亲王，应该派"智略经久"的"重臣旧德"，"应须遣朝廷任使旧人"来充当剑南节度。他这么说，心目中总该闪现出一位合适人选的影子吧？我看，这影子定是严武无疑。了解这，了解他对他们旧政见的坚持，了解他对自己政治前途的幻想，这多少有助于说明他何以得知严武再度镇蜀即放弃准备就绪的下峡之计，何以入严武幕，又何以失望辞归。

这表除了帮助了解老杜当时的思想感情和政治见解，供阅读这一时期有关诗篇作参考外，还可据以判断史实：

一、朱注：阆州，《旧书》《通典》《通志》，俱属剑南东道。《新书》，属山南西道。此云本州山南所管，与《新书》合。《新唐书·方镇表》：广德元年，升山南西道防御守捉使为节度使，寻降为观察使，领梁、洋、集、壁等十三州，治梁州。

二、两《唐书·严武传》都说玄宗诏合剑南东西两川为一道。玄宗卒于宝应元年（七六二）四月，则合两川当在此以前。《资治通鉴》谓合两川为一道在广德二年（七六四）正月，以黄门侍郎为节度使。《考异》以为后说为是。（详第十四章第二节）老杜《为阆州王使君进论巴蜀安危表》当作于广德元年（七六三）十月，此时尚分东、西川两节度使府，故有撤销东川使府之议。可见合两川决不如两《唐书》所说在此前玄宗在世时，而《资治通鉴》所主在此后广德二年正月之说为是。

最有趣的是，这表还为我们提供了唐代间谍活动情况之一例。原来王刺史是跟随他哥哥王承训到巴蜀来的，到现在将近二十年了。从"意者报复摩弥青海之役决矣"的话看，王承训一定是个在以前某一战役中败绩"没蕃"[26]的将军。他为了报仇雪耻，就假装

---

[26]"没蕃"是专指唐朝军民因战败或失地而陷没吐蕃的词儿。张籍《没蕃故人》："前年伐月支，城下没全师。蕃汉断消息，死生长别离。无人收废帐，归马识残旗。欲祭疑君在，天涯哭此时。"白居易《新乐府·缚戎人》："自云乡管本凉原，大历年中没落蕃。一落蕃中四十载，遭著皮裘系毛带。惟许正朝服汉仪，敛衣整巾潜泪垂。誓心密定归乡计，不使蕃中妻子知。（有李如暹者，蓬子将军之子也。尝没蕃中。自云：蕃法，惟正岁一日，许蕃人之没蕃者服唐衣冠。由是悲不自胜，遂密定归计也。）……没蕃被囚思汉土，归汉被劫为蕃虏。早知如此悔归来，两地宁如一处苦。"可参看。

归顺，并取得了赞普（吐蕃君长的称号）的信任，窥探他的意图。他还跟同时没蕃的人暗中组织起来，准备随时采取行动，里应外合。每有汉使回朝或蕃使入朝，他总要托他们带平安家信给他弟弟王刺史，用现代的话说，其实里面都藏有"密码情报"（即表中所说的"隐语"）。每次王刺史得到隐语书信，解出后随即呈报朝廷。王刺史说，他们一直就是这样做的，他之所以不愿离蜀，主要是为了同他哥哥王承训保持秘密通讯联系、为国效忠的缘故。——没想到王刺史竟是个特殊人物！老杜能替他起草上述在当时具有"绝密"性质的表章，可见二人关系的不同寻常。老杜常为自己"未有涓埃答圣朝"（《野望》）而深感内疚，我想他是很乐意从思想上从行动上影响并帮助像王刺史这样的特殊人物，以期对时政多少有所裨益。今年老杜两次来阆州，明年一开春又来阆州，这固然主要是为生计所迫、为下峡做准备，但也应看到他跟王刺史比较相投，想通过王起微小作用，以期"有涓埃答圣朝"的主观因素在内。

这年十月，乙亥，吐蕃进犯盩厔，渭北行营兵马使吕月将被擒。朝廷至此方治兵，而吐蕃已渡便桥，仓猝不知所为。丙子，皇上奔陕州，官吏藏窜，六军逃散。戊寅，吐蕃入长安。郭子仪等派兵在长安内外虚张声势以惑敌。庚寅，吐蕃全部奔长安遁逃。十二月，丁亥，代宗离陕州；甲午，至长安。大约在十一月，老杜在阆州遇到从陕州来的中使，得知京陷帝奔，如今吐蕃很猖獗，皇上恐怕还未回銮。诗人听了大为震惊，想到陕州府署西南隅有邵伯甘棠树（见《九域志》），华州华阴县有汉武帝所建望仙台（见《三辅黄图》），当此动乱之际，不禁令人起天寒地阔之感，而那满朝文武，狼狈逃窜于风尘之中，眼下又在何处？将这些感慨用诗歌表现出来，就是：

"巴山遇中使，云自陕城来。盗贼还奔突，乘舆恐未回。天寒邵伯树，地阔望仙台。狼狈风尘里，群臣安在哉？"（《巴山》）仇兆鳌说:"吐蕃入寇,征兵不应,官吏奔散。曰群臣安在,讥文官不能扈从,武将不能御敌也。"老杜还听说代宗将从陕州逃往江陵,就作《江陵望幸》,表达自己对皇帝安全的关心(其实代宗并无江陵之行)。之后,老杜又作《遣忧》说:

"乱离知又甚,消息苦难真。受谏无今日,临危忆古人。纷纷乘白马,扰扰著黄巾。隋氏留宫室,焚烧何太频!"是年四月,郭子仪数上言:"吐蕃、党项不可忽,宜早为之备。"十二月,代宗还京,郭子仪率城中百官及诸军迎于浐水东。皇上慰劳子仪说:"用卿不早,故及于此。"(见《资治通鉴》)卢世㴐认为代宗之劳子仪,犹明皇之思九龄。不忍明言,托之古人,故有"受谏无今日,临危忆古人"之句。《梁书·侯景传》载普通中童谣有云"青丝白马寿阳来",后侯景果乘白马,兵皆青巾。东汉末年太平道首领张角领导的农民起义,徒众皆以黄巾裹头,被称为"黄巾军"。是年十月,吐蕃寇泾州,刺史高晖以城降之,遂为之向导。代宗奔陕州,车驾才出苑门,渡浐水,射生将王献忠拥四百骑叛还长安,胁丰王李珙等十王西迎吐蕃。十一月,宦官广州市舶使吕太一发兵作乱(同上)。这些都是"纷纷乘白马,扰扰著黄巾"所咏叹的内容。《资治通鉴》载吐蕃入长安,"剽掠府库市里,焚闾舍,长安中萧然一空",又引柳伉疏载"劫宫闱,焚陵寝",不载焚烧宫室事。只是"乱离知又甚,消息苦难真",或传闻如此,或想当然。杨伦说:"长安前陷于禄山,今陷于吐蕃,借隋言唐,亦讳词也。"这诗写身处远方、传说纷纭而真假莫辨、徒劳揣测的焦虑之情,颇真切感人。当时他又写作了《早花》,忧入腊(阴历十二月亦称腊月)而乱犹未平说:

"西京安稳未?不见一人来。腊日巴江曲,山花已自开。盈盈当雪杏,艳艳待春梅。直苦风尘暗,谁忧客鬓催?"最近没见到从内地来的人,不清楚长安现在到底安稳不安稳。蜀地天气暖和,山花已开，春梅待放。可是诗人却"因吉报之迟，而伤花开之早；因花开之早，又见光阴之迅速：有二意。'直苦风尘'顶前二句，'谁忧客鬓'顶中四句，总前作结：非不忧其老，因忧主之危而不暇及也"（《杜臆》）。杨伦评："直下格，亦自清空一气。"

七 "归期未敢论"

集中有《愁坐》诗，单复编在广德元年梓州诗内。诗说："高斋常见野，愁坐更临门。十月山寒重，孤城水气昏。葭萌氐种迥，左担犬戎屯。终日忧奔走，归期未敢论。""氐种"指羌人。"犬戎"指吐蕃。五、六句恐其内外相结为乱。诗中明说作诗时为"十月"。前已论证《巴山》当作于十一月，《早花》当作于十二月。前诗提"巴山"，后诗提"巴江"，阆居巴子之国，故曰巴山、巴江。可见十一、十二月老杜仍在阆州，《愁坐》亦当作于阆州。仇从单说编此首在梓州诗内，并从而曲解诗意[27]，不足取。如果认为这诗作于阆州，全篇就容易串讲了：我在阆州寄寓的书斋前临旷野，我在里面坐久了闷得慌就常到门口眺望散心。十月里山林寒气重，江边孤城水气昏沉。绵谷（今四川广元县）、葭萌（故治在今四川广元县西的昭化）一段蜀道险窄，挑担的人没法换肩，所以叫"左担道"。真令人担忧啊！就在左担道那边远处有羌人，近处驻扎着吐蕃人。我终日为奔走道路在发愁，虽然现在也该回梓州了，可是归期总不敢决定。

---

[27] 仇注前既采"诗云'终日忧奔走'，时盖往来梓阆间"之说，后又谓："氐种，指羌人。犬戎，指吐蕃。恐其内外相结为乱，故忧奔走也。"解颈联"恐其内外相结为乱"，甚是。但从而以为此即五句"忧奔走"之故，不仅与前采之说矛盾，且显系曲解。

一年之内要在梓阆间二百二十里（见《九域志》）的道路上来回风尘仆仆地奔波两趟，两来两回，共计近千里，这怎教人不发愁呢？这样，又继续在阆州待了一些时候，到冬末，一天突然接到杨氏夫人捎来告知女病的家书，他就匆匆忙忙地从阆州赶回梓州去了：

"前有毒蛇后猛虎，溪行尽日无村坞。江风萧萧云拂地，山木惨惨天欲雨。女病妻忧归意急，秋花锦石谁能数。别家三月一书来，避地何时免愁苦！"（《发阆中》）哪管他前有毒蛇后有猛虎，沿着溪流赶路，整天不见有村镇可供中伙安宿。江风萧萧乌云拂地，山林惨淡无光很快就要下雨。女儿病了妻子担忧我急于赶回家去，谁还顾得上把路旁的寒花锦石来细评细数。离家三月就只捎来这样一封报忧的信，在外边避难的人到什么时候才能免除愁苦！旧编多订此诗当为广德元年冬晚归梓州时作。浦起龙见诗中有"秋花"字样，就曲为解释说："归梓在冬，此云'秋花'者，来时曾见，归路已无。途次往来，每多斯感。公是时则意急而不暇数其枯落者几处也。"虽可通，总觉勉强。巴蜀冬暖，不绝山花："腊日巴江曲，山花已自开"（《早花》），私意"秋花"犹言寒花，不必拘看。

《为阆州王使君进论巴蜀安危表》说，若欲继续保留东川节度使府的建置，"应须遭朝廷任使旧人，授之使节；留后之寄，绵历岁时，非所以塞众望也"。可见王使君，其实也包括杜甫，不仅认为东川使府不能长缺府主，同时还明显地表露出不满现任留守章彝，认为他不孚众望之意。（要知道这是在向皇帝进奏，表章中表露出这种意思，对章彝显然很不利。要是王、杜任何一人同章关系不错不作如是观，别说白字写成黑字，就是提也不敢提了，因为老杜到底不是幕僚胥吏啊！）眼下他因女病妻忧急急忙忙赶回梓州，稍待事过心定之后，他又不得不"强将笑语供主人"（《百忧集行》），跟那位他所不满的章留守相周旋。就在这年冬末的一天，章留后率领三千人马，大张旗鼓地围猎禽兽。他也跟着去看热闹，回来很有感慨，作《冬狩行》说：

"君不见东川节度兵马雄，校猎亦似观成功。夜发猛士三千人，清晨合围步骤同。禽兽已毙十七八，杀声落日回苍穹。幕前生致九青兕，驼𦍋垂玄熊。东西南北百里间，仿佛蹴踏寒山空。有鸟名鹖鸰，力不能高飞逐走蓬。肉味不足登鼎俎，胡为见羁虞罗中？春搜冬狩侯得用，使君五马一马骢。况今摄行大将权，号令颇有前贤风。飘然时危一老翁，十年厌见旌旗红。喜君士卒甚整肃，为我回辔擒西戎。草中狐兔尽何益，天子不在咸阳宫。朝廷虽无幽王祸，得不哀痛尘再蒙！呜呼，得不哀痛尘再蒙！"代宗自陕州还至长安在这年十二月甲午日。作诗时即使皇上已回京，但消息传到东川稍晚，故诗中仍有"天子不在咸阳宫"之句。周幽王是个昏君。朝政不修，剥削严重。因宠爱褒姒，废申后和太子宜臼。申侯联合曾、犬戎等攻周，幽王被杀于骊山下，西周亡。罗大经说："唐狄昌诗云：'马嵬烟柳正依依，重见銮舆幸蜀归。泉下阿蛮应有语，这回休更罪杨妃。'[28] 杜陵诗云：'朝廷虽无幽王祸，得不哀痛尘再蒙！'盖幽王以褒姒而致犬戎之祸，明皇以妃子而致禄山之变，正相似也。今无妃子孽矣，而銮舆乃再蒙尘，何哉？此其胎变稔祸，必有出于女宠之外者矣。是不可不哀痛而悔艾也。诗意与狄昌同；而其恻怛规戒，涵蓄不露，则大有径庭矣。"（《鹤林玉露》）老杜曾在《北征》中为玄宗开脱，将致乱之因归于女祸："不闻夏殷衰，中自诛褒妲"，经过近十年的体察和思考，如今竟然意识到"胎变稔祸，必有出于女宠之外者"，这不能不算是他认识上的一大提高。就在

---

[28]《唐诗纪事》"狄归昌"条载："僖宗幸蜀，或题马嵬驿云：'……'或云归昌诗也。"狄归昌，官侍郎；光化中，历尚书左丞。作"狄昌"误。一作罗隐诗。

前两月（十月）代宗逃奔陕州、长安为吐蕃所陷后，太常博士柳伉上疏说："犬戎犯关度陇，不血刃而入京师，劫宫闱，焚陵寝，武士无一人力战者，此将帅叛陛下也。陛下疏元功，委近习，日引月长，以成大祸，群臣在廷，无一人犯颜回虑者，此公卿叛陛下也。陛下始出都，百姓填然，夺府库，相杀戮，此三辅叛陛下也。自十月朔召诸道兵，尽四十日，无只轮入关，此四方叛陛下也。……必欲存宗庙社稷，独斩元振首，驰告天下，……然后削尊号，下诏引咎，曰：'天下其许朕自新改过，宜即募士西赴朝廷；若以朕恶不悛，则帝王大器，敢妨圣贤，其听天下所往。'"指出众叛亲离种种，通通是事实，但在柳伉看来，代宗皇帝"陛下疏元功，委近习"才是"以成大祸"最根本的原因，所以坚持要皇帝斩程元振以谢天下，并下诏引咎。据疏中"自十月朔（阴历每月初一日）召诸道兵，尽四十日，无只轮入关"，知柳伉上疏当在这年十一月十日前后。柳伉冒死犯颜进谏，义正辞严，一针见血，对当时朝野震动很大。老杜作《冬狩行》在柳伉上疏后将近一月，他很可能知道此事，即使尚未得知，柳疏所述种种问题早已暴露，诗人也会从而获得近似的看法的。由此可以窥见"朝廷虽无幽王祸，得不哀痛尘再蒙"二语未尽之意的大略，或有助于理解诗人写作《冬狩行》时忧国心情的沉重。《冬狩行》题下原注："时梓州刺史章彝，兼侍御史，留后东川。"举出章彝朝中和地方上的全部官衔，足见他地位的重要了。以他这样的地位，又有带兵的才能，当此君危蜀乱之际，理当勤王敌忾，可是他却像凯旋似的率领麾下三千雄兵，在深夜布下个有百里方圆大的包围圈，逐步收拢，到清晨一举歼灭了大自母犀牛（兕）、黑熊，小至没法吃的八哥儿（鸜鹆）等等十之七八的禽兽。这种荒唐的行径当然令诗人很不满意，于是就作此诗以致讽，最后竟忍不住直言相劝说："我这个到处飘流的老头儿，近十年来深为战乱所苦。今天见到您的人马这么整齐严肃,真希望您带领他们去打吐蕃。把草中的狐狸、兔子通通打光又有什么益处[29],天子眼下正逃亡在外啊!当今由于女宠以外的原因也致乱蒙尘了,这难道不是很可哀痛的事么?"胡夏客说:"《冬狩行》因校猎之盛,思外清西戎,内匡王室,视他题他篇之忧国者,尤为切贴矣。"王嗣奭说:"此诗所致规于章不浅,非止阴讽之。至云'亦似观成功''颇有前贤风',俱致不满之意;此公竟为严武所杀,得非有可指之罪乎?"

同时前后老杜又作《山寺》说:

"野寺根石壁,诸龛遍崔嵬。前佛不复辨,百身一莓苔。虽有古殿存,世尊亦尘埃。如闻龙象泣,足令信者哀。使君骑紫马,捧拥从西来。树羽静千里,临江久徘徊。山僧衣蓝缕,告诉栋梁摧。公为顾宾从,咄嗟檀施开。吾知多罗树,却倚莲华台。诸天必欢喜,鬼物无嫌猜。以兹抚士卒,孰曰非周才。穷子失净处,高人忧祸胎。岁晏风破肉,荒林寒可回。思量入道苦,自哂同婴孩。"题下原注:"章留后同游,得开字。"这诗是陪章彝出游山寺、席上分韵所赋,后半亦含讽意。诗中首述山寺残破荒凉景象:野寺紧靠着悬崖峭壁,山岩高耸处有不少佛龛。露天里的石刻造像辨别不清都是哪些古佛,因为不管有多少尊一律长满莓苔。大殿虽然还存在,里面坐着的世尊如来也是一身的尘埃。《维摩经》:菩萨势力,譬如龙象蹴踏,非驴所堪。《翻译名义集》:水行中龙力最大,陆行中象力最大。仿佛能听见那些像龙象般有大法力的菩萨、罗汉在低泣,这景象真令善男信女们深感悲哀。接着记章留后入寺施舍情状:使君骑着紫骝马前护后拥从西方来,用雉羽和牦牛尾装饰的军

---

[29] 申涵光说:"'草中狐兔尽何益'二句,即贾生'不猎猛敌而猎禽兽'意。"

旗旗竿密集如林一片肃静,大队人马在江边久久徘徊。山僧衣着褴褛,诉说着墙塌梁摧。章公回头环顾宾客随从,便嗟叹着带头把布施开。前段刻画入微,令人生亲临其境之感。后段中"大官豪侈之状,僧家乞怜之态,摹写逼真"(仇兆鳌语)。三、四段借题发挥,讽意显然;虽其中一些语句有歧义,但仍能得其大意:今得章公慷慨布施,我相信山寺很快就能修复,使多罗宝树重倚释迦莲台,诸神必然皆大欢喜,鬼物也不会再有不满。要不然,寺毁则僧散,当此乱世,那些穷人或遁离净土,同流合污,铤而走险,这岂不令使君您这样有高见的人平添后顾之忧?出于同样的考虑善抚士卒,坐镇一方,谁不称赞您才智的周全呢?岁暮风吹肉裂,荒林寒尽春回可望。但想到出家修行竟有这样苦,自己就不免要笑话自己真像一个只想舒适的婴孩了[30]。朱鹤龄说:章彝事二史无考,但附见《严武传》云:武再镇剑南,杖杀之。公在东川,与往来最数,然《桃竹杖》《冬狩行》语皆含刺,他诗又以指挥能事、训练强兵称之。大抵彝之为人,将略似优,乃心不在王室。是冬天子在陕,彝从容校猎,未必无拥兵观望、坐制一方之意。公窥其微而不敢诵言,因游寺以讽喻之。(燉案:从《为阆州王使君进论巴蜀安危表》中论及若不撤销东川使府,"应须遣朝廷任使旧人,授之使节;留后之寄,

---

[30] 朱注谓"穷子失净处"云云讽章不修臣节,如穷子离净处而甘粪秽,将来自蹈祸机,如子璋、知道之破灭。仇注以为恐无此当席骂主之理,便另作解释说:"盖穷子多行秽不净,高见者宜防祸于未萌,'穷子'指士卒。"后又说指"穷子"为士卒终觉未当,加补注改用黄生说。黄生认为"'穷子'即衣蓝缕者,'高人'指使君",并进一步发挥说:"此诗用错叙法:'穷子'二句当在'檀施开'下,'以兹'二句又在'忧祸胎'下,再接'吾知'等句,言寺毁则僧必散,当此乱世,或去为盗贼,使君之咄嗟檀施,其深忧乃在于此。以此抚士卒而镇一方,岂非其才智之周耶?檀施既开,吾知宝树花台,庄严不日。山僧得此,寒谷生春矣。结复另转一意:自哂己不如山僧耽耐寒苦,所以不能入道,尚欲求食人间,如婴儿之求乳耳。"正文中即据此而参合己意加以串讲。

绵历岁时，非所以塞众望也"的话看，谓老杜疑章彝未必无拥兵观望、坐制一方之意，不无根据。）世尊尘埃，咄嗟檀施。岂天子蒙尘，独能宴然罔闻？"以兹抚士卒，孰曰非周才"，欲其用此道以治兵敌忾，无但广求福田。而词意含蓄，见其善于忠告。此说颇佳，可资参考。

桃竹即棕竹，亦称棕榈竹。棕榈科。常绿丛生灌木，树干外有网状纤维鞘。叶为掌状深裂，有裂片十到十八枚，丛生在茎顶。春夏开淡黄色花。喜排水良好的潮湿土壤。多栽培供观赏。干细而坚韧，可制手杖、扇柄等。原产我国西南部。扬雄《蜀都赋》、木华《海赋》、左思《蜀都赋》中均著录，称"桃枝"。左赋"灵寿桃枝"注："灵寿，木名也，出涪陵县。桃竹，竹属也，出垫江县。二者可以为杖。"《元和郡县志》载合州铜梁山出桃枝竹。川东至今有之。就在这年年底老杜同章彝过从较密时，一次章彝送了老杜两根桃竹手杖，老杜作《桃竹杖引赠章留后》说：

"江心磻石生桃竹，苍波喷浸尺度足。斩根削皮如紫玉，江妃水仙惜不得。梓潼使君开一束，满堂宾客皆叹息。怜我老病赠两茎，出入爪甲铿有声。老夫复欲东南征，乘涛鼓枻白帝城。路幽必为鬼神夺，拔剑或与蛟龙争。重为告曰：杖兮杖兮，尔之生也甚正直，慎勿见水踊跃学变化为龙，使我不得尔之扶持，灭迹于君山湖上之青峰。噫！风尘澒洞兮豺虎咬人，忽失双杖兮吾将曷从？"《旧唐书·地理志》载天宝元年改梓州为梓潼郡，乾元元年复为梓州。"梓潼使君"即指梓州刺史章彝。章彝在酒筵之上打开一捆桃竹手杖，满堂宾客见了无不赞叹。因知老杜即将携眷下峡，就特意送了他两根。这就是诗中所记述的事。如果光这样据事直陈，很可能索然无味。这诗之所以写得这么变幻莫测、笔力横绝，主要是诗人善于让想象的翅膀从一点实事实感起飞而纵情翱翔的缘故。他设想这些桃竹生长在江心磻石之上，受苍波喷浸长到足够的长度，齐根砍下削了皮仿佛紫玉一般，那曾在汉皋解佩的江妃二女和水仙冯夷虽然很爱惜它们但也无可奈何。——寥寥几笔便展现了一个美丽而略带凄清的幻境。桃竹杖既如此灵异，他想，他携之乘涛鼓枻东下白帝城，就很可能为鬼神所夺，他必须为保护桃竹杖而拔剑与蛟龙斗争。事先他还要再次祝告那两根桃竹杖说："手杖啊手杖啊，你生来就很正直，可千万别学费长房那根神仙壶公给的骑着到家后便变成了青龙的竹杖，一见到水就蹦了下去变化为龙[31]，使我得不到你的扶持，搞不好会在洞庭湖中君山青峰上失踪。噫！风尘滚滚铺天盖地啊豺狼虎豹咬人，忽然失去了双杖啊我将无所适从。"古今注家多认为诗人惟恐章彝有拥兵叛变之心，特借咏物以示规讽，既以踊跃为龙戒之，又以忽失双杖危之，其微旨可见。私意以为：疑人将反，即便好心规讽，亦不得明言；若真有此微旨，必出之以迷离扑朔之辞，解之者亦当于是耶非耶中求之，岂可坐实？[32]

筹备了多时的下峡东游的事终于一切就绪，眼看即将启程，章彝为他设宴饯行，他作《将适吴楚留别章使君留后兼幕府诸公得柳字》说：

"我来入蜀门，岁月亦已久。岂惟长儿童，自觉成老丑。常恐性坦率，失身为杯酒。近辞痛饮徒，折节万夫后。昔如纵壑鱼，今如丧家狗。既无游方恋，行止复何有？相逢半新故，取别随薄厚。不意青草湖，扁舟落吾手。眷眷章梓州，开筵俯高柳。楼前出骑马，帐下罗宾友。健儿簇红旗，此乐几难朽。日车隐昆仑，鸟雀噪

---

[31] 一说兼用《晋书·张华传》所载丰城之剑跃入延平津变化为龙的典故。
[32] 王嗣奭认为此诗"总是感章公用情之厚，以双杖比之，恃之而得以安居于蜀，出蜀便失所恃，欲再觅一章留后而不可得"，就诗而论，似亦可通；但考虑到前面所述老杜对章彝的观感，又觉不大可信。

户牖。波涛未足畏,三峡徒雷吼。所忧盗贼多,重见衣冠走。中原消息断,黄屋今安否?终作适荆蛮,安排用庄叟。随云拜东皇,挂席上南斗。有使即寄书,无使长回首。"章彝听说老杜要走,就在楼上设宴为他饯行。这次宴会规模很大,连楼下两旁帐下都摆着酒席坐满宾友。宴会从早开到晚,中间还有赛马、比武、簸旗等军中竞技表演,真是热闹极了。宾主饮酒作乐,都很愉快,老杜处在当时这种情境之中却百感交集。他想:入蜀转眼几年,不仅儿童们长高了,我也变得又老又丑了。我经常害怕自己性子直,酒后失言招祸,所以就同那帮整天痛饮的酒徒疏远了,不管见到谁都点头哈腰退到后面。从前我像是在深渊里纵情游戏的鱼,如今成了丧家之犬。我带着家口无所依恋地流浪到哪里,哪里都一无所有。遇到的人有新有旧,他们随意赠送我一些川资有的薄有的厚。我真没想到那开往湖南青草湖的一叶扁舟,居然让我弄到了手。波涛没什么可怕,三峡的激流徒然像雷鸣般怒吼。我所忧虑的是盗贼太多了,禄山、吐蕃两陷京师重见衣冠奔走。中原的消息隔断了,不知皇上眼下平安否?王粲诗说:"复弃中国去,委身适荆蛮。"庄子说:"安排而去化,乃入于寥天一。"我北归不得,只好安排东游荆楚。我将随云去拜谒楚地的东皇太乙祠,扬帆往观作为吴地分野的南斗。只要有便人就请捎信来,不要使我因想念你们而时常向西边回首。申涵光说:"'常恐性坦率,失身为杯酒',半生疏放,晚乃谨饬如是。饱更患难,遂得老成,方是豪杰归落处。一味使酒骂坐,祢正平为可鉴已。"

涪江东南流至合川县与嘉陵江合流,于重庆市入长江。梓州即在涪江旁,本可就近顺涪江下峡东游,而且今年春天在梓州写的《短歌行送祁录事归合州因寄苏使君》就说过他曾经准备走这条水路:"君今起舵春江流,余亦沙边具小舟。"想是由于他跟阆州王刺史较相知，理应亲往话别，同时还可得到王及其幕府诸公"取别随薄厚"的资助，于是就采取了沿嘉陵江而下的另一路线，先携眷[33]离梓到嘉陵江边的阆州再说。代宗还京在十二月甲午日。诗中说："中原消息断，黄屋今安否？"写诗时皇上当已还京，只是京蜀相距较远，一时尚未闻知而已。章彝钱送后老杜一家当即离梓赴阆，时间当在这年年底。

老杜有四弟，杜颖、杜观、杜丰各在他乡，惟杜占相随入蜀。行前不久，老杜派杜占回成都浣花草堂察看并料理清点鹅鸭、栽种竹子等家务琐事，作《舍弟占归草堂检校聊示此诗》说：

"久客应吾道，相随独尔来。熟知江路近，频为草堂回。鹅鸭宜长数，柴荆莫浪开。东林竹影薄，腊月更须栽。"旧注以为草堂无人，安得鹅鸭？想有代为看守者。吾道不行我注定要久客他乡，兄弟四人惟独你跟着我到蜀中来。你熟知那条缘江的路最近，因为你已回草堂去探望过好几次。（写到这里，诗人定然会记起《堂成》"缘江路熟俯青郊"而不胜神往了。）你可别忘了叮嘱代为看管草堂的人：鹅鸭得经常清点以免丢失，柴门荆扉切莫随便打开。东边那片竹林有些地方竹影疏薄了，你这次回去趁着腊月要尽力补栽。李子德说："絮絮家常话，入公便成绝妙文章。"家常话最关情，此诗见诗人对兄弟的怜惜，对草堂的依恋，感情真挚而出语自然，所以感人。既已决心离蜀，犹如此关心鹅鸭、竹林和门户安全，似不可解，实是人之常情，这最是家常话中的痴绝感人处。叶梦得说："种竹须当五六月，虽烈日无害，小瘁久之复苏。世言五月十三日为竹醉，可移。不必此日，凡夏皆可种也。杜子美诗云：'西窗

---

[33] 既决计离蜀下峡，必然携眷。广德二年春自阆州回成都时所作《自阆州领妻子却赴蜀山行三首》题中云云，即是明证。

（东林）竹影薄，腊月更须栽。'余旧用其言，每以腊月种，无一竿活者。此亦余信书之弊而见事迟也。"（《玉涧杂书》）尽信书不如无书，梦得既几经实践，所言容或有理。但我家乡过去亦谓栽竹须在腊月，可见"腊月更须栽"之说并非毫无根据。栽竹究竟以何时为最佳，须求教于专家。

又有《岁暮》五律一章，或作于离梓之前，或作于抵阆以后，可看作这一年忧乱心情的小结：

"岁暮远为客，边隅还用兵。烟尘犯雪岭，鼓角动江城。天地日流血，朝廷谁请缨？济时敢爱死，寂寞壮心惊。"《汉书·终军传》："（汉武帝）乃遣（终）军使南越（在今两广等地），说其王，欲令入朝，比内诸侯。军自请，愿受长缨，必羁南越王而致之阙下。"后因用"请缨"指投军报国。"壮心"语出曹操《步出夏门行·龟虽寿》："老骥伏枥，志在千里；烈士暮年，壮心不已。"岁暮远在天涯做客，边境上眼下还正在用兵。吐蕃已攻陷雪岭附近松、维、保三州，军队加强战备，鼓角之声震动江城。人间日夜在流血不已，朝廷上却无人出来请缨。世乱时危哪能惜死不救，我虽在客居寂寞之中，却不禁激起了烈士暮年的壮心。

八 伤春之什

老杜一家这年是在阆州过的年。过了年就是广德二年（七六四）。

这年正月，壬寅，敕称程元振变服潜行，将图不轨，长流溱州。代宗念元振曾有保护他的功劳，寻复令于江陵安置。癸卯，合剑南东、西川为一道，以黄门侍郎严武为节度使。乙卯，立雍王李适为皇太子（即后来的德宗）。时汾州别驾李抱真，知仆固怀恩有异志，脱身归京师。皇上方以怀恩为忧，召见抱真问计，对曰："此不足忧也。朔方将士思郭子仪，如子弟之思父兄。怀恩欺其众云，郭子仪已为鱼朝恩所杀，众信之，故为其用耳。陛下诚以子仪领朔方，彼皆不召而来耳。"皇上表示同意。仆固怀恩既不为朝廷所用，遂与河东都将李竭诚潜谋取太原；辛云京发觉，杀竭诚，乘城设备。怀恩使其子仆固玚带兵攻城，云京出战，玚大败而还，遂引兵围榆次。代宗对郭子仪说："怀恩父子负朕实深。闻朔方将士思公如枯旱之望雨，公为朕镇抚河东，汾上之师必不为变。"戊午，以子仪为关内河东副元帅、河中节度等使。怀恩将士闻讯，都说："吾辈从怀恩为不义，何面目见汾阳王！"癸亥，以刘晏为太子宾客，李岘为詹事，并罢政事。晏坐与程元振交通；元振获罪，岘有功，但为宦官所忌，故一同罢相（头年十二月李岘为黄门侍郎、同平章事）。李岘相肃宗时不为李辅国所容，宦官嫉恨他已非一日。以右散骑常侍王缙为黄门侍郎，太常卿杜鸿渐为兵部侍郎，并同平章事。丁卯，以郭子仪为朔方节度大使。

二月，子仪至河中。云南子弟万人戍河中，将贪卒暴，为害州府，子仪斩十四人，杖三十人，府中遂安。仆固玚为其部将白玉、焦晖等所杀。仆固怀恩闻之，入告其母。其母说："吾语汝勿反，国家待汝不薄，今众心既变，祸必及我，将如之何！"怀恩不对，再拜而出。其母提刀追着他说："吾为国家杀此贼，取其心以谢三军。"怀恩急走，得免，遂与麾下三百渡河北走。时朔方将浑释之守灵州，怀恩檄至，云全军归镇。释之说："不然，此必众溃矣。"将拒之，其甥张韶说："彼或翻然改图，以众归镇，何可不纳也！"释之犹疑不决，怀恩已到，不得已纳之。张韶出卖释之，怀恩杀释之而收其军，命韶统领；过后又说："释之，舅也，彼尚负之，安有忠于我哉！"他日，以事杖之，折其胫，置于弥峨城而死。都虞候张维岳在沁州，闻怀恩离去，乘传至汾州，抚定其众，杀焦晖、白玉而窃其功，以告郭子仪。子仪派牙官卢谅至汾州，维岳向卢谅行贿，要卢谅证实仆固玚是他所杀的谎言。郭子仪不察，奏维岳杀玚，传首诣阙。群臣入贺，皇上惨然不悦，说："朕信不及人，致勋臣颠越，深用为愧，又何贺焉！"命辇载怀恩母至长安，招待优厚，月余，以寿终；以礼葬之，功臣皆感叹。戊寅，郭子仪去汾州，怀恩之众悉归之，咸鼓舞涕泣，喜其来而悲其晚。子仪知卢谅之诈，杖杀之。皇上以李抱真的建议已应验，迁殿中少监。代宗去岁逃奔陕州时，李光弼竟迁延不至。代宗恐遂成嫌隙，其母在河中，数遣中使慰问。吐蕃退，除光弼东都留守以察其去就；光弼辞以就江淮粮运，引兵归徐州。皇上迎其母去长安，厚加供给，使其弟光进掌禁兵，待遇加厚。自丧礼以来，汴水湮废，漕运自江、汉抵梁、洋，迂险劳费。

三月己酉，以太子宾客刘晏为河南、江、淮以来转运使，议开凿汴水。庚戌，又命晏与诸道节度使均节赋役，听便宜行毕以闻。时兵火之后，中外艰食，关中米每斗千钱，百姓捋穗以供给禁军，宫厨无兼时之积。晏乃疏浚汴水，寄元载书信，具陈漕运利弊，令中外相应。从此以后每岁运米数十万石以给关中。唐朝推举办漕运的能人，以刘晏为首；后来办漕运的都遵循其法度。党项入寇同州，郭子仪使开府仪同三司李国臣出击，战于澄城北，大破之，斩首捕敌千余人。

广德二年（七六四）一春发生的军国大事不少，但对老杜最有直接影响的，是正月癸卯合剑南东西川为一道、以黄门侍郎严武为节度使这一件事。

老杜一家来到阆州，时届岁暮，揆诸常情，阆州王刺史及幕府诸公必然留他过年。过年后免不了有不少春酌应酬，同时还要为整装、雇船等琐事忙活一阵，要走也得到元宵以后，甚至二月。想必这时忽然传来他老友严武再度镇蜀的邸报（吐蕃已退，驿传恢复，消息传递，当远较前几月迅速），这就使得他放弃这次已筹备就绪的下峡东游计划，准备暂留阆州，待严武到后，再回成都同他相会。

　　老杜决计携眷去蜀而终未成行，事颇蹊跷。王嗣奭首作解释说："章留后所为多不法，而待杜特厚。公诗讽谏殊不悛，想公托词避去，乃保身之哲；不然，公有地主如章，不必去蜀，何以留别而终不去蜀也。后章将入朝，公又寄诗，而诗云'江汉垂纶'，则公客阆州，去梓固不远也。及严武再镇蜀，召章杀之，必有罪可指。史云'因小忿'，恐未然。"浦起龙则认为："公此行自梓往阆，本欲东下。故在阆又有《将赴荆南》等七律。寻因严武复镇，遂还成都。《杜臆》谓托词以避留后，未是笃论。"闻一多更进一步补充后说："按公蓄意出蜀，三年于兹（《草堂》'贱子且奔走，三年望东吴'），踌躇至是，始果成行，想行旅所资，出于章留后之助居多。其所以卒抵阆而返者，则以严武回蜀故，初非始念所及也。谓公之于章，屡谏不悛，颇怀失望，则有之。若曰诡词去蜀，意在避章，诬公甚矣。后至阆州作《游子》曰：'巴蜀愁谁语，吴门兴杳然'，知公东游之行非虚饰矣。"后说近实。燕案：前已论证老杜在《王命》《西山三首》等诗和《为阆州王使君进论巴蜀安危表》中表示：（一）不满高适的忽视"三城戍"，以及临阵磨枪、仓猝出战而丢失松、维等城，造成"成都已不安矣"的危急局势；（二）希望朝廷速派"智略经久"的"重臣旧德"来充当剑南节度使，而此等人选，在他的心目中必当包括严武在内。（详本章第六节）正如闻一多所说，老杜"蓄意出蜀，三年于兹"，但最后促使他决计成行的原因，我认为主要是他深感巴蜀局势危急，又对守蜀大员（主要是西川节度使高适,也包括东川留后章彝)失去信心。如今既然如愿以偿,得知朝廷已派遣严武再度镇蜀,无论于公于私,他都会为了等待严武的到来而取消行期的。

且说这年初春,老杜在阆州,尚不知头年已收京、代宗已回长安,所以《送李卿晔》说:

"王子(晔为宗室,故称王子)思归日,长安已乱兵。沾衣问行在,走马向承明。暮景巴蜀僻,春风江汉清。晋山虽自弃,魏阙尚含情。"《杜臆》:"阆州旧名巴西;而嘉陵江一名汉江,亦在阆。"仇兆鳌见"巴蜀"之"蜀"失律,谓"巴蜀"当作"巴西",并从而认为"江汉"当作"江上"。可见春归巴西时他还以为代宗仍在陕州行在,因而不胜关切。又《城上》:"草满巴西绿,城空[34]白日长。风吹花片片,春动水茫茫。八骏随天子,群臣从武皇。遥闻出巡狩,早晚遍遐荒",亦是同时伤代宗出奔之作。把代宗的被迫逃亡说成是"天子巡狩,亦如穆王、武帝,车辙马迹,早晚遍于遐荒",这在当时,由于不敢明言,聊借之以抒沉痛;但在今日读来,不无滑稽之感。李商隐《昭肃皇帝挽歌辞三首》其二:"小臣观吉从,犹误欲东封",措辞委婉,读后却教人哭笑不得,亦有同病。顾注以为此是广德二年春自梓州往阆州时作。此诗写春日登阆州城头所见所感,不见有"自梓州往阆州"意。如前所论,老杜携家自梓来阆当在去年年底。

写吐蕃陷京、代宗出奔的力作当推《伤春五首》。题下原注:"巴阆僻远,伤春罢,始知春前已收宫阙。"浦起龙说:"帝以元年十二月还京,诗作于二年春首。所言乃皆未复国事,则纪事失实矣。原注明僻远信迟之故,乃诗成得信后所记也。诸本多将此诗编

---

[34] 仇注:"时松、维初陷,人皆避乱,故曰'城空'。"

在《收京》等篇之后，并原注亦不解矣。可怪也！"所论甚是。其一说：

"天下兵虽满，春光日自浓。西京疲百战，北阙任群凶。关塞三千里，烟花一万重。蒙尘清露急，御宿且谁供？殷复前王道，周迁旧国容。蓬莱足云气，应合总从龙。"不管天下兵荒马乱，春光照样一日比一日浓。长安再次沦陷，疲于战乱；泾州刺史高晖降敌，与吐蕃大将马重英等立李承宏为帝，眼下大殿上正听任群凶粉墨登场。这里离京很远，关塞阻隔，烟花重重。皇上蒙尘备受风露之苦，不知车驾止宿[35]之所又由谁来提供？这不过有如周平王东迁洛邑以避戎寇，只要学殷武丁饬身修行复先王之政，终能重振国容。大明宫极北最高处蓬莱殿的云气，犹如"五陵佳气无时无"（《哀王孙》句），我相信不久群臣定会拥簇皇上返驾还宫。其二说：

"莺入新年语，花开满故枝。天清风卷幔，草碧水连池。牢落官军远，萧条万事危。鬓毛元自白，泪点向来垂。不是无兄弟，其如有别离。巴山春色静，北望转逶迤。"此诗仇兆鳌顺解颇佳："巴地春光，依然无恙，但恨长安被兵，而援军不赴，则万事俱危矣。鬓白泪垂，当此更甚，且想兄弟别离，能无北望伤神乎？"其三说：

"日月还相斗，星辰屡合围。不成诛执法，焉得变危机？大角缠兵气，钩陈出帝畿。烟尘昏御道，耆旧把天衣。行在诸军阙，来朝大将稀。贤多隐屠钓，王肯载同归？"《晋书·天文志》：数日俱出若斗，天下起兵大战。元帝太兴四年二月癸亥，日斗。《汉书·天文志》：高祖七年，月晕，围参毕七重。是年上至平城，为

---

[35]《读杜心解》："《汉书》注：御宿苑，在长安城南。或云御羞。按：此借作车驾止宿之义。"

单于所围。《星经》：执法四星，主刑狱之人，又为刑政之官，助宣王命，内常侍官。一谓执法即荧惑星。此信指程元振。《史记·天官书》：大角者，天王帝庭，其两旁各有二星曰摄提。《星经》：钩陈六星，主天子六军。传说吕尚五十岁时在棘津（今河南延津县东北）做小贩，七十岁时在朝歌（殷朝的京城）宰牛，八十岁时在渭水钓鱼，九十岁时遇到周文王，才被重用。张惕庵说："此首治乱始末具见，此岂寻常韵语？以朝廷事不便指斥，故假天象言之，乃变雅诗人之义。"王嗣奭解此首颇透彻："按史：吐蕃以十月陷长安；十一月以柳伉疏劾程元振，始削爵放归；十二月上还长安。公时未知上之还，当亦未知元振之逐，故'诛执法'却用隐语。乃前用'日月''星辰'，下用'大角''钩陈'，俱借天文写灾变；插入'执法'，使人知其为荧惑星，又知其为元振，可谓微而显矣。然诛元振固变危之窍要也，此诗之作，岂偶然哉？尾用'屠钓'语，殊自负。前《日（岁）暮》：'济时敢爱死，寂寞壮心惊。'可以知公之志矣。谭评：'此诗思调俱妙，可谓波澜老成。'"一谓尾联讽李泌久废而不复用。私意以为所指较广泛，已与李泌亦当包括在内，不必坐实。"烟尘"四句谓代宗出奔，行急尘起，长安父老牵衣留驾；诸道李光弼等皆忌元振居禁中，不应诏救援，惟郭子仪一人相随。老杜有首《百舌》诗，仇注："时程元振已贬斥，公初春犹未知，故借百舌以寄慨。"诗说："百舌来何处？重重只报春，知音兼众语，整翮岂多身？花密藏难见，枝高听转新。过时如发口，君侧有谗人。"可见诗人对惑主致乱的程元振之流的深恶痛绝。其四：

"再有朝廷乱，难知消息真。近传王在洛，复道使归秦。夺马悲公主，登车泣贵嫔。萧关迷北上，沧海欲东巡。敢料安危体，犹多老大臣。岂无嵇绍血，沾洒属车尘？"京师再次乱起，巴阆僻远，传来的消息不知是假是真。近传皇上已从陕州来到了洛阳[36]，又说已派遣郭子仪率领诸位军使回师共取西京。出奔时公主为自己的坐骑被夺而悲愤，登车起程想必哭坏了随行的贵嫔。这敢情是汉武帝行幸、北出萧关而迷路，敢情是秦始皇出游海上而东巡？有关国家安危的重大事体绝非我这野老所能料想得到，朝中犹有众多的老大臣。晋惠帝北征败绩于荡阴（今河南汤阴），侍中嵇绍以身护帝，刀箭交集、血溅帝衣而死。我相信到紧要关头，定会有嵇绍那样甘洒热血护驾的人。旧注多以为"夺马""泣嫔"皆用事，辞章或有出处，解说时却不可拘泥。其五说：

"闻说初东幸，孤儿却走多。难分太仓粟，竟弃鲁阳戈。胡虏登前殿，王公出御河。得无中夜舞，谁忆《大风歌》？春色生烽燧，幽人泣薜萝。君臣重修德，犹足见时和。"西汉武帝时选战死军士的子孙养于羽林，官教以弓矢、殳、矛、戈、戟等五兵，称为羽林孤儿。东汉沿置。此泛指扈从将士。《淮南子·览冥训》载：鲁阳公与韩构难战酣日暮，援戈而挥之，日为之返三舍。此借喻将士奋回天之力以救亡。《资治通鉴》载：代宗出亡，车驾至华州，官吏奔散，无复供拟，扈从将士不免冻馁。前四句即咏叹其事，谓官吏奔散，六军缺食，难为救亡效力。《晋书·祖逖传》载：祖逖与刘琨情好绸缪，共被同寝。中夜闻荒鸡鸣，踢醒刘琨说："此非恶声也。"因起舞。刘邦《大风歌》："大风起兮云飞扬，威加海内兮归故乡，安得猛士兮守四方！""幽人"自谓。后八句是说：吐蕃已登上殿堂另立皇帝，王公们都逃出了京城。难道当代竟无奋起抗敌的英雄？只怕朝廷不复记忆《大风歌》中思猛士的深意。今见战火在春色里纷飞，我这个沉沦幽独的人，只有躲在薜萝深处低泣。我

---

[36] 杨伦说："幸陕后程元振曾有劝都洛阳之议。"其事详两《唐书·郭子仪传》。

衷心希望君臣注重修德，那么太平的时代终会到来。杨伦说："写播迁事，由主上而妃主而军士，自有次第。末首君臣双绾，高呼震天，正复泪痕满纸。"

这是一组很有分量的诗，家国之恨，身世之悲，一齐涌出，一气呵成，毫不受五言排律板滞形式的拘束，足见此老词气之盛、笔力之健。

不久获悉收京和车驾还宫等等旧事、新闻（只要有人从长安来，中原和朝中前两月和新近发生的事都可以听到，也很可能同时听到已派遣严武再度镇蜀的喜讯），作《收京》说：

"复道收京邑，兼闻杀犬戎。衣冠却扈从，车驾已还宫。克服诚如此，安危在数公。莫令回首地，恸哭起悲风。"王嗣奭阐发说："京师失陷，此何等事，一之已甚，其可再乎？'复道'二字，有多少悲愤在！'兼闻杀犬戎'，诚可喜也。衣冠自然扈从，用'却'字是不满诸臣之意；平日谄谀依阿，有变则奔亡坐视，及收京则扈从而回，何益于成败之数耶？前诗云'受谏无今日'，又云'群臣安在哉'，参观而意自见矣……后四句谓'克服诚如此'矣，扶颠持危，全在尔数公，前车可鉴，勿令今日回首之地，'恸哭起悲风'可也。正与'复道'相照。前不知戒，故有今日，今日诸公可遂宴然已乎？"确有诸般感慨，剖析大体可信。七年之内，京师两度失陷。上次收京，诗人难免盲目乐观。这次虽又收复，但暴露出来的问题很多，矛盾重重，国步维艰，前途大为可忧。所以这首《收京》写得就远远不如前次《收京三首》的悲喜交集、激情潮涌了。这时一位姓班的司马要入京，他作《巴西闻收京阙送班司马二首》，其一从收京说到送班，尾联致惜别之意："念君经世乱，匹马向王畿"，感慨万千，且不胜神往。其二说："群盗至今日，先朝忝从臣。叹君能恋主，久客羡归秦。黄阁长司谏，丹墀有故人。向来论社稷,为话涕沾巾。"这诗虽然流露出封建忠君思想,但总是忘不了曾经从事过谏官职守,深以社稷为忧,这固然能见出他爱国的赤忱,也可用来印证他即使在得知收京喜讯以后,心情仍然很沉重。"君臣重修德,犹足见时和。"不管他口头上怎样说,感情上怎样不愿放弃任何一线希望,我们仍可从这些含着热泪和苦笑的"欢"庆"惨胜"的诗句中觉察出:在他的内心深处,那曾几何时做过的"中兴"好梦已经醒了、幻灭了。这真是他的莫大悲哀啊!

九 惩前毖后之词

当时他实在是太苦闷了,就写了一首题为《释闷》的七言排律说:

"四海十年不解兵,犬戎也复临咸京。失道非关出襄野,扬鞭忽是过湖城。豺狼塞路人断绝,烽火照夜尸纵横。天子亦应厌奔走,群公固合思升平。但恐诛求不改辙,闻道嬖孽能全生。江边老翁错料事,眼暗不见风尘清。"《庄子·徐无鬼》:黄帝将见大隗乎具茨之山,至于襄城之野,七圣皆迷,无所问涂。《世说新语·假谲》:王敦大将军既为逆,顿军姑孰。晋明帝乃着戎服,骑巴賨马,赍一金马鞭,阴察王敦军营形势。《晋书·明帝纪》:明帝微行至于湖,阴察敦营垒而出。同书《王敦传》:帝至芜湖,察敦营垒于湖。朱注:地志:晋太康中,分丹阳置于湖县,即今当涂县地。又芜湖县有王敦城,即此诗所云湖城。四海之内十年兵戈不息,于今连吐蕃都敢来侵占西京。这次皇上外出,既不像黄帝在襄城之野迷失道路,又不像晋明帝乘马扬鞭暗地里察看敌营。天子也该厌倦了奔走,衮衮诸公理当考虑怎样才能导致太平。君不见:到处有豺狼当道行人继绝,夜晚烽火通明尸骨纵横。只恐怕勒索百姓的做法得不到改变，却听说程元振这孽孽只削官放归竟能全生。看起来还是嘉陵江边我这老头儿对当前政事的预料通通错了，我两眼昏花不知战乱风尘要到何时才清。《杜臆》说："此为代宗不诛程元振而作。吐蕃入寇，逼乘舆，毒生民，祸皆起于程元振。所望一时君臣，翻然悔悟。当柳伉疏入，但削官放归，此诗所以有孽孽全生之叹也。岂知孽孽不除，则兵不得解。兵不能解，则诛求仍不得息。其事之舛谬，真出于意料之外矣。然则风尘亦何由清，而太平将何时见乎？通篇一气转下，皆作怪叹之词。"（仇注引，今本无）可见老杜的"闷"，是不满于君臣倒行逆施的政治苦闷。

《有感五首》也是当时所作、足与《伤春五首》媲美的另一组政论诗。杨伦说："此诗或编在广德元年之春，事迹既多不合。或编在是年冬，方当蕃寇狎猖，乘舆播越，岂宜有'慎勿吞青海'语，且此时而欲议封建，则亦迂矣。详其语意，当是收京后广德二年春作。盖吐蕃虽退，而诸镇多跋扈不臣，公复忧其致乱，作此惩前毖后之词。未几仆固怀恩遂引吐蕃、回纥入寇，亦已有先见。所谓编次得，则诗意自明者也。"甚是。其一说：

"将帅蒙恩泽，兵戈有岁年。至今劳圣主，何以报皇天。白骨新交战，云台旧拓边。乘槎断消息，无处觅张骞。"东汉明帝命图画中兴功臣二十八将于南宫云台（详本章第五节《述古》其三）。此借"云台"指唐开国以来至安史乱前拓边有功诸将。宗懔《荆楚岁时记》载：汉武帝令张骞寻河源，乘槎而去。"乘槎"二句指去年四月御史大夫李之芳等出使吐蕃被扣留的事。将帅们深蒙恩泽，而兵戈连年不断，至今仍劳主上操心，不知他们何以报国。（柳伉上疏说："犬戎犯关度陇，不血刃而入京师，劫宫闱，焚陵寝，武士无一人力战者，此将帅叛陛下也。"可与此参读。）可叹这次吐蕃入寇那白骨累累的新战场（即《释闷》"烽火照夜尸纵横"意），原来就是旧日功臣们所开拓的边境。乘槎一去，消息断绝，教人往何处去寻觅当代的张骞。洪迈说："前辈谓杜少陵当流离颠沛之际，一饭未尝忘君。今略纪其数语云：'万方频送喜，无乃圣躬劳。''至今劳圣主，何以报皇天。''独使至尊忧社稷，诸君何以答升平。''天子亦应厌奔走，群公固合思升平。'如此之类非一。"（《容斋续笔》）老杜的忠君思想固然严重，但所引诸诗，忧愤深广，非止不忘君，且亦有不满于君之意。其二说：

"幽蓟余蛇豕，乾坤尚虎狼。诸侯春不贡，使者日相望。慎勿吞青海，无劳问越裳。大君先息战，归马华山阳。"杨伦说："按史，广德元年，史朝义既诛，仆固怀恩恐贼平宠衰，请以降将薛嵩、田承嗣、李怀仙等为河北诸镇节度使。朝廷亦厌苦兵革，苟冀无事，因而授之。唐世藩镇之祸，实自此始，诗盖以是作。"又说："此首叹镇将拥兵，天子懦弱不能致讨，是正旨。"河北诸镇安、史余孽，都是些长蛇封豕、虎豹豺狼，还会在人间作乱。他们春时不修职贡，朝廷反倒络绎不绝地遣使去诸镇将旌节授给他们。"青海"指吐蕃，"越裳"，古国名，在交阯之南。此借指南诏。天宝以后，南诏叛唐归吐蕃，屡为边患。后半隐谓朝廷不再能用兵，而措辞极委婉：千万别去侵吞吐蕃，也无劳向南诏问罪，大唐君主已带头停息战争，放马于华山之阳了。外患未平，藩镇之祸将起，而朝廷又不能自强。诗人有感及此，不敢指斥，聊假吟咏以讽。其三说：

"洛下舟车入，天中贡赋均。日闻红粟腐，寒待翠华春。莫取金汤固，长令宇宙新。不过行俭德，盗贼本王臣。"《旧唐书·郭子仪传》："自西蕃入寇，车驾东幸，天下皆咎程元振，谏官屡论之。元振惧，又以子仪复立功，不欲天子还京，劝帝且都洛阳以避蕃寇。代宗然之，下诏有日。子仪闻之，因兵部侍郎张重光宣慰回，附章论奏曰：'……夫以东周之地，久陷贼中，宫室焚烧，十不存一，百曹荒废，曾无尺椽，中间畿内，不满千户。井邑榛棘，豺狼所嗥，既乏军储，又鲜人力。……东有成皋，南有二室，险不足恃，适为战场。陛下奈何弃久安之势，从至危之策，忽社稷之计，生天下之心。臣虽至愚，窃为陛下不取。且圣旨所虑，岂不以京畿新遭剽掠，田野空虚，恐粮食不充，国用有阙？……明明天子，躬俭节用，苟能黜素餐之吏，去冗食之官，抑竖刁、易牙之权，任蘧瑗、史鳅之直，薄征弛力，恤隐追鳏，委诸相以简贤任能，付老臣以练兵御侮，则黎元自理，寇盗自平，中兴之功，旬月可冀，卜年之期，永永无极矣。愿时迈顺动，回銮上都。……'代宗省表，垂泣谓左右曰：'子仪用心，真社稷臣也。可亟还京师。'"钱笺以为此诗后四句"'莫取金汤固，长令宇宙新。不过行俭德，盗贼本王臣'正檃栝汾阳论奏大意"。指出二者的观点有相似处，颇觉有趣。但主张尚俭恤民、重用诤臣旧德、反对内竖擅权，是老杜一贯的政治见解。他有可能得知郭子仪上引论奏内容深有同感而赋此诗，但不得认为此诗只不过是"论奏大意"的剪裁改写（即所谓"檃栝"）。仇兆鳌串讲全诗，很贴切："议者谓帝幸东都，其地车舟咸集，贡赋道均，且传仓多积粟，春待驾临，此特进言者之侈谈耳。岂知国家欲固金汤而新宇宙，实不系乎此。若能行俭，德以爱人，则盗贼本吾王臣耳，何必为此迁都之役耶？"其四说：

"丹桂风霜急，青梧日夜凋。由来强干地，未有不臣朝。授钺亲贤往，卑宫制诏遥。终依古封建，岂独听箫韶？"《汉书·五行志》载成帝时童谣："桂树华不实，黄雀巢其颠。"注：桂，赤色，汉家象。上官仪《册殷王文》："庆表栽梧，德成观梓。"杨伦说："丹桂喻王室，青梧喻宗藩。言王室不安，由于宗藩削弱也。"古时凡国有难，君召将，授以斧钺。"亲贤"，指同姓。钱注：乾元二年，史思明僭号于河北。李光弼请以亲贤统师，以赵王係为兵马元帅，诏曰："靖难平凶，必资于金革；总戎投律，实杖于亲贤。"次年四月，以亲王遥统兵柄。宝应元年，代宗即位。十月，以雍王适为天下兵马元帅。——可见"授钺亲贤"在当时有其特定意义。"卑宫"，卑陋的宫室。左思《魏都赋》："鉴茅茨于陶唐，察卑宫于夏禹。"钱笺：初房琯建分镇讨贼之议。玄宗令太子北略朔方，命诸王分守重镇。诏下，远近相庆，咸思效忠于兴复，禄山则抚膺曰："吾不得天下矣！"肃宗即位，恶琯，贬之。用其诸子统师，然皆不出京师，遥制而已。宗藩削弱，藩镇不臣。公追叹朝廷不用琯议，失强干弱枝之义，而有事则仓猝以亲贤授钺。"韶"，虞舜乐名。《尚书·益稷》："箫韶九成，凤皇来仪。"《礼记·乐记》："韶，继也。"郑玄注："韶之言绍也，言舜能继绍尧之德。"这诗的主旨在于建议朝廷分封宗藩以抑制不臣藩镇：宗藩削弱，王室不安，这犹如青梧凋落，丹桂随即受风霜威胁一样。自古以来，作为王朝骨干的宗藩强大了，就不至有朝一日会出现不臣服的藩镇。只要当今那位力"行俭德"的君王，终于能依照古代分封的办法，授钺亲王，遣派他们分赴各个遥远的领地，天下就会太平。难道"箫韶九成，凤皇来仪"，只有虞舜才能做到？《为阆州王使君进论巴蜀安危表》说："伏愿陛下……度长计大，速以亲贤出镇，……必以亲王，委之节钺，此古之维城磐石之义，明矣。……特望以亲王总戎者，意在根固流长，国家万代之利也，敢轻易而言。"诗文表现不同，意见完全一致，可互相参看。处在王纲解纽的当时，想用血缘纽带加以维系，亦无济于事。但诗人已预感到正在酝酿的藩镇之祸，还是很有意义的。其五说：

"胡灭人还乱，兵残将自疑。登坛名绝假，报主尔何迟？领郡辄无色，之官皆有词。愿闻哀痛诏，端拱问疮痍。""登坛"，谓登坛拜将。"名绝假",言真拜之,非特假节而已。《杜臆》:"仆固怀恩恐贼平宠衰,故奏留(降将薛)嵩等分帅河北,此公诗所云'兵残将自疑'也。时朝廷苟冀无事,因而授之。(田)承嗣举管内户口壮者,皆籍为兵,惟使老弱耕稼,又选其骁健者万人自卫,谓之牙兵,此诗所云'胡灭人还乱'也。'胡灭人乱',实缘'兵残将疑'。夫此诸将俱有土地、人民、兵甲、财赋,非假饰者,蒙宠如此,尔之报主何迟耶?公不欲直指朝廷之失,故含蓄言之。本意实谓:各镇权重,故启其负固不臣之心。"仇注:"且节镇权重,则征敛日繁,郡守不得自主,故领郡常无气色,而之官每有怨词。代宗端拱方新,何不下哀痛之诏,以恤穷民乎?知恤民疾苦,则当重司牧之任,以免节镇之牵制也。"得此二说,此诗就可迎刃而解了。

柳伉上疏,认为吐蕃得以入京师,主要由于代宗长久以来疏元功、委近习所致,"必欲存宗庙社稷,独斩元振首,驰告天下","然后削尊号,下诏引咎,曰:'天下其许朕自新改过,宜即募士西赴朝廷;若以朕恶不悛,则帝王大器,敢妨圣贤,其听天下所往'"。这话讲得很剀切、很痛快,可是代宗并未虚心纳谏,他不仅没下罪己诏,甚至还保护了程元振这个"孽孽能全生",只将他削官放归了事。这当然会使老杜大失所望。

王嗣奭说:"读此五诗,皆救时之硕画,报主之赤心,自许稷、契,真非豪语。然稷、契之臣,必尧、舜才能用之,持以事世主,则枘凿不入。而皮相者谓公志大才疏,良可悲矣。"一个人能否成为大政治家,得取决于种种主客观条件。老杜既已成为大诗人而非大政治家,我们就无须为辩论他能否成为大政治家而徒费口舌了。但有一点是可以肯定的:他自许稷、契,确乎是真心实意为此而奋斗终身。他始终关心国计民生,虽不在其位,仍在耗尽心血代谋其政。从这五首,以及最近的有关诗作中可以看出,他对当时社会现实和政治情况的了解和认识,是越来越清楚、越来越深刻了。他始终以天下为己任,"志大"当之无愧。评论时政有胆有识,往往一针见血,岂是"才疏"?他不过是没当上大官罢了,"不以成败论英雄",对他也不应例外啊!

老杜《忆昔二首》,浦起龙说:"旧编严武幕中,非。当属吐蕃陷京后、代宗复国时作。盖在广德二年之春,时复在阆。"其一说:"忆昔先皇巡朔方,千乘万骑入咸阳。阴山骄子汗血马,长驱东胡胡走藏。邺城反覆不足怪,关中小儿坏纪纲,张后不乐上为忙。至令今上犹拨乱,劳心焦思补四方。我昔近侍叨奉引,出兵整肃不可当。为留猛士守未央,致使岐雍防西羌。犬戎直来坐御床,百官跣足随天王。愿见北地傅介子,老儒不用尚书郎。"想当初肃宗即位于北方的灵武,不久便带领人马回到长安。回纥的这些阴山骄子,骑着大宛出产的汗血马前来助战,把东胡安庆绪驱赶得东走西藏。史思明已降又叛,救安庆绪于邺城,复陷洛阳。对于叛逆来说,这本不足怪;可怪的是京中那个"闲厩马家小儿"李辅国[37],竟敢破坏朝纲。张后宠遇专房,与李辅国狼狈为奸,只要她稍有不乐,就够肃宗好一阵子忙。这使得当今皇上对内还须拨乱反正,对外又要花费心思去补救四方。我曾有幸当过近侍职掌供奉,当时今上以广平王拜天下兵马元帅,先后收复两京,我深知他出兵整肃,势不可当。汉高祖《大风歌》说:"安得猛士兮守四方。"由于程元振的进谗,夺了郭子仪的兵权,把他闲置在长安,这犹如不教猛士守四方而守宫殿未央,以致关内岐州、雍州

---

[37]《旧唐书·李辅国传》:"李辅国,本名静忠,闲厩马家小儿。少为阉,貌陋,粗知书计;为仆事高力士。"《资治通鉴》至德二载"李辅国本飞龙小儿"注:"凡厩、牧、五坊、禁苑给使者,皆谓之小儿。"

一带变成了阻挡吐蕃入寇的边防。吐蕃很快就长驱直入地来到京城坐上御床，百官光着脚狼狈不堪地跟随着出奔的大唐天王。西汉北地人傅介子，曾砍下楼兰王的头归悬北阙，如今我真愿见到傅介子这样的人。《木兰诗》说："可汗问所欲，木兰不用尚书郎。"只要国家能平乱中兴，我同木兰一样也不要尚书郎。浦起龙说："不用尚书郎"只是使用《木兰诗》中的成语，旧注以为指严武表杜甫为工部郎，是错误的。钱笺："《忆昔》之首章，刺代宗也。肃宗朝之祸乱，成于张后、辅国。代宗在东朝，已身履其难；少属乱离，长于军旅，即位以来，劳心焦思，祸犹未艾，亦可以少悟矣。乃复信任程元振，解子仪兵柄，以召匈奴（实为吐蕃）之祸，此亦童昏之尤乎？"此是吟咏而非廷诤，亦能见此老胆识非凡。其二说：

"忆昔开元全盛日，小邑犹藏万家室。稻米流脂粟米白，公私仓廪俱丰实。九州道路无豺虎，远行不劳吉日出。齐纨鲁缟车班班，男耕女桑不相失。宫中圣人奏云门，天下朋友皆胶漆。百余年间未灾变，叔孙礼乐萧何律。岂闻一绢直万钱，有田种谷今流血！洛阳宫殿烧焚尽，宗庙新除狐兔穴。伤心不忍问耆旧，复恐初从乱离说。小臣鲁钝无所能，朝廷记识蒙禄秩。周宣中兴望我皇，洒泪江汉身衰疾。""云门"，古舞乐名，相传是黄帝的乐。汉高祖平定天下，命叔孙通制定礼乐，萧何制定律令。这里借喻开元时尚沿袭贞观以来的政治措施。"记识"，一作"记忆"。"朝廷"句是说代宗还记得他，授予他官职。诸家多以为指后在严武幕被表请授予检校工部员外郎。浦起龙注："公《别马巴州》诗自注云'时甫除京兆功曹'，知是代宗初复国事。嘉陵江兼有江汉之名，在阆州无疑。若严幕则在成都，有江无汉也。"后说较可信。开元时期，经济文化繁荣，封建统治阶级生活富裕，物价便宜，社会秩序安定，确乎是唐代，也是我国整个封建时代的"全盛日"，但同时也是大唐帝国盛极而衰的转捩点。老杜幸也不幸，亲身经历了这一由盛猝衰的历史阶段，感受当然格外深切。如今他漂泊多年，萍踪万里，战乱之苦备尝，中兴之望日甚，因此回忆昔日盛况，难免无形中受感情支配而有所夸大，不可尽信。但从艺术效果看，极言昔时之盛，更能反衬出今日之衰，读之令人触目惊心，感叹不已。在我看来，这诗与其说是"亟望代宗拨乱反治"的"祝词"，或是对"开元盛世"的挽歌，毋宁说是悲惨现实的哭诉。"岂闻一绢直万钱，有田种谷今流血！洛阳宫殿烧焚尽，宗庙新除狐兔穴。伤心不忍问耆旧，复恐初从乱离说"，写安史乱后的洛阳；曹植《送应氏》其一"步登北邙阪，遥望洛阳山。洛阳何寂寞，宫室尽烧焚。垣墙皆顿擗，荆棘上参天。不见旧耆老，但睹新少年。侧足无行径，荒畴不复田。游子久不归，不识陌与阡。中野何萧条，千里无人烟。念我平常居，气结不能言"，写董卓乱后的洛阳；二者虽有长短详略的不同，但都写得很悲哀很沉痛。相隔五百多年洛阳的这两次浩劫，余下的都只是一片劫灰，此外这里还有过无数次浩劫未能在文艺作品中得到如此真实而形象的反映。像洛阳这样，我国不少历史名城建设起来又摧毁，摧毁之后又建设，这，正是张养浩所哀叹的："伤心秦汉经行处，宫阙万间都做了土。兴，百姓苦；亡，百姓苦。"（〔中吕·山坡羊〕《潼关怀古》）这些作品都写出时代的浩叹，无怪乎这么沉痛！

十 "殊方又喜故人来"

老杜这年春天在阆州的活动尚有踪迹可寻。

正月晦日（三十日）是当时三令节之一（详上卷二二〇页），

巴蜀春早，这时已草长花繁、鸟飞蝶舞了。阆州王刺史，当此佳节，不觉兴起，就招客携妓，在嘉陵江上泛舟游览，饮酒作乐，最后还登临了黄家亭子。老杜也应邀出席，作《陪王使君晦日泛江就黄家亭子二首》纪游。其一说：

"山豁何时断？江平不肯流。稍知花改岸，始验鸟随舟。结束多红粉，欢娱恨白头。非君爱人客，晦日更添愁。"此写泛江时所见所感。杨慎好抑杜，挑剔"江平不肯流"说：意求工而语似拙，不若李群玉乐府云："人老自多愁，水深难急流"，又不若巴渝竹枝词云"大河水长漫悠悠，小河水长似箭流"，词愈俗愈工，意愈浅愈深。仇兆鳌崇杜，为之辩护说：按杜诗《晚登瀼上堂》云"春气晚更生，江流静犹涌"，是即"江平不肯流"之转注，岂可轻下轩轾语？在我看来，"江流静犹涌"与阴铿句"大江静犹浪"意同而稍异于"江平不肯流"，岂可用作转注？仇氏之所以如此曲为解释，可见他暗中也认为此句平平。其实此句自有其佳胜处。蒋弱六说："首二是从蜀中万山攒接，江势险急，忽见空天平流之象，不觉若惊若喜。"李子德说："'江平不肯流'，与'秋天不肯明'，皆有妙理。"各有所见。所谓"妙理"，不过是用拟人手法于不同场合而能表达不同情思而已。《客夜》"客夜何曾著，秋天不肯明"[38]，怨天故意作弄人，秋夜客居失眠愁苦立显。人见此"空天平流之象"，心胸开朗、留连忘返；移情于江也仿佛懂得欣赏风景，不想匆匆流过了。江面平阔，水流因而缓慢。如果径直说"江平似不流"，不过写出一种错觉。使用拟人手法，客观之景与主观之情俱见，此或是李子德所说的

---

[38] 可与陶渊明《饮酒》其十六"披褐守长夜，晨鸡不肯鸣"、《怨诗楚调示庞主簿邓治中》"夏日长抱饥，寒夜无被眠；造夕思鸡鸣，及晨愿乌迁"参读。

"妙理"所在。杨伦解颔联说:"二句串看:言其流稳,舟行如不动,见花改方知岸改,乃觉鸟亦随行也。"此或得作者用心,惜诗句意晦辞涩,表现欠佳。我在南方常见群鸥追逐航行的船和在江边耕作的拖拉机。此随舟之鸟,未知为沙鸥否?老杜或听说鸥鸟喜随行舟,以前未曾留心细察;今见果然如此,故尔用"验"。洪仲云说:"公诗'问知人客姓',王建诗'人客少能留我屋','人客'字,盖当日方言。"今南方一些方言中尚存,不止当日。《杜臆》:"按志,阆中有蟠龙山,在城东三里,望如蟠龙之状。贞观中望气者言:西南千里外有王气。令人入蜀,次阆中,果见山气郁葱,凿破山脉,水流如血。今号锯山。咸亨中徙阆中县于此,即今之锯山关也。'山豁'当指此。"录以备考。其二写得较好:

"有径金沙软,无人碧草芳。野畦连蛱蝶,江槛俯鸳鸯。日晚烟花乱,风生锦绣香。不须吹急管,衰老易悲伤。"写舍舟登亭临眺和观舞听乐情事。《蜀都赋》"金沙银砾"注:"永昌有水出金,如糠,在沙中。"《一统志》:"保宁府剑州、广元、江油、巴县出麸金。"旧注多引此注首句。是否以为这里真是满地麸金呢?我看不是。所谓"金沙",只是形容阳光照耀下的黄沙而已。不过,读了这条注无疑会增强想象中的真实性,有助于诗句获得类乎蹙金刺绣或金碧山水的艺术效果。走过细软的沙径,山坡上因为少有人来走动,芳草长得绿油油的。野畦蛱蝶结队翻飞,靠着江亭的栏杆可以俯视鸳鸯戏水。日暮时分,烟雾空濛花开历乱,风生舞步长袖飘香。可惜我老怀伤感,怕听这悲凉的音乐。此诗极尽声色之能事。杨伦说:"妍丽亦开温、李。"殊不知受齐梁影响亦复不浅。只是深含家国之恨、身世之悲,故不流于纤弱。另有《泛江》诗,记方舟设宴且有妓乐,想也是当地官绅相邀,甚至就是"陪王使君晦日泛江"的那一次。这诗尾联"故国流清渭，如今花正多"，又同时所作《江亭王阆州筵饯萧遂州》[39]"离亭非旧国，春色是他乡。老畏歌声继，愁随舞曲长"；《暮寒》"戍鼓犹长击，林莺遂不歌。忽思高宴会，朱袖拂云和"等等，多写乱离时寻欢作乐、愈乐愈悲而倍思故国旧事之情，与组诗"结束多红粉，欢娱恨白头。非君爱人客，晦日更添愁""不须吹急管、衰老易悲伤"之句合看，就更能体会诗人心境的沉重了。

阆州当时有个游赏的好去处叫阆苑。这阆苑原是高祖第二十二子滕王李元婴来此做刺史时所建。阆州本名隆州，元婴自寿州刺史移隆州刺史，以隆州衙宇卑陋，遂修饬宏大之，拟于宫苑，谓之隆苑。后因避玄宗李隆基讳，隆州改阆州，隆苑改阆苑(见《方舆胜览》)。这年春暖花开的一天，老杜来此游览，登滕王所建的亭子，作《滕王亭子二首》以写景抒情。其一说：

"君王台榭枕巴山，万丈丹梯尚可攀。春日莺啼修竹里，仙家犬吠白云间。清江锦石伤心丽，嫩蕊浓花满目斑。人到于今歌出牧，来游此地不知还。"题下原注："在玉台观内。王调露中任阆州刺史。"又《玉台观二首》原注："滕王造。"《方舆胜览》载玉台观在阆州城北七里，唐滕王尝游，有亭及墓。阆苑系由隆州衙宇扩建而成，城北七里的玉台观当在其范围之内，其规模之大可以想见。西汉梁孝王的菟园（即梁园，一名梁苑）中有修竹园。孙绰《兰亭诗》："啼莺吟修竹，游鳞戏澜涛。""莺啼修竹"，实写景，隐亦用事。《神仙传》载八公与淮南王刘安白日升天，临去时余药器置于中庭，鸡犬舐啄之，尽得升天，故鸡鸣天上，犬吠云中。淮南王实

---

[39] 去年春天杜甫在梓州陪四使君登惠义寺，其中有位遂州刺史姓苏。现在的这位遂州刺史姓萧，是新换的。

以不法受诛,八公之徒乃造此说以饰其罪。"犬吠白云",显系用淮南事。以淮南王的丹成飞升拟滕王的炼丹学仙,那么在诗人的想象中,此间登亭之路就是"尚可攀"的"万丈丹梯"了。《杜臆》:"志云:阆中多仙圣游集之所,城东有天目山,乃葛洪修炼之所;有文山,张道陵授徒符箓处。'万丈丹梯'谓此。"当地有此传闻,有助于诗人生非非之想,但不可坐实即"谓此"。毛西河说:"江石有伤心之丽,花蕊成满目之斑,此深于艳情之言。"仇兆鳌说:"新旧《唐书》并云:元婴为金州刺史,骄佚失度。太宗初丧,则饮宴歌舞,狎昵厮养。巡省部内则借狗求置,所过为害。及迁洪州都督,复以贪闻。高宗给麻二车,助为钱缗(焌案:此讽其贪)。小说又载其召属宦妻于宫中而淫之。"[40]杨用修云:其恶如此,而诗称'民(人)到于今歌出牧',未足为诗史。今按末二句一气读下,正刺其荒游,非颂其遗泽也[41]。"为老杜辩解始于王嗣奭:"'游此地'谓滕王,而'不知还'语有刺。"仇氏又从而强调"一气读下",其奈"人到于今歌出牧"总不免有称颂之嫌。平心而论,杨慎这次倒是抓住老杜的小辫了,无须急着替他辩护。不过,光抓住这点小辫子,就想剥夺他"诗史"的称号,也算不得是公正的态度。其二说:

"寂寞春山路,君王不复行。古墙犹竹色,虚阁自松声。鸟雀荒村暮,云霞过客情。尚思歌吹入,千骑拥霓旌。"上半谓山路寂

〈40〉《新唐书·滕王元婴传》载元婴为金州刺史,骄纵失度,高宗以书切责。"久之,迁洪州都督。官属妻美者,绐为妃召,逼私之。尝为典签崔简妻郑嫚骂,以履抵元婴面血流,乃免。元婴惭,历旬不视事。"事出有因,非尽小说家言。

〈41〉浦起龙说:"今玩上四,叙还登眺遗迹。五、六,曰'伤心丽''满目斑',即带起结意。结言'人到于今',犹'歌'其'出牧'时佚游忘返也。可知'伤心''满目',正为当日州人雪涕,而词旨浑然。此为风人之极轨,正始之遗音。"深文周纳,勉强拔高,似是而非。在我看来,此诗尾联无论思想或艺术均不佳。

寞，王不复行而景色犹昔；下半谓处于此时此境而滕王当日率众遨游情景可想。浦起龙说："是诗只是吊古。"其实前诗何尝不是这样。

同时又作《玉台观二首》吊古抒怀，均不甚佳。阆苑早已不存，老杜来游时也只见到玉台观和滕王亭子等建筑。但李元婴都督洪州时所营造的滕王阁，却因其后王勃的《滕王阁序》而受到历代的重视。滕王阁历时一千三百多年，屡毁屡建，重建重修约二十八次，平均每隔四十多年修缮一次。一九二六年，被北洋军阀邓如琢烧毁，遗迹尚存。报载南昌市将于一九八三年开始重建此阁。滕王阁与阆苑俱创建于同一失德藩王，前者规模远逊而遭遇殊佳，这不能不说是阁以序传了。老杜也有《滕王亭子》等作，对后世却不起多大影响。仅就这一点而论，老杜负王勃一局。

阆州另一游赏的好去处，是城东南八里的南池。《一统志》载，南池自汉以来，堰大斗之水灌田，里人赖之。唐时堰坏，遂成陆田。这年春天老杜来此游赏，作《南池》，有"安知有苍池，万顷浸坤轴"云云，知当时池堰未坏，积水广阔。这诗前半写南池之大、物产之富、风景之美，颇见地方特色："峥嵘巴阆间，所向尽山谷。安知有苍池，万顷浸坤轴。呀然阆城南，枕带巴江腹。芰荷入异县，粳稻共比屋。皇天不无意，美利戒止足。高田失西成，此物颇丰熟。清源多众鱼，远岸富乔木。独叹枫香林，春时好颜色。"后半因见池旁有汉高祖庙（项羽曾立刘邦为汉中王，故称汉王祠）而斥言淫祀之妄："南有汉王祠，终朝走巫祝。歌舞散灵衣，荒哉旧风俗。高皇亦明主，魂魄犹正直。不应空陂上，缥缈亲酒肉"，并以游池遭怀作结，仅"高皇"四句颇有趣，余皆平平。

这时因山水起兴写得较好的篇章是《阆山歌》《阆水歌》。灵山一名仙穴山，在阆州城东北十里。古时灵山峰多杂树，传说昔蜀王鳖灵登此，因名灵山，山东南隅有玉女捣练石。玉台山在城北七里。"阆山"统指阆州城周围的灵山、玉台山等等。《阆山歌》说：

"阆州城东灵山白，阆州城北玉台碧。松浮欲尽不尽云，江动将崩未崩石。那知根无鬼神会？已觉气与嵩华敌。中原格斗且未归，应结茅斋著青壁。"灵山或因白云缭绕、或因初春峰顶积雪未化而发白。"松浮"二句，善写动景。"石根下盘，乃鬼神所护；云气上际，与嵩（山）、华（山）并高"(仇兆鳌语)，并因嵩、华而念及中原战乱未平、欲结庐山麓以避世。于"青壁""著"一"茅斋"便成高栖胜境。这"著"字用得好，犹如魔杖，一挥而就，又如盆景，点缀即成，见诗人意趣的天真和手法的别致。胡夏客说："此歌似拗体律诗。"

嘉陵江，源出陕西凤县东北嘉陵谷，西南流到略阳县北纳西汉水，到四川广元县昭化纳白龙江，南流经南充市、合川县到重庆市入长江。经阆中一段即为阆中水，又叫阆江。《阆水歌》说：

"嘉陵江色何所似？石黛碧玉相因依。正怜日破浪花出，更复春从沙际归。巴童荡桨欹侧过，水鸡衔鱼来去飞。阆中胜事可肠断，阆州城南天下稀。""黛"，青黑色的颜料，古代女子用来画眉。"碧"，深绿色的玉。水深处如黛，浅处如碧。"石黛""碧玉"深浅相依，差可形状此江水色，比喻美丽。仇注："《方舆胜览》：锦屏山，在城南三里。冯忠恕记云：阆之为郡，当梁、洋、梓、益之冲，有五城十二楼之胜概。师氏曰：城南屏山，错绣如锦屏，号为天下第一，故曰'天下稀'。"此诗写得富风土情调，"正怜"二句甚佳。

元稹《唐检校工部员外郎杜君墓系铭并序》系中与两《唐

书·杜甫传》皆记杜甫召补京兆府功曹事[42]，而以宋代王洙《杜工部集记》所载较详较近实："(甫)入蜀，卜居成都浣花里，复适东川。久之，召补京兆府功曹，以道阻不赴，欲如荆楚。"老杜有《奉寄别马巴州》："勋业终归马伏波，功曹非复汉萧何[43]。扁舟系缆沙边久，南国浮云水上多。独把渔竿终远去，难随鸟翼一相过。知君未爱春湖色，兴在骊驹白玉珂。"题下原注："时甫除京兆功曹，在东川。"时巴州（治所在今四川巴中县）马刺史"必将赴京师，玉珂乃早朝事"（杨伦语），而己亦将离蜀东游荆楚，故赋诗寄马送别兼留别：勋业终当归于当今的马伏波您，可惜我这功曹不再是汉代的萧何了。我早就定好了船系在沙边等了很久，准备游历东南像水上浮云似的漂泊不定。我终将独把钓竿远去，就很难随着飞鸟的翅膀前来与您作别了。我知道您无心去赏玩春天里的湖光山色，您的兴趣是在进京朝觐君王啊！仇兆鳌说："广德二年《奉待严大夫》诗云：'欲辞巴徼啼莺合，远下荆门去鹢催。'此诗云'扁舟系缆沙边久''独把钓（渔）竿终远去'。两诗互证，知同为二年所作矣。《杜臆》谓时欲适楚，以严武将至，故不果行。此说得之。"但须补充的是，作《奉寄别马巴州》、决计马上离蜀时，只闻己除京兆功曹而不闻严武再度镇蜀。又《游子》："巴蜀愁谁语，吴门兴杳然。九江春草外，三峡暮帆前。厌就成都卜，休为吏部眠。蓬莱如

---

[42]《杜君墓系铭并序》系中载："出为华州司功，寻迁京兆功曹。"《旧唐书》本传载："甫寓居成州同谷县，自负薪采梠，儿女饿殍者数人。久之，召补京兆府功曹。"《新唐书》本传载："(甫)流落剑南，结庐成都西郭。召补京兆功曹参军。"录以备考。但须指出的是，王洙《杜工部集记》接着正文所引之后说："上元二年，闻严武镇成都，自阆州挈家往依焉。武归朝廷，甫浮游左蜀诸郡，往来一二。武再镇两川，奏为节度参谋、检校工部员外郎，赐绯。"加着重点的地方，却是不正确的。
[43] 仇注："杜修可曰：刘贡父谓萧参为功曹，萧何未尝为功曹。王定国引《高帝纪》：萧何为沛主吏。孟康曰：主吏，功曹也。二说皆非。《吴志》孙策谓虞翻曰：'孤有征讨事，未得还府，卿复以功曹为吾萧何，守会稽耳。'杜公盖用此语。"

可到，衰白问群仙。"首联写厌蜀思吴而一时尚未成行的急躁情绪。颔联念及下三峡经九江舟行情景而不胜神往。尾联谓倘蓬莱可到当往求却老仙方。《高士传》：严君平卖卜成都市中，日阅数人，得百钱足自养，则闭肆下帘而授《老子》。《晋书·毕卓传》：毕卓为吏部郎，比舍郎酿熟，卓因醉夜至其瓮间盗饮之，为掌酒者所缚，明日视之乃毕吏部。私意以为颈联用此二事表示既不愿回成都，又不愿出任京兆功曹之意。前者易明，后者则须稍加阐发。

　　前在第六章第六节中，论述了老杜献三大礼赋为玄宗所奇、召试文章、送隶有司参列选序（即候补）以后，好不容易得到个河西尉的差使。他年轻时信心十足，以贤相自期。几经挫折，还上表暗示皇帝，希望起码能给他个从六品上著作佐郎之类的官职，要价也不低。哪知得到的竟是个从九品的县尉，这对自视甚高的老杜来说，简直是莫大的讽刺，他当然不愿屈就。那么，他为什么又去做随即改授的右卫率府兵曹参军呢？用世俗的眼光看，这不外是由于兵曹参军官阶稍高（从八品下），而且任所就在长安，迫于生计，暂且将就一下。但写起诗来，总得找个高雅的由头，说什么"耽酒须微禄""率府且逍遥"（《官定后戏赠》）。阮籍闻步兵厨人善酿，有贮酒三百斛，乃求为步兵校尉。老杜如今要去军事机关供职，说这只不过是因为自己好酒贪杯，想借此搞点买醉之资。这岂不是有那么一点阮步兵的意味么？由此可见"休为吏部眠"也当曲折地含有类似的意思：要是我去做京兆功曹，能像毕卓为吏部郎时那样，偷喝了隔壁郎官的酒蒙头大睡，那也不错；只是由于这样那样的原因，这官还是不做的好。到底是什么原因呢？旧说多以为离阆东去行程既定故不赴召。这答案是不能令人满意的。如果他真想去当这个官，不改行程，"即从巴峡穿巫峡，便下襄阳向洛阳"，不是照样可到长安么？何况行程是自己定的，想取消就取消，又有何难？不久听说严武将再次来镇蜀,他不是轻而易举地将行程取消了么?前面(本章第六、八、九节)刚讨论了老杜对朝政的不满及其伏枥之志,我们自会明白他不愿去当这个正七品下的功曹参军,到底原因何在了。——倘若此说差可成立,那么这首《游子》诗当作于已闻除京兆功曹决计不赴召而离阆行程暂滞之时。这时又作《将赴荆南寄别李剑州》,后半说:"路经滟滪双蓬鬓,天入沧浪一钓舟。戎马相逢更何日,春风回首仲宣楼。"预想行踪而神驰荆楚,是告别将行心情。但不知已闻除京兆功曹之讯否?

大概正在这决计不赴召而行程暂滞之时,忽闻好友严武再度镇蜀,喜出望外,作《奉待严大夫》说:

"殊方又喜故人来,重镇还须济世才。常怪偏裨终日待,不知旌节隔年回。欲辞巴徼啼莺合,远下荆门去鹢催。身老时危思会面,一生襟抱向谁开。"只要回想一下前面论述过的,老杜在《为阆州王使君进论巴蜀安危表》中提出朝廷应派德高望重、遇事沉着、经验丰富的大臣来安定巴蜀的建议,在《伤春五首》《收京》《释闷》《有感五首》《忆昔二首》诸作中忧国忧民、痛砭君臣之失的种种意见,就会深切感受到"殊方又喜故人来,重镇还须济世才""身老时危思会面,一生襟抱向谁开"所包含的丰富内容,及其欲与严武晤谈心情的迫切。可见他之所以取消盼望多时、即将实现的东游计划,决定留下"奉待严大夫"不尽出于私人感情和身家可托的考虑。《旧唐书·严武传》:"广德二年,破吐蕃七万余众,拔当狗城。十月,取盐川城,加检校吏部尚书,封郑国公[44]。"这

---

[44] 仇注:"朱注:此诗,旧谱及诸家注并云广德二年作。据《通鉴》,是年正月,严武得剑南之命也。黄鹤编在宝应元年,盖疑广德二年武已封郑国公,不得但称大夫,且迁黄门侍郎时,已罢御史大夫矣。按宝应元年春,公未尝去草堂,何以有'欲辞巴徼''远下荆门'之语?仍从旧编为是。唐人凡称节度使皆曰大夫,正不必以封郑国公为疑。"关于封郑国公事,详《将赴成都草堂途中有作先寄严郑公五首》评论正文。

是严武到任后的当年，为遏制吐蕃进犯、稳定巴蜀局势所做出的重大贡献。可见老杜盼望他重来镇蜀，称许他的才能，确有所见，并非出于当面奉承。他的《赠别贺兰铦》前段叹贺兰的贫老不遇。后段说："国步初反正，乾坤尚风尘。悲歌鬓发白，远赴湘吴春。我恋岷下芋，君思千里莼。""反正"，指代宗还宫。"悲歌""远赴"，皆指铦言。"我恋岷下芋"，诗人自指暂留蜀不东下。可见前面关于诗人闻收京和代宗还宫以及严武再度镇蜀等讯都在今年初春稍后、并随即决定留蜀待严的推断是可信的。

当老杜尚在阆州时，得知章彝"初罢梓州刺史、东川留后，将赴朝迁"(后诗题下注)，他寄诗赠别说："淮海维扬一俊人，金章紫绶照青春。指挥能事回天地，训练强兵动鬼神。湘西不得归关羽，河内犹宜借寇恂。朝觐从容问幽仄，勿云江汉有垂纶。"(《奉寄章十侍御》) 首联叙章彝是扬州人，身居要职。颔联称赞他的军事才能。《三国志·蜀书·关羽传》：先主收江南诸郡，拜关羽为襄阳太守、荡寇将军；西定益州，拜羽董督荆州事。陆机《辨亡论》：汉主报关羽之败，图收湘西之地。注：湘西，荆州地。五句以关羽在湘西比章任东川留后，意谓东川倚重，不当罢之归朝。《后汉书·寇恂传》：光武收河内，拜寇恂为太守，后移颍川，又移汝南。颍川盗贼群起，百姓请复借寇君一年。六句字面上是说既然百姓请求，河内还是应该让颍川借用寇恂一年⁽⁴⁵⁾。这里用以表示挽留章彝继续留任梓州刺史之意。前面多次谈到老杜对章彝颇有微词，并认为他当东川留守不孚众望。但跟他应酬时，还难免要讲些违心的恭维话。这是

〈45〉仇氏引陈廷敬注："借寇恂者颍川也，诗何以言河内？盖河内、颍川皆寇旧治，诗意谓：颍川盗起，固宜借之；河内无盗，犹宜借之。时段子璋已平，故云然，非误用河内也。"此解亦牵强，不可信。

老杜未能免俗处。仇兆鳌说："章必素有荐引之事，故结语反言以讽之。……江汉垂纶，隐然以皤溪叟（吕尚）自命也。"前面论及杜甫《为阆州王使君进论巴蜀安危表》"必以亲王，委之节钺，……加以醇厚明哲之老，为之师傅，则（巴蜀）万无覆败之迹，又何疑焉"一段时，曾指出这种企图恢复分封制度的想法无疑是落后的，也是行不通的，但可从而见出他对政见的执著和对自己的政治前途尚存幻想（详本章第六节）。然后再参看《伤春》其三："贤多隐屠钓，王肯载同归"和这诗"朝觐从容问幽仄，勿云江汉有垂纶"的"隐然以皤溪叟自命"，就更会明白他之所以不赴朝廷除京兆功曹之召了。《旧唐书·严武传》："（武）前后在蜀累年，肆志逞欲，恣行猛政。梓州刺史章彝，初为武判官，及是小不副意，赴成都，杖杀之。由是威震一方。"《新唐书·严武传》："梓州刺史章彝始为武判官，因小忿杀之。"黄鹤认为二史皆云严武杀梓州刺史章彝，此诗云"朝觐从容问幽仄"，意必彝将入朝，而武杖杀之。这年正月，癸卯，合剑南东、西川为一道，以黄门侍郎严武为节度使。合一道则撤东川使府。章彝"初罢梓州刺史、东川留后"，当在其后。章罢留后、严再镇蜀，此二讯老杜当同时或前后不久获悉。二者都是老杜《为阆州王使君进论巴蜀安危表》中所期待的，不意终于如愿，他内心的喜悦可想而知。考虑到作为西线军事情报首脑的阆州王刺史与朝廷的特殊关系，不能认为《论巴蜀安危表》对朝廷做出这一重大人事安排没有起任何积极促进作用。了解到这些微妙的关系，就多少能体会出诗人"奉寄章十侍御"和"奉待严大夫"的心情。

十一 "却赴蜀"

黄鹤订《渡江》为广德二年（七六四）春老杜携眷自阆州归成

都时作，甚是（说详后）。据首联"春江不可渡，二月已风涛"，知时在二月。想此时严武已来成都上任，所以老杜就甘冒风涛之险，迫不及待地赶回成都去相会。行前他专程前往葬在阆州的房琯墓拜别，作《别房太尉墓》说：

"他乡复行役，驻马别孤坟。近泪无干土，低空有断云。对棋陪谢傅，把剑觅徐君。惟见林花落，莺啼送客闻。"《旧唐书·房琯传》载，房琯于乾元元年六月贬为邠州刺史。上元元年四月改礼部尚书，寻出为晋州刺史。八月改汉州刺史。宝应二年（七月改元，即广德元年）四月拜特进、刑部尚书。赴京途中遇疾，广德元年八月四日卒于阆州僧舍，时年六十七。赠太尉。去年房琯卒后不久，老杜来到阆州，曾于这年"九月辛丑朔，二十二日壬戌"，为文致祭于房琯坟前[46]，为他的奋起救亡却被谗遭贬抱恨无已。第十章中已较详细地论述了肃宗还京初期廷臣派系斗争情况，和房琯的上台下野及其为政用兵之失，不拟重复。这里只想补充两点：
（一）房琯的被谗遭贬确有值得同情的地方。而且乱起之初，他建议亲王分镇天下，明皇从之，"禄山见分镇诏书，附膺叹曰：'吾不得天下矣'"（《困学纪闻》引司空图《咏房太尉》"物望倾心久，凶渠破胆频"自注）；后贬邠州刺史，"时邠州久屯军旅，多以武将兼领刺史，法度隳废，州县廨宇并为军营，官吏侵夺百姓室屋以居，人甚弊之。琯到任，举陈令式，令州县恭守。又缉理公馆僚吏，各归官曹，颇著政声"（《旧唐书·房琯传》）。他在政治上也并非毫无建树。可能出于同党的偏见和私人感情，老杜在祭文中对他的评价仍嫌过高："车驾还京，朝廷就列。盗本乘弊，诛终不灭。高义沉埋，赤心荡折。贬

---

[46]《祭故相国清河房公文》前云"奉祭故相国清河房公之灵曰：……"，"灵"也可以理解为"灵位"，但后云"抚坟日落，脱剑秋高"，则可肯定是致祭于坟前。

官厌路，谗口到骨。致君之诚，在困弥切。天道阔远，元精茫昧。偶生贤达，不必际会。明明我公，可去时代？贾谊恸哭，虽多颠沛。仲尼旅人，自有遗爱。"（《祭故相国清河房公文》）别的且不说，单就《旧唐书》本传所载"琯长子乘，自少两目盲。琯到汉州，乃厚结司马李锐以财货，乘聘锐外甥女卢氏，时议薄其无士行"一事而论，他在品德上也是有所亏损的。《新唐书·房琯传赞》说："唐名儒多言琯德器，有王佐材，而史载行事，亦少贬矣。一举丧师，讫不复振。原琯以忠谊自奋，片言悟主而取宰相，必有以过人者，用违所长，遂无成功。然盛名之下，为难居矣。夫名盛则责望备，实不副则訾咎深。使琯遭时承平，从容帷幄，不失为名宰。而仓卒济难，事败隙生，陷于浮虚比周之罪，名之为累也，戒哉！"有褒有贬，评价较老杜的看法公允，可参看。（二）祭文说："曩者书札，望公可起。今来礼数，为态至此。"可见老杜曾经（可能就在房琯做离成都不远的汉州的刺史时）与之有书信来往，希望他有朝一日能东山再起；而他去秋的自梓赴阆，其目的之一是祭奠房琯。老杜对房琯的评价不尽正确，感情却很深厚。这就无怪乎他墓前哭别悲恸至极了：我就要回成都去了，流落他乡又苦于行役，如今且特意骑马来告别您的孤坟。我泪流如注身旁几乎没一片干土，这哭声惊断那低空飘过的浮云。《晋书·谢安传》载，谢玄等破苻坚，有驿书至，安方对客围棋，了无喜色。安卒，赠太傅。《说苑》载，吴季札聘晋过徐，心知徐君爱其宝剑，及还，徐君已殁，遂解剑系其冢树而去。我也曾陪伴过您这位当代的谢傅下棋，这会儿我倒真有点像季札拿着宝剑来寻觅徐君。可是只见到林花坠落，凄切的莺啼声偏要送来让我这个客子听。钱谦益注"对棋"说："琯为宰相，听董庭兰弹琴。李德裕《游房太尉西池》诗注：'房公以好琴闻于海内（四海）。'公此诗以谢傅围棋为比，盖为房公解嘲也。

刘禹锡和德裕《房公旧竹亭闻琴》云：'尚有竹间露（路），永无棋下尘。'"又注"把剑"说："祭文云：'抚坟日落，脱剑秋高。'"《唐国史补》载："开元日，通不以姓而可称者，燕公、曲江、太尉、鲁公。不以名而可称者，宋开府、陆兖公、王右丞、房太尉、郭令公……"《酉阳杂俎·壶史》载："邢和璞，偏得黄老之道，善心算。……房琯太尉祈邢算终身之事。邢言：'若来由东南，止西北，禄命卒矣。降魄之处，非馆非寺，非途非署。病起于鱼飧，休于龟兹板。'后房自袁州除汉州，及罢，归至阆州，舍紫极宫，适雇工治木，房怪其木理成形，问之。道士称数月前有贾客施数段龟兹板，今治为屠苏也。房始忆邢之言。有顷，刺史具鲙邀房。房叹曰：'邢君，神人也。'乃具白于刺史，且以龟兹板为托。其夕，病鲙而终。"笺注、杂说，均录以备考或资谈助。末则所记荒诞不经，当为后人杜撰。

泣别房琯墓之后不久，老杜当即拜辞王刺史诸人，携眷启程回成都。这时已是二月。今年桃花汛发得早，嘉陵江涨了大水。他由于想与严武晤面心切，就不惜冒风涛之险乘船渡江赶路，作《渡江》说：

"春江不可渡，二月已风涛。舟楫欹斜疾，鱼龙偃卧高。渚花张素锦，汀草乱青袍。戏问垂纶客，悠悠见汝曹。"春江既不可渡，除了急于赶路回成都，恐怕就不会有别的什么事非他亲自冒险抢渡不可了。他的《泛江》写江上乘舟饮宴游乐情事。《杜诗镜铨》编年间有独见，但将《渡江》紧置于《泛江》之后，远离回成都纪行诸作，似不当。仇氏编《渡江》于《奉待严大夫》与《自阆州领妻子却赴蜀山行三首》之间，以为行程之始，甚是。"舟楫"句是说风浪很大，舟楫倾斜急划而过。《阆水歌》"巴童荡桨欹侧过"可参看。前已多次讲到诗人好因江潮而想到蛟龙，如

《梅雨》"竟日蛟龙喜,盘涡与岸回"等等。这里也因江涛起伏,想象有鱼龙偃卧而高浮,所以说"鱼龙偃卧高"。杨伦说:"以方起蛰,故犹有偃卧之容,乃二月之风涛然也。"作如是观,亦觉有趣。此岸亦当有渚花、汀草,只是当时正为待渡而担忧,无心欣赏。既渡中流,危险已过,能有闲情及此,想将达彼岸了。又见岸边有渔父垂钓,不觉羡其安然自适,倍感自己"他乡复行役"之苦。——虽然这么说,我倒觉得他话里流露出冒险渡江后如释重担般的轻松。

一路之上,他见景生情,感慨万千,便哦成《自阆州领妻子却赴蜀山行三首》。其一说:

"汩汩避群盗,悠悠经十年。不成向南国,复作游西川。物役水虚照,魂伤山寂然。我生无倚著,尽室畏途边。"自从安史乱起颠沛流离,转眼已是十年。这次没去成荆楚,又要重返西川。山水本堪玩赏,无奈形为物役,魂被情伤,故觉水空照映,山徒鲜妍。我一生萍梗飘零,无所附着,连一家大小都怕那道路绵延。李子德说:"文之古者必朴淡,此诗当之。"杨德周说:"杜诗'落月动沙虚''物役水虚照''沙虚岸只摧''窗虚交茂林''朝光切太虚',用'虚'字无一不妙。'日出寒山外''君听空外音''晨钟云外湿''赏妍又分外''孤云到来深,飞鸟不在外''回眺积水外,始知众星干''寒日外澹泊,长风中怒号',用'外'字无一不妙。"其二说:

"长林偃风色,回复意犹迷。衫裹翠微润,马衔青草嘶。栈悬斜避石,桥断却寻溪。何日干戈尽,飘飘愧老妻。"风暗长林,路转意迷。衣裳给绿色的山岚弄得潮润了,马儿饥饿了衔着青草长嘶。从阆州到成都虽无栈道,有些地方为了避开倾斜的巨石也暂时架木为路;有些地方桥断了,又倒回去寻找可以蹚水过去的浅溪。

哪一天才算是这场战乱的尽头,带着一家到处飘流我真愧对我的老妻。其三说:

"行色递隐见,人烟时有无。仆夫穿竹语,稚子入云呼。转石惊魑魅,抨弓落狖鼯。真供一笑乐,似欲慰穷途。"林深路复,匆匆行色,递隐递现。沿途很是荒凉,人烟时有时无。仆夫们穿过竹林在那边说话,孩子们爬上高山在云雾中高呼。踩翻块石头滚下坡惊散了山魈魑魅,弹弓响处,只见落下了狖和鼯。这真可让人解颜一笑,他们仿佛要找些开心的事来宽慰我这日暮穷途的人。

仇兆鳌说:"公始而畏,既而愧,终而复慰者,破涕为笑,亦付之无可如何耳。"此行情状与诗人百感交集的心绪,都可从这三首诗中窥见其大略,颇真切感人。

行来非止一日,渐渐接近成都,想到即将回到久别的草堂,即将与盼望已久的好友严武晤面,不觉兴起,成七律《将赴成都草堂途中有作先寄严郑公五首》。关于严武封郑国公事,两《唐书》记载不一致。《新唐书》本传载:"(宝应元年自成都召)还,拜京兆尹,明年为二圣山陵桥道使,封郑国公。迁黄门侍郎。"《旧唐书》本传则记封郑国公事紧接在今年(广德二年)武再度镇蜀,十月取盐川城,加检校吏部尚书的后面。朱鹤龄认为,以此诗题证之,《新书》为是。其一说:

"得归茅屋赴成都,直为文翁再剖符。但使闾阎还揖让,敢论松竹久荒芜?鱼知丙穴由来美,酒忆郫筒不用酤。五马旧曾谙小径,几回书札待潜夫。"《汉书·循吏传》载,文翁,汉庐江舒(故城在今安徽庐江县西)人,景帝末为蜀郡太守,见蜀地僻陋,文化不高,于是就兴办学校,教育人才,使巴蜀日渐开化。"符"是古代朝廷传达命令或征调兵将用的凭证,用金、玉、铜、竹、木制成,双方各执一半,合之以验真假。《汉书·文帝纪》:初与太守为铜虎符、竹使符。《蜀都赋》"嘉鱼出于丙穴"注：丙穴在汉中沔阳县北，有鱼穴二所。黄鹤认为，丙穴固在汉中，然地志载邛州大邑县有嘉鱼穴。万州梁山县柏枝山有丙穴，方数丈，出嘉鱼。又达州明通县井峡中，穴凡十，皆产嘉鱼。此诗乃赴成都作，意是指邛州丙穴。盖成都西南至邛州，才百五十里。"郫筒"，酒名。《华阳风俗录》：郫县有郫筒池，池旁有大竹，郫人刳其节，倾春酿于筒，苞以藕丝，蔽以蕉叶，信宿香达于林外，然后断之以献，俗号郫筒酒。汉制：太守为驷马，朝臣出使为太守，增一马，故为五马。王嗣奭说："成都尹初本刺史，故以'文翁'比之。自严公去后，成都遂遭兵乱，故有'还揖让'之语。"其一述重返成都的因由：我决定回成都草堂，完全是您再次来镇蜀的缘故。只要是在您的治理下社会秩序能恢复正常，那我还用得着去计较草堂的松竹是否荒芜？我知道丙穴的嘉鱼味道从来就很美，也常常想念那些不需要我去买的郫筒酒。您曾经携带这样一些精美的酒馔光临草堂，连您的马也熟悉那儿的小路。这次您一回来就写了好几封信邀请我这个隐退的人，这真令我感动。其二说：

"处处清江带白蘋，故园犹得见残春。雪山斥候无兵马，锦里逢迎有主人。休怪儿童延俗客，不教鹅鸭恼比邻。习池未觉风流尽，况复荆州赏更新。"阆州到成都约四百八十里，须走五六天。梓州多旧识，经过时难免要盘桓一两天。估定从阆州启程在二月中，回到成都草堂也得在二月底。所以说"故园犹得见残春"。其二预想初归草堂情景，并致邀严武来游之意：沿途到处见清清的江面上都长满了白蘋，回到故园还可以赶上个春天的尾巴。您来了很快就会打退吐蕃的进犯，稳定雪山一带的局势；我想，等我回到草堂，锦里左邻右舍的父老们都会出来迎接我，到家里来看我。孩子们把村子里的大哥哥、小叔叔邀来一屋子，这是他们刚回来实在太高兴了，不好去责怪他们；去冬我派舍弟回去察看草堂时请他叮嘱看守人"鹅鸭宜长数"，总难免照料不到让鹅鸭偷跑出去糟蹋邻家的庄稼和菜园子，现在回来了就不会再发生这一档子事令邻人们烦恼了。"醉习家池，在荆土。（晋）山简以征南将军都督荆、湘、交、广四州，故可称荆州。"（仇兆鳌语）看起来我这草堂可就是当今的习家池，它的风流还未尽哩！更何况您这位"征南将军山简"又将重新来驾临宴赏。朱瀚说："是秋，严武果大破吐蕃，拔其城，'雪山'句若操左券，见公之知人料事。"这倒不是在故意恭维老杜。要是他对严武没有这点信心，恐怕他是不敢回成都的。前年他在梓州写作了《寄高适》诗，本想归成都相依，后因高适用兵失利，吐蕃连"下松、维等州，成都已不安"（《为阆州王使君进论巴蜀安危表》），他不是已经决计离蜀东下么？其三说：

"竹寒沙碧浣花溪，橘刺藤梢咫尺迷。过客径须愁出入，居人不自解东西。书签药裹封蛛网，野店山桥送马蹄。肯藉荒庭春草色，先拚一饮醉如泥。"丛竹阴凉沙草碧绿的浣花溪，橘树刺、藤萝梢绕在一起，甚至咫尺之内也会让人把路迷。来往过客简直要为找不到入口、出口而发愁，就是住在这里的人也搞不清哪是东哪是西。我前几年写的《西郊》中有"傍架齐书帙，看题检药囊"的诗句，这会儿那书签、药囊早该给蜘蛛网封了起来；这几年也可能有朋友经过，只是我不在家未能接待，就只好让野店山桥送走了他们的马蹄。要是我回去后没等清理好庭院您就来了，只要您肯借青草而坐，那就让我们先尽情对饮，喝一个烂醉如泥。顾宸说："此想草堂荒凉景象，堪与《东山》诗'伊威在室，蟏蛸在户'并读。"其四说：

"常苦沙崩损药栏,也从江槛落风湍。新松恨不高千尺,恶竹应须斩万竿。生理只凭黄阁老,衰颜欲付紫金丹。三年奔走空皮骨,信有人间行路难。"你们读过我前几年写的《早起》诗,我说"帖石防隤岸",那可是一点儿也不假。在家时最使我头痛的是沙岸崩了常常损坏那些保护药苗的栏杆,因此我也在江边修建起木栅来减弱风湍的冲刷。新种的松树恨不得它们一下子能长千尺高,那些到处乱生令人厌恶的竹子真该砍掉它一万竿。今后我全家的生计就只有依靠您这位黄阁老(详上卷四〇四页)了,我这衰颓的容颜权且交付给那返老还童的紫金丹。前年到今年,三年来我辗转奔走于梓、阆、绵、汉诸州,空剩下这副皮包骨,到而今才真正认识到人间行路难。其五说:

"锦官城西生事微,乌皮几在还思归。昔去为忧乱兵入,今来已恐邻人非。侧身天地更怀古,回首风尘甘息机。共说总戎云鸟阵,不妨游子芰荷衣。"浦起龙说:"乌皮几,即今鬃漆器,非言皮裹也。"谢朓《同咏坐上玩器·乌皮隐几》说:"蟠木生附枝,刻削岂无施?……曲躬奉微用,聊承终宴疲。"可见其形体功用。张远说:"公《寄刘峡州》诗'凭几乌皮绽',公盖素所爱者,故思之不置。"唐人以节度为总戎。《握奇经》:"八阵,天、地、风、云为四正,飞龙、翼虎、鸟翔、蛇蟠为四奇。"《离骚》:"制芰荷以为衣兮,集芙蓉以为裳。"仇兆鳌解前六句甚透辟:"贫无生事,则难归。老藉凭几,则欲归。乱后人非,则归亦凄凉。怀古息机,则归堪避地。"这首收拾前文,约略回顾草堂去来心事,并以称颂严武结束组诗。锦官城西这点赖以生活的产业微乎其微,只是忘不了那心爱的乌皮几我有时不免思归。前年离开后我老担心徐知道的叛军闯入,如今回来又恐怕左邻右舍屋在人非。侧着身子艰难地活在世上,更令我怀想往古的明时;回顾一下这奔走风尘的悲惨遭遇,我心甘情愿隐退终身。人们都说您总兵戎、运韬略能确保蜀地，我这个异乡游子，也不妨留下来闲着那高士的芰荷衣。仇兆鳌说："前以剖符起，后以总戎结，文治武功，均望严公也，又实喜溢于词气间矣。"

十二 "喜我归"

不久老杜一行即平安抵达草堂，乍归喜极，情不自已，作《归来》说：

"客里有所适，归来知路难。开门野鼠走，散帙壁鱼干。洗杓开新酝，低头著小冠。凭谁给麹蘖，细酌老江干？"《尔雅·释虫》："蟫，白鱼。"郭璞注："衣，书中虫，一名蛃鱼。"罗愿《尔雅翼·释虫一》："始则黄色，既老则身有粉，视之如银，故曰白鱼。荆楚之俗，七月曝经书及衣裳，以为卷轴久则有白鱼。""蘖"即酒麹。诗人逃难来成都是在客中。这三年奔波于梓、阆诸地，就是客中作客。今日归来，更觉出门的艰难。这也是《将赴成都……》其四"三年奔走空皮骨，信有人间行路难"之意。开门惊走野鼠，开帙掉下干瘪的蠹鱼，初归情景，荒凉在目。一到家中，便可戴小帽喝老酒，何等消停！与作客的拘谨相对照，这就无怪他"归来知路难"，并从而生出但望有酒送残年之想。杨伦说："投老之计，不无望与严公也。"又作《春归》说：

"苔径临江竹，茅檐覆地花。别来频甲子，归到忽春华。倚仗看孤石，倾壶就浅沙。远鸥浮水静，轻燕受风斜。世路虽多梗，吾生亦有涯。此身醒复醉，乘兴即为家。"写春景凄凉，见凄凉心境。杨伦说："末四自伤自解，不堪多读，亦有随遇而安之意。""远鸥浮水静，轻燕受风斜"，向推善于体物。

去年他在梓州，因怀念草堂而作诗，生怕他新种不久的四棵小松长不好："尚念四小松，蔓草易拘缠。霜骨不堪长，永为邻里怜。"（《寄题江外草堂》）这次回来，在路上还念叨着："新松恨不高千尺。"一回到家中，他自会迫不及待去看望它们，并作诗寄兴：

"四松初移时，大抵三尺强。别来忽三岁，离立如人长。会看根不拔，莫计枝凋伤。幽色幸秀发，疏柯亦昂藏。所插小藩篱，本亦有堤防。终然挟拨损，得咎千叶黄。敢为故林主，黎庶犹未康。避贼今始归，春草满空堂。览物叹衰谢，及兹慰凄凉。清风为我起，洒面若微霜。足为送老资，聊待偃盖张。我生无根蒂，配尔亦茫茫。有情且赋诗，事迹可两忘。勿矜千载后，惨澹蟠穹苍。"（《四松》）这四棵小松刚移来时大都不过三尺多，离开转眼三年，这会儿并排站在那里已像人一般高。我原来只希望不要给连根拔掉，即使枝叶雕伤也不须计较。没想到幽色竟这么秀发，疏落的枝干也气概不凡。我曾经插了小篱笆，又筑起土堰加以保护；终不免遭到碰损，下面铺满枯黄的松针，见了真教人揪心。当时我哪敢再做园林的主人，老百姓尚且不得安生。躲叛军到今天才回来，春草长满了空无人迹的厅堂。看到的尽是些衰谢的景物，只有这四棵松树差可安慰我凄凉的心灵。清风仿佛为我而起，吹洒到脸上凉丝丝的像是微霜。凭借这四棵松树足以娱悦我的晚年，那就姑且耐心等它们慢慢长成伞似的树冠。可叹我一生行踪不定是个扎不牢根的人，能否配得上它们也很渺茫。情动于中就去作诗吧，未来的事最好都别去想它。不要矜羡千载后四松高盖蟠空、清荫萧森的雄姿，眼下便可相赏娱情。

看了四棵松树，又去看当年同时栽种的五株桃树，作《题桃树》说：

"小径升堂旧不斜,五株桃树亦从遮。高秋总馈贫人实,来岁还舒满眼花。帘户每宜通乳燕,儿童莫信打慈鸦。寡妻群盗非今日,天下车书已到家。"以前庭前小路直通堂上,如今桃树长成,任凭它们遮挡通道,行人避树,走出来的小路就成了歪歪斜斜的了。每年秋天桃熟了,可为贫苦人提供些食品。归在晚春花期已过,明年它们还会开出满眼的花来[47]。应该打开窗户、窗帘让归来养子(鸟雀孵卵叫乳)的燕子通行,儿童们可别任意打那些哺雏的慈鸦。王维《晚春严少尹与诸公见过》"鹊乳先春草",是说春草未生之先鹊已孵卵。老杜春天写的《重游何氏》其二说:"鸦护落巢儿。"可见晚春时节,燕子刚来砌窠下蛋,乌鸦的幼雏已经孵出来了。杨伦说:"燕鸦皆堂前所见。二句言当广其爱物之仁,非独桃树也。"固然,但不得纯作说教理解,实际上深含眷恋往昔生活的柔情。当年搬进草堂之初,诗人曾因乌飞燕语而喜己之挈妇将雏卜居溪畔,赋《堂成》志庆说:"暂止飞乌将数子,频来语燕定新巢。"曾几何时,便有"绕树三匝,何枝可依"之叹,今日重归,复睹此情此景,这就难免有所触发了。仇氏解"乳燕""慈鸦"为"燕生子,鸦哺母",惜前说于时稍嫌过早,后说拘于乌反哺传闻则嫌迂腐,皆不足取。尾联是说,徐知道叛乱平定后,今日蜀中已经不是当时那种寡妇激增、群盗横行的时期了;加之得严武再度出镇,王命已通,西戎可御,《礼记》所谓"车同轨,书同文"、天下一统的太平岁月,当指日可待。

真是这样的吗?我看老杜心中并没有底。这么说,不止是为了取悦严武,也是想借渺茫的希望来安慰自己。

---

[47] 杨伦说:"今为桃树所蔽,致径之斜。必有议去此桃者。……归在晚春,花期已过,言所以不忍轻去者,以其为物我之所均赖也。"聊备一说。

回来后免不了要四处转转，见水槛摇摇欲坠，破船埋在泥里，就写了《水槛》《破船》以抒感叹。前诗说：

"苍江多风飙，云雨昼夜飞。茅轩驾巨浪，焉得不低垂？游子久在外，门户无人持。高岸尚为谷，何伤浮柱欹！扶颠有劝诫，恐贻识者嗤。既殊大厦倾，可以一木支。临川视万里，何必栏槛为？人生感故物，慷慨有余悲。"水槛即诗中所谓"茅轩"，指水榭或水上凉亭。水槛临江，下支以柱。江边风狂浪大，它哪能不歪斜？"视修槛若扶颠，人或笑以为迂。但一木可支，此事亦易为力耳。临川得以远眺，则此槛亦可不修。然故物堪怜，何忍坐视其剥落乎？"（仇兆鳌语）《韩诗外传》载，孔子出游少原之野，有妇人哭甚哀。问之，妇人说："向刈薪，亡吾蓍簪，是以哀。非伤亡簪，不忘故也。"此诗结穴于尾联的不忘故物之悲。蒋弱六说："曰'焉得'，又曰'何伤'，又曰'何必'，却到底不免有余悲；无限沉吟，一结慨然尽露。"《破船》说：

"平生江海心，宿昔具扁舟。岂惟清溪上，日傍柴门游？苍皇避乱兵，缅邈怀旧丘。邻人亦已非，野竹独修修。船舷不重扣，埋没已经秋。仰看西飞翼，下愧东逝流。故者或可掘，新者亦易求。所悲数奔窜，白屋难久留。"王嗣奭解此诗甚惬："'江海心'与江湖异。江湖与魏阙对，是心在高蹈者。江海与丘园对，是心在远游者。远游则可以拓心胸而览昭旷，所以具扁舟者，志不小也。乃仓惶避乱，捐弃旧丘，虽有扁舟，无所用之。仓惶避乱，既不能如鸟之高飞，缅怀旧丘，又不能随川而东逝，愧负素心矣。故者可掘，新亦易求，具舟何难？直以奔窜之频，白屋不能久住，而何有于扁舟！所以悲也。"顾宸说：南邻则朱山人，北邻则王明府，又斛斯校书亦草堂南邻。时斛斯融已殁（详后《过故斛斯校书庄二首》），此"邻人非"之一证。

老杜携家入蜀、寄寓草堂，是大逃难。前年徐知道反，避地梓、阆间，是大逃难中的小逃难。他的《草堂》可说是这次小逃难前后经过及其感受的艺术总结：

"昔我去草堂，蛮夷塞成都。今我归草堂，成都适无虞。请陈初乱时，反复乃须臾。大将赴朝廷，群小起异图。中宵斩白马，盟歃气已粗。西取邛南兵，北断剑阁隅。布衣数十人，亦拥专城居。其势不两大，始闻蕃汉殊。西卒却倒戈，贼臣互相诛。焉知肘腋祸，自及枭獍徒？义士皆痛愤，纪纲乱相逾。一国实三公，万人欲为鱼。唱和作威福，孰肯辨无辜？眼前列杻械，背后吹笙竽。谈笑行杀戮，溅血满长衢。到今用钺地，风雨闻号呼。鬼妾与鬼马，色悲充尔娱。国家法令在，此又足惊吁！贼子且奔走，三年望东吴。弧矢暗江海，难为游五湖。不忍竟舍此，复来薙榛芜。入门四松在，步屧万竹疏。旧犬喜我归，低徊入衣裾。邻里喜我归，沽酒携胡芦。大官喜我来，遣骑问所须。城郭喜我来，宾客隘村墟。天下尚未宁，健儿胜腐儒。飘飘风尘际，何地置老夫？于时见疣赘，骨髓幸未枯。饮啄愧残生，食薇不敢余。"首四句指出成都的治乱是草堂去来的原因。徐知道纠集蛮夷为乱，故有"蛮夷"句。"请陈"一段，叙述徐知道从作乱到自败的经过：前年那次叛变起来得很快。大将严武奉召赴京，刚一离镇，徐知道这班宵小即图谋不轨。他们半夜杀白马歃血为盟，又西取邛州（今四川邛崃县）以南内附羌夷兵卒[48]扩大声势，北断剑阁以绝援师。几十个本无一官半职的党徒，都授以专城做了伪刺史、伪县令。由于争大逞强，开始听说叛军中蕃汉之间产生了矛盾，势

---

[48] 杜甫《东西两川说》："脱南蛮侵掠，邛雅子弟不能独制，……"卢注以为"邛南兵"即"邛雅子弟"。

不两立。西边来的羌雅子弟倒戈了,头目们也互相杀戮。徐知道哪会料到祸起肘腋,他这个枭獍般凶恶的坏蛋,竟给自己的部下李忠厚所杀。"义士"一段记贼徒残民取乐的种种罪行:志士们都为当时蜀中纪纲的紊乱而深感痛愤。古话说:"一国三公,吾谁适从?"徐知道死后,李忠厚诸人各行其是,广大的平民百姓就成了遭宰割的鱼肉。他们一唱一和作威作福,谁肯分辨百姓无辜。眼跟前摆满了刑具,身背后却有乐队在吹笙吹竽。他们谈笑自若拿杀人取乐,鲜血四溅流遍街道。那些开刀问斩的地方,到如今风雨中还可听到冤魂惨叫。那些屈死鬼的妾、那些屈死鬼的马,都露着悲伤的脸供你们欢娱。国家自有法令在,居然出现这等事,真教人惊叹不已。朱注:"忠厚既杀知道,纵兵残害无辜,如往时花敬定之事,故又备述其事而惊叹之。"赵注:"已杀其主矣,则妾谓之鬼妾,马谓之鬼马,如匈奴以亡者之妻为鬼妻也。"据此段所述,可知老杜在徐知道死后仍不拟重返成都的原因。"贱子"一段,言不能东游而仍西还,并志乍归之喜。《杜臆》:"'入门四松在',公之钟情至此。公归草堂云'不忍竟舍此',则草堂亦其所钟情者,其去成都必有所托。观其《遣弟检校草堂》云'鹅鸭宜长数',此云'旧犬喜我归'可见。""大官",指严武。严武派人骑马前来致意,并问所须,足见深情。《木兰诗》:"爷娘闻女来,出郭相扶将。阿姊闻妹来,当户理红妆。小弟闻姊来,磨刀霍霍向猪羊。"老杜仿此民歌重沓、咏叹手法,从"旧犬""邻里""大官""城郭"几方面写久别乍归的皆大欢喜,很有气氛,很有艺术感染力。蒋弱六说:"拉杂写来,乱离之戚、故旧之感、依倚之情、慰劳之意,一一俱见,自是古乐府神境,非止袭其调而已。"又说:"一片悲悯牢骚,化作和平温厚之言,大家合掌。""天下"一段是归来感想:天下尚未太平,既忧无地安身,又愧无补于时,今得草堂以养余年,此外就没有别的奢望了。杨伦说:"以草堂去来为主,而叙西川一时寇乱情形,并带入天下,铺陈终始,畅极淋漓,岂非诗史?"这确实是一篇有分量的力作,用来结束本章,倒也是压得住阵脚的。